Tamara Zieschang

Das Staatsbild Franz Böhms

Marktwirtschaftliche

REFORMPOLITIK

Schriftenreihe der Aktionsgemeinschaft Soziale Marktwirtschaft N.F.

Herausgegeben von

Rolf Hasse und Joachim Starbatty

Bd. 7: Das Staatsbild Franz Böhms

Das Staatsbild Franz Böhms

von Tamara Zieschang

 Lucius & Lucius · Stuttgart

Bibliografische Information der Deutschen Bibliothek
Die Deutsche Bibliothek verzeichnet diese Publikation in der Deutschen Nationalbibliografie; detaillierte
bibliografische Daten sind im Internet über http://dnb.ddb.de abrufbar

ISBN 3-8282-0240-3 (Lucius & Lucius)
© Lucius & Lucius Verlagsgesellschaft mbH Stuttgart 2003
   Gerokstr. 51, D-70184 Stuttgart
   www.luciusverlag.com

Druck und Einband: Ebner & Spiegel, Ulm

Printed in Germany

Vorwort

Mein Interesse an der Freiburger Schule und insbesondere Franz Böhm wurde im Sommersemester 1995 im Rahmen eines Seminars bei Herrn Professor Josef Isensee geweckt. Das Ergebnis meiner näheren Beschäftigung mit dem Werk und der Person Franz Böhms ist die vorliegende Arbeit, die im Wintersemester 2001/2002 von der Rechts- und Staatswissenschaftlichen Fakultät der Rheinischen Friedrich-Wilhelms-Universität Bonn als Dissertation angenommen wurde.

Mein besonderer Dank gilt Herrn Professor Josef Isensee – zunächst für seine Bereitschaft, eine Arbeit über das Staatsbild des Zivilrechtlers Franz Böhm zu betreuen, der schon zu Lebzeiten oftmals eher in der Nähe der Nationalökonomie als der Rechtswissenschaft gesehen wurde, und vor allem für seine kritische Begleitung dieser Arbeit, stetige Gesprächsbereitschaft und herzliche Unterstützung.

Danken möchte ich auch Herrn Professor Wilhelm Krelle, der das Zweitgutachten erstellte, und Herrn Professor Joachim Starbatty, der die Veröffentlichung in dieser Schriftenreihe ermöglichte, für ihre Anmerkungen und Anregungen aus Sicht der Volkswirtschaft.

Ein Stipendium der Stiftung der Deutschen Wirtschaft e.V. – Studienförderwerk Klaus Murmann gab mir den notwendigen Freiraum für die Erstellung dieser Arbeit. Deren Abschluss markiert zugleich das Ende meiner Bonner Zeit und damit von erlebnisreichen, prägenden und schönen Jahren, in denen auch der Grundstein von für mich sehr wertvollen Freundschaften gelegt wurde.

Zu guter Letzt möchte ich meinen Eltern danken, die mich nicht nur bei meiner Dissertation liebevoll unterstützt, sondern meinen bisherigen Weg mit viel Anteilnahme vertrauensvoll begleitet und mir damit stets einen sicheren Rückhalt gegeben haben. Ihnen ist diese Arbeit gewidmet.

Berlin, im November 2002   Tamara Zieschang

Inhaltsverzeichnis

Abkürzungsverzeichnis

ACDP	Archiv für Christlich-Demokratische-Politik
AcP	Archiv für die civilistische Praxis
AöR	Archiv des öffentlichen Rechts
BB	Der Betriebs-Berater
BVerfGE	Entscheidung des Bundesverfassungsgerichts
DÖV	Die öffentliche Verwaltung
DVBl.	Deutsches Verwaltungsblatt
FIW	Forschungsinstitut für Wirtschaftsverfassung und Wettbewerb e.V.
HdbStR	Josef Isensee/ Paul Kirchhof (Hrsg.), Handbuch des Staatsrechts, Band I in der 2. Auflage von 1995, Band II in der 2. Auflage von 1998, Band III in der 2. Auflage von 1996, Band V in der 2. Auflage von 2000, Band VII von 1992, Band IX von 1997
HdSW	Erwin v. Beckerath u.a. (Hrsg.), Handwörterbuch der Sozialwissenschaften, Sechster Band von 1959
HdWW	Willi Albers u.a. (Hrsg.), Handwörterbuch der Wirtschaftswissenschaft, Fünfter Band von 1980
HWPh	Joachim Ritter/ Karlfried Gründer (Hrsg.), Historisches Wörterbuch der Philosophie, Band 6, 1984
JuS	Juristische Schulung
JZ	Juristenzeitung
RabelsZ	Rabels Zeitung
RdA	Recht der Arbeit
SDSRV	Schriftenreihe des Deutschen Sozialrechtsverbandes e.V.
StuW	Steuer und Wirtschaft
VVDStRL	Veröffentlichungen der Vereinigung der Deutschen Staatsrechtslehrer
WuW	Wirtschaft und Wettbewerb
ZgS	Zeitschrift für die gesamte Staatswissenschaft
ZRP	Zeitschrift für Rechtspolitik

„Power tends to corrupt and absolute power corrupts absolutely. Great men are almost always bad men, even when they exercise influence and not authority; still more when you superadd the tendency or the certainty of corruption by authority."

Lord Acton (1834-1902)

I. Einleitung

1. Problemaufriß und Untersuchungsgegenstand

Die Geschichte des Liberalismus klassischer Prägung ist gekennzeichnet von seinem Einsatz für die Freiheit des Individuums und die Bekämpfung von Einschränkungen dieser Freiheit, unabhängig davon, ob die Bedrohung der Freiheit vom Staat oder von Privaten ausgeht. Die Absage an den absoluten Staat und das Eintreten für einen freiheitlichen Rechtsstaat zählen ebenso dazu wie die Bejahung einer freiheitlichen Wirtschaftsordnung, der Marktwirtschaft, im Gegensatz zur – vom Staat zentral gelenkten – Planwirtschaft sozialistischer Prägung.

Aus klassisch liberaler Sicht erscheint der Staat als notwendiges Übel.[1] Dennoch ist die Frage nach der Rolle und den Aufgaben des Staates von zentraler Bedeutung. Wieviel Staat ist nötig, um ein reibungsloses Zusammenleben in einer arbeitsteiligen Gesellschaft zu ermöglichen? Inwieweit schützt der Staat die Freiheit der Individuen und wann greift er bereits in diese ein? Der Grad zwischen der freiheitsschützenden sowie freiheitssichernden Funktion des Staates auf der einen und freiheitsbedrohender staatlicher Eingriffe auf der anderen Seite ist schmal. Die richtige Balance zwischen beiden Polen zu finden, haben sich Liberale zu jeder Zeit zur Aufgabe gemacht. Die jeweilige Rolle des Staates in einer freiheitlichen Gesellschafts- und Wirtschaftsordnung wird dabei von einzelnen liberalen Strömungen durchaus unterschiedlich bewertet.

Die Ordoliberalen der Freiburger Schule um Walter Eucken und Franz Böhm haben ein Bild vom Staat, welches sowohl von einem auf wenige Aufgaben be-

---

[1] Siehe *Josef Isensee*, Staat und Verfassung, in: ders./ Paul Kirchhof, HdbStR I, 1995, § 13 Rdn. 15.

schränkten Staat als auch einem Staat geprägt ist, der die notwendige Kraft hat, um den Sonderinteressen einzelner Gruppen aus der Wirtschaft und in der Gesellschaft wirksam entgegentreten zu können und sich von ihnen nicht beeinflussen zu lassen.[2] Dem Staat fällt hier die Aufgabe zu, dem Entstehen privater Macht in der Wirtschaft und in der Gesellschaft entgegenzuwirken; er hat den Ordnungsrahmen zu sichern und zu pflegen.[3]

Franz Böhm kommt in seinen Arbeiten immer wieder auf die Rolle des Staates zurück, der ein zentraler Baustein in seinem Verständnis von einer freiheitlichen Wirtschafts- und Gesellschaftsordnung ist. Ausgangspunkt seiner wissenschaftlichen Überlegungen ist das Entstehen und die Bändigung von Macht: die angemaßte Marktmacht von Privaten ebenso wie die Macht des Staates.[4] Dem Staat kommt bei Franz Böhm im Rahmen der Bekämpfung von privater Macht eine wesentliche, ordnungssichernde Funktion zu. Zugleich soll sein Aufgabenbereich auf die Erfüllung dieser unerläßlichen Staatsaufgaben beschränkt werden, um die staatliche Macht auf das erforderliche Minimum einzugrenzen. Die allein freiheitsschützende Funktion des Staates wird nach Franz Böhm allein in einer Ordnung verwirklicht, die durch drei Ordnungssysteme gekennzeichnet ist: die Wettbewerbsordnung, die Privatrechtsgesellschaft und den Rechtsstaat. Die Umsetzung dieser Ordnung basiert wesentlich auf dem Prinzip der Trennung von Staat und Gesellschaft, für die Franz Böhm als Grundlage jeder freiheitlichen Ordnung mit Nachdruck eingetreten ist.

2.   Gang der Untersuchung

Franz Böhm setzt sich in den 30er Jahren des 20. Jahrhunderts insbesondere mit der Frage nach der Verwirklichung einer freiheitlichen Wirtschaftsordnung auseinander. Die Wettbewerbsordnung ist für ihn die Ordnung, welche die größtmögliche Freiheit des Einzelnen und das gleichberechtigte Nebeneinander der Bürger gewährleistet. Diesen Zustand gilt es für den Bereich der Wirtschaft zu

---

[2]   Vgl. *Herbert Giersch*, Liberal Reform in West Germany, ORDO, Band 39 (1988), S. 3 ff. (4 f.); *Joachim Starbatty*, Ordoliberalismus, in: Otmar Issing (Hrsg.), Geschichte der Nationalökonomie, 1994, S. 239 ff. (245 f.).

[3]   Vgl. *Franz Böhm*, Die vier Säulen der Freiheit, in: Tagungsprotokoll der Aktionsgemeinschaft Soziale Marktwirtschaft, 1959, S. 40 ff. (56); *ders.*, Privatrechtsgesellschaft und Marktwirtschaft, ORDO, Siebzehnter Band (1966), S. 75 ff. (102).

[4]   Vgl. *Fritz Ulrich Fack* anläßlich des 90. Geburtstages von Franz Böhm, in: Ludwig-Erhard-Stiftung (Hrsg.), Recht und Gesittung in einer freien Gesellschaft, 1985, S. 9 ff. (9).

bewahren und auch im Bereich der Gesellschaft dauerhaft umzusetzen. So ist in den 50er Jahren des 20. Jahrhunderts die Schaffung und Bewahrung einer Gesellschafts- und Staatsordnung immer mehr in den Mittelpunkt der Arbeiten Franz Böhms gerückt.

Die Untersuchung über das Staatsbild Franz Böhms beginnt mit einer einleitenden Vorstellung der Freiburger Schule, ihres Wirkens und ihrer Ordnungsidee. Die sich daran anschließende Darstellung des Staatsbildes Franz Böhms erfolgt in vier Schritten: Im ersten Schritt werden die Vorstellungen von Franz Böhm hinsichtlich der Wirtschaftsordnung dargestellt, wobei jeweils auf die ordnungspolitischen Überlegungen Walter Euckens Bezug genommen wird. Die Funktionsweise der Wettbewerbsordnung und vor allem die Vorschläge Franz Böhms für ihren Schutz vor privaten Machtzusammenballungen werden eingehend behandelt. Im zweiten Schritt wird auf die Gesellschaftsordnung Franz Böhms in Gestalt der Privatrechtsgesellschaft eingegangen. In diesem Zusammenhang nehmen seine Analysen über die Auswirkungen von privaten Machtbildungen auf und deren Gefahren für eine freiheitliche Gesellschafts- und Staatsordnung breiten Raum ein. Im dritten Schritt folgt die Betrachtung der Staatsordnung, wobei insbesondere Franz Böhms Verständnis von Gesetzen und vor allem vom Rechtsstaatsprinzip eine wichtige Rolle spielt. Daran schließt sich im letzten Schritt eine Betrachtung der Interdependenzen der drei Ordnungssysteme im Bereich von Wirtschaft, Gesellschaft und Staat an. Die Ergebnisse werden abschließend im Hinblick auf die Rolle des Staates einer kritischen Würdigung unterzogen.

II. Die Freiburger Schule

Anfang der 30er Jahre des 20. Jahrhunderts formieren sich in Europa liberale Denker in Anlehnung an den klassischen Liberalismus neu. Diese neoliberale Bewegung wird in Kontinentaleuropa von deutschsprachigen Nationalökonomen und Juristen wie Ludwig von Mises, Friedrich A. von Hayek, Walter Eucken, Franz Böhm, Wilhelm Röpke und Alexander Rüstow getragen.[5]

Die Österreicher Ludwig von Mises (1881-1973) und Friedrich A. von Hayek (1899-1992) stehen während ihres Studiums unter dem Einfluß der Österreichischen Schule der Nationalökonomie um Carl Menger, Friedrich von Wieser und Eugen von Böhm-Bawerk[6], die sich selbst in einer dreifachen Ablehnung sieht: Sie lehnt den klassischen Liberalismus ebenso ab wie die Ideen der Sozialisten und der Historischen Schule.[7] Die Distanzierung von der Wirtschaftspolitik des Laissez-faire auf der einen und einem übermäßigen Staats-Interventionismus auf der anderen Seite verbindet die Neoliberalen der österreichischen Schule mit

---

[5] Dazu *Friedrich A. v. Hayek*, Liberalismus (I). Politischer Liberalismus, in: Erwin v. Beckerath u.a. (Hrsg.), HdSW, Sechster Band, 1959, S. 591 ff. (594); *Christian Watrin*, Die Tradition freiheitlicher und sozialer Politik, Festschrift für Ludwig Erhard, 1997, S. 3 ff. (5 ff.).
In den 30er Jahren des 20. Jahrhunderts entsteht in den USA die sogenannte Chicagoer Schule um *Frank Knight* und *Henry C. Simons*, zu deren bekanntesten Vertretern heute *Milton Friedmann* und *George Stigler* zählen. Zur Chicago School hat insbesondere *Friedrich A. v. Hayek* engen Kontakt, da er von 1950 bis 1960 als Professor on Moral Science in Chicago lehrt. In Europa gelten darüber hinaus die Schule Cannans an der London School of Economics und eine italienische Gruppe um *Luigi Einaudi* als neue Träger der liberalen Idee.
Siehe zum Neoliberalismus *Hans Besters*, Neoliberalismus, in: Roland Vaubel/ Hans D. Barbier (Hrsg.), Handbuch Marktwirtschaft, 1993, S. 107 ff.

[6] *Ludwig v. Mises* beginnt 1900 sein Jurastudium an der Wiener Universität. *Eugen von Böhm-Bawerk*, der nach seinem Rücktritt als österreichischer Finanzminister Ordinarius an der Wiener Universität wird, gilt als *Ludwig v. Mises* wichtigster persönlicher Lehrer. Bis 1913 ist *Ludwig v. Mises* regelmäßiger Teilnehmer am *Böhm*schen Seminar. *Friedrich A. v. Hayek* promoviert nach abgeschlossenem Studium der Rechtswissenschaft und Promotion zum Dr. iur. (1921) bei *Friedrich v. Wieser* zum Dr. rer. pol. (1923). Gemeinsam mit *Ludwig v. Mises* gründet er 1927 das Österreichische Konjunkturforschungsinstitut, dessen erster Direktor *Friedrich A. v. Hayek* wird.

[7] Vgl. *Josef Wysocki*, Entstehungszusammenhänge der „Wiener Schule", in: Harald Scherf (Hrsg.), Studien zur Entwicklung der ökonomischen Theorie VI, 1988, S. 171 ff. (175 f.).

denen der Freiburger Schule.[8] Beide Denkschulen des Neoliberalismus sehen – wie die Klassiker – in der Marktwirtschaft die allein geeignete Ordnungsform des Wirtschaftsprozesses. Der Lehre vom freien Spiel der Kräfte stehen sie aber unter dem Eindruck der historischen Erfahrungen teilweise und graduell unterschiedlich mit Skepsis gegenüber.[9]

Trotz vieler grundlegender Gemeinsamkeiten besteht keine einheitliche neoliberale Richtung. Ludwig von Mises und Friedrich A. von Hayek haben sich – im Gegensatz zu den Ordoliberalen – nur in geringen Nuancen vom klassischen Liberalismus und dem Laissez-faire Gedanken entfernt. Der Ordoliberalismus der Freiburger Schule gilt daher als eine spezifisch deutsche Ausprägung des Neoliberalismus.

1. Die Entstehungsgeschichte der Freiburger Schule

1933 habilitiert Franz Böhm über „Wettbewerb und Monopolkampf" in Freiburg. Gutachter seiner Habilitationsschrift sind der Nationalökonom Walter Eucken und der Jurist Hans Großmann-Doerth. Walter Eucken (1891-1950), der Nationalökonomie, Geschichte und Philosophie an den Universitäten von Kiel, Bonn und Jena studiert hat, lehrt seit 1927 an der Freiburger Universität. Hans Großmann-Doerth (1894-1944), zuvor Ordinarius für bürgerliches Recht und Handelsrecht in Prag kommt 1933 nach Freiburg.

Walter Eucken, Hans Großmann-Doerth und Franz Böhm beschäftigt gemeinsam „die Frage der privaten Macht in einer freien Gesellschaft. Sie führt notwendig weiter zu der Frage, wie die Ordnung einer freien Gesellschaft be-

---

[8] Das gemeinsame wissenschaftliche Anliegen führt vor allem *Friedrich A. v. Hayek* regelmäßig mit Vertretern der Freiburger Schule zusammen. 1947 ruft *Friedrich A. v. Hayek* gemeinsam mit *Wilhelm Röpke* die Mont Pelerin Society, eine internationale Gesellschaft marktwirtschaftlich orientierter Ökonomen und Sozialwissenschaftler, ins Leben. Von 1962 bis zu seiner Emeritierung lehrt *Friedrich A. v. Hayek* an der Rechts- und Staatswissenschaftlichen Fakultät der Universität Freiburg i.Br., wo er enge Kontakte zum Walter-Eucken-Institut und zum Kreis der Ordoliberalen unterhält (vgl. *Hans J. Hennecke*, Friedrich August von Hayek, 2000, S. 268 ff.).

[9] Siehe *Franz Klüber*, Neoliberale und soziale Marktwirtschaft, Die neue Ordnung, Jahrgang 14 (1960), S. 321 ff. (325 f.); *Hans Willgerodt / Alan Peacock*, German Liberalism and Economic Revival, in: dies. (Hrsg.), Germany's Social Market Economy: Origins and Evolution, 1989, S. 1 ff. (4).

schaffen ist"[10]. Das gemeinsame wissenschaftliche Interesse führt bereits im Wintersemester 1933/34 zu einem Gemeinschaftsseminar, an dem als weitere Dozenten noch Adolf Lampe, Friedrich Lutz, Bernhard Pfister und Rudolf Johns teilnehmen.[11] Das Gemeinschaftsseminar gilt als Geburtsstunde der Freiburger Schule.[12] Außerdem besteht ein enger Kontakt zu dem Ökonom Wilhelm Röpke und dem Soziologen Alexander Rüstow, die beide im Exil leben. Aus gemeinsamen Seminaren und Tagungen geht 1937 die Schriftenreihe „Ordnung der Wirtschaft" hervor. Herausgeber der vier erschienenen Hefte dieser Schriftenreihe sind Walter Eucken, Hans Großmann-Doerth und Franz Böhm.[13] Aufgabe der Schriftenreihe soll es sein, sich – in deutlicher Abkehr von der Historischen Schule – nicht nur mit Teilbereichen der Wirtschaft, sondern mit den Grundlagen der Wirtschaft als Ganzem auseinanderzusetzen. Die Idee der Wirtschaftsverfassung, also der politischen Gesamtentscheidung über die Ordnung des nationalen Wirtschaftslebens, steht im Mittelpunkt aller rechts- und wirt-

---

[10] *Franz Böhm*, Die Forschungs- und Lehrgemeinschaft zwischen Juristen und Volkswirten an der Universität Freiburg in den dreißiger und vierziger Jahren des 20. Jahrhunderts, in: Hans Julius Wolff (Hrsg.), Beiträge zur Freiburger Wissenschafts- und Universitätsgeschichte, 1957, S. 95 ff. (99).

[11] Vgl. *Wendula Gräfin v. Klinckowstroem*, Walter Eucken: Eine biographische Skizze, in: Lüder Gerken (Hrsg.), Walter Eucken und sein Werk, 2000, S. 53 ff. (82 f.).

[12] So *Christine Blumenberg-Lampe*, Franz Böhm, in: Günter Buchstab/ Klaus Gotto (Hrsg.), Die Gründung der Union, 1990, S. 234 ff. (238).
Zur Entstehungsgeschichte und den geistigen Wurzeln der Freiburger Schule u.a. auch: *Ernst-Wolfram Dürr*, Wesen und Ziele des Ordoliberalismus, 1954, S. 8 ff.; *David J. Gerber*, Constitutionalizing the Economy: German Neoliberalism, Competition Law and the „New" Europe, American Journal of Comparative Law 42 (1994), S. 25 ff.; *Andreas Heinemann*, Die Freiburger Schule und ihre geistigen Wurzeln, 1989; *Fritz Holzwarth*, Ordo – ein Markenzeichen der Politik, Frankfurter Allgemeine Zeitung vom 24. Dezember 1988; *Manfred E. Streit/ Wolfgang Kasper*, Das institutionelle Fundament von Freiheit und Wohlstand – Lektionen der „Freiburger Schule", in: Manfred E. Streit, Freiburger Beiträge zur Ordnungsökonomik, 1995, S. 105 ff.
Über einige Mitglieder der Freiburger Schule und deren Tätigkeitsfelder schreibt *Hans H. Götz*, Walter Eucken und die Freiburger Schule, Frankfurter Allgemeine Zeitung vom 21. März 1970.

[13] Heft 1: *Franz Böhm*, Die Ordnung der Wirtschaft als geschichtliche Aufgabe und rechtsschöpferische Leistung, 1937; Heft 2: *Friedrich A. Lutz*, Das Grundproblem der Wirtschaftsverfassung, 1936; Heft 3: *Hans Gestrich*, Neue Kreditpolitik, 1936; Heft 4: *Leonhard Miksch*, Wettbewerb als Aufgabe, 1937.

schaftspolitischen Fragestellungen[14], wobei das besondere Interesse der Beschreibung der der Wettbewerbsordnung innewohnenden Ordnung gilt.[15]

Die nationalsozialistische Diktatur zwingt die Freiburger Wissenschaftler, die offene Diskussion im Gemeinschaftsseminar aufzugeben und die Seminarveranstaltungen im kleinen Kreis und oftmals privat durchzuführen. Aus diesen Zusammenkünften geht 1938 das sogenannte Freiburger Konzil hervor, in dessen Rahmen sich protestantische Wissenschaftler mit Theologen der Bekennenden Kirche treffen. Auf Anregung des Berliner Pfarrers Dietrich Bonhoeffer verfassen die Freiburger Wissenschaftler 1942/43 die Denkschrift „Politische Gemeinschaftsordnung. Ein Versuch zur Selbstbestimmung des christlichen Gewissens in den politischen Nöten unserer Zeit"[16], welche auf der ersten Weltkirchenkonferenz nach dem Krieg vorgelegt werden soll.[17] Ziel der Denkschrift ist es, auf Grundlage der christlichen Ethik konkrete und programmatische Vorschläge für den Wiederaufbau nach dem Krieg zu gewinnen.[18]

Franz Böhm gehört auch der 1943 gegründeten „Arbeitsgemeinschaft Erwin v. Beckerath" an, in der sich regelmäßig – in Opposition zum Nationalsozialismus stehende – Nationalökonomen treffen, um ein detailliertes Konzept für die

---

14 So *Franz Böhm/ Walter Eucken/ Hans Großmann-Doerth*, Geleitwort der Herausgeber, Ordnung der Wirtschaft, Heft 1, 1937, S. VII ff. (XVII ff.).

15 So auch *Horst f. Wünsche*, Soziale Marktwirtschaft und der Rückfall des Neoliberalismus in den Harmonieglauben, Die neue Ordnung, 47. Jahrgang (1993), S. 164 ff. (167 f.).

16 *Freiburger Bonhoeffer-Kreis*, In der Stunde Null: die Denkschrift des Freiburger „Bonhoeffer-Kreises", 1979. Die Denkschrift ist erst 1979 veröffentlicht worden.
Den Anhang über die Rechtsordnung verfaßt *Franz Böhm* zusammen mit *Erik Wolf*, den Anhang über die Wirtschafts- und Sozialordnung erstellen *Constantin v. Dietze*, *Walter Eucken* und *Adolf Lampe*.

17 Zur Entstehungsgeschichte und Bedeutung der Denkschrift des Freiburger „Bonhoeffer-Kreises": *Christine Blumenberg-Lampe*, Das wirtschaftspolitische Programm der „Freiburger Kreise", 1973, S. 23 ff.; *Hans-Georg Dietrich*, Kirche und Welt – Impulse aus Freiburg zur Weltkirchenkonferenz in Amsterdam 1948, Freiburger Universitätsblätter, Heft 102, Dezember 1988, S. 69 ff.; *Elmar Müller*, Widerstand und Wirtschaftsordnung, 1988, S. 106 ff; *Hans U. Nübel*, Bonhoeffer und die Denkschrift des Freiburger Kreises, Freiburger Universitätsblätter, Heft 102, Dezember 1988, S. 41 ff.; *Gerhard Ritter*, Vorwort (1945), in: Freiburger Bonhoeffer-Kreis, In der Stunde Null. Die Denkschrift des Freiburger „Bonhoeffer-Kreises", 1979, S. 26 ff.; *Traugott Roser*, Protestantismus und Soziale Marktwirtschaft, 1998, S. 67 ff.

18 Vgl. *Helmut Thielicke*, Zur Einführung (1979), in: Freiburger Bonhoeffer-Kreis, In der Stunde Null. Die Denkschrift des Freiburger „Bonhoeffer-Kreises", 1979, S. 5 ff. (12).

Wirtschaftspolitik nach dem Zusammenbruch zu erarbeiten.[19] Die Protokolle der
Sitzungen werden an Carl Goerdeler und Peter Graf Yorck von Wartenberg
weitergeleitet.[20] In den Wochen und Monaten nach dem gescheiterten Attentat
auf Adolf Hitler am 20. Juli 1944 werden viele Mitglieder der Widerstandskreise
verhaftet.

Nach dem Ende des Zweiten Weltkrieges engagieren sich die Ordoliberalen
erneut für ihre Überzeugungen mit nachhaltigem Einfluß auf die Gestaltung der
deutschen Wirtschafts- und Gesellschaftsordnung[21]: Walter Eucken und Franz
Böhm, dem Eucken einen Lehrauftrag an der Freiburger Universität vermittelt,
beraten die alliierten Militärregierungen und später die Bundesregierung in verschiedenen Gremien und Ausschüssen. So gehören beide dem Anfang 1948
gegründeten „Wissenschaftlichen Beirat bei der Verwaltung für Wirtschaft des
Vereinigten Wirtschaftsgebietes", dem Vorläufer des „Wissenschaftlichen Beira-
tes beim Bundesministerium für Wirtschaft" bis zu ihrem Tod an. Durch ihr
vielfältiges wissenschaftliches und politisches Wirken in den Anfangsjahren der
Bundesrepublik Deutschland haben Franz Böhm und Walter Eucken an der
Einführung der Sozialen Marktwirtschaft, deren Konzept sich nach dem Zweiten
Weltkrieg durchzusetzen beginnt, großen Anteil.[22] So geht der von Alfred Müller-Armack geprägte Begriff der „Sozialen Marktwirtschaft" auf die Überlegungen deutscher Ökonomen und Juristen der Freiburger Schule zurück. Die Umsetzung der Sozialen Marktwirtschaft erfolgt wesentlich durch den ersten deutschen Wirtschaftsminister und späteren Bundeskanzler Ludwig Erhard (1897-
1977).[23]

---

[19] Siehe *Gräfin v. Klinckowstroem* (Fn. 11), S. 95 ff.
[20] Vgl. *Franz Böhm*, Freiburger Schule und Nationalsozialismus, Frankfurter Allgemeine
     Zeitung vom 24. Mai 1955.
     Zur Zusammensetzung und Arbeit der „Arbeitsgemeinschaft Erwin v. Beckerath"
     siehe auch: *Ulrich Kluge*, Der „Freiburger Kreis" 1938-1945, Freiburger Universitäts-
     blätter, Heft 102, Dezember 1988, S. 19 ff. (30 ff.).
[21] *Fritz Neumark* spricht daher wohl auch von „Nachkriegs-Ordo-Liberalismus" (*Fritz
     Neumark*, Deutsche Ökonomen des frühen 20. Jahrhunderts, in: Bertram Schefold
     [Hrsg.], Studien zur Entwicklung der ökonomischen Theorie VII, 1989, S. 127 ff.
     [135]).
[22] Vgl. *Peter Oberender*, Der Einfluß ordnungstheoretischer Prinzipien Walter Euckens
     auf die deutsche Wirtschaftspolitik nach dem Zweiten Weltkrieg: Eine ordnungspoli-
     tische Analyse, ORDO, Band 40 (1989), S. 321 ff.
[23] Zur Entstehungsgeschichte und den geistigen Wurzeln der Sozialen Marktwirtschaft
     u.a.: *Reinhard Blum*, Marktwirtschaft, soziale, in: Willi Albers u.a. (Hrsg.), HdWW,
     Fünfter Band, 1980, S. 153 ff.; *Ludwig Erhard*, Wohlstand für alle (1957), 1997,
     S. 18 ff.; *Norbert Kloten*, „Was zu bedenken ist" - Bemerkungen zum Referat von

1948 gründen Walter Eucken und Franz Böhm das Organ „ORDO. Jahrbuch für die Ordnung von Wirtschaft und Gesellschaft". Als Aufgabe des Jahrbuches bezeichnet die Schriftleitung des ersten Bandes die Beantwortung der Frage, wie die „Wirtschafts- und Sozialordnung beschaffen sein [muß], in der sich ein menschenwürdiges und wirtschaftlich erfolgreiches Leben entwickeln kann"[24]. Die Fragestellung zeigt, daß ein Kennzeichen der Ordoliberalen auch nach dem Krieg der fächerübergreifende wissenschaftliche Dialog und vor allem die Zusammenhänge von Wirtschafts- und Rechtsordnung bleiben.[25]

Die menschenwürdige Wirtschaftsordnung muß aus Sicht der Ordoliberalen nicht erst entdeckt werden: Diejenige Ordnung, die den größtmöglichen Nutzen in wirtschaftlicher und sozialer Hinsicht erzielt, ist die Wettbewerbsordnung.[26] Das Plädoyer für die Wettbewerbsordnung findet in der konsequenten Ablehnung aller Spielarten von zentraler Planung seine Ergänzung. Planwirtschaft und Wettbewerbsordnung bilden die beiden gegensätzlichen Pole des ökonomischen Denkens der Ordoliberalen[27], wobei sich die Ordoliberalen unverändert in ihrer ablehnenden Haltung gegenüber der „sog. freien Wirtschaft, in welcher der Grundsatz des ‚Laissez-faire' verwirklicht ist"[28] einig sind.

Rainer Klump, in: Erich W. Streissler (Hrsg.), Studien zur Entwicklung der ökonomischen Theorie XVI, 1997, S. 161 ff.; *Rainer Klump*, Historische Wurzeln, in: Roland Vaubel/ Hans D. Barbier (Hrsg.), Handbuch Marktwirtschaft, 1993, S. 138 ff.; *ders.*, Wege zur Sozialen Marktwirtschaft – Die Entwicklung ordnungspolitischer Konzeptionen in Deutschland vor der Währungsreform, in: Erich W. Streissler (Hrsg.), Studien zur Entwicklung der ökonomischen Theorie XVI, 1997, S. 129 ff.; *Knut W. Nörr*, Als die Würfel für die Marktwirtschaft fielen, Festschrift für Karl Kroeschell, 1997, S. 885 ff.; *Christian Watrin*, The Principles of the Social Market Economy – its Origins and Early History, ZgS 135 (1979), S. 405 ff.; *Horst f. Wünsche*, Erhards Soziale Marktwirtschaft: Von Eucken programmiert, von Müller-Armack inspiriert?, Festschrift für Ludwig Erhard, 1997, S. 131 ff.

[24] *Fritz W. Meyer/ Hans O. Lenel*, Vorwort, ORDO, Erster Band (1948), S. VII ff. (VII).

[25] Vgl. *Ernst Heuß*, Die theoretische Nationalökonomie im deutschsprachigen Raum vor und nach 1945, in: Bertram Schefold (Hrsg.), Studien zur Entwicklung der ökonomischen Theorie VIII, 1989, S. 63 ff. (67).

[26] Siehe *Fritz W. Meyer/ Hans O. Lenel* (Fn. 24), S. VIII f.

[27] So *Joachim Starbatty* (Fn. 2), S. 240 f.

[28] *Fritz W. Meyer/ Hans O. Lenel* (Fn. 24), S. IX.

2.   Die Abkehr von einer Wirtschaftspolitik des Laissez-faire

Die Ordoliberalen distanzieren sich vom klassischen Liberalismus und dem ihm
innewohnenden Laissez-faire-Gedanken. Ihrer ablehnenden Haltung verleihen
sie sprachlich Ausdruck, indem sie den klassischen Liberalismus – nicht ohne
kritischen Unterton – als Paläo-Liberalismus oder Laissez-faire-Liberalismus
bezeichnen.[29]

Der klassische wirtschaftliche Liberalismus hat seinen Ausgangspunkt am
Ende des 18. Jahrhunderts. Als „Wiege bewußt liberaler Politik"[30] gelten England und Schottland, wo die schottischen Moralphilosophen David Hume (1711-
1776) und Adam Smith (1723-1790) den Weg für klassisch liberales Denken in
Europa bereiteten.[31] Einen entscheidenden Beitrag lieferte Adam Smith mit seinem Werk „An Inquiry into the Nature and Causes of the Wealth of Nations"[32]
(1776), welches zugleich den Beginn der klassischen Nationalökonomie kennzeichnet.[33] In bewußter Abgrenzung zum System des Merkantilismus traten die
Vertreter des klassischen Liberalismus für die Freiheit der wirtschaftlichen Betätigung im Inland wie nach außen ein, während sich der Staat aller Eingriffe in das
freie Spiel der Kräfte möglichst enthalten sollte. Die daraus abgeleitete politische
Maxime des „laissez faire, laissez passer" wurde zum charakteristischen Kennzeichen des klassischen Liberalismus.

Der Beginn der klassischen Nationalökonomie ist in engem ideengeschichtli-
chen Zusammenhang mit der seit der Französischen Revolution einsetzenden

---

[29]   Eine ausführliche Kritik am klassischen Liberalismus formuliert aus ordoliberaler
        Sicht u.a. *Alexander Rüstow* (vgl. *Alexander Rüstow,* Das Versagen des Wirtschaftslibe-
        ralismus, 1950). Siehe auch *Christian Watrin* (Fn. 23), S. 412.

[30]   *Ludwig v. Mises,* Liberalismus (II), Wirtschaftlicher Liberalismus, in: Erwin v. Becke-
        rath u.a. (Hrsg.), HdSW, Sechster Band, 1959, S. 596 ff. (598).

[31]   Einen kurzen Überblick über Leben und Werk der beiden Moralphilosophen gibt
        Karl Graf v. Ballestrem, David Hume und Adam Smith. Zur philosophischen Dimen-
        sion einer Freundschaft, Festschrift für Martin Kriele, 1997, S. 873 ff.
        Siehe auch *Harald Winkel,* Adam Smith und die deutsche Nationalökonomie 1776-
        1820, in: Harald Scherf (Hrsg.), Studien zur Entwicklung der ökonomischen Theorie
        V, 1986, S. 81 ff.

[32]   Das Werk von *Adam Smith* wurde in deutscher Übersetzung erstmals 1776/78 von
        Johann Friedrich Schiller vorgelegt (*Adam Smith,* Der Wohlstand der Nationen
        [1776], 1993).

[33]   So *Friedrich A. v. Hayek,* Liberalismus, 1979, S. 11 f.; *Joachim Starbatty,* Klassischer
        Liberalismus, in: Roland Vaubel/ Hans D. Barbier (Hrsg.), Handbuch Marktwirt-
        schaft, 1993, S. 82 ff.

politischen Freiheitsbewegung zu sehen.[34] Beide hatten die rigorose Begrenzung staatlicher Macht und Einflußnahme zum Ziel: Rechtspolitisch wurde die Einschränkung der Staatsaufgaben und die Einführung der Gewaltenteilung gefordert, wirtschaftspolitisch ermöglichte die Entdeckung des Marktmechanismus, dem Staat die Lenkung der Volkswirtschaft zu entziehen. In Deutschland zählte Wilhelm von Humboldt (1767-1835) neben Immanuel Kant (1724-1804) zu den Wegbereitern des klassischen Liberalismus. In einer frühen Arbeit „Ideen zu einem Versuch, die Grenzen der Wirksamkeit des Staats zu bestimmen" (1792) entwarf Wilhelm von Humboldt das Bild eines Staates, der dem Einzelnen den notwendigen Freiraum zur Selbstentfaltung und für Eigeninitiative läßt und garantiert, indem sich der Staat auf die Erhaltung von Recht und Ordnung beschränkt.[35] Wilhelm von Humboldt sprach dem Staat nicht die Aufgabe ab, für die Sicherheit der Bürger gegen Gefahren von außen und innen Sorge zu tragen[36], verneinte aber einen Wohlfahrtszweck des Staates, der unweigerlich ein Eingreifen des Staates in das Verhalten des Einzelnen zur Folge haben und damit letztlich den Bestand einer freien Gesellschaft gefährden würde.[37]

Die Distanz der Ordoliberalen zur Wirtschaftspolitik des Laissez-faire beruht wesentlich auf zwei historisch bedingten Erfahrungen. Die Wirtschaftspolitik des Laissez-faire wurde im 19. Jahrhundert – trotz ihrer unbestrittenen Erfolge – von schweren sozialen und wirtschaftlichen Mißständen begleitet[38]: Aus Sicht der

---

[34] So *Franz Böhm*, Wirtschaftsordnung und Geschichtsgesetz, 1974, S. 10 ff. Kritisch beleuchtet *Martin Kriele* die Zusammengehörigkeit von Verfassungs- und Wirtschaftsliberalismus (vgl. *Martin Kriele*, Einführung in die Staatslehre, 1994, S. 177 ff.).

[35] Siehe *Wilhelm v. Humboldt*, Ideen zu einem Versuch, die Grenzen der Wirksamkeit des Staats zu bestimmen (1792), in: Wilhelm von Humboldt. Menschenbildung und Staatsverfassung, hrsgg. von Hermann Klenner, 1994, S. 28 ff.
Bemerkenswert ist bereits die Fragestellung, mit der *Wilhelm v. Humboldt* seine Arbeit begann. Er fragte nach dem Zweck der Staatseinrichtung und nicht nach ihrem Ursprung. Vgl. dazu auch *Hardy Bouillon*, Freiheit, Liberalismus und Wohlfahrtsstaat, 1997, S. 17.

[36] *Wilhelm v. Humboldt* stellte den Grundsatz auf, „... *daß die Erhaltung der Sicherheit sowohl gegen auswärtige Feinde als innerliche Zwistigkeiten den Zweck des Staats ausmachen und seine Wirksamkeit beschäftigen muß ...* " (*Wilhelm v. Humboldt* [Fn. 35], S. 75 [Hervorhebung im Original]).

[37] Vgl. dazu *Hardy Bouillon* (Fn. 35), S. 35 f.; *Eberhard Schmidt-Aßmann*, Der Rechtsstaat, in: Josef Isensee/ Paul Kirchhof (Hrsg.), HdbStR I, 1995, § 24 Rdn. 13.

[38] Die im 18. Jahrhundert von England ausgehende industrielle Revolution verbesserte die wirtschaftliche und soziale Lage von weiten Teilen der Bevölkerung; insbesondere bei der Ernährungssituation und in der Gesundheitsversorgung wurden Fortschritte erzielt, wie nicht zuletzt die deutliche Bevölkerungszunahme in diesen Jahren zeigt. Der Grad der Industrialisierung konnte mit dem Anwachsen der Bevölke-

Vertreter der Freiburger Schule haben die Begründer und Vertreter des klassischen Liberalismus keine befriedigende Antwort auf die soziale Frage geben und insbesondere das Entstehen von Monopolen und Kartellen nicht verhindern können.[39] Die Kritik an der Politik des Laissez-faire mündet in dem Vorwurf, daß die Klassiker das politische Handeln des Staates allein auf die Gestaltung der Staats- und Rechtsordnung beschränkt haben, während „die *Wirtschafts*ordnung und ihre Gestaltung ... nicht als besondere staatliche Aufgabe angesehen"[40] worden ist.

Die Kritik der Ordoliberalen am klassischen Liberalismus basiert letztlich auf dem Vorwurf, die Selbststeuerungskräfte des Marktes überschätzt und damit das Entstehen von marktbeherrschenden Unternehmen überhaupt erst ermöglicht zu haben. Monopole und Kartelle, die den Zustand vollständiger Konkurrenz beseitigen oder aushöhlen, um wirtschaftliche Vorteile zu ihren eigenen Gunsten, aber mit wettbewerbswidrigen Mitteln zu erzielen, konnten entstehen, weil die Klassiker unterstellt haben, daß der Wirtschaft eine Ordnung immanent sei, derzufolge ein ordnender Rahmen für die Erhaltung des Wettbewerbs nicht nur von selbst entstehe, sondern auch langfristig bestehen bleibe.[41] Die geschichtliche Entwicklung hat diese Annahme der Klassiker aus ordoliberaler Sicht widerlegt und gezeigt, daß die „invisible hand" – von der Adam Smith sprach – die

---

rung allerdings nicht Schritt halten, so daß die Versorgung von weiten Teilen der Bevölkerung nicht mehr sichergestellt werden konnte, was zur Verelendung eines großen Teils der Arbeiterschicht führte (sog. Pauperismus).

Siehe dazu u.a. *Gerd Habermann*, Die Freiheit in der Deutschen Geschichte, in: Roland Baader (Hrsg.), Die Enkel des Perikles, 1995, S. 51 ff. (63); *Alfred Müller-Armack*, Die Wirtschaftsordnung sozial gesehen, ORDO, Erster Band (1948), S. 125 ff. (128 ff.).

[39]   Vgl. *Walter Eucken*, Grundsätze der Wirtschaftspolitik (1952), 1990, S. 26 ff. Siehe auch *Terence W. Hutchison*, Notes on the Effects of Economic Ideas on Policy: the Example of the German Social Market Economy, ZgS 135 (1979), S. 426 ff. (434).

[40]   *Walter Eucken*, Die Wettbewerbsordnung und ihre Verwirklichung, ORDO, Zweiter Band (1949), S. 1 ff. (3) (Hervorhebung im Original).

[41]   Vgl. *Franz Böhm* (Fn. 13), S. 47 f. (Anmerkung); *ders.*, Schutz dem Leistungswettbewerb, in: Tagungsprotokoll der Aktionsgemeinschaft Soziale Marktwirtschaft, 1955, S. 89 ff. (S. 104 f., Anmerkung); *Walter Eucken* (Fn. 40), S. 4 ff.; *Alexander Rüstow*, Wirtschaftsordnung und Staatsform (1951), in: Alexander Rüstow. Rede und Antwort, hrsgg. von Martin Hoch, 1963, S. 230 ff. (234).

Es sei an dieser Stelle jedoch darauf hingewiesen, daß sowohl *Adam Smith* als später auch *Friedrich A. v. Hayek* stets darauf hingewiesen haben, daß der Wettbewerb der Einschränkung durch geeignete Regeln bedarf, um vorteilhaft wirken zu können (vgl. *Adam Smith* [Fn. 32], S. 582; *Friedrich A. v. Hayek*, The Fatal Conceit, 1988, S. 19).

Wettbewerbsordnung nicht aus eigener Kraft erhalten und bewahren kann. Die Errichtung und die Sicherung der Wettbewerbsordnung bedürfe vielmehr einer „ganz ungewöhnlichen politischen und geistigen Anstrengung"[42].

Die Ordoliberalen treten daher – in Abkehr von der Wirtschaftspolitik des Laissez-faire – für eine vergleichsweise aktivere Rolle des Staates ein. Da sich der Wettbewerb nicht dauerhaft von selbst einstelle, sei es Aufgabe des Staates, als Ordnungsinstanz den Wettbewerb zu fördern, vor Verzerrungen zu schützen und damit dauerhaft zu bewahren.[43] Der Staat wird im Ergebnis zu Hilfe gerufen, um den Gedanken des Laissez-faire (im Sinne eines freien Wettbewerbs) umfassend zu ermöglichen.[44]

Aus der Kritik der Ordoliberalen am zu optimistischen Laissez-faire Gedanken der Klassiker und dem gleichzeitigen Ruf nach dem Staat als ordnender Instanz ist oftmals abgeleitet worden, daß die Ordoliberalen einen sogenannten dritten Weg zwischen Liberalismus und Sozialismus eingeschlagen haben. Die aktive Rolle, die die Ordoliberalen dem Staat einräumen, täuscht über die vielen, grundlegenden Gemeinsamkeiten mit dem klassischen Liberalismus hinweg: Dem Ordoliberalismus liegt das Bekenntnis zur Marktwirtschaft und damit die strikte Ablehnung jeder planwirtschaftlichen Wirtschaftslenkung zugrunde. Die ordoliberale Idee basiert auf der Erkenntnis, daß „sich in einer sich selbst überlassenen, befreiten, aber von den Kampfregeln der Leistungskonkurrenz beherrschten Wirtschaft aus sich selbst eine Ordnung von höherer Vollkommenheit entwickelt, als es bewußter menschlicher Wirtschaftslenkung möglich sein würde. Alle Planwirtschaft wird von dieser Lehre als eine rohe, unvollkommenere, als eine anmaßende und gekünstelte Ordnung abgelehnt ... "[45].

---

[42]　*Franz Böhm*, Die Aufgaben der freien Marktwirtschaft, 1951, S. 12.

[43]　Siehe *Franz Böhm* (Fn. 3 [1966]), S. 102 ff.; *Walter Eucken* (Fn. 39), S. 325 ff.; *Wilhelm Röpke*, Richtpunkte des liberalen Gesamtprogramms (1944), in: Wolfgang Stützel/ Christian Watrin/ Hans Willgerodt/ Karl Hohmann (Hrsg.), Grundtexte zur Sozialen Marktwirtschaft, 1981, S. 227 ff. (229).
　　　Vgl. auch *Hans Besters* (Fn. 5), S. 110; *Willi Thiele*, Einführung in das Wirtschaftsverfassungsrecht, 1970, S. 30 f.

[44]　Vgl. *Willi A. Boelcke*, Liberalismus, in: Willi Albers u.a. (Hrsg.), HdWW, Fünfter Band, 1980, S. 32 ff. (44).

[45]　*Franz Böhm*, Die außerstaatliche („natürliche") Gesetzmäßigkeit des wettbewerblichen Wirtschaftsprozesses (1933), in: Wolfgang Stützel/ Christian Watrin/ Hans Willgerodt/ Karl Hohmann (Hrsg.), Grundtexte zur Sozialen Marktwirtschaft, 1981, S. 135 ff. (141).

An der Notwendigkeit einer marktwirtschaftlichen Ausgestaltung der Wirtschaftsordnung lassen die Ordoliberalen keinen Zweifel aufkommen.[46] Der Staat soll (nur) das der Marktwirtschaft innewohnende Wettbewerbsprinzip dauerhaft sichern, das heißt, Aufgabe des Staates ist es nicht, in das Wirtschaftssystem zu intervenieren, um Ergebnisse des Marktes zu revidieren, sondern die Aufrechterhaltung eines Zustandes größtmöglicher Konkurrenz. Die auf dem Markt erzielten Ergebnisse sollen dadurch gesichert werden, daß der Staat Verzerrungen des Wettbewerbs, die die Gleichgewichtssituation auf dem Markt gefährden und beseitigen könnten, im Keim erstickt. Der Staat soll also den Rahmen für die Wettbewerbsordnung zur Verfügung stellen – nicht mehr und nicht weniger.

Eine interventionistische Politik des Staates, die versucht, Elemente der Marktwirtschaft mit dem System einer zentralen Lenkung zu kombinieren, lehnen die Ordoliberalen strikt ab.[47] Diese Form der staatlichen Intervention, die die im Gleichgewichtszustand des Marktes getroffenen Entscheidungen relativiert oder in ihr Gegenteil verkehrt, bezeichnen die Ordoliberalen selbst als dritten Weg.[48] Der Versuch, die Vertreter des Ordoliberalismus auf einen sogenannten dritten Weg zwischen Kapitalismus und Sozialismus festzulegen, schlägt also zwangsläufig fehl; statt dessen kann eine prinzipielle Zuordnung zur Lehre der englischen Klassiker ohne Wenn und Aber erfolgen.

Trotz der Kritik an der Wirtschaftspolitik des Laissez-faire bleibt das Bekenntnis zur Marktwirtschaft und zum Prinzip des Wettbewerbs als zentrale Botschaft der Freiburger Schule. Die Ordoliberalen sehen deshalb eine ihrer Kernaufgaben darin, die freie Marktwirtschaft zur Wettbewerbsordnung fortzuentwickeln, denn wenn „wir den Spuren von Adam Smith folgen, dann müssen wir versuchen, die Marktwirtschaft zu einer Wettbewerbsordnung zu verfeinern und sie damit als Wirtschaftssystem aktionsfähig zu machen"[49].

---

[46]   Vgl. auch *Wilhelm Röpke*, Marktwirtschaft ist nicht genug (1957), in: Wilhelm Röpke. Fronten der Freiheit, hrsgg. von Hans Otto Wesemann, 1965, S. 227 ff. Siehe auch *Egon E. Nawroth*, Die wirtschaftspolitischen Ordnungsvorstellungen des Neoliberalismus, 1962, S. 19 ff.

[47]   Vgl. *Wilhelm Röpke* (Fn. 43), S. 229 f.; *Alexander Rüstow*, Liberale Interventionen (1932), in: Wolfgang Stützel/ Christian Watrin/ Hans Willgerodt/ Karl Hohmann (Hrsg.), Grundtexte zur Sozialen Marktwirtschaft, 1981, S. 221 ff.

[48]   Siehe *Franz Böhm* (Fn. 42), S. 15 ff.

[49]   *Franz Böhm* (Fn. 42), S. 14.

3. Die Absage an die Historische Schule

Während in der ersten Hälfte des 19. Jahrhunderts die deutsche Nationalökonomie von den Ideen des klassischen Liberalismus beherrscht wurde, dominierte in der zweiten Hälfte die sogenannte Historische Schule.[50] Die Kritik der Historischen Schule am klassischen Liberalismus setzte im wesentlichen an zwei Punkten an: Die klassische Nationalökonomie, die das freie Spiel der Kräfte und damit die Nicht-Intervention des Staates zu ihrem Grundsatz erhob, konnte die soziale Frage nicht befriedigend lösen. Die Historische Schule forderte deshalb eine aktive sozialpolitische Rolle des Staates ein.[51] So mahnte insbesondere die jüngere Historische Schule um Gustav von Schmoller (1838-1917), der zu den Mitbegründern des 1872 gegründeten und wirtschaftspolitisch einflußreichen „Vereins für Socialpolitik" zählte, umfassende staatliche Sozialreformen an.

Der zweite Kritikpunkt an den Klassikern war von grundlegender, wissenschaftlicher Natur: Die Vertreter der Historischen Schule lehnten die Gültigkeit allgemeiner abstrakter wissenschaftlicher Gesetze im Wirtschaftsleben ab; sie stellten der Theorie der klassischen Ökonomie ein neues Verhältnis von Nationalökonomie und Geschichte gegenüber, wonach jede Epoche der Wirtschaftsgeschichte an ihren eigenen historischen Maßstäben zu messen sei.[52] Jedes geschichtliche Ereignis sei vornehmlich als Produkt der jeweiligen Zeit anzusehen und in der Verpflichtung dieser jeweiligen Epoche gegenüber nur aus dieser heraus zu verstehen. Aufgabe der Nationalökonomie mußte es danach sein, jede Wirtschaftsepoche auf ihre jeweiligen wirtschaftlichen und gesellschaftlichen Zustände hin zu untersuchen, da jede wirtschaftshistorische Periode durch außerhalb des Wirtschaftslebens stehende Einflüsse geprägt werde. Als Ergebnis ihrer Untersuchungen erklärte die Historische Schule die Entwicklung der Wirtschaft als eine Abfolge von Stufen; das Fortschreiten einer Volkswirtschaft vollziehe sich von einer Stufe zur nächst höheren.[53] Die Historische Schule leitete

---

[50] Einen Überblick über Wurzeln und Gedankengut der Historischen Schulen in der Volkswirtschaft gibt *Heinz Rieter*, Historische Schule, in: Otmar Issing (Hrsg.), Geschichte der Nationalökonomie, 1994, S. 127 ff.

[51] Siehe *Hans Fenske*, Politisches Denken im 20. Jahrhundert, in: Hans-Joachim Lieber (Hrsg.), Politische Theorien von der Antike bis zur Gegenwart, 1993, S. 657 ff. (722 f.); *Christian Watrin* (Fn. 23), S. 406 ff.

[52] Siehe *Günter Schmölders*, Historische Schule, in: Otmar Issing (Hrsg.), Geschichte der Nationalökonomie, 1984, S. 107 ff. (108).

[53] Dazu *Terence W. Hutchison*, A Review of Economic Doctrines 1870-1929, 1953, S. 131 f.; *Georg Jahn*, Die Historische Schule der Nationalökonomie und ihr Ausklang – Von der Wirtschaftsgeschichte zur geschichtlichen Theorie, in: Antonio Montaner (Hrsg.), Geschichte der Volkswirtschaftslehre, 1967, S. 41 ff. (46 ff.).

eine grundsätzliche Wende in der Wirtschaftswissenschaft ein, indem sie sich maßgeblich auf die Beobachtung und das Beschreiben volkswirtschaftlicher Erscheinungen beschränkte. Ihr Wahlspruch hätte „Erst Geschichte und wenn deren Beschreibung vollständig ist, dann Theorie"[54] lauten können.[55]

Die Historische Schule machte es sich also zur Aufgabe, jede Wirtschaftsepoche auf ihre jeweiligen historischen Bedingungen und Eigenheiten hin zu untersuchen und zu analysieren. Dabei lehnten es ihre Vertreter ab, allgemeine Grundsätze, die epochenübergreifenden Bestand und Gültigkeit haben könnten, heraus zu arbeiten. Durch diese Ablehnung von allgemein gültigen Grundsätzen im Wirtschaftsleben ist ihnen nach Ansicht der Ordoliberalen der Blick für grundlegende Gemeinsamkeiten einzelner Erscheinungen in verschiedenen Wirtschaftsepochen versperrt geblieben. Die wissenschaftliche Methode der Historischen Schule entpuppe sich quasi als eine Sammlung von Einzelbeobachtungen, die im Ergebnis jede epochenübergreifende Idee relativiere.[56] Die Überbetonung des Eigenwertes eines geschichtlichen Ereignisses führt aus ordoliberaler Sicht in letzter Konsequenz zur Leugnung jeder Relevanz der Vergangenheit für die Gegenwart. Denn wenn „alles geschichtliche Leben individuell ist und von besonderen, natürlichen und gesellschaftlichen Bedingungen abhängt, dann muß auch der Betrachter selbst nur einen geschichtsbedingten Aspekt, nicht mehr, gewinnen können. ... Daraus ergibt sich: Alle Werte der Religion, der Moral, der Kultur werden der Relativierung ausgeliefert. Also auch die *Wahrheit*"[57].

---

[54] *Fritz Holzwarth*, Ordnung der Wirtschaft durch Wettbewerb, 1985, S. 14.

[55] Neben der Nationalökonomie kam es auch in vielen Geisteswissenschaften zur Entstehung Historischer Schulen. In der Rechtswissenschaft zählte *Friedrich C. von Savigny* (1779-1861) zu deren Begründern. Ziel der historischen Rechtsschule war es, das geschichtlich gewachsene Recht zum Maßstab des Rechts zu erheben, denn das Recht sei „aus dem innersten Wesen der Nation selbst und ihrer Geschichte hervorgegangen" (*Friedrich C. v. Savigny*, Über den Zweck dieser Zeitschrift, Zeitschrift für die geschichtliche Rechtswissenschaft, 1815, S. 1 ff. [6]).
Siehe auch *Friedrich C. v. Savigny*, Grundgedanken der historischen Rechtsschule, in: Erik Wolf (Hrsg.), Quellenbuch zur Geschichte der deutschen Rechtswissenschaft, 1949, S. 318 ff. Siehe weiter *Joachim Rückert*, Idealismus, Jurisprudenz und Politik bei Friedrich Carl von Savigny, 1984, S. 331 ff.

[56] Vgl. *Franz Böhm/ Walter Eucken/ Hans Großmann-Doerth* (Fn. 14), S. X. Vgl. auch *Walter Eucken*, Nationalökonomie wozu? (1938), 1961, S. 22 f.; *Ernst-Joachim Mestmäcker*, Wirtschaftsordnung und Geschichtsgesetz, in: Ludwig-Erhard-Stiftung (Hrsg.), Wirtschaftsordnung als Aufgabe, 1995, S. 111 ff. (114).

[57] *Walter Eucken*, Die Überwindung des Historismus, in: Arthur Spiethoff (Hrsg.), Schmollers Jahrbuch, 1938, S. 63 ff. (64) (Hervorhebung im Original).

Im Ergebnis gründet die Absage der Ordoliberalen an die Überzeugungen der Historischen Schule auf der Kritik, daß die Historische Schule jede Form wissenschaftlicher Erkenntnis relativiere. Grundsätzliche Erkenntnisse würden durch nur punktuelle Fragen und Einsichten verdrängt. Die Verabsolutierung von singulären geschichtlichen Ereignissen hat nach Ansicht der Vertreter der Freiburger Schule darüber hinaus einer Entwicklung Vorschub geleistet, die der Rechtswissenschaft und der Nationalökonomie jeden gestaltenden Einfluß genommen habe. Die Rechtswissenschaft im Sinne der Historischen Schule habe allenfalls noch beschreibend die Rechtsentwicklung begleitet, aber nicht gestaltend in sie eingreifen können.[58] Die Ordoliberalen wenden sich zugleich auch gegen die – nach ihrer Meinung fatalistische – Überzeugung der Vertreter der Historischen Schule, daß wirtschaftliche Gegebenheiten unabänderliche Tatsachen seien, denen sich das Recht anzupassen und damit zu beugen habe.[59]

Die Ordoliberalen beschränken sich – im Gegensatz zu den Vertretern der Historischen Schule – nicht auf historische Einzelbeobachtungen, sondern arbeiten aus diesen Beobachtungen Gemeinsamkeiten und daraus allgemeine Grundsätze heraus.[60] Die Vertreter der Freiburger Schule kritisieren also nicht die Methode der historischen Einzelbeobachtungen an sich, sondern richten ihre Kritik auf deren Verabsolutierung. Die Ordoliberalen gewinnen ihre Erkenntnisse wesentlich aus der Beobachtung historischer Entwicklungen; im Mittelpunkt steht für sie dabei stets, wirtschaftliche Grundsätze von allgemeiner Geltung aus diesen Beobachtungen zu gewinnen.[61] Im Ergebnis gelangen die Ordoliberalen so zu der Annahme von zwei konstitutiven Grundformen der Wirtschaft: der Verkehrswirtschaft und der Zentralverwaltungswirtschaft. Den Vertretern der Historischen Schule stellen die Ordoliberalen damit das Denken in Ordnungen und

---

[58] Siehe *Franz Böhm/ Walter Eucken/ Hans Großmann-Doerth* (Fn. 14), S. X f.

[59] Vgl. *Franz Böhm* (Fn. 10), S. 108.

[60] Vgl. *Rainer Klump* (Fn. 23 [1997]), S. 136.

[61] Vgl. *Willi Meyer*, Geschichte und Nationalökonomie: Historische Einbettung und allgemeine Theorien, ORDO, Band 40 (1989), S. 31 ff. (36).
Die Bedeutung geschichtlicher Ereignisse für die Nationalökonomie umschreibt *Walter Eucken* in seiner Abhandlung „Nationalökonomie wozu?" eingehend: „Sie [Die Nationalökonomie] *muß* von der geschichtlich-inidviduellen Mannigfaltigkeit ihres Gegenstandes ausgehen. Sonst verliert sie den Boden unter den Füßen. Aber sie *kann* ihre Probleme nur lösen und die Wirklichkeit in ihren Zusammenhängen nur fassen, wenn sie diese Probleme allgemein stellt und dadurch theoretischer Untersuchung zuführt. Sie ist gezwungen, der historischen Vielfalt der Wirtschaftsformen gerecht zu werden und gleichwohl die Probleme theoretisch allgemein zu behandeln. Die Erkenntnis der wirtschaftlichen Wirklichkeit verlangt *beides*." (*Walter Eucken* [Fn. 56], S. 26 f. [Hervorhebung im Original]).

Ordnungszusammenhängen anstelle von einzelnen, selbständig und unabhängig voneinander zu betrachtenden Geschichtsepochen gegenüber.

4.   Die Ordnungsidee

Mit der industriellen Revolution veränderte sich im 19. Jahrhundert die Arbeitswelt und das Wirtschaftsleben fundamental: An die Stelle autarker Familienwirtschaften trat ein weltweiter, durch Arbeitsteilung geprägter Wirtschaftsprozeß. Als Folge der Arbeitsteilung entstand ein hoch komplexes Netz von nationalen wie internationalen Wirtschaftsbeziehungen, welches eine permanente Anpassung an veränderte wirtschaftliche Bedingungen und neue Herausforderungen von den am Wirtschaftsprozeß Beteiligten verlangte. Die durch die Industrialisierung hervorgerufene Komplexität und Dynamik des Wirtschaftsprozesses stellte die Frage nach der Lenkung der Wirtschaft neu[62]: Während Eigen- oder Familienwirtschaften im wesentlichen noch von einer Person überschaut und gelenkt werden konnten, konnte der Einzelne die ineinandergreifenden Pläne und Handlungen in einer arbeitsteiligen Wirtschaft nicht mehr überblicken. Deshalb kommt der Wirtschaftsordnung nunmehr in bezug auf die Art und Weise der Lenkung des Wirtschaftsprozesses entscheidende Bedeutung zu.

a.   Die natürliche Ordnung bei Adam Smith

Adam Smith stellte die Frage nach den Ursachen und Grundlagen des wirtschaftlichen Fortschritts und in dessen Folge das Individuum in den Mittelpunkt seiner Überlegungen. Der Mensch sei Träger aller wirtschaftlichen Handlungen und entscheide in freier Selbstbestimmung, mit der die Verantwortung des Einzelnen für sein Tun korrespondiere. Adam Smith hielt den Einzelnen für geeigneter und befähigter als jeden anderen, für sich selbst und sein Handeln Sorge zu tragen.[63] Aus der natürlichen Verantwortung, für sich selbst zu sorgen, folge, daß das Handeln des Einzelnen durch sein Eigeninteresse bestimmt und gelenkt werde;

---

[62]   Vgl. *Franz Böhm*, Wirtschaftsordnung und Wirtschaftsleistung (1948), in: Konrad-Adenauer-Stiftung (Hrsg.), Franz Böhm. Beiträge zu Leben und Wirken, 1980, S. 91 ff. (93 f.); *Walter Eucken*, Das ordnungspolitische Problem, ORDO, Erster Band (1948), S. 56 ff. (61).

[63]   Vgl. *Adam Smith*, Theorie der ethischen Gefühle (1759), II. Band, 1926, S. 371 ff.

das Selbstinteresse sei das oberste Handlungsprinzip des Menschen.[64] Von dieser Prämisse ausgehend entstehe nach Adam Smith ein „System der natürlichen Freiheit": Danach würden die einzelnen Wirtschaftssubjekte ihre Tätigkeit, sofern sie über die Verwendung ihrer Ressourcen frei entscheiden könnten, jeweils so lenken, daß sie den größtmöglichen eigenen Nutzen erwarten könnten.[65] Im Ergebnis komme das durch das jeweilige Eigeninteresse gelenkte Handeln der Gesamtheit zugute, da jeder aus seinem Tun einen eigenen Nutzen erwirtschafte, damit für sich selbst Sorge tragen könne und nicht der Unterstützung anderer bedürfe. Adam Smith sah im wohlverstandenen Selbstinteresse also zugleich den einzigen Weg, das Gesamtinteresse aller zu verwirklichen.[66]

Den gesellschaftlichen Wirkungen eigeninteressierten Handelns ging Adam Smith im Einzelnen in seinem Hauptwerk „Der Wohlstand der Nationen" nach. Ausgangspunkt seiner Untersuchungen war das System der gesellschaftlichen Arbeitsteilung. Nach Adam Smith entsprach die Arbeitsteilung, das heißt im Ergebnis die Neigung zum Handel und zum Tausch, ebenso der menschlichen Natur wie das Streben nach wirtschaftlichem und sozialen Aufstieg.[67] Der arbeitsteilige Wirtschaftsprozeß förderte nicht nur die Kommunikation zwischen den Menschen, sondern legte zugleich die Grundlage für gemeinsamen Fortschritt und Wohlstand. Das Zusammenspiel von Tauschhandlungen einerseits

---

[64] Vgl. *Adam Smith*, Vorlesungen über Rechts- und Staatswissenschaften (1763), 1996, S. 256. Vgl. auch *Horst C. Recktenwald*, Adam Smith. Sein Leben und sein Werk, 1976, S. 84 f.
Adam Smith unterschied zwischen dem wohlverstandenen Selbstinteresse und eigensüchtigen Neigungen, den sog. selfish passions. Um die „selfish passions" zu mäßigen, stellte *Adam Smith* Regeln auf, die ein harmonisches Zusammenleben der Individuen ermöglichen sollten. Dazu zählten für *Adam Smith* vor allem das Interesse für den anderen, die sog. sympathy sowie die freiwillige Anerkennung von gemeinsamen Regeln der Ethik und Gerechtigkeit (vgl. *Ernst-Joachim Mestmäcker*, Die sichtbare Hand des Rechts, in: ders., Recht und ökonomisches Gesetz, 1984, S. 104 ff. [111 f.]; ders., Selbstliebe und soziale Gerechtigkeit bei Adam Smith, Festschrift für Konrad Duden, 1977, S. 319 ff. [327 ff.]; *Thomas Wilson*, Sympathy and Self-Interest, in: ders./ Andrew S. Skinner [Hrsg.], The Market and the State, 1976, S. 73 ff.).

[65] Vgl. *Adam Smith* (Fn. 32), S. 582 f. Vgl. dazu *Joachim Starbatty* (Fn. 33), S. 82.

[66] Vgl. *Götz Briefs*, Klassische Nationalökonomie, in: Erwin v. Beckerath u.a. (Hrsg.), HdSW, Sechster Band, 1959, S. 4 ff. (8); *Artur Woll*, Adam Smith – Gründe für ein erneutes Studium seiner Werke, ORDO, Band 49 (1998), S. 191 ff. (203 f.).
Auf die Rolle des Selbstinteresses für den Zusammenhalt und die Weiterentwicklung einer Gesellschaft wies *Bernard Mandeville* schon 1714 in seiner Fabel „Der unzufriedene Bienenstock oder die ehrlich gewordenen Schurken" hin (*Bernard Mandeville*, Die Bienenfabel [1714], 1980).

[67] Siehe *Adam Smith* (Fn. 64), S. 184 ff.; *ders.* (Fn. 32), S. 17 f.

und Selbstinteresse andererseits bildete zugleich die Grundlage für das Entstehen
eines Marktmechanismus: Jedes Individuum, welches aufgrund seiner eigenen
Interessen handelt, trifft notwendig auf die Interessen anderer Individuen, die in
gegenseitiger Ergänzung oder in Konkurrenz stehen können. Ein Ausgleich der
jeweiligen Interessen wird im Rahmen der Tausch- bzw. Vertragsverhandlungen
gefunden. Das Angebot des einen korrespondiert mit der Nachfrage des anderen, während bei gleich gelagerten Interessen, also der Nachfrage nach einem
Produkt ohne einen entsprechenden Umfang an Angeboten, die Bereitschaft,
den höheren Preis zu zahlen, bzw. in einer umgekehrten Situation die bessere
Qualität des Produkts den Ausschlag für den Vertragsschluß geben kann. Im
Rahmen des Tauschgeschäftes entscheidet jeder selbst, welchen Preis er zu zahlen bereit ist bzw. welche Produkte er in welcher Qualität anzubieten bereit ist,
um für sich selbst (aus der eigenen subjektiven Sicht) den größten Nutzen aus
dem Tauschgeschäft zu ziehen. Auf diese Weise findet ein Ausgleich verschiedener Interessen statt, denn in ein Tauschgeschäft wird nur einwilligen, wer sich
selbst von dem Geschäft einen Vorteil verspricht. Im Ergebnis ziehen also beide
Vertragspartner aus ihrer Sicht jeweils einen Vorteil aus dem Geschäft, der im
sogenannten Wettbewerbspreis seinen Ausdruck findet. Dieser (Wettbe-
werbs-)Preis bildet sich durch den freiwilligen Abschluß von Verträgen über
geldwerte Leistungen und Gegenleistungen auf dem Markt und garantiert nach
Adam Smith die beste Versorgung des Marktes.[68]

Die durch das Selbstinteresse des Einzelnen motivierten Tauschhandlungen
waren für Adam Smith ein natürlicher Prozeß.[69] Der freie Markt steuere sich auf
der Basis individueller Interessen selbst; der Markt stelle nach Adam Smith eine
natürliche Ordnung dar. Der Staat habe in diesem System der natürlichen Ordnung nur wenige Ordnungsfunktionen inne, wie den Schutz vor äußeren und
inneren Feinden, den Aufbau eines zuverlässigen Justizwesens und die Einrich-
tung bestimmter öffentlicher Anstalten.[70] Er werde von der Aufgabe, in den
Wirtschaftsprozeß lenkend und gestaltend einzugreifen, vollständig entbunden,

---

[68] Die Theorie des Gleichgewichtspreises auf dem Markt zählt zu den grundlegenden
Bausteinen der Lehre von der Marktwirtschaft, die wesentlich auf *Adam Smith* zu-
rückgeht. Vgl. *Horst C. Recktenwald* (Fn. 64), S. 126 f.; *Erich Streissler*, Zur Vorgeschichte der wirtschaftspolitischen Vorstellungen Adam Smiths, in: Franz-Xaver
Kaufmann/ Hans-Günter Krüsselberg (Hrsg.), Markt, Staat und Solidarität bei A-
dam Smith, 1984, S. 15 ff. (35 f.).

[69] Siehe dazu auch *Götz Briefs* (Fn. 66), S. 7.

[70] Vgl. *Adam Smith* (Fn. 32), S. 582. Vgl. auch *Klaus Gretschmann*, Markt und Staat bei
Adam Smith – Eine neue Antwort auf eine alte Frage?, in: Franz-Xaver Kaufmann/
Hans-Günter Krüsselberg (Hrsg.), Markt, Staat und Solidarität bei Adam Smith,
1984, S. 114 ff. (123 ff.); *Artur Woll* (Fn. 66), S. 194 ff.

denn ohne staatliche Eingriffe vollziehe sich das Wirtschaftsleben – natürlichen Gesetzen gehorchend – wie ein automatischer Prozeß.[71] Das Handeln der Individuen werde in der natürlichen Ordnung wie „von einer unsichtbaren Hand"[72] im Interesse und zum Nutzen der Gesellschaft gelenkt.

In seiner Vorstellung von einer natürlichen Ordnung, einem natürlichen Lauf der Dinge, wurde Adam Smith von den Physiokraten beeinflußt. Die Physiokraten strebten eine von Gott gewollte Ordnung (ordre naturel) an; in ihren Überzeugungen spiegelte sich die deistisch-optimistische Überzeugung von einer vorgegebenen Harmonie der Weltordnung wider.[73] Unter der natürlichen Ordnung verstanden die Physiokraten ein Zusammenspiel verschiedener Interessen zum Wohle der Gesellschaft als Ganzes.[74] Je weiter die natürliche Ordnung verwirklicht wurde, desto eher wurde nach Auffassung der Physiokraten die Wirklichkeit (ordre positif) vernünftig, das heißt eine ideale Ordnung für alle.[75]

Adam Smith teilte die Grundüberzeugungen der Physiokraten, wonach die natürliche Ordnung größtmöglichen Nutzen und größtmögliche Freiheit für alle realisiere. Im Gegensatz zu den Physiokraten war bei Adam Smith die natürliche Ordnung jedoch nicht ein anzustrebender Idealzustand, sondern eine bereits vorhandene (Natur-)Ordnung, die *„psychologischen Zwangsläufigkeiten"*[76] folge. Jeder künstliche Eingriff in den natürlichen Lauf der Dinge störe diese Ordnung und wirke freiheitsmindernd.

b.   Die Ordnungsidee der Freiburger Schule

Der Begriff der „Ordnung" durchdringt das Denken und die Arbeiten der Freiburger Schule. Die Beobachtung, daß alle sozialen Erscheinungen in einer Gesellschaft miteinander verbunden sind, sich wechselseitig bedingen und aufeinander einwirken, führt die Ordoliberalen zu dem Schluß, daß sie eine gewisse

---

[71]   Vgl. *Adam Smith* (Fn. 32), S. 313.

[72]   *Adam Smith* (Fn. 32), S. 371. Siehe dazu auch *A. L. Macfie*, The Individual in Society, 1967, S. 54.

[73]   Vgl. *Franz Klüber* (Fn. 9), S. 323.

[74]   Siehe *Ulrich Dierse*, Ordnung, III. Abschnitt, in: Joachim Ritter/ Karlfried Gründer (Hrsg.), HWPh, Band 6, 1984, S. 1280 ff. (1290); *Oswald v. Nell-Breuning*, Zur Kritik des wirtschaftlichen Liberalismus, Die neue Ordnung, 4. Jahrgang (1950), S. 289 ff. (289).

[75]   Vgl. *Philipp Herder-Dorneich*, Die Entwicklungsphasen der Sozialen Marktwirtschaft und der Paradigmenwechsel in der Ordnungstheorie, in: Otmar Issing (Hrsg.), Zukunftsprobleme der Marktwirtschaft, 1981, S. 671 ff. (677 f.).

[76]   *Franz Böhm* (Fn. 13), S.73 (Hervorhebung im Original).

Ordnung haben.[77] Franz Böhm bezeichnet Ordnungen als *„konstitutive Bauelemente menschlicher Gesellung"*[78]. Diese Ordnungen sind natürlich und nicht das „Ergebnis der ordnenden Tätigkeit eines ordnenden Wesens"[79]; es handelt sich um abstrakte und sehr komplexe Ordnungen, die zwar das Ergebnis menschlichen Handelns, aber nicht von menschlicher Absicht gelenkt sind.[80] Der Einzelne ist demzufolge nicht einmal in der Lage die komplexen Zusammenhänge in der Gesellschaft zu übersehen, obwohl er selbst an ihrer Entstehung mitwirkt.[81]

Um diesen *„überindividuellen Lenkungsmechanismus"*[82] zu erklären, der es Millionen von unabhängigen Akteuren ermöglicht, miteinander am Markt zu agieren, greifen die Ordoliberalen den Gedanken des Ordo und die Idee der natürlichen Ordnung, die durch eine „unsichtbare Hand" gelenkt wird, auf.[83]

---

[77]   Vgl. *K. Paul Hensel*, Ordnung der Wirtschaft als wissenschaftliches Problem, ORDO, Fünfzehnter/ Sechzehnter Band (1965), S. 3 ff. (4 f.).

[78]   *Franz Böhm*, Eine Kampfansage an Ordnungstheorie und Ordnungspolitik, ORDO, Vierundzwanzigster Band (1973), S. 11 ff. (21) (Hervorhebung im Original).

[79]   *Friedrich A. v. Hayek*, Arten der Ordnung, ORDO, Vierzehnter Band (1963), S. 3 ff. (4).

[80]   Dazu *Friedrich A. v. Hayek*, Rechtsordnung und Handelnsordnung (1967), in: ders., Freiburger Studien, 1994, S. 161 ff.
        Friedrich A. v. Hayek definiert den Begriff der „Ordnung" als das „Bestehen von Beziehungen zwischen wiederkehrenden Elementen ... , die es für uns möglich macht, aufgrund der Kenntnis eines (räumlich oder zeitlich) beschränkten Teils eines Ganzen Erwartungen bezüglich des Rests zu bilden ... " (*Friedrich A. v. Hayek* [Fn. 80], S. 164).

[81]   Vgl. *Kurt Biedenkopf*, Erneuerung der Ordnungspolitik, in: Ludwig-Erhard-Stiftung (Hrsg.), Wirtschaftsordnung als Aufgabe, 1995, S. 15 ff. (27); *Erich Hoppmann*, Eine universelle Quelle von Ordnung, Frankfurter Allgemeine Zeitung vom 12. Dezember 1998.

[82]   *Franz Böhm*, Freiheit und Ordnung in der Marktwirtschaft, ORDO, Zweiundzwanzigster Band (1971), S. 11 ff. (16) (Hervorhebung im Original).

[83]   *Friedrich A. von Hayek* bezeichnet Ordnungen, die nicht auf dem planmäßigen Handeln von Individuen beruhen, sondern aus individuellem Handeln unbeabsichtigt resultieren, als spontane Ordnungen (*Friedrich A. v. Hayek* [Fn. 79], S. 6 ff.).
        Von der spontanen Ordnung unterscheidet *Friedrich A. v. Hayek* die Ordnung durch Organisation, in der Teile menschlichen Handelns nach einem vorgefaßten Plan zueinander in Beziehung gebracht werden. Zu dieser Unterscheidung ausführlich *Friedrich A. v. Hayek*, Law, Legislation and Liberty, Volume I: Rules and Order, 1973, S. 35 ff. Siehe auch *Ernst-Joachim Mestmäcker*, Organisation in spontanen Ordnungen, 1992, S. 11 ff.

aa. Der Ordo-Gedanke

Der Ordo-Gedanke, die Frage nach den Zusammenhängen alles Seienden, be-schäftigt Philosophen in allen Jahrhunderten.[84] Eine Definition von Ordo stammt von Augustinus, der Ordo als eine „Zusammenstellung gleicher und ungleicher Dinge durch Zuweisung des einem jeden zukommenden Standor-tes"[85] beschrieb. Besondere Bedeutung kam dem Ordo-Gedanken bei Thomas von Aquin zu: Ordo galt als eines der „ranghöchsten Symbolwerte – vielleicht das ranghöchste – der scholastischen Metaphysik"[86]. Sowohl bei Augustinus wie auch bei Thomas von Aquin wurde die Ordnung als von Gott gesetzt betrachtet. In der Sozial- und Wirtschaftsgeschichte griff vor allem Adam Smith den Ordo-Gedanken auf, der eine natürliche Ordnung, in der Einzelinteressen und das Interesse der Gesellschaft miteinander harmonieren, als bereits vorgegeben be-trachtete.[87]

Diese Idee von einer natürlichen Ordnung greifen die Ordoliberalen auf. Un-ter Ordo verstehen sie „eine vom Menschen *vorgefundene*, nicht von ihm *geschaffene* Ordnung, eine Ordnung, gekennzeichnet durch *Freiheit des Planens* unter der Herrschaft eines *Gesetzes* ... , im Gegensatz zu einer durch Befehl und Gehorsam charakterisierten Ordnung ... "[88].[89] Die Ordoliberalen greifen auf die Vorstellung der Klassiker von einer ordnenden Kraft, die „nicht der menschliche Wille und nicht der menschliche Intellekt ist"[90], zurück. Im Ergebnis verbindet die Freibur-ger Schule mit dem Ordo-Gedanken die Vision einer menschenwürdigen und gerechten Ordnung der Wirtschaft.[91]

---

84 Ausführlich dazu *Hermann Krings*, Ordo. Philosophische Grundlegung einer abend-ländischen Idee, 1982; *Gregor f. Gässler*, Der Ordo-Gedanke unter besonderer Be-rücksichtigung von Augustinus und Thomas von Aquino, 1994.

85 Zitiert nach und Nachweis bei *Matthias Wörther*, Ordo, in: Peter Prechtl/ Franz-Peter Burkard (Hrsg.), Metzler Philosophie Lexikon, 1996, S. 374 f. (374).

86 Zitiert nach *Otto Veit*, Ordo und Ordnung. Versuch einer Synthese, ORDO, Fünfter Band (1953), S. 3 ff. (7).

87 Vgl. *Otto Veit* (Fn. 86), S. 35 f.

88 *Franz Böhm*, Die Idee des Ordo im Denken Walter Euckens, ORDO, Dritter Band (1950), S. XV ff. (XLVIII) (Hervorhebung im Original).

89 Siehe auch *Gerold Blümle/ Nils Goldschmidt*, Zur Normativität ordoliberalen Denkens, in: Bernhard Külp/ Viktor Vanberg (Hrsg.), Freiheit und wettbewerbliche Ordnung, 2000, S. 15 ff. (33).

90 *Franz Böhm* (Fn. 88), S. IL. Dazu auch *Norbert Kloten* (Fn. 23), S. 167.

91 Vgl. auch *Knut W. Nörr*, An der Wiege deutscher Identität nach 1945: Franz Böhm zwischen Ordo und Liberalismus, 1993, S. 20 f.; *Viktor Vanberg*, Die normativen Grundlagen von Ordnungspolitik, ORDO, Band 48 (1997), S. 707 ff. (710 ff.).

Im Gegensatz zu den Klassikern teilen die Ordoliberalen nicht deren Opti-
mismus, daß sich die natürliche Ordnung von selbst einstellt und behauptet. Die
natürliche Ordnung müsse vielmehr bewußt gestaltet werden, um sie abzusichern
und zu bewahren.[92] Die Ordoliberalen begreifen die Idee von der natürlichen
Ordnung daher als eine positive Gestaltungsaufgabe.[93] Demzufolge muß eine
bewußt geschaffene äußere Ordnung dem – durch das individuelle Interesse
geleiteten – wirtschaftlich Handelnden Grenzen ziehen, damit der Idealzustand
der natürlichen Ordnung verwirklicht werden kann.[94] Der Unterschied zu den
Klassikern liegt also in der Umsetzung und Bewahrung der natürlichen Ordnung,
nicht in der Verneinung einer solchen Ordnung. Aufgabe der Ordnungspolitik
ist es deshalb, die Voraussetzungen und Regeln, das heißt also, den Rahmen zu
schaffen, damit sich die natürliche Ordnung realisieren und entfalten kann.[95]

bb.   Die Wirtschaftsordnung

Den Begriff der „Ordnung" verwenden die Ordoliberalen in einer doppelten
Bedeutung: Neben den Ordo-Gedanken tritt das Verständnis von „Ordnung" als
Wirtschaftsordnung. Wirtschaftliche Abläufe und wirtschaftliches Handeln sind
ohne Ordnung nicht vorstellbar. Das Problem der Verteilung knapper Güter
kann nur durch eine Ordnung der Wirtschaft gelöst werden; eine arbeitsteilige
Wirtschaft ist nur funktionsfähig, wenn das Handeln der am Wirtschaftsleben

---

[92]   Vgl. *Franz Böhm* (Fn. 82), S. 17 f. Siehe auch *Karl-Hans Hartwig*, Ordnungstheorie und
die Tradition des ökonomischen Denkens, in: Dieter Cassel/ Bernd-Thomas Ramb/
H. Jörg Thieme (Hrsg.), Ordnungspolitik, 1988, S. 31 ff. (39 f.); *Rainer Klump* (Fn. 23
[1997]), S. 138.

[93]   *Franz Böhm* formuliert im Zusammenhang mit der Wettbewerbsordnung: „... der
Wettbewerb [ist] kein Naturereignis, sondern eine *Veranstaltung der Rechtsordnung* ..."
(*Franz Böhm* [Fn. 13], S. 120 [Hervorhebung im Original]).
Siehe dazu auch *Manfred E. Streit*, Wirtschaftsordnung, Privatrecht und Wirtschafts-
politik – Perspektiven der „Freiburger Schule", in: ders., Freiburger Beiträge zur
Ordnungsökonomik, 1995, S. 71 ff. (77 f.).

[94]   Vgl. *Gernot Gutmann*, Individuelle Freiheit, Macht und Wirtschaftslenkung, in: Dieter
Cassel/ ders./ H. Jörg Thieme (Hrsg.), 25 Jahre Marktwirtschaft in der Bundesrepublik Deutschland, 1972, S. 3 ff. (5). Siehe auch *Gerd Habermann*, Der Wohlfahrtsstaat,
1997, S. 326 f.

[95]   Siehe dazu *Dieter Cassel*, Wirtschaftspolitik als Ordnungspolitik, in: ders./ Bernd-
Thomas Ramb/ H. Jörg Thieme (Hrsg.), Ordnungspolitik, 1988, S. 313 ff.; *Ernst-
Wolfram Dürr* (Fn. 10), S. 52 ff.; *Viktor Vanberg*, „Ordnungstheorie" as Constitutional
Economics – The German Conception of a „Social Market Economy", ORDO,
Band 39 (1988), S. 17 ff. (19 f.).

Beteiligten sich aufeinander abstimmt und zusammenwirkt, d.h. geordnet ist.
Unter einer „Wirtschaftsordnung" ist ein rechtliches, institutionelles, politisches
und gesellschaftliches Gebilde zu verstehen, innerhalb dessen sich das Wirtschaftsleben abspielt.[96] Die Wirtschaftsordnung spiegelt aus ordoliberaler Sicht
die Gesamtheit aller Formen wider, in denen *„die Lenkung des alltäglichen Wirtschaftsprozesses in concreto erfolgt"*[97].

Es sind nach Auffassung der Vertreter der Freiburger Schule zwei Entste-
hungsformen von Wirtschaftsordnungen denkbar: gewachsene und gesetzte
Ordnungen.[98] Die meisten Ordnungen seien im Verlauf der Geschichte heran-
gewachsen, das heißt, Wirtschaftsordnungen würden sich innerhalb ihrer natürlichen Umgebung bilden, ohne daß ihnen eine bewußte (wirtschafts-)politische
Entscheidung zugrunde gelegen habe oder liege.[99] Dies habe sich geändert, als
Ende des 18. und Anfang des 19. Jahrhunderts den Ordnungszusammenhängen
des Wirtschaftslebens zunehmend Beachtung geschenkt worden sei und an die
Stelle der gewachsener Wirtschaftsordnungen gesetzte Ordnungen getreten sei-
en.

Die gesetzten Wirtschaftsordnungen würden dadurch, daß ihnen allgemeine
Ordnungsgrundsätze zugrunde gelegt werden, bewußt gestaltet.[100] Die bewußte

---

[96]   Vgl. *Henner Kleinewefers*, Grundzüge einer verallgemeinerten Wirtschaftsordnungsthe-
       orie, 1988, S. 13.
       Wilhelm Röpke beschreibt den Begriff der Wirtschaftsordnung anschaulich: „... Wie
       ein einzelner Landwirt sich sorgfältig und unter Abwägung aller Umstände überlegen
       muß, welchen Gebrauch er im einzelnen von seinem Boden, seinem Anlage- und
       Betriebskapital und der ihm zur Verfügung stehenden Arbeitskraft machen soll, da-
       mit das Richtige produziert wird und dieses richtige Produzierte im rechten Verhält-
       nis zueinander steht, so auch eine ganze Volkswirtschaft ..." (*Wilhelm Röpke*, Die
       Ordnung der Wirtschaft, 1948, S. 9).
[97]   *Walter Eucken* (Fn. 62), S. 62 (Hervorhebung im Original).
       Vgl. auch die Definition von *K. Paul Hensel*, der Wirtschaftsordnungen als „sittliche,
       rechtliche und morphologische Gebilde" umschreibt (*K. Paul Hensel* [Fn. 77], S. 6).
[98]   Vgl. *Walter Eucken* (Fn. 39), S. 373 f. Siehe auch *Manfred E. Streit* (Fn. 93), S. 76 ff.
[99]   Vgl. *Walter Eucken*, Die Grundlagen der Nationalökonomie (1939), 1965, S. 51 f.
[100] Siehe *Walter Eucken* (Fn. 99), S. 52. Vgl. dazu *Hans O. Lenel*, Walter Eucken, in: Joa-
       chim Starbatty (Hrsg.), Klassiker des ökonomischen Denkens, 1989, S. 292 ff. (301).
       Der Begriff der „gesetzten Ordnung" wird teilweise mit dem Begriff der „Organisa-
       tion" im Sinne von *Friedrich A. v. Hayek* gleichgesetzt. *Walter Eucken* weist in bezug
       auf die von den Ordoliberalen angestrebte Wettbewerbsordnung darauf hin, daß die-
       se zwar insofern eine gesetzte Ordnung darstelle, als ihr eine Wirtschaftsverfassung
       zugrunde liege, daß sie aber insofern eine Sonderstellung einnehme, als sie eine in
       der Wirklichkeit bereits bestehende Ordnung lediglich zur Entfaltung bringe (vgl.
       Walter Eucken [Fn. 39], S. 373 f.).

Gestaltung erfolge durch eine Wirtschaftsverfassung, in der die grundlegenden Ordnungsgrundsätze festgehalten werden.[101] Franz Böhm definiert die Ordnung der Wirtschaft „... *als eine politische Verfassung des nationalen Wirtschaftslebens von öffentlich-rechtlichem Charakter*, als inhaltlich bestimmte, feierliche Entscheidung eines bewußten politischen Willens"[102]. Eine Unterscheidung der Begriffe „Wirtschaftsordnung" und „Wirtschaftsverfassung" nimmt Franz Böhm nicht vor. Hier zeigt sich eine leichte Differenz zwischen Franz Böhm und Walter Eucken: Während bei Walter Eucken jeder Wirtschaftsordnung eine bestimmte Wirtschaftsverfassung zugeordnet wird, er also zwischen beiden Begriffen unterscheidet, setzt Franz Böhm den Begriff der Wirtschaftsverfassung mit dem der Wirtschaftsordnung gleich, er bezeichnet die „Wirtschaftsordnung als eine *Rechtsverfassung*"[103]. Die synonyme Verwendung beider Begriffe durch Franz Böhm beruht auf seiner rechtswissenschaftlichen Betrachtungsweise des Ordnungsproblems: Als Jurist will er nicht nur die wirtschaftlichen und sozialen Erscheinungen des Wirtschaftslebens begreifen, sondern sie anhand von Normen messen.[104] Als Jurist beurteilt er soziale Tatsachen anhand ihrer Vereinbarkeit mit der Rechtsordnung[105]; eine (Wirtschafts-)Ordnung muß nach Franz Böhm Anspruch auf Geltung haben.

Bei der Analyse möglicher Ordnungsformen betrachten die Vertreter der Freiburger Schule zwei Grundformen von Ordnungen der Wirtschaft als vorgefunden: die freie Marktwirtschaft und die Zentralverwaltungswirtschaft.[106] Beiden liegt je eine andere Wirtschaftsverfassung zugrunde: Die freie Marktwirtschaft basiert auf einer freien Wirtschaftsverfassung, während der Zentralverwaltungswirtschaft eine Verfassung zugrunde liegt, die eine zentrale, autoritäre Lenkung legitimiert. Die freie Wirtschaftsverfassung strebt nach Franz Böhm eine herrschaftsfreie Ordnung, nicht aber ein anarchisches System an.[107] Ihr liege ein

---

[101] Vgl. *Walter Eucken* (Fn. 99), S. 52.

[102] *Franz Böhm* (Fn. 13), S. 53 (Hervorhebung im Original).

[103] *Franz Böhm* (Fn. 13), S. 11 (Hervorhebung im Original). Vgl. dazu *Uwe Runge*, Antinomien des Freiheitsbegriffs im Rechtsbild des Ordoliberalismus, 1971, S. 117 f.

[104] Vgl. *Franz Böhm* (Fn. 10), S. 103 f.

[105] Vgl. dazu *Reinhard Behlke*, Der Neoliberalismus und die Gestaltung der Wirtschaftsverfassung in der Bundesrepublik Deutschland, 1961, S. 48.

[106] Vgl. *Walter Eucken*, Über die Gesamtrichtung der Wirtschaftspolitik (1946), in: Walter Eucken. Ordnungspolitik, hrsgg. von Walter Oswalt, 1999, S. 1 ff. (7 ff.). Siehe auch *Philipp Herder-Domeich*, Ordnungstheorie des Sozialstaates, 1983, S. 13; *ders.*, „Ordnungstheorie – Ordnungspolitik – Ordnungsethik", in: Erik Boettcher/ ders./ Karl-Ernst Schenk (Hrsg.), Jahrbuch für Neue Politische Ökonomie, 1989, S. 3 ff. (5).

[107] Vgl. *Franz Böhm*, Kartelle und Koalitionsfreiheit, 1933, S. 18.

Lenkungsgedanke zugrunde, der nicht auf einem zentralen Plan basiere, sondern sich nach anderen Gesetzmäßigkeiten vollziehe. Zu diesen Gesetzmäßigkeiten zählt Franz Böhm zum einen das private Ertrags- und Gewinnstreben der Individuen und die Rechtsordnung, die einen fairen Wettbewerb unter den am Wirtschaftsprozeß Beteiligten gewährleisten soll.[108] Der Begriff des Ordnens und der Ordnung ist also keineswegs mit zentraler Lenkung und Regulierung gleichzusetzen; in bezug auf eine freie Wirtschaftsverfassung bedeutet ordnen vielmehr *„in Freiheit ordnen"*[109].

Das „Denken in Ordnungen" charakterisiert die Überzeugungen und Arbeiten der Freiburger Schule. Es ist geprägt von der Leitidee, durch eine bestimmte Gestaltung der Wirtschaftsordnung die Handlungs- und Entscheidungsfreiheit der Individuen zu sichern und gleichzeitig einen Ausgleich von Interessenkonflikten und sozialen Spannungen zu erzielen.[110] Damit schließt sich der Bogen zum Ordo-Gedanken der Freiburger Schule: Die natürliche Ordnung kann nur durch die bewußte Gestaltung der Wirtschaftsordnung verwirklicht werden.[111] Sie muß so gestaltet werden, daß sie dem Idealzustand des Ordo, das heißt, einem „durch *Freiheit des Planens* unter der Herrschaft eines *Gesetzes*"[112] gekennzeichneten Zustand nahe kommt.

---

108 Dazu *Franz Böhm* (Fn. 107), S. 18.

109 *Leonhard Miksch*, Wettbewerb als Aufgabe, 1947, S. 15 (Hervorhebung im Original).

110 Vgl. auch *Gernot Gutmann* (Fn. 94), S. 8.
Charakteristisch ist in diesem Zusammenhang eine Formulierung von *Walter Eucken*: *„Wirtschaftspolitische Diskussion sollte nicht Diskussion über Doktrinen, sondern über konkrete Ordnungsaufgaben sein."* (*Walter Eucken*, Wettbewerb als Grundprinzip der Wirtschaftsverfassung, in: Akademie für Deutsches Recht [Hrsg.], Der Wettbewerb als Mittel volkswirtschaftlicher Leistungssteigerung und Leistungsauslese, 1942, S. 29 ff. [38] [Hervorhebung im Original]).

111 Auf das Begriffspaar „Wirtschaftsordnung" und „ORDO" geht *Walter Eucken* erläuternd in „Die Grundlagen der Nationalökonomie" ein, wobei er letzteren Begriff auch als Streben nach „Ordnung der Wirtschaft" umschreibt (vgl. *Walter Eucken* [Fn. 99], S. 238 ff.). Siehe auch *Claudius Ohristl*, Die Ordnungstheorie Walter Euckens in einer offenen Gesellschaft. Eine konstruktivistische Anmaßung von Wissen?, ORDO, Band 49 (1998), S. 127 ff. (133 ff.); *Viktor Vanberg* (Fn. 91), S. 711.

112 *Franz Böhm* (Fn. 88), S. XLVIII (Hervorhebung im Original).

5.   Das Menschenbild der Freiburger Schule

Franz Böhm setzt sich wie andere klassisch liberal geprägte Denker auch überwiegend mit den Fragen einer Ordnung von Wirtschaft und Gesellschaft auseinander, wodurch Fragen nach dem menschlichen Verhalten in den einzelnen
Ordnungssystemen und nach dem Wesen des Menschen notwendig berührt
werden. Dem Menschenbild, welches den klassisch liberalen Ordnungsideen
zugrunde liegt, kommt schon bei Adam Smith eine ebenso zentrale Bedeutung
zu wie heute.

Die Ideen des klassischen Liberalismus bis hin zum Neo- und Ordoliberalismus beruhen letztlich auf einem ähnlichen, optimistischen Bild vom Menschen,
welches in nur geringfügigen Nuancen voneinander abweicht. Adam Smith
zeichnete ein Bild vom Menschen, das im Selbstinteresse die entscheidende An-
triebskraft für den Menschen sieht. Der plakative Vergleich Adam Smiths, daß
wir nicht aufgrund der Sympathie unseres Bäckers morgens gute Brötchen erwarten, sondern aus seinem Selbstinteresse heraus, illustriert sein Menschenbild.[113] Dem Menschen sei das Selbstinteresse, also das Interesse an der eigenen
Erhaltung und damit letztlich an der ständigen Verbesserung der eigenen Lage,
angeboren.[114] Das Eigeninteresse der Individuen werde durch das Mitgefühl
(„sympathy") mit anderen kontrolliert, so daß das in diesem Sinne verstandene
Selbstinteresse nicht in eine Form der übersteigerten Selbstsucht („selfish passions") umschlage.

Friedrich A. von Hayek knüpft an dieses Menschenbild an, ergänzt es jedoch,
indem er zwischen „wahrem" und „falschem" Individualismus unterscheidet:
Der „wahre" Individualismus betrachte den Menschen „als ein sehr unverständi-
ges und fehlbares Wesen"[115], dessen Irrtümer nur im Verlauf von sozialen Pro-

---

[113] Vgl. *Adam Smith* (Fn. 32), S. 17.

[114] Vgl. *Friedrich-Wilhelm Dörge*, Menschenbild und Institution in der Idee des Wirt-
schaftsliberalismus, Festschrift für Eduard Heimann, 1959, S. 82 ff. (83 f.); *Horst C.
Reckterwald*, Ethik, Selbstinteresse und bonum commune, in: Georges Enderle
(Hrsg.), Ethik und Wirtschaftswissenschaft, 1985, S. 143 ff. (144 ff.).
Karl f. Goerdeler formuliert in einer Besprechung des Buches „Die Ordnung der Wirt-
schaft" von *Franz Böhm* treffend: „Nur handelt es sich nicht um die Entdeckung der
Fähigkeit, daß der Mensch für sich selbst sorgen kann. Es handelt sich um eine na-
turhafte allgewaltige Tatsache, daß er darauf *angewiesen ist*, sich aus den Kräften und
Stoffen der Natur sein Leben zu erhalten und zu verbessern." (*Karl f. Goerdeler*, Die
Ordnung der Wirtschaft, Finanzarchiv, 1938, S. 489 ff. [492] [Hervorhebung im Ori-
ginal]).

[115] *Friedrich A. v. Hayek*, Wahrer und falscher Individualismus, ORDO, Erster Band
(1948), S. 19 ff. (25).

zessen ausgeglichen werden könnten, während der „falsche" Individualismus von einem „übertriebenen Glauben in die Macht und Stärke des Einzelverstandes"[116] geprägt sei. In der Beschreibung des „wahren" Individualismus kommt zweierlei zum Ausdruck: Mit der Betonung der Fehlbarkeit des Menschen knüpft Friedrich A. von Hayek an das christliche und humanistische Bild vom Menschen an; zum anderen betrachtet er den Menschen nicht als isoliertes Einzelwesen, sondern sieht ihn in seiner Beziehung zu anderen.[117]

Das Menschenbild Franz Böhms und anderer Ordoliberaler ist wesentlich von ihrem christlichen Verständnis vom Menschen geprägt: Danach ist der Mensch einerseits ein individuelles Wesen, welches nach eigener Entfaltung und der Verwirklichung eigener Interessen strebt und andererseits ein Sozialwesen, das in der Gemeinschaft und mit dem Bezug auf andere lebt.[118] Auf dieser Grundlage streben die Ordoliberalen eine Gesellschaftsordnung an, die auf die Natur des Menschen zugeschnitten ist und nicht umgekehrt.[119]

Die Freiheit des Einzelnen, also die Gewährleistung und Bewahrung der äußeren Handlungsspielräume des Menschen in bezug auf seine eigene Lebensgestaltung und sein Zusammenleben mit anderen ist das zentrale Moment der ordoliberalen Gesellschaftsordnung. Freiheit ist in diesem Zusammenhang kein Selbstzweck und für die Ordoliberalen nicht nur „ein allgemeines Prinzip, sondern die einzig mögliche Form der menschlichen Existenz"[120]. Der Einzelne soll frei sein *„vom autoritativen unmittelbaren oder mittelbaren Dreinreden bestimmter anderer Menschen in seine individuellen Pläne zum Vollzug kollektiver Aktionspläne wechselnder*

---

[116] *Friedrich A. v. Hayek* (Fn. 115), S. 25. Mit dieser Differenzierung zwischen dem „wahren" und dem „falschen" Individualismus unterstreicht *Friedrich A. v. Hayek*, daß kein einheitliches liberales Menschenbild besteht. Als Vertreter des „falschen" Individualismus bezeichnet *Friedrich A. v. Hayek* u.a. Jean-Jacques Rousseau und die „Benthamisten".

[117] Vgl. *Friedrich-Wilhelm Dörge* (Fn. 114), S. 93.

[118] Vgl. *Franz Böhm*, Die Freiheitseinrichtungen in einem freiheitlichen Staats- und Gesellschaftssystem, in: ACDP (Nachlaß), S. 6; *Freiburger Bonhoeffer-Kreis* (Fn. 16), S. 62. Siehe auch *Egon E. Nawroth*, Die Sozial- und Wirtschaftsphilosophie des Neoliberalismus, 1961, S. 89; *Hans G. Nutzinger/ Eckart Müller*, Die protestantischen Wurzeln des Konzepts der Sozialen Marktwirtschaft, Festschrift für Hans-Rudolf Peters, 1997, S. 27 ff. (39 f.); *Uwe Runge* (Fn. 103), S. 14.

[119] Vgl. *Friedrich-Wilhelm Dörge* (Fn. 114), S. 91; *Tomasz G. Pszczółkowski*, Zur Aktualität des Ordoliberalimus, ORDO, Band 41 (1990), S. 61 ff. (64). Siehe auch *Rolf Hasse/ Joachim Starbatty*, Mit Herz und Verstand für Freiheit und Menschlichkeit, Frankfurter Allgemeine Zeitung vom 09. Oktober 1999.

[120] *Walter Eucken* (Fn. 62), S. 73.

Art"[121]. In einer Gemeinschaft von (in diesem Sinne) freien Menschen könne das Zusammenleben von Menschen in Achtung und unter Wahrung der Würde der Menschen verwirklicht werden.[122]

Daß der Mensch fehlbar ist, haben viele Mitstreiter in der Freiburger Schule allein während der nationalsozialistischen Diktatur aufgrund der unmittelbaren Bedrohung für das eigene Lebens erfahren müssen. Diese Erfahrung ist zu einem elementaren Bestandteil ihres Menschenbildes geworden. Franz Böhm warnt – nicht zuletzt aufgrund der unter der nationalsozialistischen Diktatur gemachten Erfahrungen – vor der Versuchung der Menschen, eine erworbene Machtstellung gegenüber anderen zu mißbrauchen. Für ihn ist „die Abhängigkeit der Menschen von der individuellen Willkür eines anderen Menschen ... die gefährlichste zwischenmenschliche Situation, die es gibt"[123]. An anderer Stelle beschreibt Franz Böhm die Versuchung des Menschen und seine Fehlbarkeit mit den Worten von Lord Acton: „Macht korrumpiert, absolute Macht korrumpiert absolut"[124]. Aufgabe einer Gesellschaftsordnung im Sinne Franz Böhms muß es demzufolge sein, die Freiheit der Menschen dauerhaft zu sichern, indem ihnen

---

[121] *Franz Böhm*, Freiheitsordnung und soziale Frage, in: Erich Kosiol/ Andreas Paulsen (Hrsg.), Grundsatzfragen der Wirtschaftsordnung, 1954, S. 71 ff. (92) (Hervorhebung im Original).

[122] Siehe dazu *Franz Böhm*, Gemeinschaft – nicht Feindschaft, in: Knud C. Knudsen (Hrsg.), Welt ohne Hass, 1950, S. 135 ff. (138 f.); *ders.*, Es geht um die Menschenwürde, Frankfurter Allgemeine Zeitung vom 22. Oktober 1966. Dazu auch *Eckart Müller*, Die Philosophie der Freiheit bei Walter Eucken, Orientierungen, Dezember 1997, S. 51 ff.; *Hans G. Nutzinger/ Eckart Müller* (Fn. 118), S. 40 f.

[123] *Franz Böhm*, Freiheit und Menschenrecht, 1960, S. 13.

[124] Zitiert nach *Franz Böhm*, Gültige Lehren des Liberalismus, Evangelische Verantwortung, März 1956, S. 1 ff. (2).

einerseits der jeweils größtmögliche Handlungs- und Entfaltungsspielraum eingeräumt wird, ihnen andererseits aber nur begrenzte und beschränkte Macht gegenüber anderen gewährt wird. Die Ordoliberalen streben die Verwirklichung
einer Gesellschaftsordnung an, in deren Mittelpunkt „der verantwortliche
Mensch, der sich nicht nur für sein Verhalten in der Gesellschaft, sondern auch
für die Ordnung dieser Gesellschaft und ihre Pflege mitverantwortlich weiß"[125],
steht.

---

[125] *Franz Böhm*, Die verantwortliche Gesellschaft (1957), in: Franz Böhm. Reden und
Schriften, hrsgg. von Ernst-Joachim Mestmäcker, 1960, S. 3 ff. (22).

III.   Die Wirtschaftsordnung

Keine Wirtschaftsordnung eines Staates gleicht der eines anderen, selbst jene Wirtschaftsordnungen, die sich als marktwirtschaftlich orientiert bezeichnen, weisen ihre landesspezifischen und historisch gewachsenen Eigenarten und Besonderheiten auf. Dies gilt auch für Länder planwirtschaftlicher Prägung, wie allein ein vergleichender Blick auf Länder wie Kuba und China zeigt. Viele Wirtschaftsordnungen in einzelnen Staaten beruhen zudem auf einer Mischung aus marktwirtschaftlichen und planwirtschaftlichen Elementen, die eine konkrete Zuordnung zu einem der beiden Systeme erschwert. Auch die geschichtlichen Wirtschaftsordnungen sind gemischte Ordnungen, die sich aus unterschiedlichen Systemelementen zusammensetzen.

Walter Eucken und Franz Böhm greifen vor dem Hintergrund historischer Wirtschaftssysteme auf Modellbildungen zurück, um Gemeinsamkeiten und Besonderheiten früherer Wirtschaftssysteme zu erarbeiten und in vereinfachten theoretischen Modellen einzelne Systemelemente zu beschreiben und festzuhalten. Diese theoretischen Modelle, die anhand früherer und bestehender Wirtschaftssysteme erarbeitet werden, sollen ermöglichen, Aussagen über die Funktionsweise einzelner Systemelemente und damit auch über die Folgen einer Vermischung von Systemelementen zu treffen. Gleichzeitig sollen durch diese idealtypischen Modellbildungen Erkenntnisse über das Zusammenspiel zwischen den am Wirtschaftsprozeß Beteiligten untereinander und gegenüber dem Staat gewonnen werden.

Den Juristen Franz Böhm treibt bei diesen Untersuchungen vor allem folgende Frage um: *„Wer darf entscheiden, was wirtschaftlich geschehen soll?"*[126]. Es gehe ihm darum zu erfahren, wie die Zuständigkeiten in den einzelnen Wirtschaftsordnungen geregelt seien, also wer zuständig oder berechtigt sei, Wirtschaftspläne aufzustellen und zu verwirklichen.[127]

---

[126]   *Franz Böhm*, Wirtschaftsordnung und Staatsverfassung (1950), in: Franz Böhm. Freiheit und Ordnung in der Marktwirtschaft, hrsgg. von Ernst-Joachim Mestmäcker, 1980, S. 53 ff. (56) (Hervorhebung im Original).

[127]   So *Franz Böhm* (Fn. 126), S. 56.
     Walter Eucken spricht nicht von der Frage der Zuständigkeit, sondern behandelt diese Fragestellung unter dem Gesichtspunkt der „Lenkung des Wirtschaftsprozesses" (vgl. *Walter Eucken* [Fn. 39], S. 2 ff.).

1.   Die Ordnungssysteme der Wirtschaft

Franz Böhm macht – wie auch Walter Eucken – im wesentlichen zwei mögliche Ordnungsformen der Wirtschaft zur Grundlage seiner Betrachtungen: die Verkehrswirtschaft und die Zentralverwaltungswirtschaft. Als dritten Komplex behandeln beide noch die Möglichkeit einer Kombination beider Systeme, die sogenannte Wirtschaftspolitik der Mittelwege.[128]

a.   Die Verkehrswirtschaft

Die freie Verkehrswirtschaft ist eine Entdeckung des 18. Jahrhunderts, die vor allem dadurch gekennzeichnet ist, daß sie zwar ohne einen zentralen Plan, aber trotzdem „in bemerkenswerter Ordnung abläuft und sehr beträchtliche Ergebnisse liefert"[129]. Das Modell der Verkehrswirtschaft beruht wesentlich auf dem Gedanken des durch das Prinzip von Angebot und Nachfrage und damit ohne staatlichen Einfluß gesteuerten Marktes.

Aus der Entdeckung des Marktmechanismus ziehen Franz Böhm und Walter Eucken wichtige Schlußfolgerungen für das Entstehen und die Lenkung von Wirtschaftsordnungen:

- Wirtschaftsordnungen seien nicht notwendig das Produkt einer bewußten politischen Entscheidung und eines vorgegebenen zentralen Plans, sondern können von selbst entstehen.[130]
- Mangels eines zentralen Plans sei niemand – weder eine Regierung noch das Parlament – berechtigt, einen solchen aufzustellen und zu verwirklichen. Es seien vielmehr alle am Wirtschaftsleben Beteiligten berechtigt, ihre eigenen Wirtschaftspläne aufzustellen und umzusetzen, das heißt, es bestehe keine übergeordnete Zuständigkeit für die Lenkung der freien Verkehrswirtschaft.[131] Alle Wirtschaftssubjekte seien demzufolge selbst für ihr eigenes wirtschaftliches Handeln im Rahmen der allgemeinen Gesetze und der guten Sitten zuständig.

---

[128]   Den Begriff der „Wirtschaftspolitik der Mittelwege" verwendet vor allem *Walter Eucken*, während *Franz Böhm* für die Kombination von marktwirtschaftlichen und planwirtschaftlichen Systemelementen andere Bezeichnungen heranzieht, wie die „Planwirtschaft der leichten Hand" oder die „sozial gesteuerte Marktwirtschaft" (vgl. *Franz Böhm* [Fn. 42], S. 18).

[129]   *Franz Böhm*, Die freie Wirtschaft, in: ACDP (Nachlaß), S. 10.

[130]   Vgl. *Franz Böhm* (Fn. 129), S. 10 f.; *Walter Eucken* (Fn. 39), S. 26 f.

[131]   Vgl. *Franz Böhm* (Fn. 126), S. 57 f.; *Walter Eucken*, Wettbewerb, Monopol und Unternehmer, 1953, S. 10.

Die Verkehrswirtschaft ist die einzige Ordnung, in der sich das spontane Handeln der Individuen gleichberechtigt nebeneinander vollzieht. Walter Eucken und Franz Böhm bezeichnen sie daher als Koordinationsordnung.[132] Innerhalb dieser Ordnung stehen sich Millionen von Wirtschaftssubjekten gegenüber, die keineswegs autark agieren, sondern in enger Beziehung zueinander stehen, ohne daß eine Institution oder Person für die Lenkung der einzelnen Wirtschaftspläne zuständig ist. Es stellt sich somit das Problem der Koordinierung der vielen einzelnen Wirtschaftspläne; es bedarf einer Kraft, die die vielen Einzelpläne aufeinander abstimmt, ohne selbst befehlend und regelnd in den Wirtschaftsprozeß und damit die individuellen Wirtschaftspläne einzugreifen. Für Franz Böhm übernehmen die Marktpreise und das Privatrecht die Aufgabe, die Wirtschaftspläne der Individuen aufeinander abzustimmen und zu koordinieren.[133]

Die Verkehrswirtschaft ist demnach eine Wirtschaftsordnung, der nicht nur jede Form der zentralen Lenkung, sondern auch hierarchische Strukturen fremd sind. Der Einzelne kann seine individuellen Pläne frei von staatlichem Einfluß aufstellen, das heißt, die Verkehrswirtschaft sichert und garantiert dem Einzelnen seine individuelle Entscheidungsfreiheit. Die Wirtschaftssubjekte stehen sich einander gleichberechtigt gegenüber, ihr Handeln wird mittels am Markt gebildeter Preise koordiniert.

b.   Die Zentralverwaltungswirtschaft

Dem Modell der Verkehrswirtschaft steht das der Zentralverwaltungswirtschaft diametral gegenüber.[134] Kennzeichnend für die Zentralverwaltungswirtschaft ist nach Franz Böhm, daß die individuellen Pläne der Haushalte und Betriebe nicht durch Marktpreise aufeinander abgestimmt, sondern durch einen zentralen

---

132   Siehe u.a. *Franz Böhm* (Fn. 82), S. 19; *ders.* (Fn. 88), S. XXIV.
133   Siehe *Franz Böhm* (Fn. 126), S. 59 ff.
134   Auf das Modell der sogenannten Eigenwirtschaft soll an dieser Stelle nicht eingegangen werden.
      Sowohl *Franz Böhm* wie auch *Walter Eucken* gehen zwar verschiedentlich auf die Möglichkeit der Eigenwirtschaft ein, verweisen aber zugleich darauf, daß diese Form von zentral gelenkten, aber voneinander unabhängigen Wirtschaftseinheiten zwar in früheren Jahrhunderten eine wichtige Rolle gespielt, sich mit dem Zeitalter der Industrialisierung und der zunehmenden Arbeitsteilung aber überholt habe (vgl. *Franz Böhm*, Wettbewerbsordnung und Wirtschaftsdemokratie, ACDP [Nachlaß], S. 1 f.; *Walter Eucken* [Fn. 39], S. 2 ff.).

(staatlichen) Plan gelenkt würden.[135] Ein zentraler Planungs- und Entscheidungsträger stellt einen für die Wirtschaft im ganzen einheitlichen Plan auf, der den einzelnen Wirtschaftssubjekten konkrete Handlungsanweisungen erteilt. Die Lenkung und Abstimmung der einzelnen Wirtschaftsprozesse erfolgt durch die Befehle und Kontrolle einer Zentralverwaltung.[136] Daher rührt auch die Bezeichnung als „Befehlswirtschaft"[137]. Der Einzelne wird seiner Freiheit, eigene Wirtschaftspläne aufzustellen, beraubt; er hat seine individuellen Pläne dem zentralen Plan anzupassen und unterzuordnen.

In der Zentralverwaltungswirtschaft wird die Frage nach der Lenkung individuellen wirtschaftlichen Handelns also nicht im Sinne eines gleichberechtigten Nebeneinanders, sondern der Unterordnung des Einzelnen unter einen übergeordneten Planträger und dessen Anweisungen beantwortet. In Abgrenzung zur Koordinationsordnung (Verkehrswirtschaft) wird nach Franz Böhm der autoritative Charakter der Zentralverwaltungs- oder Planwirtschaft durch die Kennzeichnung als Subordinationsordnung deutlich.[138]

Wenn eine Volkswirtschaft von einem einzigen Entscheidungsträger gelenkt wird, stellt sich das Problem der Zuständigkeit, also die Frage, wer berechtigt ist, diesen Zentralplan nicht nur zu entwerfen, sondern auch umzusetzen und notfalls zu erzwingen. Die Zuständigkeit für die Aufstellung und Durchsetzung des Zentralplans ist nach Franz Böhm politisch zu entscheiden und durch die Verfassung zu regeln. Wegen seiner grundsätzlichen Bedeutung für eine Volkswirtschaft werde es sich insoweit um eine Aufgabe von Parlament und Regierung handeln, während die Bürger den Plan lediglich vollziehen würden.[139] Diese Zuständigkeitsverteilung entspricht den in kommunistisch oder sozialistisch geprägten Ländern gemachten Erfahrungen mit der Planwirtschaft: In der früheren Sowjetunion oder auch in der ehemaligen DDR ist beispielsweise die Lenkung des Wirtschaftsprozesses durch zentrale staatliche Behörden erfolgt; die Entscheidung und Verabschiedung von Fünfjahresplänen ist den höchsten Verfassungsorganen vorbehalten gewesen.

---

[135] Vgl. *Franz Böhm* (Fn. 126), S. 56 f.; *Henner Kleinewefers* (Fn. 96), S. 68 f. Siehe auch *Walter Eucken* (Fn. 99), S. 80 ff.

[136] So auch *Otto Schlecht*, Die Vereinbarkeit von politischer und wirtschaftlicher Ordnung (1950), 1986, S. 17 f.

[137] *Franz Böhm* (Fn. 62), S. 97. *Franz Böhm* umschreibt das Prinzip der Zentralverwaltungswirtschaft sehr anschaulich mit dem Satz: „Führer befiehl, wir folgen dir!" (*Franz Böhm* [Fn. 10], S. 110).

[138] Vgl. *Franz Böhm* (Fn. 88), S. XXIV.

[139] So *Franz Böhm* (Fn. 126), S. 56 f.

c.   Die Wirtschaftspolitik der Mittelwege

Angesichts der unüberbrückbaren Gegensätze zwischen der Wirtschaftsordnung
der Verkehrs- und der der Zentralverwaltungswirtschaft erscheint ein Kompromiß beider Extreme, das heißt eine kombinierte Lenkung der Volkswirtschaft
durch Marktpreise einerseits und zentrale Maßnahmen der Regierung andererseits, nicht vorstellbar. Dennoch ist in der Praxis der Versuch, beide Systeme
miteinander zu kombinieren, immer wieder unternommen worden. Zu diesen
Versuchen zählt Walter Eucken beispielsweise die Vollbeschäftigungspolitik, in
deren Rahmen (keynsianischen Regeln folgend) Investitionstätigkeiten mittels
staatlicher Maßnahmen angeregt und in Gang gehalten werden sollen.[140] Dabei
handelt es sich nach Franz Böhm in der Regel um staatliche Teileingriffe an einer
lokalisierten Stelle in einer im übrigen frei bleibenden Wirtschaft.[141] Der Staat
interveniert insoweit gezielt in den freien Markt.

Diese Form einer staatlichen Interventionspolitik kann kaum als eine Wirtschaftspolitik der Mittelwege und damit als echter Kompromiß zwischen der
freien Verkehrswirtschaft auf der einen und der Zentralverwaltungswirtschaft auf
der anderen Seite bezeichnet werden. Es handelt sich dabei für Franz Böhm
vielmehr um eine *„Zerrform von Verkehrswirtschaft"*[142], da grundsätzlich die Regeln
der Verkehrswirtschaft Geltung finden und der Staat nur ausnahmsweise punk-
tuell in den Wirtschaftsablauf eingreifen würde. Staatliche Interventionspolitik sei
grundsätzlich kein Instrument der Zentralverwaltungswirtschaft, da sie nicht
Bestandteil eines alles umfassenden zentralen Plans sei. Der Staat erhebe keinen

---

[140] Siehe *Walter Eucken* (Fn. 40), S. 16; *ders.* (Fn. 39), S. 140 ff.
       Franz Böhm setzt sich u.a. in Zusammenhang mit der Diskussion über die Montan-
       mitbestimmung mit der Problematik der sogenannten gemischten Systeme auseinan-
       der. Das in diesem Zusammenhang propagierte Modell einer Wirtschaftsdemokratie
       betrachtet *Franz Böhm* als Versuch, ein gemischtes System zu schaffen, in dem die
       Wirtschaft im ganzen zwar zentral gelenkt wird, die eigentliche Lenkung aber nicht
       mit den Mitteln der Zentralverwaltungswirtschaft erfolgen soll. Im Ergebnis zeigt
       Franz Böhm, daß auch dieses System kein gemischtes, sondern grundsätzlich ein Sys-
       tem der Zentralverwaltungswirtschaft ist (vgl. *Franz Böhm*, Das wirtschaftliche Mit-
       bestimmungsrecht der Arbeiter im Betrieb, ORDO, Vierter Band [1951], S. 21 ff.
       [59 ff.]).
[141] Vgl. *Franz Böhm*, Der Wettbewerb als Instrument staatlicher Wirtschaftslenkung,
       Akademie für Deutsches Recht (Hrsg.), Der Wettbewerb als Mittel volkswirtschaftli-
       cher Leistungssteigerung und Leistungsauslese, 1942, S. 51 ff. (91); *ders.* (Fn. 42),
       S. 15.
[142] *Franz Böhm* (Fn. 88), S. XXVIII (Hervorhebung im Original).

Anspruch darauf, den Wirtschaftsprozeß insgesamt zu lenken.[143] Im übrigen setzen punktuelle und gezielte staatliche Interventionen das Bestehen einer Verkehrswirtschaft voraus.

Die Auswirkungen von staatlichen Interventionen auf die Funktionsfähigkeit der Verkehrswirtschaft sind allerdings erheblich: Schon punktuelle Eingriffe in den Wirtschaftsprozeß rufen Anpassungsreaktionen des Marktes hervor, die andere Wirtschaftsbereiche betreffen und in weite Teile der Wirtschaft fortwirken.[144] Dem durch die staatliche Intervention beabsichtigten und gegebenenfalls kurzfristig erreichten Vorteil stehen entsprechende Gegenreaktionen und damit mittelfristige Nachteile gegenüber, die an einer anderen Stelle des Marktes auftreten. So vermag eine staatliche Beihilfe oder Subvention zwar kurzfristig ein wirtschaftlich angeschlagenes Unternehmen am Leben zu erhalten und vor der Insolvenz retten, schädigt aber mittelfristig dessen Wettbewerber, die keine staatlichen Zuschüsse erhalten, und droht, diese infolgedessen selbst in eine wirtschaftlich schwierige Lage zu bringen.

Der freie Markt kann deshalb nach Franz Böhm nur ein eingeschränktes Maß an staatlichen Interventionen und mit ihnen verbundenen nachteiligen Folgen verkraften, da ansonsten die Funktionsfähigkeit des Marktes insgesamt Schaden nehmen kann.[145] Die Verkehrswirtschaft könne kaum oder nur sehr begrenzt staatlichen Eingriffen ausgesetzt werden. In bezug auf eine Kombination mit Elementen einer Zentralverwaltungswirtschaft folge daraus, *„daß sich die beiden Ordnungen nicht ohne schwere Ordnungsstörungen und vernunftwidrige Friktionen miteinander kombinieren lassen*, es sei denn innerhalb streng lokalisierter Randbezirke und unter Anwendung äußerster denkerischer Sorgfalt und Vorsicht"[146].

---

[143] So *Franz Böhm*, Wettbewerbsfreiheit und Kartellfreiheit, ORDO, Zehnter Band (1958), S. 167 ff. (191 f.). Siehe auch *Kurt Biedenkopf*, Die neue Sicht der Dinge, 1985, S. 77 f.

[144] Vgl. *Franz Böhm* (Fn. 126), S. 93 f.

[145] Siehe *Franz Böhm* (Fn. 141), S. 57 f. *Franz Böhm* setzt sich in diesem Aufsatz ausführlich mit den Folgen auseinander, die eintreten, wenn der Staat mittels Beeinflussung der Preisbildung (wie z.B. 1936 durch ein allgemeines Verbot von Preiserhöhungen) den Wettbewerb zu kontrollieren und zu lenken versucht. Siehe auch *Franz Böhm* (Fn. 42), S. 16.

[146] *Franz Böhm* (Fn. 88), S. XXV (Hervorhebung im Original).
Noch vehementer verneint *Friedrich A. v. Hayek* die Möglichkeit, beide Ordnungssystemen miteinander verbinden zu können: „Sie sind einander ausschließende Prinzipien zur Lösung desselben Problems, und eine Mischung aus beiden bedeutet, daß keines von beiden wirklich funktionieren und das Ergebnis schlechter sein wird, als wenn man sich konsequent auf eines von beiden verlassen hätte. Um es anders zu formulieren: Planwirtschafts- und Wettbewerbsprinzip können nur in einer Planung

Die Wirtschaftspolitik der Mittelwege, die eine Kombination aus zentralverwaltungs- und verkehrswirtschaftlichen Lenkungsmethoden anstrebt, ist weder für Franz Böhm noch für Walter Eucken ein drittes Ordnungsmodell. Eine Kombination sei im Ergebnis nicht möglich, ohne daß ein Ordnungssystem seinen Charakter vollkommen verliere. Die in der praktizierten Wirtschaftspolitik versuchten Kombinationslösungen seien letztlich nur Abwandlungen des einen oder anderen Ordnungsmodells. Folglich bestehen nach ordoliberaler Ansicht nur zwei Ordnungssysteme, die Verkehrswirtschaft und die Zentralverwaltungswirtschaft, zwischen denen sich jeder Staat zu entscheiden habe.[147] Die Ordoliberalen entscheiden sich für die Verkehrswirtschaft und machen sie zur Grundlage ihrer wirtschafts- und rechtspolitischen Betrachtungen.

2. Die Wettbewerbsordnung

Die freie Verkehrswirtschaft ist keine starre Ordnung, sondern kann in unterschiedlichen Erscheinungsformen vorliegen. Ihr Idealzustand besteht in der Marktform der vollständigen Konkurrenz[148], die der deutlichste Ausdruck einer

---

zum Zweck des Wettbewerbs, nicht aber in einer Planung gegen den Wettbewerb miteinander kombiniert werden." (*Friedrich A. v. Hayek*, Der Weg zur Knechtschaft [1944], 1994, S. 66.).

[147] Vgl. *Franz Böhm* (Fn. 126), S. 95 f.; *ders.*, Zweierlei Wirtschaftsordnung im wiedervereinigten Deutschland, Frankfurter Allgemeine Zeitung vom 06. September 1958; *Walter Eucken* (Fn. 40), S. 19. Siehe auch *Wilhelm Röpke*, Kernfragen der Wirtschaftsordnung (1953), ORDO, Band 48 (1997), S. 27 ff. (42 ff.).
Vgl. auch *Kurt Ballerstedt*, Staatsverfassung und Wirtschaftsfreiheit, DÖV 1951, S. 159 ff. (160).

[148] Die Marktform der vollständigen Konkurrenz ist ein ökonomisches Modell, welches dazu dient, die allgemeinen Wirkungen eines Marktsystems zu beschreiben. Den Anspruch, die Realitäten auf dynamischen Märkten widerzuspiegeln, erhebt die Marktform der vollständigen Konkurrenz nur eingeschränkt. Vgl. dazu *Wolfgang Hefermehl/ Adolf Baumbach*, Wettbewerbsrecht, 1995, Erster Teil Rdn. 14; *Wernhard Möschel*, Wettbewerbspolitik aus ordoliberaler Sicht, Festschrift für Gerd Pfeiffer, 1988, S. 707 ff. (713).
Franz Böhm selbst bezeichnet die Marktform der vollständigen Konkurrenz u.a. als „Laboratoriumsmarktform, das heißt, die Wissenschaft stellt sich mit Absicht einen idealen, von allem Machtelementen vollkommen gereinigten, aufs höchste verflüssigten, außerordentlich reagiblen Markt vor ... " (*Franz Böhm* [Fn. 42], S. 38).
Fritz Holzwarth weist darauf hin, daß *Franz Böhm* sich der Frage der Wettbewerbsordnung zunächst im wesentlichen losgelöst vom Modell der vollständigen Konkur-

Ordnung ist, in der alle am Wirtschaftsprozeß Beteiligten gleichberechtigt miteinander agieren, weil in diesem Idealzustand allein der Marktpreis, auf den keiner der Beteiligten allein Einfluß hat, die einzelnen Wirtschaftspläne koordiniert.[149]

Daneben sind auch andere Erscheinungsformen der freien Verkehrswirtschaft denkbar, die zugleich verdeutlichen, welchen Gefährdungen der Idealzustand der vollständigen Konkurrenz ausgesetzt ist. Als weitere (im Vergleich zum Idealzustand entartete) Erscheinungsformen können der sogenannte unlautere Wettbewerb, das einseitige Monopol sowie das ein- und doppelseitige Kollektivmonopol auftreten. Der unlautere Wettbewerb ist dadurch gekennzeichnet, daß einige Marktteilnehmer den Wirtschaftsaustausch mit unlauteren, leistungsschädigenden Mitteln führen. Im Zustand des einseitigen Monopols steht ein Einzelner als Anbieter bzw. Nachfragender vielen Nachfragenden bzw. Anbietern gegenüber.[150] In der Erscheinungsform des Monopols kann der Monopolist den Marktpreis „innerhalb gewisser Grenzen *diktieren* ... Kurz: der Monopolpreis ist das Ergebnis eines *individuellen (oder kollektiven) Willensaktes*"[151]. Einseitige Monopole liegen in der Regel nur in der Form von Staatsmonopolen (z.B. im Post-, Telekommunikations- oder Transportwesen) vor.

Kollektivmonopole entstehen nach Franz Böhm, wenn sich Konkurrenten untereinander zu Kartellen zusammenschließen und sich gegenseitig verpflichten, den Wettbewerb untereinander auszuschalten oder zu beschränken.[152] Der Wettbewerb wird in der Regel durch Preis- oder Quotenabsprachen eingeschränkt. Kartelle treten innerhalb der freien Verkehrswirtschaft als einseitiges Monopol auf, wenn sich nur die Anbieter- bzw. Nachfrageseite zu einem Kollektiv zusammenschließt, und als doppelseitiges Monopol, wenn sowohl die Anbieter als auch die Nachfragenden jeweils Kartellabsprachen treffen.[153] Ein klassisches Beispiel für ein doppelseitiges Monopol stellen die Tarifparteien, mit den Arbeitgeberverbänden auf der einen und den Gewerkschaften auf der anderen Seite dar.

---

renz zuwendet. Den Ausgangspunkt bei *Franz Böhm* bildet die Analyse des Problems der privaten Macht. Erst nach dem Zusammentreffen mit den Freiburgern und vor allem *Walter Eucken* und *Leonhard Miksch* fließt der Gedanke der vollständigen Konkurrenz in die Arbeiten von *Franz Böhm* ein (vgl. *Fritz Holzwarth* [Fn. 54], S. 141 f., 152 ff.).

[149] Vgl. *Franz Böhm* (Fn. 126), S. 62 f.
[150] So *Franz Böhm* (Fn. 126), S. 62 ff.; *ders.* (Fn. 41), S. 89 f.
[151] *Franz Böhm* (Fn. 126), S. 63 (Hervorhebung im Original).
[152] Siehe *Franz Böhm* (Fn. 41), S. 89.
[153] Vgl. *Franz Böhm* (Fn. 126), S. 63 f.

Allen Erscheinungsformen der freien Verkehrswirtschaft ist gemeinsam, daß sich das Handeln der Wirtschaftssubjekte frei von staatlichem Einfluß vollzieht. Die Steuerung der Wirtschaft erfolgt im wesentlichen durch den Marktpreis, der sich allerdings in der Marktform der vollständigen Konkurrenz gänzlich anders als unter den Bedingungen des Monopolkampfes bildet. Während im Zustand der vollständigen Konkurrenz keiner der am Marktgeschehen Beteiligten allein Einfluß auf die Preisbildung hat, kann der Monopolist oder das Kartell den Marktpreis im Prinzip diktieren. Private Machtkonzentrationen in Form von Monopolen oder Kartellen können demzufolge dergestalt auf die Preisbildung einwirken, daß die freie Verkehrswirtschaft den Charakter einer freien Ordnung, in der sich der Marktpreis frei von jeglichem Einfluß bildet, zunehmend einbüßt.[154]

Eine freie Verkehrswirtschaft kann aus der Sicht Walter Euckens und Franz Böhms daher nur sinnvoll ihrem Zweck, dem Einzelnen größtmögliche Freiheit zu gewähren, entsprechend gesteuert werden, wenn sich alle Preise – für alle am Markt Beteiligten – nach demselben Prinzip und Verfahren bilden.[155] Ihren eigentlichen Zweck verwirkliche die Verkehrswirtschaft daher insbesondere dort, „wo wirklich vollständige Konkurrenz, echter Leistungswettbewerb herrscht"[156]. Die Marktform der vollständigen Konkurrenz könne mittels des Prinzips des Wettbewerbs annäherungsweise realisiert werden.[157] Aufgabe des Wettbewerbs sei es, die einzelnen Tauschvorgänge in der Wirtschaft zu koordinieren, ohne auf den Vorgang selbst oder sein Ergebnis unmittelbar Einfluß zu nehmen. Entscheidendes Merkmal der Wettbewerbsordnung sei es, daß sich alle wesentlichen Bedingungen auf dem Markt „nach Maßgabe eines bestimmten *Verfahrens* ein[spielen] (und zwar eben des Wettbewerbsverfahrens), ohne daß der einzelne Konkurrenzbeteiligte einen wesentlichen Einfluß auf das Ergebnis dieses Ein-

---

[154] Vgl. *Franz Böhm* (Fn. 42), S. 25.
[155] Siehe *Franz Böhm* (Fn. 126), S. 68.
[156] *Walter Eucken* (Fn. 131), S. 11 f.
[157] So *Franz Böhm* (Fn. 126), S. 68; *Walter Eucken* (Fn. 39), S. 244 ff.
Der Begriff des Wettbewerbs kann in unterschiedlichen Zusammenhängen Verwendung finden: In der Wirtschaftswissenschaft wird der Begriff „Wettbewerb" zur Kennzeichnung einer bestimmten Marktform verwendet. Hier beschreibt der Wettbewerb lediglich einen augenblicklichen Zustand. Der Begriff „Wettbewerb" ist aber auch Ausdruck eines Verhaltensprozesses der Marktteilnehmer. Siehe dazu *Wolfgang Hefermehl/ Adolf Baumbach* (Fn. 148), Erster Teil Rdn. 8; *Rudolf Lukes*, Zum Verständnis des Wettbewerbs und des Marktes in der Denkkategorie des Rechts, Festschrift für Franz Böhm, 1965, S. 199 ff. (216 ff.).

spielens hätte"[158]. In der Marktform der vollständigen Konkurrenz werde die Wirtschaft durch den Preis gesteuert; der Wettbewerb selbst übe eine Kontroll- und Auslesefunktion zwischen allen Wirtschaftssubjekten aus.

Die Auslese mittels des Wettbewerbs erfolgt nicht anhand subjektiver oder willkürlicher Kriterien, sondern allein anhand des objektiven Merkmals der Leistung. Franz Böhm bezeichnet den Wettbewerb deshalb auch als Leistungswettbewerb. Diese Benennung signalisiert, daß das wettbewerbspolitische Konzept Franz Böhms nicht nur objektiven, allgemeinen Regeln folgt, sondern zugleich stets ergebnisoffen und allein verfahrensorientiert ist.

Der von privaten Machtkonzentrationen bereinigte (Leistungs-)Wettbewerb gibt der Wirtschaft eine stabile und feste Ordnung, die im Gegensatz zu anderen Erscheinungsformen der freien Verkehrswirtschaft allen Wirtschaftsteilnehmern gleichberechtigte und gleichrangige Erfolgschancen einräumt. Die Wettbewerbsordnung ist insoweit die einzige Spielart der Verkehrswirtschaft, die nach Franz Böhm von sich behaupten könne, „eine vernünftig und sinnvoll geordnete Verkehrswirtschaft zu sein"[159]. Eine in dieser Form geordnete Verkehrswirtschaft erfülle ihrerseits den Zweck, dem Einzelnen die größtmögliche Handlungsfreiheit zu gewährleisten, denn *„soweit der Wettbewerb zur Ordnung führt, kann private wirtschaftliche Freiheit gewährt werden ... "*[160].

Die freie Verkehrswirtschaft und die Wettbewerbsordnung als eine Form der Verkehrswirtschaft bezeichnen also nicht notwendig denselben wirtschaftlichen Zustand.[161] Die freie Verkehrswirtschaft könne durch private Machtkonzentrati-

---

[158] *Franz Böhm*, Wettbewerb und Monopolkampf, 1933, S. 1 (Hervorhebung im Original).

Siehe auch *Franz Böhm*, Der Kampf des Monopolisten gegen den Außenseiter als wettbewerbsrechtliches Problem, 1933, S. 1. Mit dieser Untersuchung über die Struktur des Wettbewerbsrechts ist *Franz Böhm* promoviert worden; seine Dissertation bildet zugleich den Ersten Teil seiner Monographie „Wettbewerb und Monopolkampf".

[159] *Franz Böhm* (Fn. 134), S. 8.

[160] *Franz Böhm* (Fn. 13), S. 108 (Hervorhebung im Original).

[161] Vgl. auch *Friedrich A. v. Hayek*, „Freie Wirtschaft" und Wettbewerbsordnung (1947), in: ders., Individualismus und wirtschaftliche Ordnung, 1952, S. 141 ff. (146).

Walter Eucken erläutert den Unterschied zwischen der Verkehrswirtschaft und der Wettbewerbsordnung in einem anderen Zusammenhang wie folgt: „In einer sog. freien Wirtschaft bestimmt der Staat *weder* die Wirtschafts*ordnung noch* den alltäglichen Wirtschaftsprozeß. ... In einer Wettbewerbsordnung fördert und erhält der Staat die Wirtschaftsordnung, *nicht* aber den alltäglichen Wirtschaftsprozeß, der auf Grund freier Entscheidungen der Haushalte und Betriebe erfolgt." (*Walter Eucken* [Fn. 56], S. 85 [Hervorhebung im Original]).

onen gekennzeichnet sein, deren Entstehung sie schon in der Vergangenheit teilweise nicht verhindern konnte.[162] Ziel müsse es deshalb sein, die freie Verkehrswirtschaft zu einer Wettbewerbsordnung zu verfeinern. Die (Fort-)Entwicklung der freien Verkehrswirtschaft hin zur Wettbewerbsordnung ist für Franz Böhm „kein Naturereignis, sondern eine *Veranstaltung der Rechtsordnung*... "[163]. Aufgabe des Rechts sei es, dem Wettbewerb einen Rahmen bzw. eine Ordnung zu geben, innerhalb und aufgrund derer die einzelnen Wirtschaftssubjekte frei agieren könnten.

Die Verfeinerung der freien Verkehrswirtschaft hin zur Wettbewerbsordnung tritt für Franz Böhm nicht von selbst ein. Zur Verwirklichung der Wettbewerbsordnung[164] bedarf es vielmehr eines Ordnungsrahmens, der den Zustand der vollständigen Konkurrenz annäherungsweise ermöglicht und dauerhaft gewährleistet.

a.   Die Konzeption der Wettbewerbsordnung

Der Wettbewerb bezeichnet ein bekanntes und stets gegenwärtiges Phänomen: Verschiedene Parteien versuchen in einem Prozeß des Tauschens ein Produkt zu erlangen, welches alle besitzen wollen, aber mangels vorhandener Anzahl nicht alle besitzen können.[165] Solange die Bedürfnisse und Wünsche der Menschen die Anzahl der Produkte übersteigen, die ihnen auf dem Markt zur Befriedigung ihrer Wünsche zur Verfügung stehen, solange besteht Konkurrenz und Wettbewerb um diese knappen Güter. Um jedes knappe Gut entsteht eine Wettbewerbssituation, da die Nachfrage das Angebot übersteigt. Eine Wettbewerbssituation besteht demzufolge unabhängig von der jeweils vorliegenden Wirtschaftsordnung. Im Zusammenhang mit der Konzeption einer Wettbewerbsordnung

---

[162] Vgl. *Franz Böhm* (Fn. 42), S. 24 ff.; *Walter Eucken* (Fn. 131), S. 12.

[163] *Franz Böhm* (Fn. 13), S. 120 (Hervorhebung im Original).

[164] Der Begriff der Wettbewerbsordnung wird nun stets im Sinne einer bereinigten Wettbewerbsordnung im (angenäherten) Zustand vollständiger Konkurrenz verstanden.

[165] So *Viktor Vanberg*, Wettbewerb in Markt und Politik – Anregungen für die Verfassung Europas, 1994, S. 13.
       Franz Böhm umschreibt den Begriff des Wettbewerbs so: „Der *Tatbestand* des wirtschaftlichen Wettbewerbs ist vermutlich so alt wie die arbeitsteilige Tauschwirtschaft. Denn seine äußeren Vorbedingungen sind jedenfalls immer da schon gegeben, wo auf einer von beiden Seiten mehr als *ein* Tauschwilliger vorhanden ist." (*Franz Böhm* [158], S. 93 [Hervorhebung im Original]). Siehe auch *Franz Böhm* (Fn. 143), S. 171.

kommt es daher allein auf die Frage an, welche Rolle und Aufgabe dem Wettbewerb in der Wirtschaftsordnung zukommen soll. Die Wettbewerbssituation
könnte durch staatliche (Um-)Verteilungsmaßnahmen bereinigt oder aber im
Sinne einer freien Wettbewerbsordnung durch ein freies Spiel der Kräfte, in dem
sich die beste Leistung durchsetzt, entschieden werden. Im letzteren Fall wird die
bestehende Diskrepanz von Angebot und Nachfrage durch den Wettbewerb
selbst – als ein objektives Auswahlinstrument – aufgelöst. Die Wettbewerbsordnung im Verständnis von Franz Böhm ist deshalb dadurch charakterisiert, daß
„der Wettbewerb zum *obersten Auslese- und Organisationsprinzip des Wirtschaftsprozesses* erhoben wurde"[166].

Die Umsetzung dieser Wettbewerbsordnung setzt voraus, daß der Einzelne
über eine Vielzahl an Informationen über die für ihn relevanten Bedingungen am
Markt verfügt, denn anhand seines subjektiven Wissens fällt der Einzelne seine
wirtschaftlichen Entscheidungen; so werden Angebot und Nachfrage in Einklang miteinander gebracht.[167] Es ist vollkommen ausgeschlossen, daß der einzelne Wirtschaftende alle wirtschaftlichen Faktoren übersehen kann, die seine
Entscheidung tangieren können. Die Ergebnisse von täglich Millionen einzelner
Tauschvorgänge sind keinem der am Wettbewerb Beteiligten bekannt; keiner
verfügt über die Gesamtheit des Wissens, welches er für seine ökonomische
Entscheidung benötigt.[168] Erst der Wettbewerbsprozeß selbst versetzt die einzelnen Wirtschaftssubjekte in die Lage, das gesamte vorhandene Wissen zu nutzen,
indem der Wettbewerb die entscheidenden Signale für die am Wirtschaftsprozeß
Beteiligten setzt.[169] Der Marktpreis ist in diesem Zusammenhang ein wichtiges

---

[166] *Franz Böhm* (Fn. 158), S. 94 (Hervorhebung im Original).

[167] Vgl. *Manfred E. Streit*, Wohlfahrtsökonomik, Wirtschaftsordnung und Wettbewerb
(1992), in: ders., Freiburger Beiträge zur Ordnungsökonomik, 1995, S. 3 ff. (13 f.).

[168] Vgl. *Ernst-Joachim Mestmäcker*, Wettbewerb in der Verteilungsgesellschaft (1987), in:
ders., Recht in der offenen Gesellschaft, 1993, S. 661 ff. (666); *ders.*, Regelbildung
und Rechtsschutz in marktwirtschaftlichen Ordnungen, 1985, S. 8 f.

[169] Vgl. *Franz Böhm* (Fn. 3 [1966]), S. 93; *Friedrich A. v. Hayek*, Der Sinn des Wettbewerbs (1946), in: ders., Individualismus und wirtschaftliche Ordnung, 1952, S. 122 ff.
(126 f.); *ders.*, Die Anmaßung von Wissen, ORDO, Band 26 (1975), S. 12 ff. (20 f.).
Friedrich A. v. Hayek beschreibt diese informative Aufgabe des Wettbewerbs wie
folgt: „Aber welche Güter knapp oder welche Dinge Güter sind, oder wie knapp
oder wertvoll sie sind, ist gerade einer der Umstände, die der Wettbewerb entdecken
soll: es sind jeweils die vorläufigen Ergebnisse des Marktprozesses, die den einzelnen
sagen, wonach zu suchen es sich lohnt." (*Friedrich A. v. Hayek*, Der Wettbewerb als
Entdeckungsverfahren [1968], in: ders., Freiburger Studien, 1994, S. 249 ff. [253]).
Siehe auch *Ernst-Joachim Mestmäcker* (Fn. 168), S. 666; *Viktor Vanberg* (Fn. 165),
S. 12 f.

Signal, denn er zeigt an, ob die Nachfrage nach oder das Angebot an einem Produkt jeweils überwiegt. Die Signale, die mittels des Wettbewerbs gesetzt werden, bilden zugleich eine Voraussetzung und den Rahmen für die Verwirklichung des Wettbewerbs selbst. Denn dieses Signalsystem ermöglicht es den am Marktgeschehen Beteiligten ihre wirtschaftlichen Entscheidungen zu treffen. Der Markt sendet die wichtigen Signale, das heißt eine Ansammlung aller relevanten ökonomischen Informationen, die ein Einzelner selbst nicht überschauen könnte, jedoch nur im Zustand der vollkommenen Konkurrenz.[170] Wettbewerb und Signalsystem bedingen sich also gegenseitig.

Zu diesen Signalsystemen zählt Franz Böhm die Sprache, das Privatrecht und das Marktpreissystem.[171] Die lenkende Kraft dieser Signale beruhe darauf, daß „sie die Teilpläne aller Mitwirkenden ... *koordinieren* auf Grund von Entscheidungen, die von diesen Mitwirkenden selbst bei der Einigung über zweiseitige vollentgeltliche Austauschverträge des privaten Rechts an jedem Tag in jedem Fall einer Güterbewegung von einer Person zu einer anderen Person getroffen werden"[172].

aa.   Das Privatrecht als Signalsystem

Das Privatrecht umschreibt Franz Böhm als „eine für menschliche Verhältnisse bewundernswert komplette Sammlung von Regeln, Institutionen und Prinzipien, die den Verkehr zwischen Gleichberechtigten nicht nur regeln, sondern in weitem Umfang überhaupt erst möglich machen ... "[173]. Es stellt zugleich ein Kernstück der Wirtschafts- und Gesellschaftsordnung Franz Böhms dar.

Siehe auch *Lüder Gerken*, Die Grenzen der Ordnungspolitik, ORDO, Band 49 (1998), S. 165 ff. (169).

[170] Siehe *Franz Böhm*, Die Verbesserung des Unternehmerbildes durch bessere Geschäftsmethoden, in: Günter Schmölders (Hrsg.), Der Unternehmer im Ansehen der Welt, 1971, S. 186 ff. (188 f.).

[171] Vgl. *Franz Böhm* (Fn. 126), S. 70 f.; *ders.* (Fn. 3 [1966]), S. 91.
Das Signalsystem der Sprache wird im weiteren Verlauf vernachlässigt, zumal sich auch *Franz Böhm* mit diesem nicht weiter auseinandergesetzt hat.

[172] *Franz Böhm* (Fn. 3 [1966]), S. 94 (Hervorhebung im Original).

[173] *Franz Böhm* (Fn. 3 [1966]), S. 91.

(1) Die Funktion des Privatrechts

Für die Regeln des Privatrechts ist es kennzeichnend, daß sie den Charakter von Spielregeln haben, die kein bestimmtes Verhalten vorschreiben, sondern lediglich Fehlverhalten verbieten.[174] Es bleibt dem Einzelnen überlassen, ob, in welchem Ausmaß und in welcher Art und Weise er am Wirtschaftsleben teilnimmt. Die Privatrechtsordnung schreibt dem Einzelnen keine konkreten Handlungen vor, sondern gibt Anreize sich in der einen oder anderen Weise zu verhalten; die abschließende Entscheidung bleibt jedoch stets dem Einzelnen überlassen, der frei entscheiden kann, welche Schlußfolgerungen er aus den durch das Privatrecht vermittelten Anreizen ziehen will. Die Regeln des Privatrechts sind nicht subjektiv gesetzt, sondern haben abstrakten, allgemeinen Charakter.[175] Der abstrakte Charakter des Privatrechts drückt sich nach Franz Böhm darin aus, „daß es *systemwidrige Handlungen* mit *Rechtsnachteilen* belegt, im übrigen aber einen solchen Zustand von Machtverteilung erzeugt, daß sich mit *systementsprechenden Handlungen* lockende *faktische Vorteile* erzielen lassen, und zwar *um so größere Vorteile, je mehr sich der Handelnde im Sinne der gewollten Kooperation betätigt*"[176].

---

[174] *Ernst-Joachim Mestmäcker*, Zwischen freiem und verwaltetem Wettbewerb – Möglichkeiten und Grenzen der Wettbewerbspolitik (1990), in: ders., Recht in der offenen Gesellschaft, 1993, S. 667 ff. (669).
Den Vergleich von Regeln des Privatrechts mit Spielregeln zieht *Franz Böhm*, um die Aufgabe der Rechtsordnung zu veranschaulichen: „Eine solche Ordnung nennen wir auf dem Gebiete des Sports und des Spiels eine *Spielregel*, und dieser Begriff kennzeichnet denn auch aufs genaueste den Charakter jener Vorschriften, die die Ordnung des gewerblichen Kampfverlaufs zu gewährleisten bestimmt sind." (*Franz Böhm* [Fn. 13], S. 123 [Hervorhebung im Original]).

[175] Vgl. *Erich Hoppmann*, Freiheit und Ordnung in der Demokratie – Sprachverwirrung als politisches Instrument (1982), in: ders., Wirtschaftsordnung und Wettbewerb, 1988, S. 139 ff. (143 f.). Siehe auch *Manfred E. Streit* (Fn. 93), S. 81 f.

[176] *Franz Böhm* (Fn. 158), S. 122 (Hervorhebung im Original).
Mit der Funktion des Privatrechts als Verhaltensregel setzt sich vor allem auch *Friedrich A. von Hayek* auseinander: „Eine konkrete Handelnsordnung wird vollständig immer erst durch die besonderen Absichten und Tatsachenkenntnisse der Handelnden bestimmt, und die Verhaltensregeln, die sie befolgen, können immer nur Bedingungen sein, die den Bereich ihrer Wahl einschränken. Tatsächlich finden wir ja auch, daß zumindest der größte Teil der Regeln des Privat- und Strafrechts – alles, was ich die Regeln des gerechten Verhaltens genannt habe, im Gegensatz zu den konkreten Befehlen des öffentlichen Rechts – auch nur Verbote sind, die einen Bereich des freien Handelns abgrenzen und nur in Ausnahmefällen (nämlich wenn der einzelne in eine Gruppe mit gemeinsamen Zielen eintritt) bestimme konkrete Handlungen vorschreiben. Man hat mit Recht oft gesagt, daß das Ziel fast des ganzen Pri-

Die Regeln des Privatrechts sind dadurch gekennzeichnet, daß sie Anreize für ein wettbewerbskonformes und faires Verhalten geben, indem sie auf der einen Seite Fehlverhalten, wie den Abschluß sittenwidriger Verträge, für nichtig erklären oder Verstöße gegen den lauteren Wettbewerb oder das Kartellverbot selbst mit einer Schadensersatzpflicht belegen und dadurch auf der anderen Seite denjenigen schützen, der im Sinne des Wettbewerbsprinzips agiert. Über das Setzen eines Anreizes hinaus gehen diejenigen Regeln, die nicht nur ein Verhalten für nichtig erklären, sondern es ausdrücklich verbieten (z.B. Verbot von Kartellabsprachen). Solche Verbote können nur außerhalb des Privatrechts mit staatlichen Mitteln durchgesetzt werden, aber Schadensersatzforderungen eines Einzelnen begründen.[177]

Die Regeln des Privatrechts räumen dem Einzelnen damit innerhalb des Wirtschaftsprozesses größtmögliche Freiheit ein, weil alles erlaubt ist, was nicht systemwidrig und damit nichtig ist. Mit den Regeln des Privatrechts werden folglich keine Anordnungen getroffen, sondern Rahmenbedingungen für die Verwirklichung einer (Wettbewerbs-)Ordnung geschaffen.[178]

Die Charakterisierung des Privatrechts als Summe von allgemeinen, abstrakten Regeln wird insbesondere durch einen Vergleich mit den Regeln des Öffentlichen Rechts deutlich. Diese regeln im Gegensatz zu denen des Privatrechts das Verhalten der Individuen mittels konkreter Anweisungen und Ge- bzw. Verboten; sie sind konkrete Gebotsregeln innerhalb eines Über- und Unterordnungsverhältnisses, die auf das Verhalten des Einzelnen gestaltend Einfluß nehmen,

---

vatrechts (vielleicht mit Ausnahme gewisser Teile des Familienrechts) es sei, geschützte Bereiche oder Domänen des einzelnen abzugrenzen, in die andere nicht eingreifen dürfen. Diese Domänen bestimmt das Recht nicht durch Zuweisung konkreter Dinge an bestimmte Personen, sondern durch, wie man gewöhnlich sagt, abstrakte Regeln, die uns erlauben, aus den Tatsachen abzuleiten, was jedem gehört. Das Recht sorgt also nur dafür, daß jeder erhält, was ihm zukommt, aber was ihm konkret zukommen soll, hängt nicht nur von Rechtsregeln, sondern auch von tatsächlichen Umständen ab, auf die uns die Rechtsregeln hinweisen." (*Friedrich A. v. Hayek* [Fn. 80], S. 173 ff.).

[177] Infolge der sechsten Novelle des Gesetzes gegen Wettbewerbsbeschränkungen (GWB), die zum 01.01.1999 in Kraft getreten ist, sind Kartellabsprachen nunmehr nach § 1 GWB nicht mehr (nur) nichtig, sondern verboten. Die Untersagung von Kartellen obliegt dem Bundeskartellamt als staatlicher Behörde; der Einzelne kann infolge des Verbots Schadensersatzforderungen geltend machen.

[178] Vgl. *Friedrich A. v. Hayek* (Fn. 79), S. 17; *Wernhard Möschel*, Wettbewerb im Schnittfeld von Rechtswissenschaft und Nationalökonomie, Festschrift der Tübinger Juristenfakultät, 1977, S. 333 ff. (348 f.).

um einen bestimmten Zweck zu erreichen.[179] Demgegenüber stellt das Privatrecht (Spiel-)Regeln auf, die den Tauschvorgängen zwischen gleichberechtigten Individuen einen rechtlichen Rahmen geben. Auf diese Weise regelt das Privatrecht zwar den äußeren Verfahrensablauf, ohne aber Einfluß auf das Ergebnis des Verfahrens selbst zu nehmen.

Die Regeln des Privatrechts schaffen Rechtssicherheit und somit gegenseitiges Vertrauen unter den am Wirtschaftsprozeß Beteiligten. Der Einzelne kann im Vertrauen auf die Privatrechtsordnung, das heißt im Vertrauen darauf, daß das Fehlverhalten anderer für diese nachteilig ist und sich diese daher grundsätzlich konform mit den privatrechtlichen Regeln verhalten werden, seine eigenen Pläne aufstellen. Die Regeln des Privatrechts sind also so beschaffen, daß sie es dem Einzelnen ermöglichen, seine individuellen Interessen zu verfolgen und daran gleichzeitig Erwartungen in bezug auf das Verhalten anderer knüpfen zu können.[180] Sie signalisieren jedermann, wie er – zu seinem eigenen größtmöglichen Nutzen – seine individuellen Pläne aufstellen und auf die der anderen vorausschauend abstimmen kann. So beeinflussen die Regeln des Privatrechts nach Franz Böhm „zugleich unmerklich, aber sehr nachhaltig auch die *Auswahl der Individualpläne*, ihren Inhalt und ihre Anpassung an die Pläne der anderen"[181].

---

[179] Siehe *Herwig Brendel*, Wettbewerbspolitische Konzeptionen, in: Karl v. Delhaes/Ulrich Fehl (Hrsg.), Dimensionen des Wettbewerbs, 1997, S. 79 ff. (90). Ohne auf die Unterscheidung von Privat- und Öffentlichem Recht vertiefend eingehen zu wollen, sei noch darauf hingewiesen, daß insbesondere die sogenannte Subordinationstheorie auf die vorstehend skizzierten Unterscheidungsmerkmale aufmerksam macht, wonach das Öffentliche Recht durch das Verhältnis der Über-/Unterordnung in Form von einseitig verbindlichen Regelungen und das Privatrecht durch das Verhältnis der Gleichordnung im Rahmen von Verträgen gekennzeichnet ist.

[180] Vgl. *Manfred E. Streit*, Wissen, Wettbewerb und Wirtschaftsordnung, in: ders., Freiburger Beiträge zur Ordnungsökonomik, 1995, S. 159 ff. (177 f.). *Manfred E. Streit* verweist in seinem Beitrag auch auf den kostenverringernden und damit für den Einzelnen nutzenmaximierenden Aspekt der Regeln des Privatrechts: Dadurch, daß die Vertragspartner im Rechtsverkehr auf die Einhaltung dieser Regeln vertrauen, verringern sich die Kosten für die Aushandlung und die Kontrolle von Verträgen, die sogenannten Transaktionskosten (vgl. *Manfred E. Streit*, Konstitutioneller Wissensmangel, Spontane Ordnung und Regel-Orientierung [1993], in: ders., Freiburger Beiträge zur Ordnungsökonomik, 1995, S. 195 ff. [200]).

[181] *Franz Böhm* (Fn. 3 [1966]), S. 92 (Hervorhebung im Original). Die Koordinierung der Einzelpläne bedarf neben den Regeln des Privatrechts noch weiterer Elemente wie Regeln der Sitte und Moral sowie der Gewohnheit, aber auch der individuellen Erfahrungen (vgl. *Manfred E. Streit* [Fn. 180], S. 177), die hier nicht näher erläutert werden.

(2)   Die Regelungsfelder der Privatrechtsordnung

Kernstück des Privatrechts ist das Vertragsrecht. Im Vertrag nimmt der Tauschvorgang zwischen Anbieter (Verkäufer) und Nachfragendem (Käufer) rechtliche
Gestalt an. Elementarer Bestandteil des Vertragsrechts ist für Franz Böhm die
Vertragsfreiheit, „d.h. die Freiheit, mit allen meinen anderen Freiheiten Tauschgeschäfte zu machen oder sie in Gesellschaften einzubringen"[182]. Die Vertragsfreiheit sei konstituierendes Prinzip der Wettbewerbsordnung[183]; sie gewährleiste,
daß Tauschvorgänge bzw. Verträge nur zustande kommen, wenn die Interessen
beider Vertragspartner ihren Niederschlag im Vertragsabschluß gefunden haben.
Neben der Freiheit, Verträge zu schließen oder nicht zu schließen, umfasse die
Vertragsfreiheit auch die Freiheit der inhaltlichen Ausgestaltung der Verträge, der
nur durch das Privatrecht selbst Grenzen gezogen würden. So bestehe zunächst
einmal die Verpflichtung, die geschlossenen Verträge auch umzusetzen und zu
erfüllen (pacta sunt servanda).[184] Die Grenzen der Vertragsfreiheit liegen nach
Franz Böhm insbesondere dort, wo vertragliche Vereinbarungen zu dem Zweck
getroffen werden würden, die Vertragsfreiheit zu beschränken oder vollständig
aufzuheben.[185] Ohne diese Begrenzung der Vertragsfreiheit würde dem Einzelnen der Abschluß von Verträgen gestattet, „die den Erfolg haben sollen, die
gesetzliche Ordnung der Märkte beiseitezuschieben und sie zu ersetzten durch eine
privatrechtsgeschäftliche gewillkürte Ordnung des betreffenden Marktes!"[186].

Neben die Vertragsfreiheit tritt nach Franz Böhm als weiteres Freiheitsrecht
die Gewerbefreiheit. Sie umfasse den freien Zugang zu jedem Gewerbe und die
freie wirtschaftliche Betätigung von jedermann.[187]

Mit dem Prinzip der Vertragsfreiheit eng verbunden sind für Franz Böhm das
Prinzip des Privateigentums und das der Haftung. Von der Freiheit, Verträge zu

---

[182] *Franz Böhm* (Fn. 143), S. 168.

[183] Vgl. *Franz Böhm* (Fn. 158), S. 124; *Walter Eucken* (Fn. 39), S. 275 ff.

[184] Siehe *Franz Böhm* (Fn. 13), S. 106.

[185] Vgl. *Franz Böhm* (Fn. 13), S. 106; *Walter Eucken* (Fn. 39), S. 278. Siehe auch *Fritz
Holzwarth* (Fn. 54), S. 158 f. Siehe auch unter: III.2.d.aa.(3).
Friedrich A. v. Hayek warnt diesbezüglich vor dem trügerischen Begriff der Vertragsfreiheit: „Wir können ‚Vertragsfreiheit' nicht wirklich als Antwort auf unsere Probleme betrachten, wenn wir doch wissen, daß nicht alle Verträge den Gesetzesschutz
genießen sollen, und im Gegenteil dafür eintreten müssen, daß Verträge zur Einschränkung des Wettbewerbs nicht geschützt werden sollen." (*Friedrich A. v. Hayek*
[Fn. 161], S. 151).

[186] *Franz Böhm*, Das Reichsgericht und die Kartelle, ORDO, Erster Band (1948),
S. 197 ff. (207) (Hervorhebungen im Original).

[187] Vgl. *Franz Böhm* (Fn. 186), S. 202 f.

schließen, könne nur Gebrauch machen, wer Eigentum und vor allem, wer das Recht habe, über sein Eigentum frei zu verfügen.[188] Der *„Grundsatz der unbeschränkten Haftung für Geschäftsschulden"*[189] sei das Korrelat der Vertragsfreiheit. Wer die Vertragsfreiheit zu seinem eigenen Vorteil nutzt, der soll negative Folgen eines Vertrages oder die mit einem Vertragsabschluß verbundenen Risiken regelmäßig nicht auf Dritte abwälzen können.

Die Prinzipien der Vertrags- und Gewerbefreiheit, des Privateigentums und der Haftung bilden bei Franz Böhm die Grundpfeiler der Privatrechtsordnung, die die Funktionsfähigkeit des Wettbewerbsverfahrens gewährleisten. Sie sind zum einen Voraussetzung dafür, daß sich die am Wirtschaftsprozeß Beteiligten gleichberechtigt gegenüberstehen. Zum anderen ermöglichen sie es, die individuellen Pläne im Vertrauen auf die Privatrechtsordnung aufzustellen und umzusetzen. Der Wettbewerb zwischen den Wirtschaftssubjekten wird auf diese Weise durch die Regeln des Privatrechts koordiniert.

bb. Die Marktpreise als Signalsystem

Das Prinzip des Wettbewerbs bedarf neben den Regeln des Privatrechts eines weiteren Signalsystems, das die Einzelpläne auf dem Markt koordiniert: das Marktpreissystem. Mittels der Marktpreise wird die Wettbewerbsordnung gelenkt, ohne daß die Lenkung durch einen zentralen Plan oder eine Person bzw. Personengruppe allein erfolgt.

(1) Der Marktmechanismus als Ergebnis eines Einpendelungsverfahrens

Grundgedanke des Preismechanismus ist es, daß der Marktpreis aufgrund von Angebot und Nachfrage entsteht, die wiederum das Ergebnis einer Vielzahl von Einzelplänen sind. Der Marktpreis ist Ausdruck eines Ausgleichs der unterschiedlichen Interessen von Anbieter und Nachfragendem. Bezogen auf zwei Wirtschaftssubjekte spiegelt der Marktpreis den ausgehandelten Vertragspreis wider, denn beide Vertragsparteien verständigen sich im Rahmen eines Austauschvertrages über den Wert von Leistung und Gegenleistung, wobei sich nach

---

[188] Vgl. *Walter Eucken* (Fn. 39), S. 274 f. Siehe auch *Fritz Holzwarth* (Fn. 54), S. 160 f.
[189] *Franz Böhm* (Fn. 13), S. 106 (Hervorhebung im Original).
     Walter Eucken erinnert in bezug auf die Haftung an den eingängigen Grundsatz: *„Wer den Nutzen hat, muß auch den Schaden tragen."* (vgl. *Walter Eucken* [Fn. 131], S. 20 [Hervorhebung im Original]). Siehe auch *Walter Eucken* (Fn. 39), S. 279 ff.

Franz Böhm der Wert jeder Leistung allein aus der individuellen Interessenlage heraus erklärt.[190] Klassisches Beispiel derartiger Austauschgeschäfte ist der Kauf: Käufer und Verkäufer verständigen sich im Rahmen von Kaufverhandlungen auf den Kaufpreis; die Einigung über den Kaufpreis bringt zum Ausdruck, daß beide Vertragsparteien „den Wert der Kaufsache und den Wert des Kaufpreises als *vollkommen gleich* ansehen"[191].

Im Gegensatz zum einzelnen Vertragspreis ist nach Franz Böhm der jeweilige Marktpreis eines Produkts das Ergebnis einer Vielzahl von Tauschvorgängen. Die vielen individuellen Vertragspreise, die hinsichtlich eines Produkts erzielt würden, würden sich durch ständiges Vergleichen der jeweils erzielten Vertragspreise bei einem bestimmten Marktpreis einpendeln.[192] Dem Verkäufer sei es als Ergebnis des „*Einpendelungsverfahrens*"[193] kaum noch möglich, die Ware zu einem höheren Preis zu verkaufen und der Käufer könne kaum damit rechnen, die Ware zu einem günstigeren Preis zu erwerben. Der Prozeß des Einpendels setzt allerdings voraus, daß jeder Marktteilnehmer die Möglichkeit hat, sich über die jeweiligen Preisentwicklungen für jede Ware zu informieren.[194]

In bezug auf das Marktpreissystem unternimmt Franz Böhm den – auf den ersten Blick erstaunlich anmutenden – Versuch, daß Marktpreissystem anhand eines rechtlichen Vorgangs zu erläutern bzw. – wie er selbst schreibt – in die Sprache des Rechts zu übertragen: Der Marktpreis pendele sich aufgrund unterschiedlicher individueller Interessen ein. Dieser Vorgang entspreche im Prinzip einem permanent stattfindenden Abstimmungs- und Wahlverfahren, in dem jeder am Markt Beteiligte in Form von Angebot und Nachfrage über den Wert einer Ware abstimme. Der Preismechanismus sei sozusagen „ein *plebiszitärer Vorgang...* , eine täglich und stündlich wiederholte Volksabstimmung"[195]. Der

---

[190] Vgl. *Franz Böhm* (Fn. 3 [1966]), S. 95.

[191] *Franz Böhm*, Privilegien-Gesellschaft und Interventionen-Demokratie als Zerrform der Freiheit, in: Tagungsprotokoll der Aktionsgemeinschaft Soziale Marktwirtschaft, 1965, S. 74 ff. (81) (Hervorhebung im Original).

[192] Siehe *Franz Böhm*, Der Schwindel mit dem Wort „Wettbewerbsordnung", Frankfurter Rundschau vom 08. Dezember 1953; *ders.* (Fn. 191), S. 82.

[193] *Franz Böhm* (Fn. 126), S. 62 (Hervorhebung im Original).

[194] In der heutigen Informationsgesellschaft kann das Wissen über Warenpreise und Preisentwicklungen binnen Sekunden über moderne Kommunikationswege, wie insbesondere das Internet, weltweit verbreitet werden. Der Zugang zu diesem Wissen steht grundsätzlich jedermann offen. Insoweit können die modernen Kommunikationsmittel im Prinzip einen annähernd vollkommenen weltweiten Wettbewerb ermöglichen.

[195] *Franz Böhm* (Fn. 10), S. 111 (Hervorhebung im Original).

Marktpreis sei derjenige Preis, der den Willen aller Marktteilnehmer, den volonté des touts, widerspiegele.[196] Franz Böhm beschreibt das Marktpreissystem als eine Form von vollkommener Demokratie, wie sie im politischen Leben auch nicht annähernd realisiert werden könne.[197] Dieses Verständnis vom Marktpreismechanismus deutet an, daß der Marktpreis für Franz Böhm nicht nur die Funktion eines Signalsystems in der Wettbewerbsordnung innehat, sondern darüber hinaus einen Mechanismus bereitstelle, um dem Einzelnen freie Entfaltungsmöglichkeiten, das heißt, dem Einzelnen umfassende Freiheit zu garantieren.

(2) Der Marktpreis als Lenkungsinstrument

Der Marktpreis, der sich aufgrund von Angebot und Nachfrage einpendelt, signalisiert den Knappheitsgrad einer Ware.[198] Sinkende Preise symbolisieren einen ebenfalls sinkenden Knappheitsgrad einer Ware, während jeder Preisanstieg Symptom für steigende Nachfrage bzw. sinkende Angebote und somit für einen höheren Knappheitsgrad des jeweiligen Guts ist. Marktpreise sind also Knappheitspreise und haben infolgedessen eine volkswirtschaftliche Signalfunktion.

Veränderungen des Knappheitsgrades einer Ware sind das Ergebnis eines sich ändernden Nachfrage- oder Angebotsverhaltens, das heißt, steigende oder sinkende Marktpreise spiegeln stets ein verändertes Verhalten auf der Nachfrage- oder Angebotsseite wider. Umgekehrt beeinflußt die Preisentwicklung auch das Verhalten der Anbieter und Nachfragenden. Steigende Preise lenken Anbieter beispielsweise in jene Bereiche, in denen Knappheit herrscht, um die Nachfrage zu befriedigen und die hohe Gewinnspanne auszuschöpfen; fallende Preise signalisieren ihnen, daß es sich immer weniger lohnt, in Bereiche zu investieren, in denen ein Überangebot herrscht. Auf diese Weise können Angebot und Nachfrage wieder in ein Gleichgewicht gebracht werden.

Das Marktpreissystem verbindet somit Ergebnis und Wirkung: Einerseits entstehen Marktpreise aufgrund von Angebot und Nachfrage, das heißt aufgrund

---

An anderer Stelle spricht *Franz Böhm* davon, daß „ein *plebiszitähnlicher Dauervorgang* statt[findet], bei dem die *Nachfragenden* mit dem Stimmzettel ihrer Kaufkraft über Aufbau, Art und Qualität der Produktion entscheiden." (*Franz Böhm* [Fn. 170], S. 188 [Hervorhebung im Original]). Siehe auch *Franz Böhm* (Fn. 126), S. 88 f.

[196] So *Franz Böhm*, Der vollständige Leistungswettbewerb, Blätter der Freiheit, 1953, S. 499 ff. (504).

[197] Vgl. *Franz Böhm*, Kartellauflösung und Konzernentflechtung, Süddeutsche Juristen-Zeitung 1947, S. 495 ff. (500); *ders.* (Fn. 126), S. 88 f.

[198] Siehe *Franz Böhm* (Fn. 3 [1966]), S. 92. Vgl. auch *Gernot Gutmann*, Grundformen der Wirtschaftsordnung, 1965, S. 34 ff.

von individuellen Plänen, andererseits beeinflussen die Marktpreise die individuellen Pläne der Marktteilnehmer.[199] Die Marktpreise sind demzufolge zugleich Ergebnis der und Orientierungshilfe für die individuellen Pläne.

Der Marktpreis hat also lenkenden Einfluß auf das individuelle Verhalten aller Marktbeteiligten. Da der Marktpreis zugleich selbst Ergebnis eines Ausgleichs der Interessen aller Marktteilnehmer ist, fließen in jeden Einzelplan die individuellen Überlegungen aller anderen ein. Ohne daß der Einzelne selbst Kenntnis von den individuellen Interessen der anderen am Markt Beteiligten erlangen muß, bezieht der Einzelne diese in seine individuellen Pläne über den Marktpreis mit ein. Franz Böhm umschreibt dieses Phänomen folgendermaßen: „Kein menschliches Gehirn kennt und übersieht auch nur annähernd die Gesamtheit aller Reaktionen und Tatsachen, aus denen sich der in den Marktpreisen widergespiegelte soziale Kosmos zusammensetzt, ganz abgesehen davon, daß auch der erstaunlichste Weltweise und virtuoseste Kenner von Statistiken nicht imstande wäre, dieses sich jede Stunde verändernde Kaleidoskop millionenhafter Sozialdaten in seiner Zusammensetzung jeweils in dem Augenblick zu vergegenwärtigen, in dem er es wissen müßte, um eine bestimmte Käufer- oder Verkäuferentscheidung zu treffen oder sich über eine Investition schlüssig zu werden. Der Marktpreis aber enthebt uns jeder Notwendigkeit, das alles zu wissen"[200]. Der Marktpreis signalisiere dem Einzelnen, wie er seine Interessen mit denen anderer Marktteilnehmer in Einklang bringen könne, ohne daß er um die jeweiligen Einzelinteressen der anderen wisse.[201]

---

[199]   Vgl. *K. Paul Hensel*, Grundformen der Wirtschaftsordnung, 1978, S. 39 f.
Franz Böhm beschreibt diesen wechselseitigen Vorgang sehr klar: „In jeden einzelnen Marktpreis gehen die individuellen Nachfrage- und Angebotsentscheidungen aller Wirte ein, und jeder dieser sich als Ergebnis vergangener Individualentschlüsse herausnivellierenden Marktpreise dient dann, sobald er entstanden ist, wiederum zahllosen Individuen als orientierender Wegweiser für künftige individuelle Nachfrage- und Angebotsentscheidungen." (*Franz Böhm*, Die Konzentrations-Debatte, Frankfurter Allgemeine Zeitung vom 10. Juni 1961).

[200]   *Franz Böhm* (Fn. 3 [1966]), S. 93.

[201]   *Friedrich A. v. Hayek* spricht in diesem Zusammenhang von einer Entdeckung, die er in seinem Leben gemacht zu haben glaubt. Als seine Entdeckung betrachtet er „die Erkenntnis, daß das Preissystem ein System von Signalen ist, das den Menschen in die Lage versetzt, sich an Ereignisse und Umstände anzupassen, von denen er nichts weiß; daß unsere ganze moderne Ordnung, unsere ganze Weltwirtschaft und unser Wohlstand auf der Möglichkeit einer Anpassung an Vorgänge beruhen, die wir nicht kennen ... " (*Friedrich A. v. Hayek*, „Dankadresse", in: Erich Hoppmann [Hrsg.], Friedrich A. v. Hayek, 1980, S. 37 ff. [38]).

(3)   Der Marktpreis und das Privatrecht

Dem Marktpreismechanismus kommt in der Wettbewerbsordnung eine tragende Funktion zu. Der Aufgabe, den Wettbewerb mittels Signalen in Form von Marktpreisen zu lenken, kann der Preismechanismus aber nur gerecht werden, wenn sich die Preise am Markt frei bilden können. Die freie Preisgestaltung setzt also eine funktionsfähige Wettbewerbsordnung voraus; umgekehrt sind die Preise zugleich Voraussetzung für die Verwirklichung dieser Wettbewerbsordnung. Zur Sicherung der Funktionsfähigkeit des Marktpreismechanismus müssen außerdem die Stabilität der Währung, der freie Zugang zu den Märkten, das Privateigentum, die Vertragsfreiheit, das Prinzip der vollen Haftung und Konstanz in der Wirtschaftspolitik gewährleistet sein.[202]

Hier zeigt sich, daß die beiden Signalsysteme, Privatrecht und Marktpreise, keineswegs losgelöst voneinander betrachtet werden können, sondern sich gegenseitig bedingen. Die Regeln des Privatrechts garantieren die Funktionsfähigkeit des Marktpreismechanismus; sie geben ihm den rechtlichen Rahmen, indem sie Vertragssicherheit und damit den Abschluß von Vereinbarungen gewährleisten, in denen der Vertragspreis als Ausgangspunkt des Markpreises gebildet wird. Der Marktpreis gibt umgekehrt den Vertragspartnern einen Kompaß an die Hand, der es ihnen ermöglicht, ihre Interessen im Rahmen von Austauschverträgen an- und auszugleichen. Der koordinierenden Funktion der Regeln des Privatrechts kommt also nicht weniger Bedeutung zu als der des Preissystems, zumal das Privatrecht wirtschaftliche Prozesse nicht nur in bezug auf den Preis, sondern auch in qualitativer, zeitlicher und räumlicher Hinsicht beeinflußt.[203]

---

[202] Mit diesen Voraussetzungen, die gegeben sein müssen, damit der Marktpreismechanismus entsprechend seiner Aufgabe, den Wirtschaftsablauf zu koordinieren, funktioniert, setzt sich vor allem *Walter Eucken* auseinander (vgl. *Walter Eucken* [Fn. 40], S. 34 ff.; *ders.* [Fn. 39], 255 ff., 264 ff., 270 ff., 275 ff., 279 ff., 285 ff.).
Siehe auch *Walter Eucken*, Investitionssteuerung durch echte Wechselkurse, Zeitschrift für das gesamte Kreditwesen, 1950, S. 95 ff. (96 f.); *Lüder Gerken/ Andreas Renner*, Die ordnungspolitische Konzeption Walter Euckens, in: Lüder Gerken (Hrsg.), Walter Eucken und sein Werk, 2000, S. 1 ff. (18 f.); *Helmut Gröner*, Walter Eucken – Wegbereiter der Ordnungspolitik, in: Helmut Gröner. „Wege zu mehr Wettbewerb", hrsgg. von Fritz Holzwarth, 1996, S. 11 ff. (15 f.).
Franz Böhm beschäftigt sich zwar intensiv mit den rechtlichen Rahmenbedingungen des Marktpreismechanismus, streift Fragen der Währungspolitik aber nur kurz (vgl. *Franz Böhm* [Fn. 13], S. 137 f.; *ders.* [Fn. 3 [1966]], S. 100).
Zur Ordnungsfunktion des Geldwesens siehe auch: *Otto Pfleiderer*, Geld als Ordnungsmacht, Festschrift für Franz Böhm, 1975, S. 471 ff.

[203] So *K. Paul Hensel* (Fn. 199), S. 41.

Nach Franz Böhm liegt dem Konzept der Wettbewerbsordnung somit das Prinzip zugrunde, daß die individuellen Pläne aller Marktteilnehmer, also Angebot und Nachfrage, durch ein fein abgestimmtes Signalsystem gelenkt werden. Die Lenkung des Marktes erfolgt insbesondere durch die Regeln des Privatrechts und die Marktpreise, welche wiederum erst unter den Bedingungen des Wettbewerbs ihre volle Lenkungskraft entfalten.

b. Wettbewerb, Koordination und Freiheit

Die Besonderheit des Wettbewerbsprinzips liegt darin, daß der Wettbewerb das Marktgeschehen steuert, ohne daß der Staat oder ein einzelner Marktteilnehmer erkennbaren Einfluß auf das Marktverhalten anderer oder auf das Ergebnis des Einpendelungsverfahrens hat. Das Privatrecht und die Marktpreise reichen als Lenkungsinstrumente aus, um die individuellen Pläne aller am Markt Beteiligten zu koordinieren. Die Lenkung des Marktgeschehens bedingt, daß auch über den wirtschaftlichen Erfolg und Mißerfolg einzelner Wirtschaftssubjekte entschieden wird. Da in der Wettbewerbsordnung niemand erkennbar die Fäden in der Hand hat, entscheidet für Franz Böhm allein das Urteil des Marktes, also der Wettbewerb, über das Ergebnis wirtschaftlicher Prozesse und damit auch über den wirtschaftlichen Erfolg und Mißerfolg des Einzelnen.[204] Der Wettbewerb fungiert für ihn als Auslese- und Leistungsprozeß; an die Stelle einer strafenden oder belohnenden staatlichen Instanz trete in der Wettbewerbsordnung das System von Gewinn und Verlust.[205] Für alle Marktteilnehmer würden in diesem Prozeß die gleichen Regeln gelten; sie seien alle demselben Verfahren unterworfen. Daher entscheide im Wettbewerbsverfahren nur die Leistung des Einzelnen und nicht eine wirtschaftliche Macht auf dem Markt über seinen Erfolg.[206]

---

[204] Siehe *Franz Böhm* (Fn. 13), S.126; *ders.*, Die Bedeutung der Wirtschaftsordnung für die politische Verfassung (1946), in: Franz Böhm. Reden und Schriften, hrsgg. von Ernst-Joachim Mestmäcker, 1960, S. 46 ff. (61 f.); *ders.* (Fn. 170), S. 186 f.
Ernst-Joachim Mestmäcker verweist zurecht darauf, daß dem Wettbewerb ein „System von Lohn und Strafe" (*Ernst-Joachim Mestmäcker* [Fn. 168], S. 662) innewohnt.

[205] So *Franz Böhm*, Die Sozialpolitik in der Marktwirtschaft, Sozialer Fortschritt 1954, S. 125 ff. (128). Vgl. auch *Franz Böhm* (Fn. 140), S. 168.

[206] So *Franz Böhm* (Fn. 196), S. 505 f. Siehe auch *Fritz Holzwarth* (Fn. 54), S. 146 f.
Franz Böhm erläutert diesen Leistungswettbewerb zunächst häufig mit den Formen eines Kampfes. Den Leistungswettbewerb umschreibt *Franz Böhm* als „eine geordnete Kampfveranstaltung, bei der alle Beteiligten ein und dieselbe sozialförderliche Fähigkeit an der Lösung ein und derselben Aufgabe versuchen und bei der der Sieges-

aa. Wechselseitige Bedingtheit von Wettbewerb und Freiheit

Der (Leistungs-)Wettbewerb ist ein Verfahren, nach dem sich der Wirtschaftsablauf vollzieht, ohne daß der Staat oder Privatpersonen Einfluß auf den Ablauf oder sein Ergebnis haben.[207] Der Wettbewerb sichert damit dem Einzelnen ein hohes Maß an wirtschaftlicher Freiheit, das heißt, der einzelne Marktteilnehmer ist nicht dem Willen anderer untergeordnet, sondern in seinen Entscheidungen frei.[208] Der Wettbewerb beinhaltet deshalb für Franz Böhm ein Zweifaches, „nämlich einmal ein *tatsächlicher Zustand*, eine sogenannte *Marktform* und zum anderen ein *subjektives Recht*, eine *Freiheit*"[209].

In der Wettbewerbsordnung ist dem Einzelnen nach Franz Böhm seine wirtschaftliche Handlungsfreiheit durch die Vertrags- und Gewerbefreiheit garantiert. Der Einzelne könne in hohem Maß über sich und sein Handeln frei bestimmen, ohne daß Dritte in seine Entscheidungen eingreifen könnten. Ob er sich vertraglich binde, entscheide jeder (privat-)autonom. Und selbst rechtliche Verpflichtungen und damit einhergehende Beschränkungen der Handlungsfreiheit würden nur zeitlich befristet abgeschlossen werden.[210] Entscheidend bleibe, daß der Einzelne jede vertragliche Bindung aufgrund seines freiwilligen Entschlusses eingegangen sei, der in der Wettbewerbsordnung nur durch Gesetz beschränkt werde, wenn dies zum Schutz des freiheitlichen Charakters dieser Ordnung von Nöten sei.[211]

Doch nicht nur die Privatrechtsordnung, sondern auch der Marktpreismechanismus garantiere dem Einzelnen seine wirtschaftliche Freiheit. Der Einzelne wird nach Franz Böhm in seinen Entscheidungen nur vom Marktpreis beeinflußt, der den Willen aller Marktteilnehmer widerspiegele, so daß der Ein-

---

preis demjenigen zufällt, der die Aufgabe am besten gelöst hat." (*Franz Böhm* [Fn. 158], S. 212).

Zum Begriff der Leistung und seiner Ambivalenz: *Hermann J. Wallraff*, Belastungen des Leistungsbegriffes, Festschrift für Franz Böhm, 1975, S. 625 ff.

[207] Zum Begriff des Leistungswettbewerbs siehe auch *Helmut Arndt*, Macht und Wettbewerb, in: Helmut Cox/ Uwe Jens/ Kurt Markert (Hrsg.), Handbuch des Wettbewerbs, 1981, S. 49 ff.

[208] Siehe *Franz Böhm* (Fn. 126), S. 87; *Erich Hoppmann* (Fn. 175), S. 147 f.; *Eckart Koch*, Freiheit und Wettbewerb, Festschrift für Franz Böhm, 1975, S. 269 ff. (270 f.).

Friedrich A. v. Hayek definiert den Begriff der Freiheit als einen Zustand der Abwesenheit von Zwang (siehe dazu *Friedrich A. v. Hayek*, Die Verfassung der Freiheit [1960], 1991, S. 13 ff.).

[209] *Franz Böhm* (Fn. 143), S. 195 (Hervorhebung im Original).

[210] Vgl. *Franz Böhm* (Fn. 199).

[211] Siehe *Franz Böhm* (Fn. 134), S. 7.

zelne zwar von der Gesamtheit aller Einzelpläne der Marktteilnehmer, aber nicht
von dem Willen eines Einzelnen oder vom Willen einer politischen Obrigkeit
abhängig sei.[212] Franz Böhm beschreibt diesen Vorgang anschaulich wie folgt:
„Es handelt sich also um einen *von Menschen ausgeübten Zwang, der von diesen Menschen nicht mißbraucht werden kann*. Zweitens steht hinter diesem Zwang *kein Einzel-
wille*, aber auch *kein bewußter Kollektivwille*. Die Zwangswirkung ist das Resultat des
von niemandem beabsichtigten *Zusammentreffens zahlloser gleichartiger, freier, spontaner
Reaktionen*. Es ist ein *Zwang ohne Zwangsherrn und ohne Büttel*. Infolgedessen *tangiert
diese Art von Zwang die politische, soziale und rechtliche Freiheit* des Betroffenen überhaupt nicht"[213]. Der Einzelne hänge also von einem „*anonymen Gesamtwillen*"[214] ab,
dessen Inhalt den Marktteilnehmern durch die Marktpreise vermittelt werde. Die
Wettbewerbsordnung zeichne sich durch diese Anonymität ihres Verfahrens aus;
die Anonymität garantiere dem Einzelnen seine wirtschaftliche Freiheit.[215]

Das Verhältnis von Wettbewerb und wirtschaftlicher Freiheit ist kein einseitiges, denn der Wettbewerb gewährleistet nicht nur Freiheit, sondern setzt umgekehrt das Bestehen wirtschaftlicher Freiheit voraus: Erst die Ausübung der
Wettbewerbsfreiheit erzeugt Wettbewerb; wo Marktteilnehmer sich auf ein gegenseitiges Wettbewerbsverbot verständigt haben, besteht kein Wettbewerb.
Franz Böhm zieht in diesem Zusammenhang den Vergleich zum Wahlrecht,
welches allein noch keine freien Wahlvorgänge gewähre; erst die Ausübung des
Wahlrechts führe zu freien Wahlen.[216] Ähnlich verhält es sich für Franz Böhm
mit dem Wettbewerb, der erst entstehe, wenn von der Wettbewerbsfreiheit
Gebrauch gemacht werde.[217] Wettbewerb und Freiheit bedingen sich nach Franz
Böhm also wechselseitig.

bb.   Der Wettbewerb als Synonym und Instrument der Machtlosigkeit

In der Wettbewerbsordnung kann kein Marktteilnehmer ein bestimmtes Verhalten anderer Marktteilnehmer erzwingen. Die Privatrechtsordnung und der
Marktpreismechanismus stehen gleichsam als Synonym für die Machtlosigkeit

---

[212] Vgl. *Franz Böhm* (Fn. 126), S. 85 ff.; *ders.* (Fn. 10), S. 111.

[213] *Franz Böhm* (Fn. 197), S. 501 (Hervorhebung im Original).

[214] *Franz Böhm* (Fn. 197), S. 499 (Hervorhebung im Original).

[215] Vgl. *Franz Böhm* (Fn. 158), S. 18 f., 101.

[216] So *Franz Böhm* (Fn. 143), S. 195.

[217] Vgl. *Franz Böhm* (Fn. 143), S. 195.
      Franz Böhm lehnt eine Wettbewerbspflicht genauso ab wie eine Wahlpflicht, da eine
      solche Pflicht dem Gedanken der größtmöglichen Freiheit des Einzelnen wider-
      spricht.

aller am Wirtschaftsprozeß Beteiligten. Franz Böhm spricht daher in bezug auf die Wettbewerbsordnung von einer „herrschaftsfreien Ordnung"[218], die nicht durch Menschen, sondern durch Gesetze und überindividuelle Plebiszite in Form von Marktpreisen gelenkt werde. Die Wettbewerbsordnung sei daher das-jenige soziale System, welches dem Postulat des Aristoteles „Gesetze sollen herr-schen, nicht Menschen" sehr nahe komme.[219]

Die Wettbewerbsordnung sei durch einen „*Zustand allseitiger Machtlosigkeit*"[220] gekennzeichnet, in der jeder Marktteilnehmer insoweit machtlos sei, als er die Entscheidungen anderer nicht unmittelbar beeinflussen, und zugleich selbst völ-lig unabhängig am Markt agieren könne.[221] Unter Machtlosigkeit versteht Franz Böhm „die Unfähigkeit jedes Marktbeteiligten ..., auf das marktmäßige Ange-bots- und Nachfrageniveau anders als durch Verbesserung seiner individuellen wirtschaftlichen Leistungskraft bzw. durch verständige Handhabung seiner Kaufkraft einzuwirken"[222].

Dieser Zustand der allgemeinen Machtlosigkeit aller Wirtschaftssubjekte macht wiederum den eigentlichen Kern einer Koordinationsordnung (im Gegen-satz zu einer Subordinationsordnung) aus. Alle am Wirtschaftsprozeß Beteiligten stehen sich einander gleichberechtigt und gleichgeordnet gegenüber, weil keiner die Möglichkeit oder die Macht hat, den anderen in seinen Entscheidungen di-rekt zu beeinflussen.

Der Wettbewerb ist für Franz Böhm nicht nur ein Synonym für die Macht- und Einflußlosigkeit aller Marktteilnehmer, sondern zugleich das Instrument, um den Zustand der allgemeinen Machtlosigkeit herzustellen und aufrechtzuerhal-ten. Zum einen lenke der Wettbewerb den Wirtschaftsablauf frei von staatlichem Einfluß, das heißt, der Bereich des alltäglichen Wirtschaftslebens werde von dem Bereich staatlichen Handelns abgetrennt.[223] Dem Staat werde so dauerhaft die Möglichkeit genommen, den Wirtschaftsprozeß durch eigene Pläne zu lenken. Der Wettbewerb kontrolliere zum anderen die Macht der Wirtschaftssubjekte und verhindere die Entstehung von privater Marktmacht. Denn Wettbewerb bedeutet stets, daß dem Einzelnen alternative Handelspartner und Bezugsquellen zur Verfügung stehen. Der Wettbewerb verringert somit die Abhängigkeit eines

---

218 *Franz Böhm*, Verstößt ein gesetzliches Kartellverbot gegen das Grundgesetz?, WuW 1956, S. 173 ff. (178).

219 So *Franz Böhm* (Fn. 199).

220 *Franz Böhm* (Fn. 197), S. 498 (Hervorhebung im Original). Siehe auch *Franz Böhm* (Fn. 158), S. 20.

221 Vgl. *Franz Böhm*, Das Kartellproblem, Schweizerische Zeitschrift für Volkswirtschaft und Statistik, 1951, S. 193 ff. (199).

222 *Franz Böhm* (Fn. 158), S. 20.

223 Vgl. *Franz Böhm* (Fn. 191), S. 84. Dazu auch *Walter Eucken* (Fn. 39), S. 375 f.

Nachfragenden von einem bestimmten Anbieter und verhindert dadurch eine
Machtstellung, die letzterem aus einer solchen Abhängigkeit erwachsen könnte.

Die Wettbewerbsordnung stellt nach den Vorstellungen Franz Böhms also allen Marktteilnehmern mit dem Instrument des Wettbewerbs ein Verfahren zur
Verfügung, daß die Gleichordnung aller sicherstellt und das Leistungsprinzip
durchsetzt.[224] Der Wettbewerb ist daher für Franz Böhm – unter der Voraussetzung, daß seine Funktionsfähigkeit gewährleistet ist – das „großartigste und geni-
alste Entmachtungsinstrument der Geschichte"[225].

Die Wettbewerbsordnung schafft dem Einzelnen einen Rahmen, in dem er
sich frei von staatlichen oder privaten Machteinflüssen anderer entfalten kann.
Die Wettbewerbsordnung übernimmt nach Franz Böhm in dieser Hinsicht eine
ähnliche Aufgabe wie das Rechtsstaatsprinzip, das dem Einzelnen seine Frei-
heitssphäre umfassend sichert.[226] Um die Freiheit des Einzelnen zu schützen,
plädiert Franz Böhm dafür, daß im Rechtsstaat das Handeln des Staates an Recht
und Gesetz (Vorbehalt und Vorrang des Gesetzes) gebunden werde. Auf diese
Weise verhindere das Rechtsstaatsprinzip, daß der Staat seine Macht ausweite
und in die Freiheit des Einzelnen – über den Schutz der Freiheit des anderen
hinaus – eingreife. Der Vergleich der Wettbewerbsordnung mit dem Rechtsstaat
zeige, daß der Staat und der einzelne Marktteilnehmer in der Wettbewerbsordnung genauso an die allgemeinen Gesetzmäßigkeiten des Wettbewerbs gebunden
seien, wie der Staat im Rechtsstaat in seinem Handeln dem Gesetz unterworfen
sei.[227] Die Wettbewerbsordnung schütze folglich die Freiheit des Einzelnen,
indem sie alle Marktteilnehmer einheitlichen Spielregeln unterwerfe; der Frei-
heitsschutz greife aber nur, soweit der Einzelne bereit sei, die Spielregeln des
Wettbewerbs zu beachten.[228]

Die Wettbewerbsordnung kann den Zustand allgemeiner Machtlosigkeit verbunden mit der größtmöglichen wirtschaftlichen Freiheit des Einzelnen nur

---

[224] Vgl. *Franz Böhm* (Fn. 218), S. 178 f. Siehe auch *Hans O. Lenel*, Walter Euckens ordnungspolitische Konzeption, die wirtschaftspolitische Lehre in der Bundesrepublik
und die Wettbewerbstheorie von heute, ORDO, Band 26 (1975), S. 22 ff. (51 f.).

[225] *Franz Böhm*, Demokratie und ökonomische Macht, in: Kartelle und Monopole im
modernen Recht, 1961, S. 22. Siehe auch *Franz Böhm* (Fn. 218), S. 179; *ders.* (Fn. 82),
S. 20.

[226] Vgl. *Walter Eucken* (Fn. 40), S. 27.

[227] Vgl. *Franz Böhm*, Das Problem der privaten Macht (1928), in: Franz Böhm. Reden
und Schriften, hrsgg. von Ernst-Joachim Mestmäcker, 1960, S. 25 ff. (34). Siehe auch
Eckart Koch (Fn. 208), S. 274.

[228] Siehe dazu auch *Kurt Biedenkopf* (Fn. 143), S. 83 f.; *Ernst-Joachim Mestmäcker*, Freier
oder selbstverwalteter Wettbewerb?, in: Ludwig-Erhard-Stiftung (Hrsg.), Freier oder
selbstverwalteter Wettbewerb?, 1984, S. 7 ff. (13 f.).

sicherstellen, wenn der Wettbewerb zwischen den Marktteilnehmern reibungslos funktioniert, das heißt, wenn die Lenkungsinstrumente des Wettbewerbs, die Privatrechtsordnung und die Markpreise, ungestört von staatlichem Einfluß oder privaten Machtkonzentrationen, die Einzelpläne lenken.[229] Jeder Eingriff in diesen fein aufeinander abgestimmten Lenkungsmechanismus erzeugt ein Ungleichgewicht, der nicht nur die koordinierende Wirkung des Wettbewerbs, sondern auch die wirtschaftliche Freiheit des Einzelnen bedroht.

c.   Wettbewerbsverzerrungen durch staatliche Eingriffe

Der Staat kann auf vielfältige Weise am Marktgeschehen teilhaben. Die staatlichen Behörden können zunächst einmal wie Privatpersonen am Wirtschaftsverkehr teilnehmen, dann ist der Staat den gleichen Regeln und Bedingungen unterworfen wie alle anderen Marktteilnehmer auch. Die Vorschriften des Privatrechts sind auch für ihn maßgebend.[230] Der Staat hat in diesem Fall keine herausgehobene Stellung inne, sondern ist selbst Wirtschaftssubjekt und damit Gleicher unter Gleichen. Das Problem von Wettbewerbsverzerrungen mittels staatlicher Eingriffe stellt sich bei dieser Form staatlichen Handelns nicht. Die Machtkonzentrationen in der Hand des Staates (z.B. in Form von staatlichen Monopolen im Bereich der Versorgungswirtschaft) zählen dann vielmehr zur Problematik privater Machtbildungen und deren Auswirkungen auf die Wettbewerbsordnung.

Schließlich kann der Staat von außen lenkend in die Wirtschaft eingreifen, wobei zwei mögliche Formen staatlichen Handelns denkbar sind: Zum einen kann der Staat zum Schutz und zur Pflege der Wettbewerbsordnung eingreifen. Diese Form staatlichen Handelns kann zwar grundsätzlich auch zu Wettbewerbsverzerrungen führen, wird aber gerade mit der Intention, die Funktionsfähigkeit des Wettbewerbs und das Gleichgewicht auf dem Markt aufrecht zu erhalten, durchgeführt.[231] Zum anderen kann der Staat intervenieren, um Ergebnisse des Marktes zu korrigieren und somit zu einer Verfälschung und Verzerrung

---

[229] Siehe *Eberhard Günther*, Die geistigen Grundlagen des sogenannten Josten-Entwurfs, Festschrift für Franz Böhm, 1975, S. 183 ff. (194).

[230] In Betracht kommen neben den sogenannten privatrechtlichen Hilfsgeschäften der Verwaltung insbesondere auch die Fälle, in denen der Staat durch eigenes unternehmerisches Handeln am Wirtschaftsleben teilnimmt.

[231] Zur Unterscheidung von Ordnungspolitik auf der einen und Prozeßpolitik auf der anderen Seite siehe *Lüder Gerken* (Fn. 169), S. 170 ff.
Zur Rolle des Staates als Hüter der Wettbewerbsordnung (insbesondere im Rahmen der Monopolaufsicht) siehe unter: III.2.d.cc.

des Wettbewerbs beizutragen.[232] Der Begriff der staatlichen Intervention bein-haltet im wesentlichen letztere Kategorie staatlichen Handelns.

Staatliche Interventionen definiert Franz Böhm als Eingriffe der Staatsgewalt, „in die durch den Marktmechanismus gelenkten Wirtschaftsabläufe mit dem Ziel, die Ergebnisse zu korrigieren, die bei unmanipuliertem Wirken des Markt-mechanismus erzielt werden würden"[233]. Jeder Eingriff stellt notwendig eine Verzerrung des Marktgeschehens dar, weil ein anderes Ergebnis als das des Marktes erzielt wird. Das Ergebnis, welches aufgrund des freien und gleichbe-rechtigten Marktpreismechanismus erzielt worden wäre, wird zugunsten einer bestimmten Gruppe oder zugunsten einzelner Marktteilnehmern korrigiert. In seiner Konsequenz zwingt der staatliche Eingriff den übrigen Marktteilnehmern ein verändertes Verhalten auf; sie müssen sich auf die neuen Gegebenheiten des Marktes einstellen, die – im Gegensatz zur reinen Wettbewerbsordnung – jedoch nicht aus dem Markt selbst hervorgehen, sondern auf dem staatlichen Eingriff basieren. Diesen (künstlichen) Gegebenheiten muß jeder seine individuellen Wirtschaftspläne anpassen. Letztlich beinhaltet jede staatliche Intervention damit einen Eingriff in die wirtschaftliche Freiheit von Marktteilnehmern. Es geht also im Rahmen der Vermeidung von mit staatlichen Interventionen verbundenen Verzerrungen nicht (nur) um den Schutz des Wettbewerbs um seiner selbst wil-len, sondern um den Schutz der wirtschaftlichen Freiheit der am Wirtschaftspro-zeß Beteiligten.

Franz Böhm bestreitet nicht, daß die Wettbewerbsordnung der ergänzenden Korrektur durch staatliche Interventionen in einigen eng umgrenzten Bereichen bedürfe.[234] So müsse der Staat, um überhaupt handlungsfähig zu sein und zu-mindest seinen Verpflichtungen für die äußere und innere Sicherheit als Mini-malaufgabe nachzukommen, in gewissem Umfang Steuern erheben. Die Erhe-bung von Steuern beinhalte einen staatlichen Eingriff in das erwirtschaftete Ein-kommen der Bürger, das heißt, der Staat verschaffe sich eine nicht-

---

[232] Es besteht auch die Möglichkeit, daß der Staat die Lenkung der Wirtschaft komplett an sich zieht. Dann liegt aber keine Wettbewerbsordnung, sondern eine Zentralver-waltungs- oder Planwirtschaft vor.

[233] *Franz Böhm* (Fn. 78), S. 24.

[234] Vgl. *Franz Böhm* (Fn. 121), S. 88; *ders.* (Fn. 78), S. 24.
       Abgesehen von einigen wenigen Ausnahmen wird in der Wissenschaft nicht bestrit-ten, daß der Staat in der Marktwirtschaft bestimmte, ökonomisch begründete Funk-tionen zu erfüllen hat. Vgl. dazu *Rupert Windisch*, Staatseingriffe in marktwirtschaftli-che Ordnungen, in: Erich Streissler/ Christian Watrin (Hrsg.), Zur Theorie markt-wirtschaftlicher Ordnungen, 1980, S. 297 ff.

marktwirtschaftliche Einkommensquelle.[235] Dieser Eingriff hat wie jede andere staatliche Intervention auch Auswirkungen auf die individuellen Wirtschaftspläne der Marktteilnehmer, die nunmehr über einen Teil ihres Einkommens nicht mehr frei verfügen können und entsprechende Einschränkungen einkalkulieren müssen.

Abgesehen von diesem Komplex, der die Finanzierung wesentlicher staatlicher Aufgaben betrifft, können staatliche Eingriffe auch dort erforderlich sein, wo die Kräfte des Marktes kein dem Gemeinwohl entsprechendes Ergebnis zu erzielen vermögen, wie dies beispielsweise für Bereiche der sozialen Sicherung oder des Bildungswesens angenommen wird. Franz Böhm vertieft diese Fälle möglichen Marktversagens – einmal abgesehen von der Bildung privater Machtkonstellationen auf dem Markt – nicht weiter, sondern verweist im wesentlichen darauf, daß es sie gebe. Sozialpolitische Maßnahmen zählen aus seiner Sicht in gewissem Umfang zu den korrigierenden staatlichen Eingriffen, deren Ergänzung die Wettbewerbsordnung bedürfe.[236]

Interventionistische Korrekturen sollen allenfalls ergänzend zum Marktpreismechanismus hinzutreten, der grundsätzlich die Wettbewerbsordnung lenkt; von der Lenkung durch staatliche Interventionen soll nach Franz Böhm nur ausnahmsweise Gebrauch gemacht werden.[237] Diese Maßnahmen bedürfen, um deren Ausnahmecharakter zu unterstreichen, eines *„Nachweises ihrer Notwendigkeit und Nützlichkeit* ... , während zugunsten des ordnungskonformen Lenkungsprinzips die *Vermutung der Nützlichkeit* spricht"[238]. Darüber hinaus knüpft Franz Böhm an die korrigierenden Interventionen die Bedingung, daß sie marktkon-

---

[235] Siehe *Franz Böhm* (Fn. 78), S. 39. Siehe auch *Oswald v. Nell-Breuning*, Können Neoliberalismus und katholische Soziallehre sich verständigen?, Festschrift für Franz Böhm, 1975, S. 459 ff. (466 f.).

[236] Vgl. *Franz Böhm* (Fn. 205), S. 126 f.
Auch *Friedrich A. v. Hayek* betont die Notwendigkeit einer sozialen Absicherung der Bürger durch den Staat: „Alle modernen Regierungen haben Fürsorge für die Bedürftigen, vom Mißgeschick Betroffenen und die Arbeitsunfähigen geschaffen und haben sich mit Fragen des Gesundheitswesens und der Verbreitung von Wissen befaßt. Es besteht kein Grund, aus dem der Umfang dieser reinen Dienstleistungen mit dem allgemeinen Wachsen des Wohlstandes nicht erweitert werden sollte. ... Es gibt auch kaum einen Grund, warum die Regierung nicht auf Gebieten wie der Sozialversicherung oder dem Erziehungswesen eine Rolle spielen oder sogar die Initiative ergreifen oder nicht vorübergehend experimentelle Entwicklungen subventionieren sollte. Unser Problem sind da nicht so sehr die Ziele als die Methoden der staatlichen Tätigkeit." (*Friedrich A. v. Hayek* [Fn. 208], S. 328 f.).

[237] So *Franz Böhm* (Fn. 78), S. 24, 27.

[238] *Franz Böhm* (Fn. 3 [1966]), S. 147 (Hervorhebung im Original).

form eingesetzt werden, das heißt, der Staat solle bei jeder Intervention auf den Marktmechanismus Rücksicht nehmen, um seine Funktionsfähigkeit so wenig wie möglich in Mitleidenschaft zu ziehen.[239] Direkte Eingriffe des Staates in die Preispolitik in Form von staatlichen Preisfestsetzungen, die den Marktpreismechanismus notwendig aushebeln, seien demnach keine zulässigen Mittel der Intervention.[240]

Doch nicht nur die Art und Weise staatlicher Interventionen ist ein Kriterium dafür, ob eine staatliche Intervention ausnahmsweise zulässig sein soll. Um zu verhindern, daß die Ausnahme zur Regel wird, muß auch die Zahl der Interventionen beschränkt sein. Für Franz Böhm ist in diesem Zusammenhang weniger entscheidend, daß eine wachsende Zahl an Interventionen immer auch neue Verwaltungsapparate und neue bürokratische Strukturen mit sich zieht.[241] Im Mittelpunkt seiner Überlegungen steht vielmehr auch hier die Sorge um die Funktionsfähigkeit der Wettbewerbsordnung selbst: Jede Intervention führe zu einer leichten Verzerrung der Marktstrukturen, selbst punktuelle wirtschaftspolitische Interventionen würden Anpassungsreaktionen nach sich ziehen, die – sofern sie die Ausnahme bilden – im wesentlich noch durch den Markt aufgefangen werden könnten.[242] Eine Vielzahl von Interventionen drohe demgegenüber, den Marktmechanismus zu zerstören und die Wettbewerbsordnung auszuhöhlen.[243] Kurzfristig erzielte Vorteile für wenige erweisen sie dann als langfristiger Schaden für alle Marktteilnehmer.

---

[239] Vgl. *Franz Böhm* (Fn. 121), S. 88; *ders.* (Fn. 205), S. 127; *ders.* (Fn. 78), S. 24, 27 f. Siehe auch *Helmut Gröner* (Fn. 202), S. 19.

   Auch *Friedrich A. v. Hayek* bejaht das Erfordernis einer gewissen Staatstätigkeit als Ergänzung zum Marktmechanismus und betont zugleich die Notwendigkeit der marktkonformen Ausgestaltung staatlicher Eingriffe: „Eine funktionierende Marktwirtschaft setzt gewisse Tätigkeiten des Staates voraus; manche andere staatliche Tätigkeiten werden ihr Funktionieren unterstützen; und sie kann noch viele andere dulden, vorausgesetzt, daß sie mit einem funktionierenden Markt vereinbar sind. Aber es gibt auch solche, die dem Prinzip, auf dem ein freies System beruht, zuwiderlaufen, und die infolgedessen ganz ausgeschlossen werden müssen ... " (*Friedrich A. v. Hayek* [Fn. 208], S. 287).

[240] Vgl. *Franz Böhm* (Fn. 126), S. 65 f. Siehe auch *Friedrich A. v. Hayek* (Fn. 208), S. 293 f.

[241] Siehe *Franz Böhm*, Die Bedeutung des Mittelstandes und die Ursachen seiner Gefährdung, in: Tagungsprotokoll der Aktionsgemeinschaft Soziale Marktwirtschaft, 1955, S. 9 ff. (19).

   Zu den Folgekosten staatlicher Interventionen: *Rupert Windisch* (Fn. 234), S. 313 f.

[242] Siehe *Franz Böhm* (Fn. 221), S. 197.

[243] Vgl. *Franz Böhm* (Fn. 42), S. 15 f.; *ders.* (Fn. 121), S. 89 f.

   Darüber hinaus ziehen (sozial-)staatliche Interventionen notwendig eine wachsende Zahl an Gesetzen nach sich, die langfristig zu einer wachsenden Rechtsunsicherheit

Es ist gerade die permanent ansteigende Zahl staatlicher Interventionen, die zur größten Gefahr und zum größten Problem für die Erhaltung der Wettbewerbsordnung werden kann.[244] Denn jede Intervention schafft Besitzstände für einzelne gesellschaftliche Gruppen und ruft damit nicht nur ein bestandswahrendes Sicherungs- und Erhaltungsinteresse der Begünstigten, sondern zugleich das Verlangen anderer Gruppen hervor, ähnliche Vorteile und Vergünstigungen zu erlangen. Diese fordern (nicht zuletzt mit dem Argument „soziale Gerechtigkeit"[245] verwirklichen zu wollen) weitere staatliche Interventionen zugunsten der eigenen Klientel. Franz Böhm richtet deshalb in diesem Zusammenhang sein Augenmerk nicht nur auf die mit staatlichen Eingriffen in das Marktgeschehen verbundenen wettbewerbsschädigenden Auswirkungen, sondern widmet sich insbesondere auch den Folgen einer staatlichen Interventionspolitik auf die Gesellschaftsordnung.[246] Da jede Intervention einzelnen gesellschaftlichen Gruppen wirtschaftliche Vorteile verschafft, beginnt in wachsendem Ausmaß ein Wettbe-

---

und damit zu einer Aushöhlung des Rechtsstaats führen. Vgl. dazu *Josef Isensee*, Mehr Recht durch weniger Gesetze?, ZRP 1985, S. 139 ff. (142 f.).

[244] Grundsätzlich zum Problem der umverteilenden Wirkung staatlicher Eingriffe und ihrer Kritik u.a.: *Roland Baader*, Fauler Zauber, 1997, S. 146 ff.; *Wolfram Engels*, Eine konstruktive Kritik des Wohlfahrtsstaates, 1979; *Frankfurter Institut*, Mehr Mut zum Markt, 1983; *Walter Hamm*, An den Grenzen des Wohlfahrtsstaats, ORDO, Band 32 (1981), S. 117 ff.; *Anthony de Jasay*, Über Umverteilung, in: Roland Baader (Hrsg.), Wider die Wohlfahrtsdiktatur, 1995, S. 19 ff.; *Ludwig v. Mises*, Kritik des Interventionismus (1926), in: Wolfgang Stützel/ Christian Watrin/ Hans Willgerodt/ Karl Hohmann (Hrsg.), Grundtexte zur Sozialen Marktwirtschaft, 1981, S. 213 ff.; *Wissenschaftlicher Beirat beim Bundesministerium für Wirtschaft*, Staatliche Interventionen in einer Marktwirtschaft (1979), in: Wolfgang Stützel/ Christian Watrin/ Hans Willgerodt/ Karl Hohmann (Hrsg.), Grundtexte zur Sozialen Marktwirtschaft, 1981, S. 247 ff.
Zu den Auswirkungen staatlicher Eingriffe auf den Arbeitsmarkt: *Alfred Schüller/ Ralf Weber*, In Verbannung auf der Insel des Kollektivismus, Frankfurter Allgemeine Zeitung vom 18. Oktober 1997.
Zur Problematik der Einkommensumverteilung: *George J. Stigler*, Die politische Umverteilung des Einkommens, 1988.
Zum Problem von Subventionen: *Otmar Issing*, Subventionen – Gefahr für die Soziale Marktwirtschaft, in: Ludwig-Erhard-Stiftung (Hrsg.), Mehr Soziale Marktwirtschaft – Weniger Subventionswirtschaft, 1984, S. 3 ff.

[245] Mit dem Begriff der „sozialen Gerechtigkeit" setzt sich insbesondere *Friedrich A. v. Hayek* kritisch auseinander (siehe u.a. *Friedrich A. v. Hayek*, Law, Legislation and Liberty, Volume II: The Mirage of Social Justice, 1976; *ders.*, Soziale Gerechtigkeit – eine Fata Morgana, Frankfurter Allgemeine Zeitung vom 16. April 1977).

[246] Die Auswirkungen staatlicher Interventionspolitik auf die Gesellschaftsordnung werden im Abschnitt über „Die Privatrechtsgesellschaft" eingehend behandelt.

werb der Marktteilnehmer um die Gunst staatlicher Behörden und damit um Einfluß innerhalb des Staates. Franz Böhm warnt daher, daß die Problematik von Eingriffen des Staates in den Wirtschaftsprozeß „notwendig zu einer *politischen Machtfrage*"[247] werde.

d.   Die Bedrohung der wirtschaftlichen Freiheit durch private Macht und ihr Schutz

Der Wettbewerb im Zustand der vollständigen Konkurrenz beschreibt ein Idealbild, welches in reiner Form und damit im absoluten Gleichgewichtszustand auf dem Markt nicht zu verwirklichen ist. Dies liegt nicht zuletzt daran, daß keine Wirtschaftsordnung und so auch nicht die Wettbewerbsordnung jeder Einzelperson zwangsläufig nur zum wirtschaftlichen Vorteil gereichen kann.[248] Die Gewinne des einen sind in der Regel die Verluste des anderen; niemand hat Anspruch auf die Wahrung seiner Position auf dem Markt. Mit jedem Gewinn oder Verlust geht ein kurzfristiger (wirtschaftlicher) Machtgewinn oder -verlust auf dem Markt einher, der sich in der bereinigten Wettbewerbsordnung mittel- und langfristig durch Gewinne und Verluste an anderer Stelle wieder ausgleichen kann. Eine Folge des Wettbewerbs als Ausleseprozeß kann aber nicht nur die kurzfristige Verdrängung eines Mitbewerbers, sondern auch das endgültige Ausscheiden aus dem Markt sein.[249]

Jeder am Marktprozeß Beteiligte ist bestrebt, Gewinne zu erzielen und damit auch die (wirtschaftlichen) Machtverhältnisse auf dem Markt zumindest kurzfristig zu seinen Gunsten zu verändern. Die eigenen Gewinnchancen und damit einhergehenden Machtzuwächse auf dem Markt kann der Einzelne vor allem durch Leistung beispielsweise in Form von vergleichsweise günstigen Preisangeboten bei hoher Qualität erzielen. Die in diesem Zusammenhang – also durch Leistung entstehende – Machtstellung des Einzelnen hält Franz Böhm für grundsätzlich legitim; sie sind natürlicher Bestandteil des Marktgeschehens. Die Kritik Franz Böhms setzt dort an, wo die Marktteilnehmer, um die eigenen Verluste zu minimieren und ihre Gewinnchancen zu erhöhen, zu anderen Mitteln

---

[247]   *Franz Böhm* (Fn. 42), S. 16 (Hervorhebung im Original).

[248]   Siehe *Franz Böhm* (Fn. 241), S. 18.

[249]   *Erich Hoppmann* beschreibt den Wettbewerb deshalb auch als einen sozialen „Prozeß der Neubildung und Erosion von Macht, die aus größerer Fähigkeit zur Beherrschung der natürlichen Umwelt fließt" (*Erich Hoppmann*, Marktmacht und Wettbewerb, 1977, S. 11). Ziel der Wettbewerbspolitik kann es daher für *Erich Hoppmann* nicht sein, jede Form von (wirtschaftlicher) Macht, sondern nur die den Wettbewerb beeinträchtigende Macht zu bekämpfen.

außerhalb des Leistungswettbewerbs greifen und insbesondere dergestalt Einfluß auf das Marktgeschehen nehmen, daß sie ihre Marktposition dazu nutzen, die Machtverhältnisse auf dem Markt langfristig zu den eigenen Gunsten zu verändern.[250] Eine im Rahmen des Leistungswettbewerbs erworbene Marktposition wird mißbraucht, wenn die Marktmacht zur Aushöhlung des Leistungswettbewerbs und insbesondere des Preiswettbewerbs genutzt wird, beispielsweise durch eine wirtschaftlich nicht gerechtfertigte Niedrigpreispolitik, um kleinere Wettbewerber vom Markt zu drängen. Nicht das bessere Leistungsangebot, sondern die eigene Marktmacht steht dann im Vordergrund der Geschäftspolitik.

Die Übergänge zwischen einer mittels des Leistungswettbewerbs erworbenen und aufrechterhaltenen Machtposition auf der einen und der durch die Aushöhlung des Leistungswettbewerbs gestärkten Machtposition auf der anderen Seite sind fließend. Die Abgrenzung einer legitimen Marktmacht von einer wettbewerbsschädigenden kann sich insoweit im Einzelfall als schwierig erweisen, wie es sich beispielsweise im US-amerikanischen Kartellverfahren gegen das Softwareunternehmen Microsoft zeigt.[251]

Festzuhalten bleibt, daß dem Einzelnen die Machtlosigkeit seiner Konkurrenten in der Wettbewerbsordnung grundsätzlich zugute kommt; sie gibt ihm die Möglichkeit, durch eigene Leistung seinen Anteil an einem Marktsegment auszubauen, um die eigenen Gewinnchancen zu erhöhen. Der Einzelne wird jedoch nicht davor zurückschrecken, die Wettbewerbsordnung, die ihm ursprünglich selbst zum Vorteil gereichte, auszuhöhlen, um erlangte Vorteile zu sichern. Die Marktteilnehmer wollen von den Vorteilen der Wettbewerbsordnung profitieren, aber nicht deren Nachteilen unterworfen sein. Die Wettbewerbsordnung als ein Zustand allgemeiner Machtlosigkeit interessiert den Einzelnen in dem Maße, in dem sie für ihn nicht gilt; er erzielt den größten Nutzen, wenn alle Mitbewerber sich den Regeln des Leistungswettbewerbs unterwerfen, denen er sich selbst entzieht.[252] Von diesem Spannungsverhältnis zwischen Wettbewerb auf der einen

---

250 Vgl. *Franz Böhm* (Fn. 227), S. 28.

251 Während Microsoft argumentiert, seine Vormachtstellung auf dem Softwaremarkt aufgrund technologischer Neuerungen und Innovationen erlangt zu haben, werfen die amerikanischen Wettbewerbsbehörden dem Unternehmen den Ausbau und Erhalt seiner Marktmacht durch wettbewerbsfeindliche Praktiken vor.
Siehe zum Abgrenzungsproblem auch *William f. Shugart II*, The Government's War on Mergers. The Fatal Conceit of Antitrust Policy, Policy Analysis vom 22. Oktober 1998 (Nr. 323).

252 In der modernen Spieltheorie ist dieses Dilemma als „Gefangenendilemma" bekannt, daß *James M. Buchanan* folgendermaßen umschreibt: „Alle erfahren eine Verbesserung ihrer Wohlstandsposition, wenn jeder die ‚Rechtsordnung' einhält. Für je-

und dem Versuch seiner Aushöhlung auf der anderen Seite ist die Wettbewerbsordnung geprägt.[253]

Der Versuch der Aushöhlung des Leistungswettbewerbs durch den Erwerb
von Einfluß oder gar einer Vormachtstellung auf dem Markt mit Mitteln außerhalb des Leistungswettbewerbs ist gleichbedeutend mit dem Ziel, Macht über
andere ausüben zu wollen, indem der Zustand allgemeiner Machtlosigkeit für
den Einzelnen um wirtschaftlicher Vorteile willen kurzzeitig aufgehoben wird.[254]
Dergestalt erworbene und gesicherte wirtschaftliche oder private Macht auf dem
Markt bedeutet stets eine Erosion und letztlich eine Aufhebung des freien Wettbewerbs.[255] Über Macht auf dem Markt verfügt ein Einzelner nach Franz Böhm
bereits, wenn er mehr wirtschaftliche Handlungsfreiheit als andere Marktteilnehmer habe.[256] Franz Böhm definiert Marktmacht in seiner Untersuchung
„Wettbewerb und Monopolkampf" wie folgt: „Sobald dagegen die Angebots-
gestaltung oder die Nachfrage-Taktik eines einzelnen oder einer solidarisch vor-
gehenden Gruppe *bestimmenden* Einfluß auf das Ergebnis des Einspielens der
Kräfte gewinnt, sobald also die Anonymität des Prozesses modifiziert wird durch
die Wirkung individuell bestimmter Willensentschließungen, sprechen wir von
wirtschaftlicher Macht ... "[257]. Ob der Einzelne seine Macht zu Lasten des freien
Wettbewerbs gebraucht, hängt davon ab, ob er sich im Rahmen der Regeln des
fairen Leistungswettbewerbs oder außerhalb davon bewegt.

---

den ergibt sich jedoch ein Vorteil, wenn er das Recht bricht ... " (*James M. Buchanan*,
Die Grenzen der Freiheit [1975], 1984, S. 38).

[253]   Vgl. *Walter Eucken*, Technik, Konzentration und Ordnung der Wirtschaft, ORDO,
Dritter Band (1950), S. 3 ff. (16).

[254]   Siehe *Constantin v. Dietze*, Wirtschaftsmacht und Wirtschaftsordnung, 1947, S. 36 f.
Constantin v. Dietze weist in diesem Zusammenhang darauf hin, daß wirtschaftliche
Macht keinesfalls mit größerem wirtschaftlichen Vermögen oder Reichtum zu ver-
wechseln ist. Beides kann zusammenfallen, muß es aber nicht (S. 38). Vgl. auch *Walter Eucken* (Fn. 253), S. 10 f.

[255]   Vgl. *Knut W. Nörr*, Franz Böhm, ein Wegbereiter des Privatrechtsgedankens, in:
Ludwig-Erhard-Stiftung (Hrsg.), Wirtschaftsordnung als Aufgabe, 1995, S. 53 ff.
(61). Siehe auch *François Perroux*, Macht und ökonomische Gesetzmäßigkeit, in: Hans
K. Schneider/ Christian Watrin (Hrsg.), Macht und ökonomisches Gesetz, Zweiter
Halbband, 1973, S. 737 ff. (739 ff.).

[256]   So *Franz Böhm*, Recht und wirtschaftliche Macht, Der Wirtschaftsspiegel, Heft 5,
1946, S. 1 ff. (2); *ders.* (Fn. 41), S. 106. Siehe auch *Knut W. Nörr*, Die Leiden des
Privatrechts, 1994, S. 103.

[257]   *Franz Böhm* (Fn. 158), S. 19 (Hervorhebung im Original).

aa.   Die Entstehung von privater Macht

Ein freier Wettbewerb ist ohne – zumindest vorübergehende – Konzentrationsprozesse nicht denkbar, so daß die Entstehung von privaten Machtkonzentrationen nicht per se als wettbewerbsschädlich zu betrachten, sondern zwischen wettbewerbskonformen und wettbewerbsschädigenden Konzentrationen zu unterscheiden ist. Als wettbewerbskonform können z.B. solche Konzentrationsprozesse angesehen werden, die den Übergang von alten zu neuen Märkten begleiten.[258] Bei diesen Entwicklungen werden die Konzentrationsprozesse auf den schrumpfenden alten Märkten durch den sich entwickelnden Wettbewerb auf den neuen Märkten mittelfristig ausgeglichen. Wettbewerbskonform sind auch die kurzfristig erzielten Machtgewinne, die Ausfluß von technologischem Fortschritt sowie Wissensvorsprüngen und damit Ausdruck des Leistungs- und Ausleseprinzips des Wettbewerbs sind. Diejenigen Formen von Konzentrationsprozessen, die dagegen darauf angelegt sind, das Machtgleichgewicht auf dem Markt und das Leistungsprinzip des Wettbewerbs zu den eigenen Gunsten dauerhaft auszuhöhlen, haben schädigende Auswirkungen auf den Wettbewerb. Diese Konzentrationsprozesse tendieren dazu, die Voraussetzungen der Wettbewerbsordnung zu beseitigen.[259]

Die Unterscheidung von wettbewerbskonformen und wettbewerbsschädigenden Konzentrationsformen, wie sie auch Franz Böhm vornimmt, spiegelt sich noch heute beispielsweise in der deutschen und europäischen Kartellgesetzgebung und Rechtsprechung wider. Danach sind Monopole und Oligopole nicht grundsätzlich verboten; nur wenn sie ihre Vormachtstellung auf dem Markt, d.h. ihre marktbeherrschende Stellung mißbrauchen, kann dieses wettbewerbsschädigende Verhalten geahndet werden.

Wirtschaftliche Machtzusammenballungen können in unterschiedlicher Form auf dem Markt in Erscheinung treten – als Oligopole, Monopole oder Teilmonopole. Diese Formen wirtschaftlicher Konzentration können Folge von Verflechtungen von Unternehmen in Form von einfachen Unternehmenszusammenschlüssen oder Folge von Marktvereinbarungen im Rahmen von Kartellverträgen, Gegenseitigkeitsverträgen und Gentlemen's agreements sein.

---

[258] Vgl. *Helmut Arndt* (Fn. 207), S. 59.

[259] So *Helmut Arndt* (Fn. 207), S. 60. Siehe auch *Walter Eucken*, Industrielle Konzentration (1946), in: Walter Eucken. Ordnungspolitik, hrsgg. von Walter Oswalt, 1999, S. 25 ff. (33 f.).

(1) Wirtschaftliche Konzentration durch Unternehmenszusammen-schlüsse

Der einzelne Marktteilnehmer kann seine Stellung auf dem Markt dadurch festigen oder ausweiten, daß er sich mit anderen Marktteilnehmern durch Verflechtung von Unternehmen organisatorisch zusammenschließt. Diese Form der wirtschaftlichen Konzentration als Folge eines Unternehmenszusammenschlusses ist nach Franz Böhm in der Regel durch das Bestreben motiviert, Synergieeffekte zu erzielen und damit Kosten zu reduzieren.[260] Die mit einem Zusammenschluß angestrebten Synergieeffekte könnten dem fusionierten Konzern einen – zumindest kurzzeitigen – Kostenvorsprung vor seinen Konkurrenten und damit einen Wettbewerbsvorteil auf dem Markt verschaffen. Folge dieses – aus betriebs- wie volkswirtschaftlicher Sicht zunächst nützlichen und erwünschten – Vorgangs könne (je nach Situation auf dem betroffenen Markt) das Hineinwachsen des Konzerns in eine marktbeeinflussende oder sogar marktbeherrschende Stellung sein.[261] Die Marktform der vollständigen Konkurrenz, die Kosteneinsparungen als Wettbewerbsvorteil belohne und damit einen Anreiz für Unternehmenszusammenschlüsse gebe, könne so aus sich selbst heraus allmählich durch die Marktform des Oligopols oder des Monopols ersetzt werden.[262]

Oligopolisten[263] und Monopolisten ist nach Franz Böhm gemeinsam, daß sie die Preisbildung beeinflussen und insofern Marktstrategie betreiben könnten, das heißt, die mit einem Unternehmenszusammenschluß unmittelbar verbundenen Wettbewerbsvorteile infolge von Synergieeffekten würden ergänzt durch weitere, mittelbare Kostenvorteile, die dadurch locken, daß das fusionierte Unternehmen

---

[260] Siehe *Franz Böhm*, Der vollständige Wettbewerb und die Antimonopolgesetzgebung, Blätter der Freiheit, 1953, S. 53 ff. (73); *ders.*, Das Janusgesicht der Konzentration, Frankfurter Allgemeine Zeitung vom 27. Mai 1961.

[261] Vgl. *Franz Böhm* (Fn. 13), S. 141 f.; *ders.* (Fn. 260 [1961]).
Siehe in diesem Zusammenhang beispielsweise zwei Entscheidungen der Wettbewerbsbehörden über Konzentrationsprozesse auf dem deutschen Strommarkt: Bundeskartellamt, Entscheidung vom 03. Juni 2000, B8-309/99 - *RWE/VEW*; Europäische Kommission, Entscheidung vom 13. Juni 2000, Sache Nr. COMP/M 1673 - *VEBA/VIAG*.

[262] So *Franz Böhm* (Fn. 126), S. 76.

[263] Während im monopolisierten Marktzustand ein Anbieter vielen Nachfragenden (Angebotsmonopol) oder ein Nachfragender vielen Anbietern (Nachfragemonopol) gegenübersteht, ist die Marktform des Oligopols durch das Vorhandensein von wenigen, relativ großen Anbietern (Angebotsoligopol) oder Nachfragern (Nachfrageoligopol) gekennzeichnet.

infolge seiner Machtstellung auf dem Markt das Marktgeschehen zu den eigenen Gunsten beeinflussen könne.[264]

Die Tatsache, daß wirtschaftliche Konzentrationserscheinungen als Folge von Unternehmenszusammenschlüssen auftreten können, zeigt nach Franz Böhm die Lücken des Wettbewerbs auf: Der Wettbewerb belohne auf der einen Seite nicht nur den Unternehmenszusammenschluß durch mögliche Kostenvorsprünge gegenüber Konkurrenten, sondern auch die davon möglicherweise ausgehende Konzentrationswirkung; auf der anderen Seite stehe dem Wettbewerb keine wirksame Möglichkeit zur Verfügung, die – aus dem wettbewerbskonformen Verhalten resultierende – mögliche Monopolisierung des Marktes zu verhindern.[265] Gegenüber der Gefahr der Monopolisierung der Märkte infolge von Unternehmenszusammenschlüssen kann der Wettbewerb also versagen.

Hier zeigt sich deutlich die Skepsis des Ordoliberalen Franz Böhm gegenüber den Selbststeuerungskräften des Marktes: „Wo immer die Gelegenheit sich bietet, den Wettbewerb einzuschränken und eine wirtschaftliche Machtstellung auf einem Markt zu realisieren, da erweist sich die Sünde als süß und die Tugend als bitter. Die marktwirtschaftliche Ordnung rührt in dieser Hinsicht keinen Finger, um eine Hauptvoraussetzung ihres Funktionierens und ihrer unvergleichlichen Vorzüge zu verteidigen, nämlich den Wettbewerb. Im Gegenteil, sie spielt in eigener Person die Verführerin und zahlt, darin die Schlange des Paradieses noch hinter sich lassend, sogar eine Rente für jeden einzelnen Sündenfall"[266]. An dieser Bewertung von Monopolen und ihren Auswirkungen auf den Markt entzündet sich unter anderem die Kritik der Ordoliberalen am klassischen Liberalismus. Heute vertrauen im wesentlichen nur noch die Vertreter der Chicago School in Anlehnung an den klassischen Liberalismus auf die reinigenden Selbststeuerungskräfte des Marktes.[267]

(2)   Wirtschaftliche Konzentration durch Kartellabreden

Wirtschaftliche Machtzusammenballungen sind auch als Folge von Marktvereinbarungen oder Kartellabreden denkbar. Kartelle können als zivilrechtliche Verträge oder auch in Form eines Gentlemen's agreement vereinbart werden. Inhalt dieser Vereinbarungen ist es nach Franz Böhm, den Wettbewerb untereinander zu beschränken oder auszuschalten, indem vereinbart werde, daß sich die betei-

---

264 Siehe *Franz Böhm* (Fn. 126), S. 62 ff.; *ders.* (Fn. 158), S. 25 f. Dazu auch *Constantin v. Dietze* (Fn. 254), S. 41.

265 Vgl. *Franz Böhm* (Fn. 260 [1961]).

266 *Franz Böhm* (Fn. 260 [1961]).

267 Vgl. *Ingo Schmidt*, Wettbewerbspolitik und Kartellrecht, 1999, S. 19 ff.

ligten Unternehmen untereinander auf dem Markt solidarisch verhalten, und insbesondere einheitliche Preise, einheitliche Lieferkonditionen oder Quoten für den Tauschverkehr festgelegt werden würden.[268] Durch die getroffenen Absprachen könnten die im Kartell zusammengeschlossenen Wirtschaftssubjekte (sofern auf dem betroffenen Markt alle Unternehmen dem Kartell beitreten) ein Kollektivmonopol schaffen, das heißt, zu Lasten der Marktgegenseite (Nachfragende oder Anbieter, je nachdem ob ein Angebots- oder Nachfragekartell vorliegt) würden Preise und Konditionen festgelegt.[269] Im Zentrum der Kartellvereinbarungen würden also Preisabsprachen zu Lasten der Marktgegenseite stehen, welche die Preise nicht mehr frei – also entsprechend des tatsächlichen Angebots und der Nachfrage – aushandeln könnte; Kartellverträge seien daher stets Verträge zu Lasten Dritter.[270]

---

[268] Vgl. *Franz Böhm* (Fn. 13), S. 142; *ders.* (Fn. 126), S. 74 f.; *ders.* (Fn. 41), S. 89.
Franz Böhm definiert Kartelle in seinem Entwurf für ein Gesetz gegen Wettbewerbsbeschränkungen in § 1 Abs. 2 Satz 1 wie folgt: „Wettbewerbsbeschränkende Verträge oder Beschlüsse liegen vor, wenn Verpflichtungen begründet werden, durch die der Verpflichtete, ohne dem Berechtigten gegenüber seine wirtschaftliche Selbständigkeit preiszugeben, beim Verkehr mit Waren oder Leistungen in der Freiheit seines Marktverhaltens beeinträchtigt wird (kartellmäßige Verpflichtungen) oder deren Erfüllung geeignet ist, selbständig bleibende Personen beim Verkehr mit Waren oder Leistungen zu einem gleichförmigen Marktverhalten zu veranlassen (Mitteilungspflichten)." (*Franz Böhm u.a.*, Wortlaut des Böhm-Entwurfs, WuW 1955, S. 319 ff. [319]. Der Entwurf wird als Antrag von den Bundestagsabgeordneten *Franz Böhm*, *August Dresbach*, *Thomas Ruf* und Genossen in den Deutschen Bundestag eingebracht [Bundestagsdrucksache 1269 vom 16. März 1955]).
Das Gesetz gegen Wettbewerbsbeschränkungen (GWB) definiert Kartelle – in Anlehnung an Art. 81 Abs. 1 des EGV – in § 1 Abs. 1 GWB: „Vereinbarungen zwischen miteinander im Wettbewerb stehenden Unternehmen, Beschlüsse von Unternehmensvereinigungen und aufeinander abgestimmte Verhaltensweisen, die eine Verhinderung, Einschränkung oder Verfälschung des Wettbewerbs bezwecken oder bewirken, sind verboten".
Eine Übersicht über einige Kartelldefinitionen gibt *Helmut Cox*, Kartelle – Strukturanalyse, Wettbewerbswirkungen und wettbewerbspolitische Behandlung, in: ders./ Uwe Jens/ Kurt Markert (Hrsg.), Handbuch des Wettbewerbs, 1981, S. 225 ff. (228 ff.).
[269] Vgl. *Franz Böhm* (Fn. 260 [1961]); *ders.*, Das Recht der internationalen Kartelle (1969), in: Franz Böhm. Freiheit und Ordnung in der Marktwirtschaft, hrsgg. von Ernst-Joachim Mestmäcker, 1980, S. 263 ff. (283 ff.).
[270] Vgl. *Franz Böhm* (Fn. 107), S. 1; *ders.* (Fn. 218), S. 177. Siehe auch *Ulrich Immenga/ Ernst-Joachim Mestmäcker*, in: dies., GWB, 1992, Einleitung Rdn. 4.

Kartelle sind in unterschiedlichen Erscheinungsformen (z.B. als Einkaufs-, Export-, Produktions- oder Branchenkartelle) denkbar.[271] In vielen Fällen handelt es sich um sogenannte horizontale Absprachen, in denen sich Unternehmer innerhalb eines Wirtschaftszweiges und auf einer Marktseite zu einem Kartell zusammenschließen. Es sind schließlich auch sogenannte Preisbindungen der nächsten Stufe, das heißt vertikale Absprachen zwischen Wirtschaftssubjekten, möglich.[272]

Das Motiv für den Abschluß von Kartellvereinbarungen liegt für Franz Böhm auf der Hand: Die Marktteilnehmer könnten sich dem Wettbewerbsdruck entziehen, indem sie den Wettbewerb untereinander ausschließen und damit die Risiken des Wettbewerbs für sich selbst mindern.[273] Jeder Marktteilnehmer begegne dem Wettbewerb mit Skepsis, der ihm doch keine Erfolgs- und Gewinngarantie und damit materielle Sicherheit garantieren könne. Deshalb verschärfe jede Intensivierung des Wettbewerbs zugleich das Bedürfnis der Marktteilnehmer, ihn durch Vereinbarungen vertraglich abzuschwächen oder gar auszuschließen.[274] Die angestrebte materielle Sicherheit würden die im Kartell Zusammengeschlossen auf Kosten Dritter erlangen, indem sie die Risiken des Marktes auf andere, im Ergebnis stets auf den Verbraucher, abwälzen.[275]

In Zusammenhang mit der Untersuchung von wirtschaftlichen Konzentrationsformen und -prozessen liegt eine besondere Leistung Franz Böhms darin, die Unterscheidung von Einzel- und Kollektivmonopolen aufgehoben zu haben. Franz Böhm definiert Monopole dahingehend, *„daß schlechthin jeder, auch der schwächste willensmäßige Einfluß eines (isoliert oder kollektiv organisierten) Anbieters (oder Nachfragenden) auf die Marktgestaltung den Monopoltatbestand erfüllt"*[276]. Mit dieser Definition überwindet Franz Böhm zugleich die im Vergleich zu Monopolen bis dahin eher großzügige Behandlung von Kartellen (Kollektivmonopolen) und

---

[271] Dazu *Franz Böhm*, Markenpreisbindung und fester Ladenpreis im Buchhandel, ORDO, Vierzehnter Band (1963), S. 197 ff. Siehe auch *Jürgen Burkhardt*, Kartellrecht, 1995, Rdn. 144 ff.; *Helmut Cox* (Fn. 268), S. 231 ff.
Zu Kartellen, die in Zusammenhang mit öffentlichen Ausschreibungen auftreten: *Franz Böhm*, Ausschreibung und Verdingungskartelle, Kartell-Rundschau 1931, S. 311 ff.

[272] Siehe *Jürgen Burkhardt* (Fn. 271), Rdn. 213, 215 ff.; *Volker Emmerich*, Kartellrecht, 1999, S. 106 ff.

[273] Vgl. *Franz Böhm* (Fn. 42), S. 35.

[274] Vgl. *Franz Böhm*, Wirksamer Wettbewerb und freier Wettbewerb, in: ACDP (Nachlaß), S. 3.

[275] Siehe *Franz Böhm* (Fn. 260 [1953]), S. 63, 65; *ders.* (Fn. 143), S. 177.

[276] *Franz Böhm* (Fn. 158), S. 40 (Hervorhebung im Original).

erteilt insbesondere der reichsgerichtlichen Rechtsprechung[277] eine Absage, welche die rechtliche Beurteilung von Kartellen von gesamtwirtschaftlichen Rahmenbedingungen abhängig macht.[278] Franz Böhm betrachtet Kartelle als Unterfall des Monopols; ihm kommt es entscheidend darauf an, daß in beiden Formen die Anonymität des freien Wettbewerbs durch den subjektiven Willen eines Monopolisten durchbrochen wird.[279] Kartelle seien von anderen Monopolen nur insoweit abzugrenzen, als Kartelle per definitionem auf die Beschränkung des Wettbewerbs gerichtet seien, was bei anderen Monopolformen nicht unbedingt der Fall sein müsse; Kartelle seien also stets auf eine Schädigung des Wettbewerbs ausgerichtet.[280] Dieses Verständnis von Kartellvereinbarungen mache jede Abwägung zwischen nützlichen und volkswirtschaftlich unnützen und die damit einhergehende Rechtfertigung von Kartellen hinfällig.[281]

(3)   Private Macht und Freiheit

Wirtschaftliche Konzentrationserscheinungen, die das Ergebnis von Unternehmenszusammenschlüssen sind, haben ebenso wie Kartellvereinbarungen einen privatrechtlichen Ursprung.[282] Im ersten Fall wird die Konzentration oder sogar Monopolstellung auf dem Markt durch das freiwillige, privatwirtschaftlich vereinbarte Zusammengehen von Unternehmen ausgelöst; im anderen Fall wird privatrechtlich die Selbstbeschränkung der eigenen Wettbewerbsfreiheit vereinbart.[283] In beiden Fällen handelt es sich um privatautonome, freiwillige Entscheidungen der beteiligten Unternehmen; sie nutzen die bestehende Vertrags- und

---

[277] Siehe Entscheidung des Reichsgerichts vom 04. Februar 1897, RGZ 38, S. 155 ff. (157 f.).

[278] Vgl. *Franz Böhm* (Fn. 158), S. 5 f. Siehe dazu *Hans-Heinrich Barnikel*, Kartelle in Deutschland. Entwicklung, theoretische Ansätze und rechtliche Regelungen, in: ders. (Hrsg.), Theorie und Praxis der Kartelle, 1972, S. 1 ff. (38 ff.); *Knut W. Nörr*, Die Generalklausel und die Kartelle: ein Rückblick auf die Rechtsprechung des Reichsgerichts, Festschrift für Joachim Gernhuber, 1993, S. 919 ff. (922 f.).

[279] Vgl. *Knut W. Nörr* (Fn. 256), S. 102 f.

[280] Vgl. *Franz Böhm* (Fn. 256), S. 3; *ders.* (Fn. 260 [1961]).

[281] Siehe dazu *Franz Böhm* (Fn. 158), S. 193 ff. Vgl. *Knut W. Nörr* (Fn. 256), S. 112.

[282] Vgl. *Kurt Biedenkopf*, Über das Verhältnis wirtschaftlicher Macht zum Privatrecht, Festschrift für Franz Böhm, 1965, S. 113 ff.; *ders.*, Die Konzentration als Rechtsproblem, in: H. Arndt (Hrsg.), Die Konzentration in der Wirtschaft, 1. Band, 1971, S. 515 ff. (517 ff.).

[283] Vgl. *Hans Merz*, Kartellrecht – Instrument der Wirtschaftspolitik oder Schutz der persönlichen Freiheit?, Festschrift für Franz Böhm, 1965, S. 227 ff. (228).

Gewerbefreiheit, um sich eine Machtstellung auf dem Markt zu schaffen und zu sichern.

Freiheit und Macht stehen notwendig in einem engen Zusammenhang.[284] Das Innehaben von Macht bedeutet stets die Möglichkeit, zwischen verschiedenen Handlungsoptionen frei wählen zu können; insoweit gleicht sie der Freiheit. Freiheit, die sich gegen die Freiheit anderer durchsetzt, ist Macht.[285] Das Innehaben einer Machtposition schließt damit die Möglichkeit ein, die Freiheitsausübung anderer einzuschränken; insoweit kann Macht Freiheit ausschließen.[286]

Der Einzelne kann seine Freiheit dazu nutzen, eine eigene (wirtschaftliche) Machtposition zu erlangen oder auszubauen, indem er sich freiwillig in Unfreiheit begibt. Karl R. Popper bezeichnet dieses Phänomen als „Paradoxon der Freiheit"[287]. Unbeschränkte Freiheit kann in ihrer Konsequenz zur Alleinherrschaft eines Einzelnen oder einiger Weniger führen, wenn Einzelne in freier Willensentscheidung auf die Ausübung ihrer Freiheit verzichten.[288] Wirtschaftliche Freiheit kann im Kartell enden, wenn sich am Wirtschaftsleben Beteiligte freiwillig auf eine Beschränkung des Wettbewerbs untereinander verständigen; neben die Selbstbeschränkung der eigenen Freiheitsausübung tritt hier die Gefährdung der Freiheit von Dritten außerhalb des Kartells. Freiheit schlägt so (in paradoxer Weise) in Unfreiheit um.

Das Phänomen, daß wirtschaftliche Handlungsfreiheit im Ergebnis zu hohen wirtschaftlichen Konzentrationsprozessen, das heißt, zu Machtbildungen auf dem Markt führen kann, legte insbesondere Karl Marx im Rahmen seiner Kapitalismuskritik umfassend dar.[289] Diese Beobachtungen greifen die Ordoliberalen auf, machen aber im Gegensatz zu Karl Marx nicht den Wettbewerb selbst, sondern den Versuch seiner Beseitigung als Ursache privater Machtbildungen aus.[290] Selbst wenn Karl Marx und den Ordoliberalen die Erkenntnis, daß eine freie Verkehrswirtschaft in eine vermachtete und damit starre Wirtschaftsordnung umschlagen kann, gemeinsam ist, könnte die Antwort auf die Lösung dieses Problems kaum gegensätzlicher ausfallen: Während Karl Marx die Enteignung der Inhaber wirtschaftlicher Macht, die Aufhebung des Privateigentums und des

---

[284] Vgl. *Hardy Bouillon* (Fn. 35), S. 116 ff.

[285] So *Eckart Koch* (Fn. 208), S. 273.

[286] Siehe dazu auch *Friedrich A. v. Hayek* (Fn. 208), S. 21 ff.

[287] *Karl R. Popper*, Die offene Gesellschaft und ihre Feinde (1945), Band 1, 1992, S. 147.

[288] Vgl. *Hans-Heinrich Barnikel* (Fn. 278), S. 47.

[289] Siehe *Peter Dobias*, Sozialismus – Marxismus, in: Otmar Issing (Hrsg.), Geschichte der Nationalökonomie, 1994, S. 107 ff. (112 ff.); *Hans G. Nutzinger*, Marxismus, Sozialismus, in: Roland Vaubel/ Hans D. Barbier (Hrsg.), Handbuch Marktwirtschaft, 1993, S. 90 ff.

[290] Vgl. *Franz Böhm* (Fn. 256), S. 2 ff.; *Walter Eucken* (Fn. 39), S. 40 ff.

Marktmechanismus anstrebte[291], setzen Franz Böhm und Walter Eucken auf die
Stärkung des Wettbewerbs durch die (staatliche) Gewährleistung entsprechender
Rahmenbedingungen.[292]

Die Frage, ob Freiheit zu Macht (aufgrund einer Selbstbeschränkung der
Freiheit) wird, entscheidet sich danach, wie der Einzelne mit den ihm gewährten
Freiheitsrechten umgeht. Grundsätzlich steht es dem Einzelnen frei, zu tun und
zu lassen, was er will; seine Freiheit stößt jedoch dort an Grenzen, wo er die
Freiheit anderer einschränkt.[293] Dies kann unmittelbar durch einen Eingriff in
den Freiheitsraum anderer oder aber mittelbar durch eine Verschiebung von
Gleichgewichten, das heißt, durch Entstehung von Macht erfolgen. Freiheit,
welche nicht für jedermann in gleicher Weise gilt, ist keine Freiheit.[294] Die Aushöhlung des Wettbewerbs, welcher den gleichberechtigt auf dem Markt Agierenden jeweils größtmögliche Freiheit garantiert, durch private Machtbildungen auf
dem Markt schränkt stets die Freiheit anderer ein[295], das heißt, Kartellbildungen
haben eine zweifache Beschränkung von Freiheit zur Folge: die der Kartellmit-
glieder und die Dritter. Um zu verhindern, daß die Ausübung von Freiheitsrechten (unmittelbar oder mittelbar) die Freiheit Dritter beschränkt, müssen Freiheitsrechte (zum Schutz der Freiheit) eingeschränkt werden; nur so kann wohl
das Paradoxon der Freiheit aufgelöst werden.

Die Forderung nach einer Einschränkung der Freiheit zum Schutz der Freiheit (insbesondere von Dritten) geht im Ergebnis auf die klassisch liberale Erkenntnis zurück, daß die Freiheit des Einzelnen nicht nur vor Eingriffen des
Staates, sondern auch vor denen Privaten geschützt werden muß.[296] Einschrän-

---

[291] Vgl. *Peter Dobias* (Fn. 289), S. 119 ff.

[292] Siehe in diesem Zusammenhang auch *Martin Kriele*, Wirtschaftsfreiheit und Grundgesetz, ZRP 1974, S. 105 ff. (106); *Walter Leisner*, Grundrechte und Privatrecht, 1995,
S. 184 f.

[293] So bereits *Immanuel Kant*, Über den Gemeinspruch: Das mag in der Theorie richtig
sein, taugt aber nicht für die Praxis (1793), 1992, S. 21 f. Siehe auch *Carl C. Nipperdey*,
Freie Entfaltung der Persönlichkeit, in: Karl A. Bettermann/ ders. (Hrsg.), Die
Grundrechte, Vierter Band, 2. Halbband, 1962, S. 741 ff. (781); *Ulrich Scheuner*, Die
Funktion der Grundrechte im Sozialstaat (1971), in: Ulrich Scheuner. Staatstheorie
und Staatsrecht, hrsgg. von Joseph Listl/ Wolfgang Rüfner, 1978, S. 737 ff. (745).

[294] Zum Verhältnis von Freiheit und Gleichheit *Friedrich A. v. Hayek* (Fn. 208), S. 21 ff.,
105 ff.; *Martin Kriele* (Fn. 34), S. 206 ff.

[295] Siehe dazu unter: III.2.d.bb.

[296] Siehe m.w.N. *Friedrich A. v. Hayek* (Fn. 208), S. 13 ff. Siehe auch *Lord Acton*, The
History of Freedom in Antiquity (1877/1878), in: Lord Acton. Essays in the History
of Liberty, hrsgg. von J. Rufus Fears, 1985, S. 5 ff. (7).

kungen der Freiheit sind dort denkbar, wo die Wirkungen freien Handelns die Voraussetzungen der Freiheitsrechte selbst zerstören und sie sich somit von ihrer verfassungspolitischen und ethischen Legitimationsbasis entfernen.[297] Dabei geht es nicht darum, das Recht, von seinen Freiheitsrechten keinen Gebrauch zu machen (sogenannte negative Freiheit), zu beschneiden, sondern darum die Freiheitsrechte so zu begrenzen, daß sie nicht zu einer Gefahr für Dritte werden.

Den Schutz vor Eingriffen Privater in den Freiheitsraum des Einzelnen gewährleistet der Staat[298]; die Pflicht des Staates, Private vor Übergriffen Privater zu schützen, umschreibt eine klassisch liberale Kernaufgabe des Staates – nämlich den Schutz vor inneren Gefahren, die Gewähr von Sicherheit.[299] Sie findet ihren Ausdruck in den verfassungsrechtlich verbürgten Freiheitsrechten, welche nicht nur eine Funktion als Abwehrrechte gegenüber dem Staat, sondern auch als staatliche Schutzpflichten beinhalten.[300] Die Freiheitsgrundrechte des Grundgesetzes sind zwar primär als Abwehrrechte gegen den Staat ausgestaltet.[301] Aber gleichwohl beinhaltet der Grundrechtskatalog des Grundgesetzes auch Schutz-

---

Vgl. auch *Dieter Grimm*, Grundrechte und Privatrecht in der bürgerlichen Sozialordnung, in: Günter Birtsch (Hrsg.), Grund- und Freiheitsrechte im Wandel von Gesellschaft und Geschichte, 1981, S. 359 ff. (360); *Norbert Hinske*, Staatszweck und Freiheitsrechte, in: Günter Birtsch (Hrsg.), Grund- und Freiheitsrechte von der ständischen zur spätbürgerlichen Gesellschaft, 1987, S. 375 ff. (382); *Josef Isensee*, Verfassungsgarantie ethischer Grundwerte und gesellschaftlicher Konsens, NJW 1977, S. 545 ff. (547).

[297] Vgl. *Wolfgang Fikentscher*, Die Freiheit und ihr Paradox, 1997, S. 25; *Wernhard Möschel* (Fn. 178), S. 349.

[298] Siehe dazu *Wilhelm v. Humboldt* (Fn. 35), S. 136 ff.

[299] Vgl. auch insoweit *Wilhelm v. Humboldt* (Fn. 35), S. 130 ff. Siehe auch *Roman Herzog*, Ziele, Vorbehalte und Grenzen der Staatstätigkeit, in: Josef Isensee/ Paul Kirchhof (Hrsg.), HdbStR III, 1996, § 58 Rdn. 26; *Josef Isensee*, Das Grundrecht auf Sicherheit, 1983.
Zu Beginn der Neuzeit war es gerade Ziel der Staatenbildung, den Schutz des Einzelnen vor Übergriffen anderer zu gewährleisten. Vgl. *Immanuel Kant* (Fn. 293), S. 19; *John Locke*, Zwei Abhandlungen über die Regierung (1690), 1998, S. 278 ff. Vgl. auch *Eberhard Grabitz*, Freiheit und Verfassungsrecht, 1976, S. 139 ff.; *Norbert Hinske* (Fn. 296), S. 382 f.

[300] Zu der Funktion von Freiheitsgrundrechten als Abwehrrechte und staatliche Schutzpflichten *Josef Isensee*, Das Grundrecht als Abwehrrecht und als staatliche Schutzpflicht, in: ders./ Paul Kirchhof (Hrsg.), HdbStR V, 2000, § 111.

[301] Vgl. BVerfGE 7, 198 (204). Vgl. auch *Josef Isensee* (Fn. 300), Rdn. 9 ff.; *Ulrich Scheuner* (Fn. 293), S. 741 f.

pflichten des Staates gegenüber dem Bürger.[302] Die Schutzpflicht des Staates wirkt auch in den Bereich des Privatrechts hinein: Der Gesetzgeber hat die Privatrechtsordnung so auszugestalten, daß sich jeder am Zivilrechtsverkehr Beteiligte gleichermaßen auf die grundrechtliche Gewährleistung der Privatautonomie berufen kann und nicht nur das Recht des Stärkeren gilt.[303] Anderenfalls könnte die Freiheit vom staatlichen Eingriff in die Freiheit zum privaten Eingriff umschlagen.[304]

Es zählt mithin zu den staatlichen Schutzpflichten, die Vertragsfreiheit von allen Privatrechtssubjekten zu gewährleisten, auch wenn dies in seiner Konsequenz die Beschränkung der Vertragsfreiheit Einzelner zur Folge haben kann. Diese Schutzpflicht beinhaltet auch, daß es unterbunden werden muß, daß sich der Einzelne durch private Machtbildungen dem Wettbewerb entzieht und die wirtschaftliche Funktion der Vertragsfreiheit wesentlich verändert oder gar in ihr Gegenteil verkehrt wird.[305] Franz Böhm stellt insoweit den Grundsatz auf: „Wer privatwirtschaftliche Autonomie in Anspruch nimmt, darf auf dem Markt keine Macht besitzen; wer über Marktmacht verfügt, hat keinen Anspruch auf privatwirtschaftliche Autonomie"[306]. Für die Gewerbe- und Vertragsfreiheit bedeutet dies, daß die freiwillige Beschränkung des gegenseitigen Wettbewerbs, die Delegation der eigenen Freiheitsrechte auf ein Kartell und damit im Ergebnis die Einschränkung der eigenen Freiheit sowie der Dritter unterbunden werden muß.

bb.   Die Auswirkungen privater Macht auf die Wettbewerbsordnung

Franz Böhm bezeichnet Monopole – unabhängig davon, ob sie individueller oder kollektiver Art sind – als „*Besitzstände feudalmäßigen, nicht freiheitlichen Charakters*"[307]. Hintergrund dieser Beschreibung ist die Erkenntnis, daß jede Form privater Macht eine Verdrängung des Wettbewerbs und damit des Zustandes allge-

---

302   Vgl. BVerfGE NJW 1975, S. 573 ff. (575 f.). Siehe zu den Schutzpflichten des Staates *Josef Isensee* (Fn. 299), S. 27 ff.; ders. (Fn. 300), Rdn. 25 ff., 77 ff.; *Hans H. Rupp*, Fusionskontrolle als Verfassungsauftrag, in: Egon Tuchtfeldt (Hrsg.), Soziale Marktwirtschaft im Wandel, 1973, S. 91 ff. (92 f.).

303   Vgl. BVerfGE 89, 214 (232). Siehe auch *Franz Böhm* (Fn. 227), S. 40 f.; *Hans C. Nipperdey*, Grundrechte und Privatrecht, Festschrift für Erich Molitor, 1962, S. 17 ff. (19 f., 27).

304   So *Josef Isensee* (Fn. 300), Rdn. 85.

305   Vgl. *Franz Böhm* (Fn. 227), S. 40 f.; *Ludwig Raiser*, Vertragsfreiheit heute, JZ 1958, S. 1 ff. (3).

306   *Franz Böhm* (Fn. 204), S. 65.

307   *Franz Böhm* (Fn. 143), S. 176 (Hervorhebung im Original).

meiner Machtlosigkeit durch die Privatwirtschaft bewirke, an dessen Stelle eine vermachtete Marktform trete. In dieser vermachteten Marktform können nach Franz Böhm Inhaber privater Macht den Zugang zum und das Verhalten am Markt bestimmen wie vergleichsweise die Feudalherren des Mittelalters oder die späteren Gilden und Zünfte.[308]

(1) Die Erosion des Lenkungsmechanismus

Die Beseitigung des Wettbewerbszustandes beruht für Franz Böhm wesentlich darauf, daß im monopolisierten oder auch nur teilmonopolisierten Marktzustand die freie Preisbildung nicht mehr gewährleistet sei.[309] Der Marktpreismechanismus verliere in dem Augenblick, in dem das Machtgleichgewicht durch private Machtbildungen ins Ungleichgewicht geraten sei, seine Signal- und damit seine Lenkungsfunktion.[310] Die Marktpreise im monopolisierten Marktzustand würden nicht die tatsächliche Knappheitssituation widerspiegeln, sondern falsche Informationen sowie Anreize geben und damit Investitionen der Marktteilnehmer fehlleiten.[311] Der Monopolist setze sich über den Marktpreismechanismus (im Zustand der vollständigen Konkurrenz) insoweit hinweg, als er die Preisbildung selbst lenken und steuern könne. Vor allem in der Form des Kollektivmonopols könne das Kartell aufgrund seiner konkurrenzlosen Stellung gezielt Marktstrategie zu den eigenen Gunsten betreiben und so die Preisbildung zum eigenen wirtschaftlichen Vorteil lenken.[312] An die Stelle des Leistungsprinzips trete in der Marktform des Monopols vornehmlich das Interesse des Monopolisten; der für den Wettbewerb charakteristische Ausgleich von Angebot und Nachfrage werde durch die individuellen Pläne des Inhabers privater Macht abgelöst. In der Marktform des Monopols seien die Marktpreise folglich nicht mehr das Ergebnis

---

308 Vgl. *Franz Böhm* (Fn. 143), S. 190.
309 Siehe *Franz Böhm* (Fn. 126), S. 63 ff.
310 Vgl. *Franz Böhm* (Fn. 186), S. 212; *ders.* (Fn. 199). Siehe auch *Eberhard Günther* (Fn. 229), S. 191.
311 Siehe *Franz Böhm* (Fn. 196), S. 504 f.
312 Vgl. *Franz Böhm* (Fn. 158), S. 25 f.; *ders.* (Fn. 221), S. 200; *ders.* (Fn. 143), S. 197.
Schon *Adam Smith* verwies auf den schädigenden Einfluß des Monopolisten auf den Marktpreismechanismus: „Der Monopolist versorgt nämlich den Markt ständig mangelhaft und befriedigt die effektive Nachfrage niemals ganz, so daß er seine Ware weit über dem natürlichen Preis verkaufen kann, wodurch seine Einkünfte, ob Lohn oder Gewinn, beträchtlich über die natürliche Höhe steigen. Der Monopolpreis ist auf jeden Fall der höchste, den man erzielen kann." (*Adam Smith* [Fn. 32], S. 54).

eines Einpendelungsprozesses, sondern mit Elementen *„subjektiver Willkür"*[313] durchsetzt.

Franz Böhm weist darauf hin, daß sich Gewinn und Verlust in der Marktform des Monopols nicht nach Maßgabe der Leistung, sondern nach den Machtverhältnissen auf dem Markt verteilen.[314] Denn in „... *der Möglichkeit, als schlechterer Anbieter den Partner von der Annahme besserer Angebote abzuhalten oder ihn für deren Annahme zu bestrafen, beruht das Wesen der wirtschaftlichen Macht; in der Ausnützung dieser Möglichkeit aber das Wesen des wirtschaftlichen Zwangs"*[315]. Deshalb könne der Inhaber einer privaten Machtstellung sogar auch dann Gewinne erzielen, wenn er sich volkswirtschaftlich unrichtig verhalte.[316] Das Leistungs- und Ausleseprinzip des Wettbewerbs habe dem Monopolisten gegenüber an Kraft verloren. Franz Böhm unterscheidet deshalb konsequent zwischen den Kampfmethoden des Leistungskampfes (Wettbewerb) und des Nichtleistungskampfes (Monopolkampf).[317]

Die Machtstellung des Monopolisten räume diesem ein Mehr an Handlungs- und Bewegungsfreiheit auf Kosten anderer Marktteilnehmer ein. Jeder Eingriff in den Gleichgewichtszustand des Marktes bedeute notwendig einen Angriff auf die Freiheitsrechte anderer Marktteilnehmer.[318]

Das Verhalten eines Monopolisten auf dem Markt weist insoweit Parallelen zu staatlichen Interventionen auf, als daß sich der Staat in dem einen und der Monopolist in dem anderen Fall über den Marktpreismechanismus hinwegsetzt. Hier greift der Staat korrigierend in das Marktgeschehen ein, dort lenkt der Monopolist die Marktpreise entsprechend seiner Marktstrategie im wesentlichen nach seinem Gutdünken. Beide Verhaltensformen haben auf das Marktgeschehen ähnliche Auswirkungen: Der Wettbewerb wird laut Franz Böhm um so deutlicher verzerrt, je zahlreicher die Eingriffe sind[319]; jeder Eingriff schränkt die Freiheit anderer Marktteilnehmer ein.[320] Staatliche Interventionen und Eingriffe

---

[313] *Franz Böhm* (Fn. 196), S. 504 (Hervorhebung im Original).

[314] Vgl. *Franz Böhm* (Fn. 13), S. 140; *ders.* (Fn. 196), 505 f.

[315] *Franz Böhm* (Fn. 227), S. 32 (Hervorhebung im Original).

[316] So *Franz Böhm* (Fn. 221), S. 197.

[317] Vgl. *Franz Böhm* (Fn. 158), S. 73 f.

[318] Siehe *Franz Böhm* (Fn. 196), S. 506; *ders.* (Fn. 41), S. 106; *ders.* (Fn. 143), S. 201. Siehe auch *Walter Eucken* (Fn. 39), S. 175 ff.

[319] Siehe dazu *Franz Böhm* (Fn. 221), S. 197 f.; *ders.* (Fn. 42), S. 37.

[320] *Walter Eucken* unterstreicht ebenfalls die Parallelen zwischen der Freiheitsbedrohung durch den Staat und private Macht auf dem Markt: „Das Problem der wirtschaftlichen Macht *ist die andere Seite des Problems der Freiheit* in der modernen industrialisierten Wirtschaft." (*Walter Eucken*, Das Problem der wirtschaftlichen Macht, in: ders., Unser Zeitalter der Mißerfolge, 1951, S. 1 ff. [15] [Hervorhebung im Original]).

aufgrund einer privaten Machtstellung unterscheiden sich nach Franz Böhm aber in einem wesentlichen Punkt: Im Gegensatz zu Privaten sei der Staat bei wirtschaftspolitischen Interventionen an rechtsstaatliche Grundsätze wie nicht zuletzt den Vorbehalt des Gesetzes gebunden und der Kontrolle durch das Parlament oder Wahlen unterworfen.[321] Der Private sei demgegenüber grundsätzlich nur der Kontrolle des Marktes ausgesetzt, über dessen ausgleichende, korrigierende Wirkung sich der Monopolist gerade hinweggesetzt habe. Aus dieser Erkenntnis leitet Franz Böhm im wesentlichen seine Forderung ab, daß Marktteilnehmer, sofern sie eine marktbeeinflussende oder -beherrschende Stellung auf dem Markt anstreben, sich gesetzlichen Beschränkungen zu unterwerfen haben, um eine Erosion des dem Markt innewohnenden Lenkungsmechanismus zu verhindern.[322]

(2) Die Gefahr eines Schädigungswettkampfes

Franz Böhm sieht in der Vermachtung der Märkte noch eine weitere Gefahr für die freie Wettbewerbsordnung: den sogenannten Schädigungswettkampf. Monopole seien sehr wettbewerbsempfindlich, da das Aufleben von Wettbewerb die Monopolstellung bedrohen und zerstören könne.[323] Jeder Inhaber einer privaten Machtstellung auf dem Markt sei daher bestrebt, seine Machtstellung zu sichern und möglichst auszubauen, indem er den Wettbewerb dauerhaft auszuschalten und das Aufkommen von Konkurrenten von vornherein zu unterbinden versuche. Zu diesem Zweck greife der Monopolist auch zu Kampfstrategien wie ruinösen Preisunterbietungen oder Liefer- und Bezugssperren[324]; er schrecke nicht davor zurück, mit diesen Mitteln des Schädigungs- und Vernichtungskampfes jede Konkurrenz schon im Keim zu ersticken. Im Schädigungswettkampf dominiere nicht das Leistungsprinzip, sondern das „Prinzip der *unmittelbaren Schadenszufügung*"[325]. Die Gefahr von Kartellen und anderen Monopolen liege also insbesondere darin, „daß sie durch die Art, *wie sie ihre Wirtschaftskämpfe* führen und wie sie sich im Geschäftsverkehr mit ihren Kunden und Lieferanten verhalten, als *Wettbewerbseinschüchterer und Wettbewerbsverdränger in ganz großem Stile* wirken"[326].

---

[321] Vgl. *Franz Böhm* (Fn. 227), S. 34; *ders.* (Fn. 221), S. 200.

[322] Siehe *Franz Böhm* (Fn. 227), S. 36 f., 44. Siehe auch *Ulrich Immenga/ Ernst-Joachim Mestmäcker* (Fn. 270), Einleitung Rdn. 6.

[323] So *Franz Böhm* (Fn. 221), S. 201.

[324] Vgl. *Franz Böhm* (Fn. 158), S. 74 f., 291 ff.; *ders.* (Fn. 221), S. 201 f.; *ders.* (Fn. 41), S. 100; *ders.* (Fn. 199).

[325] *Franz Böhm* (Fn. 41), S. 99 (Hervorhebung im Original).

[326] *Franz Böhm* (Fn. 41), S. 102 (Hervorhebung im Original).

Die Gefahr eines Schädigungswettkampfes droht nach Franz Böhm insbesondere bei Kartellzusammenschlüssen, während von privaten Monopolen oder Oligopolen, die als Folge von Unternehmenszusammenschlüssen entstanden sind, keine vergleichbare Gefahr ausgehe. Diese differenzierte Bewertung fußt darauf, daß Kartelle stets mit dem Ziel gebildet würden, den Wettbewerb auszuschalten und so eine Machtstellung auf dem Markt zu erringen; demgegenüber könne bei Unternehmen das Hineinwachsen in eine marktbeeinflussende Stellung das Ergebnis eines Zusammenschlusses sein, müsse aber nicht zwangsläufig dessen primäres Ziel sein.[327] Im übrigen seien fusionierte Konzerne nicht im gleichen Maße wie Kartelle (deren Sinn und Zweck sich mit der Aufgabe der Vormachtstellung auf dem Markt erübrigt) von der Erhaltung ihrer Machtposition abhängig.[328] Aus diesem Grund stuft Franz Böhm die Auswirkungen einer durch Kartellvereinbarungen geschaffenen privaten Machtstellung als bedrohlicher für den Bestand der Wettbewerbsordnung ein als private Machtpositionen, die aufgrund von Unternehmenszusammenschlüssen entstehen.[329]

cc.   Die Verhinderung privater Machtkonzentrationen

Die Wettbewerbsordnung vor dem Entstehen und der Ausbreitung wirtschaftlicher Machtkonzentrationen zu schützen, um den Wettbewerb vor Verzerrungen und den einzelnen Marktteilnehmer vor Freiheitseinbußen zu bewahren, ist für Franz Böhm die vornehmste wirtschaftspolitische Aufgabe. Das bereits angerissene Problem, daß Freiheit eingeschränkt werden muß, um die Freiheit im übrigen zu schützen, nimmt Franz Böhm notwendig in Kauf. In bezug auf die Verhinderung privater Machtkonzentrationen und vor allem des Mißbrauchs der erworbenen Machtposition gilt für ihn der Grundsatz, „daß man dafür sorgt, daß Macht gar nicht erst entsteht oder wieder aufgelöst wird oder so klein wie möglich bleibt"[330]. Die Devise lautet also: Schutz des Wettbewerbs durch mehr Wettbewerb.[331] Dabei ist es nicht Ziel, die Marktform der vollständigen Konkur-

---

[327] Vgl. *Franz Böhm* (Fn. 218), S. 181 ff. Siehe auch m.w.N. unter: III.2.d.cc.

[328] Siehe *Franz Böhm* (Fn. 260 [1953]), S. 73. Vgl. auch *Konrad Duden*, Entflechtung und Grundgesetz, Festschrift für Franz Böhm, 1965, S. 3 ff. (13 f.).

[329] Siehe *Franz Böhm* (Fn. 260 [1961]).

[330] *Franz Böhm* (Fn. 41), S. 104.

[331] So *Franz Böhm* (Fn. 41), S. 107.
       Zum Einfluß der Freiburger Schule auf die Entwicklung des deutschen Kartellrechts: *Wolfgang Fikentscher*, On the Growth of the Antitrust Idea, in: ders., Freiheit als Aufgabe, 1997, S. 95 ff.

renz zu verwirklichen, sondern sich auf das Erreichbare zu konzentrieren, das heißt, soviel Wettbewerb wie eben möglich herzustellen.

Es sind verschiedene Ansätze denkbar, dieses Ziel zu verwirklichen. Zunächst einmal besteht die Möglichkeit, sich für eine Politik des Gewährenlassens zu entscheiden, die Franz Böhm wegen ihrer mangelnden Wirksamkeit, den Wettbewerb auf Dauer zu sichern, ablehnt.[332] Der Wettbewerb ist zwar ein Entmachtungsinstrument, reicht allein aber nicht aus, private Machtbildungen dauerhaft zu verhindern. Hinzutreten muß vielmehr eine rechtliche Rahmenordnung, die den Wettbewerb effektiv schützt und deren wichtigster Bestandteil für Franz Böhm das Kartellgesetz ist.

(1) Der Umgang mit Kartellen

In den 50er Jahren des 20. Jahrhunderts wird in Deutschland über die Ausgestaltung eines Kartellgesetzes, dessen Aufgabe es sein soll, ein Höchstmaß an Wettbewerb zu ermöglichen, in Wissenschaft und Politik streitig diskutiert. Im Vordergrund der Diskussion stehen im wesentlichen zwei mögliche Wege für den Umgang mit Kartellen: ein Mißbrauchs- oder ein Verbotsgesetz. Beide Ansätze sowie insbesondere auch die Verfassungsmäßigkeit der ihnen zugrundeliegenden (Gesetz-)Entwürfe sind Gegenstand der Auseinandersetzungen, an denen Franz Böhm unmittelbar beteiligt ist.[333]

(a) Das Kartellgesetz als Mißbrauchsregelung

Das Mißbrauchsgesetz basiert auf der Überlegung, daß Kartelle nicht per se volkswirtschaftlich schädlich sind[334]; es verzichtet auf ein grundsätzliches Verbot von Kollektivmonopolen zugunsten einer reinen Mißbrauchsregelung.[335] Danach

---

332 Vgl. *Franz Böhm* (Fn. 221), S. 13 ff. Siehe auch *Walter Eucken* (Fn. 320), S. 12; *Hans O. Lenel*, Über private wirtschaftliche Macht, in: Bernhard Külp/ Viktor Vanberg (Hrsg.), Freiheit und wettbewerbliche Ordnung, 2000, S. 303 ff. (314 f.).

333 Einen Überblick über den Streitstand gibt *Wolfgang Fikentscher*, Die deutsche Kartellrechtswissenschaft 1945-1954, WuW 1955, S. 205 ff.

334 Siehe *Rudolf Isay*, Die Geschichte der Kartellgesetzgebungen, 1955, S. 88 ff.

335 Sowohl die deutsche Kartellverordnung von 1923 als auch der Entwurf eines Gesetzes gegen Wettbewerbsbeschränkungen des Abgeordneten *Hermann Höcherl* basieren auf dem Gedanken einer Mißbrauchsregelung. Nach der deutschen Kartellverordnung von 1923 sind Kartellverträge zulässig und wirksam gewesen, beim Kartellgericht hat lediglich die Möglichkeit bestanden, einen Kartellvertrag per Antrag für nichtig erklären zu lassen, und schließlich hat es erleichterte Kündigungsmöglichkei-

sollen Kartelle grundsätzlich zulässig sein, sie werden aber unwirksam, wenn sie ihre Machtstellung auf dem Markt mißbrauchen.

Franz Böhm lehnt den Weg über eine Mißbrauchsregelung ab, die den Kartellen eine zu starke Stellung verschaffe.[336] Die Beweislast für den Nachweis mißbräuchlichen Verhaltens liege – im Gegensatz zu einer Verbotsregelung, bei der die Beweislast für das Vorliegen einer Ausnahmesituation und damit verbundenen möglichen ausnahmsweisen Genehmigung des Kartells beim Antragsteller liege – in der Regel bei der Kartellbehörde bzw. bei der Instanz, die über das Vorliegen eines Mißbrauchs zu entscheiden habe.[337] Im übrigen laufe die Mißbrauchsregelung, derzufolge die jeweilige Aufsichtsbehörde darüber entscheide, ob im konkreten Fall ein Mißbrauch der wirtschaftlichen Machtposition

---

ten gegeben (siehe *Hans-Heinrich Barnikel* (Fn. 278), S. 41 ff.; *Franz Böhm* [Fn. 221], S. 205 ff.; *ders.* [Fn. 42], S. 40 ff.; *Eberhard Günther* [Fn. 229], S. 184 f.).

Der Gesetzesentwurf des Bundestagsabgeordneten *Hermann Höcherl* basiert auf der grundsätzlichen Wirksamkeit von Kartellverträgen und entzieht nur einigen wettbewerbsbeschränkenden Verträgen wie Quotenkartellen oder Syndikaten den Rechtsschutz (siehe *Hermann Höcherl u.a.*, Der Wortlaut des Höcherl-Entwurfs, WuW 1955, S. 509 ff. [Bundestagsdrucksache 1253 vom 11. März 1955. Der Antrag wurde außerdem von *Richard Stücklen, Franz Seidl, Werner Dollinger* und Genossen eingebracht.]). Siehe auch *Franz Böhm* (Fn. 41), S. 90; *Rüdiger Robert*, Konzentrationspolitik in Deutschland – Das Beispiel der Entstehung des Gesetzes gegen Wettbewerbsbeschränkungen, 1976, S. 288 f.

336 *Franz Böhm* lehnt den sogenannten *Höcherl*-Entwurf, dem eine Mißbrauchsregelung zugrunde liegt, ab. Zweck des sogenannten *Böhm*-Entwurfs (Fn. 268) ist es daher auch, ein politisches Gegengewicht zum *Höcherl*-Entwurf zu schaffen, um so gleichzeitig dem Entwurf des Bundeswirtschaftsministers *Ludwig Erhard* als möglichem Kompromißentwurf eine größere Chance auf Durchsetzung zu geben.
  Zu den Beratungen über ein Gesetz gegen Wettbewerbsbeschränkungen siehe u.a.: *Ulrich Fehl/ Carsten Schreiter*, Ordnungspolitische Kurswechsel in der Ordnungspolitik, ORDO, Band 48 (1997), S. 219 ff. (225 ff.); *Wolfgang Kartte/ Rainer Holtschneider*, Konzeptionelle Ansätze und Anwendungsprinzipien im Gesetz gegen Wettbewerbsbeschränkungen – Zur Geschichte des GWB, in: Helmut Cox/ Uwe Jens/ Kurt Markert (Hrsg.), Handbuch des Wettbewerbs, 1981, S. 193 ff.; *Ernst-Joachim Mestmäcker*, Über die Rolle der Politik in der Marktwirtschaft, ORDO, Band 29 (1978), S. 3 ff. (6 f.); *Wernhard Möschel*, Das Kartellgesetz heute – aus ordoliberaler Sicht, in: Ludwig-Erhard-Stiftung (Hrsg.), Recht und Gesittung in einer freien Gesellschaft, 1985, S. 35 ff. (36 f.); *Knut W. Nörr* (Fn. 256), S. 198 ff.; *Rüdiger Robert* (Fn. 335), S. 111 ff.

337 Vgl. *Franz Böhm* (Fn. 221), S. 209. Vgl. auch *Erich Arndt*, Kartelle und Ordnungspolitik, Hamburger Jahrbuch für Wirtschafts- und Gesellschaftspolitik, 1956, S. 85 ff. (87).

vorliege, nach Franz Böhm Gefahr, einer gewissen Willkürlichkeit ausgesetzt zu sein.[338]

Die Wettbewerbsbehörde muß im Rahmen einer Mißbrauchsregelung im Einzelfall über einen möglichen Mißbrauch entscheiden, während eine Verbotsregel einen allgemeinen Grundsatz aufstellt. Das Verbot von Kartellen als scharfes Eingriffsinstrument trifft alle Unternehmen gleichermaßen; die Genehmigung von Kartellen wird eher eine Ausnahme bleiben. Im Rahmen einer Mißbrauchsregelung werden demgegenüber wohl nur vereinzelt Kartellverbote ausgesprochen. Nicht zuletzt vor diesem Hintergrund wird eine Mißbrauchsregelung der Aufgabe im Sinne Franz Böhms, nämlich den Wettbewerb vor Machtbildungen auf dem Markt zu schützen, nicht gerecht.

(b)   Das Kartellgesetz als Verbotsregelung

Franz Böhm geht bei seiner (Ideal-)Vorstellung von einer Ausgestaltung des Kartellgesetzes den Weg über ein Verbotsgesetz, welches sowohl ein Kartellverbot als auch ein Verbot des Monopolkampfes enthalten soll.[339] Das absolute Rechtsverbot von Kartellen könne mit zivilrechtlichen oder strafrechtlichen Mitteln durchgesetzt werden, indem die Kartellverträge *„zivilrechtlich nichtig* sind und strafrechtlich *unter Strafe gestellt* werden"[340]. Franz Böhm selbst spricht sich

---

[338] Vgl. *Franz Böhm* (Fn. 221), S. 207 f.

Den Vorwurf der Willkür erhebt *Franz Böhm* bereits in seiner Kritik an dem Urteil des Reichsgerichtes vom 04. Februar 1897 (RGZ 38, S. 155 ff.). Der Kern seiner Kritik beruht darauf, daß die Richter in dem Urteil ihre Privatansicht über den wirtschaftspolitischen Nutzen des streitigen Kartellzusammenschlusses äußern und damit für die Betroffenen wenig nachvollziehbar und berechenbar über die Recht- und Unrechtmäßigkeit von Kartellvereinbarungen urteilen (vgl. *Franz Böhm* [Fn. 186], S. 205 ff.).

Siehe auch *Franz Böhm*, Kartelle und Krise, WuW 1954, S. 367 ff.

[339] Siehe *Franz Böhm* (Fn. 126), S. 75; *ders.* (Fn. 260 [1953]), S. 55.

Kritisch zum *Böhm*-Entwurf *Rudolf Isay*, Wirtschaftliche und rechtliche Konsequenzen des Böhm-Entwurfs, WuW 1955, S. 339 ff.

Die Verbotsregelung ist auch Grundlage des sogenannten *Josten*-Entwurfs, der unter Mitwirkung von *Franz Böhm* erarbeitet und Anfang Juli 1949 vorlegt worden ist. Zum *Josten*-Entwurf siehe *Eberhard Günther*, Entwurf eines deutschen Gesetzes gegen Wettbewerbsbeschränkungen, WuW 1951, S. 17 ff. (23 ff.); *ders.* (Fn. 229), S. 187 ff.; *Knut W. Nörr* (Fn. 256), S. 163 ff.

[340] *Franz Böhm* (Fn. 126), S. 75 (Hervorhebung im Original).

Der Entwurf für ein Gesetz gegen Wettbewerbsbeschränkungen von *Franz Böhm* regelt bereits in § 1 Abs. 1 die Nichtigkeit von Kartellverträgen. Es heißt dort: „Wettbewerbsbeschränkende Verträge oder Beschlüsse sind nichtig. Ausnahmen

nur für das erste Gegenmittel, die Nichtigkeit von Verträgen, und gegen ein strafrechtliches Verbot aus.[341]

Das Verbotsgesetz hat aus Sicht Franz Böhms den Vorteil, daß es eine „klare wirtschaftspolitische Grundentscheidung trifft"[342]. Eine derartige Regelung verhindert weite Interpretationsspielräume, schafft damit Rechtssicherheit für die Marktteilnehmer und unterbindet (im Gegensatz zu einer Mißbrauchslösung) jeden Anreiz, sich zu Kartellen zusammenzuschließen. Franz Böhm verbindet mit der Verbotsregelung die Hoffnung, daß die am Wirtschaftsprozeß Beteiligten ihre Energie auf den Leistungswettbewerb verwenden, und sie nicht in dem Bemühen, die Wettbewerbsordnung durch Kartellbildungen zu unterlaufen, verschwenden würden. Die Verbotsregelung allein reiche jedoch nicht aus, die Entstehung wirtschaftlicher Macht erfolgreich zu verhindern. Hinzutreten müßten weitere Maßnahmen eines vorbeugenden Wettbewerbsschutzes, die von publizistischen Hinweisen auf Kartell- und Monopolbildungen bis hin zu einer allgemeinen Wirtschaftspolitik reichen, die den Wettbewerb mit allen erreichbaren Mitteln anregen und auch das Verständnis für die Vorzüge des Wettbewerbs bei den Bürgern wecken und aufrechterhalten.[343]

Das Kartellverbot steht im Spannungsverhältnis zur Vereinigungs- und Vertragsfreiheit der Marktteilnehmer: Grundlage eines Kartells ist in der Regel ein Vertrag; die Kartellfreiheit ist damit Ausdruck der allgemeinen Vertragsfreiheit

---

können nur durch Gesetz oder auf Grund einer gesetzlichen Ermächtigung durch Verfügung ermächtigter Verwaltungsbehörden angeordnet werden." (*Franz Böhm* [Fn. 268]).

Für den Weg einer Verbotsregelung mit Erlaubnisvorbehalt entscheidet sich auch *Ludwig Erhard*. Im Gegensatz zum Gesetzesentwurf des Bundeswirtschaftsministers basiert der Entwurf von *Franz Böhm* aber auf dem reinen Verbotsprinzip mit einem eng gefaßten Erlaubnisvorbehalt und nur einer einzigen Ausnahme für Normierungs- und Typisierungskartelle.

Zum sogenannten *Erhard*'schen Gesetzentwurf (Bundestagsdrucksache 3462 vom 13. Juni 1952 und Bundestagsdrucksache 1158 vom 22. Januar 1955) siehe *Franz Böhm* (Fn. 196), S. 509; *Knut W. Nörr* (Fn. 256), S. 185 ff.

[341] Siehe *Franz Böhm* (Fn. 41), S. 90.
Für *Franz Böhm* kann allein der Wettbewerb die Rolle des Strafrichters übernehmen. Die Nichtigkeitserklärung von Kartellverträgen reicht aus seiner Sicht zum Schutz des Wettbewerbs vor Monopolisierungstendenzen aus (vgl. *Franz Böhm* [Fn. 41], S. 91 f., 99). Siehe auch *Ernst-Joachim Mestmäcker*, Der Böhm-Entwurf eines Gesetzes gegen Wettbewerbsbeschränkungen, WuW 1955, S. 285 ff. (289); *Rüdiger Robert* (Fn. 335), S. 290.

[342] *Franz Böhm* (Fn. 221), S. 208 (Hervorhebung im Original).

[343] Vgl. *Franz Böhm* (Fn. 221), S. 203 ff.; *ders.* (Fn. 260 [1953]), S. 53 f.; *ders.* (Fn. 196), S. 512.

und der Vereinigungsfreiheit, die eingeschränkt wird, wenn Kartelle verboten sind. Gegen Kartellgesetze, die auf einer Verbotsregelung basieren und damit die Kartellfreiheit als Ausdruck der verfassungsrechtlich garantierten Vereinigungs- und allgemeinen Handlungsfreiheit einschränken, ist im Rahmen der Diskussionen über die Einführung eines Gesetzes gegen Wettbewerbsbeschränkungen in den 50er Jahren des 20. Jahrhunderts der Vorwurf der Verfassungswidrigkeit erhoben worden.[344]

Kartellvereinbarungen fallen in den Schutzbereich des Art. 9 GG[345]; das Verbot von Kartellen ist ein Eingriff in die durch das Grundgesetz gewährte Vereinigungsfreiheit. Die Frage der Verfassungsmäßigkeit eines Kartellverbots ist auf der Ebene der Grundrechtsbeschränkung bzw. der grundrechtsinternen Kollisionslösung zu beantworten. Umstritten ist in diesem Zusammenhang vor allem, ob ein Eingriff in die Vereinigungsfreiheit dadurch nach Art. 9 Abs. 2 GG gerechtfertigt ist, daß Kartelle per se gegen die verfassungsmäßige Ordnung verstoßen. Weite Teile der deutschen Staatsrechtslehre verneinen noch vor Inkrafttreten des Gesetzes gegen Wettbewerbsbeschränkungen, daß Kartelle per se gegen die verfassungsmäßige Ordnung verstoßen[346]; es sei daher nach den jeweiligen Umständen im Einzelfall zu entscheiden, ob ein solcher Verstoß bei einem Kartell vorliege.[347] Die Vertreter dieser Auffassung haben nicht das Verbotsge-

---

[344] Siehe dazu m.w.N. *Wolfgang Fikentscher* (Fn. 333), S. 212 ff. Vgl. zum Vorwurf der Verfassungswidrigkeit *Ernst R. Huber*, Die Verfassungsproblematik eines Kartellverbots, 1955. Siehe zu diesem Vorwurf auch *Hans Merz* (Fn. 283), S. 229; *Knut W. Nörr* (Fn. 256), S. 203 f.

[345] Auf die Diskussion, ob Kartellvereinbarungen in den Schutzbereich von Art. 9 Abs. 1 oder Abs. 3 GG fallen (vgl. dazu m.w.N. *Günter Dürig*, Art. 9 Grundgesetz in der Kartellproblematik, NJW 1955, S. 729 ff. [729 f.]), wird an dieser Stelle nicht weiter eingegangen. Heute unterliegen Kartelle nach herrschender Meinung dem Schutzbereich von Art. 9 Abs. 1 GG (vgl. m.w.N. *Wolfgang Hefermehl/ Adolf Baumbach* [Fn. 148], Erster Teil Rdn. 58 ff.; *Rupert Scholz*, in: Maunz/ Dürig/ Herzog/ ders., Grundgesetz, Kommentar, Band I, Loseblattsammlung, Stand: Oktober 1999, Art. 9 Rdn. 64).

[346] Vgl. *Hans Heinrich Rupp*, Verfassungsrecht und Kartelle, in: Ernst-Joachim Mestmäcker (Hrsg.), Wettbewerb als Aufgabe – Nach zehn Jahren Gesetz gegen Wettbewerbsbeschränkungen, 1968, S. 187 ff. (189).

[347] Siehe *Günter Dürig* (Fn. 345), S. 731 f.; *Ernst R. Huber*, Der Streit um das Wirtschaftsverfassungsrecht, in: ders., Bewahrung und Wandlung, 1975, S. 215 ff. (241); *Herbert Krüger*, Grundgesetz und Kartellgesetzgebung, 1950, S. 27. Siehe auch *Ernst R. Huber*, Grundgesetz und vertikale Preisbindung, 1968, S. 25 ff.

setz, sondern nur ein Mißbrauchsgesetz im Rahmen der Kartellgesetzgebung als verfassungsrechtlich zulässig bewertet.[348]

Demgegenüber tritt Franz Böhm für die Verfassungsmäßigkeit eines Kartellverbots ein.[349] Franz Böhm vertritt mit Nachdruck, daß Kartelle per se und nicht nur im Einzelfall gegen die verfassungsmäßige Ordnung verstoßen.[350] Kartellverträge würden stets in der Absicht geschlossen, die wirtschaftlichen Erfolgschancen und Betätigungsmöglichkeiten Dritter zu beschränken. Insoweit beinhalte jedes Kartell auch einen Eingriff in die gesellschaftlichen Machtverhältnisse und in die gesellschaftliche Machtverteilung, welche nunmehr nicht auf Wettbewerb und Leistung, sondern auf der durch den Kartellvertrag erlangten Machtposition beruhe.[351] Da ein wesentlicher Baustein der verfassungsmäßigen Ordnung des Grundgesetzes nach Franz Böhm die Privatrechtsordnung und die Privatautonomie sei, welche damit ganz wesentlich auf dem Gedanken der Gleichordnung basiere, sei für ihn der Versuch, mittels kartellrechtlicher Absprachen bewußt in die (privatrechtliche) Machtverteilung einzugreifen und ein Element der Ungleichheit der Bürger einzuführen, ein geradezu klassischer Verstoß gegen die verfassungsmäßige Ordnung des Grundgesetzes.[352]

In bezug auf einen Eingriff des Kartellverbots in das Grundrecht auf allgemeine Handlungsfreiheit ist zu berücksichtigen, daß Freiheit und damit auch die wirtschaftliche Handlungs- und Vertragsfreiheit nicht schrankenlos, sondern nur im Rahmen erlaubten Verhaltens (Freiheit sub lege) gewährt wird.[353] Kartellverträge können auch mit Blick auf Art. 2 Abs. 1 GG verboten werden, weil einzelne im Rahmen von Kartellen ihre Freiheit dazu nutzen, um die Freiheit einer unbestimmten Zahl anderer zu beeinträchtigen und damit die Grundvoraussetzung für das von der Verfassung gewollte Funktionieren der Freiheitsordnung antasten.[354] Kartellverträge sind für Franz Böhm Verträge zu Lasten Dritter,

---

[348] Vgl. *Ernst R. Huber* (Fn. 344), S. 35 f.; *ders.* (Fn. 347), S. 241. Siehe auch *Herbert Krüger*, Wirtschaftsverfassung, Wirtschaftsverwaltung, Rechtsstaat, BB 1953, S. 565 ff. (566).

[349] So auch *Kurt Biedenkopf*, Die Verfassungsproblematik eines Kartellverbots, BB 1956, S. 473 ff.; *Harold Rasch*, Kartellverbot und Grundgesetz, WuW 1955, S. 667 ff.
Zur Verfassungsmäßigkeit des Kartellverbots, welche heute allgemein anerkannt ist, siehe u.a.: *Martin Kriele* (Fn. 292), S. 110; *Rupert Scholz* (Fn. 345), Art. 9 Rdn. 152.

[350] Vgl. *Franz Böhm* (Fn. 218), S. 176, 183.

[351] Siehe *Franz Böhm* (Fn. 218), S. 177. Siehe dazu auch *Helmut Müller*, Kartellverbot und Grundgesetz, WuW 1953, S. 734 ff. (737 ff.).

[352] Vgl. *Franz Böhm* (Fn. 218), S. 180 f. Zustimmend *Kurt Ballerstedt* (Fn. 147), S. 159.

[353] Vgl. *Kurt Biedenkopf* (Fn. 349), S. 475; *Harold Rasch* (Fn. 349), S. 670.

[354] Siehe dazu *Ludwig Raiser* (Fn. 305), S. 6; *Harold Rasch* (Fn. 349), S. 670 ff. Siehe in diesem Zusammenhang auch *Wernhard Möschel* (Fn. 178), S. 349.

welche die relative Machtlosigkeit der Vertragsparteien beseitigen und die Wettbewerbsfreiheit anderer sowie deren wirtschaftliche Handlungsfreiheit einschränken würden.[355] Das Kartellverbot leistet demzufolge einen Beitrag dazu, den Zustand allgemeiner Machtlosigkeit und damit größtmögliche Freiheit auf dem Markt aufrechtzuerhalten.[356] Dem Gesetzgeber steht es daher nach Franz Böhm frei, die Kartellfreiheit zugunsten des Wettbewerbs und damit zugunsten der Wettbewerbsfreiheit aller einzuschränken.[357] In diesem Fall löst der Gesetzgeber die Interessenkollision zwischen der Freiheit, sich der eigenen Freiheitsausübung vertraglich zu entledigen, und der Freiheit der anderen zugunsten des Wettbewerbs und damit zugunsten der Freiheit von Dritten auf.[358] Das Kartellverbot ist für Franz Böhm durch den Satz: „ius publicum privatorum pactis mutari non potest"[359] gerechtfertigt.

Franz Böhm begründet seine Auflösung des Spannungsverhältnisses von Kartellverbot und Vertragsfreiheit mit einem Vergleich zum Wahlrecht: Genauso wenig wie der Staat Verträge anerkenne, in denen die Bürger auf die Ausübung ihres Wahlrechts verzichten, erkenne er Verträge von Wirtschaftssubjekten als rechtsgültig an, in denen ein gegenseitiger Verzicht dahingehend vereinbart wer-

---

[355] Vgl. *Franz Böhm* (Fn. 218), S. 186. Vgl. auch *Helmut Müller* (Fn. 351), S. 737 ff.

[356] Siehe dazu *Ernst-Joachim Mestmäcker*, Warum das Kartellverbot nicht am Privatrecht scheitert, WuW 1971, S. 835 ff. (840 f.).

[357] Vgl. *Franz Böhm* (Fn. 218), S. 176 ff.; *ders.* (Fn. 143), S. 168 f. Vgl. auch *Hans Merz* (Fn. 283), S. 230; *Hans H. Rupp* (Fn. 346), S. 187 ff.
   In bezug auf die Vertragsfreiheit und ihre Grenzen formuliert *Walter Eucken*: „*Vertragsfreiheit darf nicht zu dem Zwecke gewährt werden, um Verträge zu schließen, welche die Vertragsfreiheit beschränken oder beseitigen.*" (*Walter Eucken* [Fn. 39], S. 278 [Hervorhebung im Original]).

[358] Auch heute wird die grundrechtliche Gewährleistung der Wettbewerbsfreiheit als Garantie der gleichen Wettbewerbschancen aller verstanden, das heißt, innerhalb der bei Kartellvereinbarungen kollidierenden Wettbewerbsfreiheit der am Kartell Beteiligten und der Dritter besteht verfassungsrechtliche Gleichrangigkeit. Im Falle einer Beschränkung des Wettbewerbs muß daher eine grundrechtliche Kollisionslösung angestrebt werden, welche über die Herstellung praktischer Konkordanz zwischen miteinander nicht voll vereinbaren Wettbewerbsfreiheiten zu einer insgesamt grundrechtsoptimalen Wahrnehmung und Ausübung wettbewerblicher Freiheiten für alle am Wettbewerb Beteiligten führt (vgl. *Rupert Scholz*, Konzentrationskontrolle und Grundgesetz, 1971, S. 50; *ders.*, Entflechtung und Verfassung, 1981, S. 102 f.). Eine entsprechende Kollisionslösung herbeizuführen, ist Aufgabe des Kartellrechts. Das Gesetz gegen Wettbewerbsbeschränkungen wird von der heutigen Staatsrechtslehre in diesem Sinne als verfassungsmäßige Kollisionslösung anerkannt (vgl. *Rupert Scholz* [Fn. 345], Art. 9 Rdn. 152).

[359] So *Franz Böhm* (Fn. 218), S. 186.

de, von der Wettbewerbsfreiheit in Zukunft keinen Gebrauch machen zu wollen.[360] In beiden Fällen ziehe der Staat der Freiheit des Einzelnen zugunsten des Demokratieprinzips bzw. zugunsten des Wettbewerbs eine Grenze. Das Spannungsverhältnis zwischen Wettbewerbsfreiheit auf der einen und Kartellfreiheit auf der anderen Seite beantwortet Franz Böhm daher eindeutig: *„Wettbewerbsfreiheit ja, Kartellfreiheit nein!"*[361].

(c)   Ausnahmen vom Kartellverbot

Das Kartellverbot gilt für Franz Böhm nicht absolut, sondern läßt Ausnahmen zu, deren restriktive Handhabe von besonderer Bedeutung ist.[362] Ausnahmegenehmigungen sind zunächst einmal Eingriffe in den freien Wettbewerb, denn Kartelle schränken den Wettbewerb zwischen den an der Kartellvereinbarung beteiligten Unternehmen ein; die Ausnahmeregelungen legitimierten diese Wettbewerbseinschränkung. Da sie von staatlicher Seite erteilt werden, haben Genehmigungen von Kartellvereinbarungen nach Franz Böhm die Qualität staatlicher Interventionen, die eine Beschränkung des freien Wettbewerbs beinhalten.[363] Die Erteilung einer Ausnahmegenehmigung wirkt sich demzufolge nicht anders als andere staatliche Eingriffe auch auf den Markt aus: Je häufiger Ausnahmen zugelassen werden, desto eher droht der Wettbewerb denaturiert und im Ergebnis zerstört zu werden. Nach Franz Böhm sollen Ausnahmen deshalb nur in den Fällen zugelassen werden, „wenn auf einem funktionierenden Markte ein funktionierender Wettbewerb überhaupt nicht besteht, wenn also ein sogenannter gestörter Markt vorliegt"[364]. Diese ohnehin enge Voraussetzung an die Erteilung einer (ausnahmsweisen) Erlaubnis ergänzt Franz Böhm noch durch weitere

---

[360] Siehe *Franz Böhm* (Fn. 260 [1953]), S. 61; *ders.* (Fn. 218), S. 187.

[361] Mit diesem Ausruf endet der Aufsatz von *Franz Böhm* über „Wettbewerbs- und Kartellfreiheit" (*Franz Böhm* [Fn. 143], S. 203 [Hervorhebung im Original]).

[362] Vgl. *Franz Böhm* (Fn. 196), S. 511.
       Auf den interventionistischen Charakter der Erlaubniserteilung wird auch im *Böhm*-Entwurf (Fn. 268) in § 5 Abs. 5 hingewiesen: „... ist zu berücksichtigen, daß die Erlaubniserteilung ein Akt der staatlichen Wirtschaftspolitik ist, der die Wirkung hat, daß das Recht zum Eingriff in die wirtschaftliche Freiheit von Staatsbürgern und zur Beeinflussung von Märkten in die Hand von Privatpersonen gelegt wird ...".

[363] Siehe *Franz Böhm* (Fn. 41), S. 96.

[364] *Franz Böhm* (Fn. 41), S. 96. Wann eine erhebliche Störung des Marktes vorliegt, ist in § 5 Abs. 2 Buchstabe a bis d des *Böhm*-Entwurfs (Fn. 268) im Einzelnen geregelt.

Bedingungen, wie beispielsweise die zeitliche Befristung der Erlaubnis auf zwei Jahre.[365]

Die restriktive Handhabung von Ausnahmegenehmigungen erklärt sich zum einen aus dem Mechanismus, daß eine einmal erteilte Erlaubnis andere Erlaubniserteilungen aus Gründen der Gleichbehandlung nach sich ziehen kann und damit eine Ausnahmeregelung der anderen mit den beschriebenen Auswirkungen folgt. Zum anderen resultiert sie auch aus der Skepsis Franz Böhms gegenüber der Wirksamkeit einer staatlichen Kontrollaufsicht: Sei ein Kartell erst einmal erlaubt, dann sei es jeder wirksamen Aufsicht entronnen, denn ein „Staat, der Kartelle erlaubt, ist vergleichbar mit einer Henne, die Enteneier ausbrütet; kaum sind die Jungen ausgeschlüpft, gehen sie ins Wasser und schwimmen davon und das einzige, was dann der Henne, d.h. dem Staat noch übrig bleibt, ist, zu gackern"[366].

(2)   Der Umgang mit Unternehmenszusammenschlüssen und Monopolen

Ein Zusammenschluß von mehreren Unternehmen kann unter bestimmten Voraussetzungen zu einer Monopolstellung des fusionierten Unternehmens führen. Diese Folge ist keinesfalls zwingend, sondern hängt insbesondere von der konkreten Situation auf dem betroffenen Markt (beispielsweise der Anzahl und Größe weiterer Wettbewerber) ab. Vor diesem Hintergrund bewertet Franz Böhm Zusammenschlüsse von Unternehmen unter einem anderen wettbewerbsrechtlichen Aspekt als Kartellvereinbarungen. Während letztere generell zu verbieten seien, sollen Unternehmenszusammenschlüsse nur dann untersagt werden, wenn das zusammengeschlossene Unternehmen eine marktbeherrschende Stellung auf dem betroffenen Markt erlange.[367]

Bei den Beratungen über ein Gesetz gegen Wettbewerbsbeschränkungen stehen sich hinsichtlich des Umgangs mit Monopolen, die nicht vom Kartellverbot erfaßt werden, im wesentlichen zwei Ansichten gegenüber: Eine Ansicht will diese Monopole unter staatliche Aufsicht stellen oder verstaatlichen; die andere

---

[365]   Zu den Bedingungen, die *Franz Böhm* an die Genehmigung eines Kartells aufstellt, siehe *Franz Böhm* (Fn. 41), S. 98 f. Siehe auch: § 5 (Genehmigung von Ausnahmen) und § 6 (Verfahren der Ausnahmeerteilung) des *Böhm*-Entwurfs (Fn. 268).

[366]   *Franz Böhm* (Fn. 41), S. 98.

[367]   Vgl. § 7 Abs. 1 des *Böhm*-Entwurfs (Fn. 268). Siehe auch *Ernst-Joachim Mestmäcker* (Fn. 341), S. 290 f.
Ausführlich zur Problematik von Unternehmenszusammenschlüssen: *Konrad Duden* (Fn. 328), S. 3 ff.; *Erich Hoppmann*, Fusionskontrolle, 1972.

Ansicht will die Monopolunternehmen in privater Hand belassen. Anfänglich zeigt Franz Böhm Sympathie für den ersten Lösungsweg, der die Unternehmen unter staatliche Aufsicht stellt[368], erkennt aber zunehmend die mit diesem Weg verbundenen Risiken: Eine staatliche Monopolaufsicht ziehe in der Regel nicht nur eine wachsende Bürokratie mit sich, sondern werde vor allem dadurch zu einer Gefahr für den Wettbewerb, daß sie sich zunehmend mit den Interessen der überwachten Unternehmen identifiziere.[369] Anstatt den Wettbewerb vor dem Monopolisten zu schützen, schütze sie diesen vor dem Wettbewerb. Die staatliche Aufsicht drohe auf diesem Weg dem Wettbewerb größeren Schaden zuzufügen, als dies ein einzelner Monopolist könnte oder wie Franz Böhm feststellt: „Es gibt nur einen Unterschied zwischen dem privaten und öffentlichen Monopolisten, und der besteht darin, daß der letztere kein schlechtes Gewissen hat"[370]. Vor diesem Hintergrund plädiert Franz Böhm letztlich dafür, die unvermeidbaren Restmonopole in privater Hand zu belassen.

Dieser von Franz Böhm favorisierte Umgang mit (Rest-)Monopolen trägt ihm den Vorwurf ein, Kartelle im Gegensatz zu anderen Formen des Monopols schärfer zu behandeln.[371] Franz Böhm begegnet diesem Vorwurf mit dem Hinweis, daß Kartelle – im Gegensatz zu anderen Erscheinungsformen des Monopols – den ausschließlichen Zweck verfolgen würden, Wettbewerb zu verhindern.[372] Demgegenüber würden sonstige Monopole auch aus ganz anderen Motiven heraus entstehen. Im übrigen würden Monopole infolge von Unternehmenszusammenschlüssen im Vergleich zu Kartellen nicht so leicht zustande

---

[368] Der *Josten*-Entwurf sieht vor, die unvermeidbaren Restmonopole unter staatliche Aufsicht zu stellen. Dazu *Franz Böhm* (Fn. 42), S. 54; *Knut W. Nörr* (Fn. 256), S. 170 ff.

[369] Vgl. *Franz Böhm* (Fn. 42), S. 55 ff.; *ders.* (Fn. 221), S. 212.

[370] Das Zitat ist einem Beitrag von *Kurt Biedenkopf* aus Anlaß des 100. Geburtstages von *Franz Böhm* entnommen (*Kurt Biedenkopf* [Fn. 81], S. 21).
       Walter Eucken teilt diese Kritik von *Franz Böhm* zumindest in bezug auf die Verstaatlichung von Monopolen (vgl. *Walter Eucken* [Fn. 39], S. 292 f.). In diesem Zusammenhang greift *Walter Eucken* auf ein Zitat von *Leonhard Miksch* zurück: „Macht bleibt Macht, von wem auch immer sie ausgeübt wird. Und sie erreicht ihre höchste Gefahrenstufe nicht einmal in privater, sondern gerade in öffentlicher Hand." (*Walter Eucken* [Fn. 39], S. 174).

[371] In diesem Zusammenhang wird vertreten, daß das Kartellgesetz gegen den Gleichbehandlungsgrundsatz verstoße und insoweit verfassungswidrig sei. Siehe dazu u.a. *Ernst R. Huber* (Fn. 344), S. 33. Vgl. auch *Konrad Duden* (Fn. 328), S. 13.

[372] Vgl. *Franz Böhm* (Fn. 260 [1953]), S. 73. Siehe auch *Ernst-Joachim Mestmäcker*, Das marktbeherrschende Unternehmen im Recht der Wettbewerbsbeschränkungen, 1959, S. 17 f.

kommen, weil die Verschmelzung verschiedener Unternehmen einen höheren Aufwand mit sich bringe als eine vertragliche Vereinbarung über eine gemeinsame Preisgestaltung; daher seien verflochtene Unternehmen auch schwerer aufzulösen als Kartelle.[373] Schließlich würde ein generelles Verbot von Unternehmenszusammenschlüssen notwendig einen gesetzlichen Eingriff in den Bestand und die Organisation von Unternehmen sowie die unternehmerische Handlungsfreiheit darstellen, der nur dann gerechtfertigt sei, wenn Unternehmenszusammenschlüsse generell zu einer Gefährdung des Wettbewerbs führen, was aber gerade nicht der Fall sei.[374] Aus diesen Gründen ergibt sich aus der Sicht Franz Böhms die Notwendigkeit einer Gleichbehandlung von Kartellen und Konzernzusammenschlüssen nicht, das heißt, Kartelle könnten grundsätzlich verboten und nur ausnahmsweise erlaubt sein, während der Zusammenschluß von Betrieben grundsätzlich erlaubt, aber im Ausnahmefall untersagt werden könne.[375]

(3) Limitierte staatliche Kontrollaufsicht

Trotz seiner Skepsis gegenüber einer staatlichen Kontrollaufsicht von ausnahmsweise genehmigten Kartellen und anderen Monopolen verzichtet Franz Böhm auf das Mittel der Aufsicht durch staatliche Wettbewerbsbehörden nicht.[376] Aufgabe der Kartellbehörde, deren Eingriffsrechte aber auf ein Minimum beschränkt sein sollten, sei es nicht, ein wettbewerbskonformes Verhalten der marktbeeinflussenden oder marktbeherrschenden Unternehmen zu erzwin-

---

[373] Siehe *Franz Böhm* (Fn. 218), S. 183. Siehe auch *Ernst-Joachim Mestmäcker*, Diskriminierungen, Dirigismus und Wettbewerb (II. Teil), WuW 1957, S. 92 ff. (97 f.).

[374] Vgl. *Franz Böhm* (Fn. 126), S. 77 f.; *ders.*, Einleitung, in: Heinrich Kronstein. Recht und wirtschaftliche Macht, hrsgg. von Kurt Biedenkopf, 1962, S. IX ff. (XIII). Zur Verfassungsmäßigkeit der Fusionskontrolle: *Rupert Scholz* (Fn. 358), S. 1 ff.

[375] *Franz Böhm* greift insoweit auf das Korrektiv der rule of reason der amerikanischen Rechtsprechung zurück. Der amerikanischen Rechtsprechung zufolge sind Verträge, deren einziger Zweck die Monopolisierung ist (sogenannte per-se-Verstöße), stets nichtig. Nur in den Fällen, in denen es sich um Rechtsgeschäfte handelt, die neben dem Monopolisierungszweck noch weiteren Zwecken dienen, stellt sich die Frage, ob sie nicht ausnahmsweise genehmigt werden. Die rule of reason will wettbewerbsrechtliche Verbotstatbestände durch den Rückgriff auf die Vernunft korrigieren (vgl. *Franz Böhm* [Fn. 218], S. 183). Zur rule of reason siehe *Volker Emmerich* (Fn. 272), S. 420 ff.; *Ernst-Joachim Mestmäcker*, Das Prinzip der rule of reason und ähnliche Ausnahmemechanismen im Recht der Wettbewerbsbeschränkungen, in: Erich Hoppmann/ ders., Normenzwecke und Systemfunktionen im Recht der Wettbewerbsbeschränkungen, 1974, S. 21 ff.

[376] Siehe §§ 10 ff. des *Böhm*-Entwurfs (Fn. 268).

gen (Wettbewerbspolitik des „Als-ob"), sondern offen zutage tretende Mißbräuche zu verhindern.[377] Die staatliche Mißbrauchsaufsicht trete neben Unterlassungs- und Schadensersatzansprüche anderer Marktteilnehmer.[378]

Die Aufgabe des Staates, die hinsichtlich marktbeherrschender Unternehmen auf eine Mißbrauchsaufsicht beschränkt ist, zeigt, daß gewandelte Verständnis Franz Böhms von den Aufgaben und der Funktion der staatlichen Aufsicht im Rahmen der Verhinderung und Bekämpfung privater Machtstellung. Noch 1937 schreibt Franz Böhm, daß der Staat die Funktion eines *„Platzhalters des Wettbewerbs* [innehat]. ... Der Staat hat die *Rolle und Funktion des Wettbewerbs zu übernehmen, d.h.* er hat die Marktpreise und Marktbedingungen so festzusetzen, wie er sich unter der Voraussetzung eines *idealen Wettbewerbsverlaufs* eingependelt haben würden".[379] An die Stelle einer Wettbewerbspolitik des Als-ob ist bei Franz

---

[377] Vgl. *Franz Böhm* (Fn. 197), S. 502. Siehe auch *Ernst-Joachim Mestmäcker* (Fn. 56), S. 127.

[378] Siehe *Franz Böhm* (Fn. 41), S. 102. Siehe zu den Instrumenten der Mißbrauchsaufsicht u.a. *Franz Böhm*, Schutz vor den „Großen"?, Frankfurter Allgemeine Zeitung vom 17. April 1953.

[379] *Franz Böhm* [Fn. 13], S. 162 [Hervorhebung im Original]
Diese Einschätzung entspricht im wesentlichen der wettbewerbspolitischen Konzeption des „Als-ob" von *Leonhard Miksch* und *Walter Eucken*, der dazu in „Grundsätze der Wirtschaftspolitik" ausführt: „Ziel der Monopolgesetzgebung und der Monopolaufsicht ist es, die Träger wirtschaftlicher Macht zu einem Verhalten zu veranlassen, als ob vollständige Konkurrenz bestünde." (*Walter Eucken* [Fn. 39], S. 295). Siehe auch *Leonhard Miksch*, Die Wirtschaftspolitik des Als-Ob, ZgS 105 (1949), S. 310 ff.
Zur Konzeption des „Als-ob" und ihrer Kritik siehe *Fritz Holzwarth* (Fn. 54), S. 167 ff.; *Hans O. Lenel*, Vollständiger und freier Wettbewerb als Leitbilder für die Wettbewerbspolitik gegenüber mächtigen Unternehmen, Festschrift für Franz Böhm, 1975, S. 317 ff.
Von dieser Form der staatlichen Aufsicht distanziert sich *Franz Böhm* im Laufe seines Wirkens immer mehr, weil er zunehmend erkennt, daß es nicht möglich ist, den sogenannten Als-ob-Preis zu errechnen (vgl. *Franz Böhm* [Fn. 221], S. 195). Anfang der 50er Jahre greift *Franz Böhm* zwar noch teilweise auf die Idee zurück, daß es Aufgabe des Staates sei, ein wettbewerbskonformes Verhalten von Monopolunternehmen zu erzwingen (vgl. *Franz Böhm* [Fn. 126], S. 79; vgl. auch *Eberhard Günther* [Fn. 229], S. 196). Der *Böhm*-Entwurf zeigt aber die Abkehr von einer Wettbewerbspolitik des Als-ob; an seine Stelle tritt die Mißbrauchsaufsicht des Staates (siehe §§ 20 ff. des *Böhm*-Entwurfs [Fn. 268]; *Ernst-Joachim Mestmäcker* [Fn. 341], S. 294; vgl. auch *Fritz Holzwarth* [Fn. 54], S. 174; *Ernst-Joachim Mestmäcker*, Das Privatrecht vor den Herausforderungen der wirtschaftlichen Macht, RabelsZ 60 [1996], S. 58 ff. [66 f.]).
Zu den unterschiedlichen Ansätzen einer Ausgestaltung des Kartell- und Monopolrechts siehe auch *Erich Hoppmann*, Volkswirtschaftliche und wirtschaftspolitische Be-

Böhm seit der Mitte der 50er Jahre des 20. Jahrhunderts die Mißbrauchsaufsicht in Form einer limitierten staatlichen Kontrollaufsicht getreten.

Die Behandlung von marktbeeinflussenden sowie -beherrschenden Unternehmen und die Absage an eine zwangsweise Durchsetzung wettbewerbskonformen Verhaltens durch den Staat (und zwar sowohl in bezug auf eine strafrechtliche Verfolgung von Kartellabsprachen als auch bezüglich einer Als-ob-Politik) zeigt, daß für Franz Böhm die Ausschaltung jeglichen, das heißt, privaten wie staatlichen Zwangs im Vordergrund steht.[380] Das private Machtgleichgewicht auf dem Markt soll nicht um den Preis wachsenden staatlichen Einflusses auf den Wirtschaftsprozeß erzielt werden; die Marktteilnehmer sollen weder durch private noch durch staatliche Macht, sondern durch den Wettbewerb gelenkt werden.

(4) Das deutsche und europäische Kartellrecht

Die Vorstellungen Franz Böhms von der Ausgestaltung eines Kartellgesetzes, das private Machtkonzentrationen verhindern und dadurch den Wettbewerb schützen soll, finden im Gesetz gegen Wettbewerbsbeschränkungen (GWB) ihren Niederschlag. 1957 wird das GWB als Verbotsgesetz mit Erlaubnisvorbehalt verabschiedet, bleibt aber dennoch in vielen Bereichen nur ein Kompromiß.[381] So enthält das GWB im Gegensatz zu den Vorstellungen von Franz Böhm von Beginn an (zu) viele Ausnahmetatbestände und stellt damit wichtige Bereiche vom Kartellverbot frei.[382] Das Gesetz ist in der Folgezeit mehrfach novelliert worden[383]; die Fusionskontrolle wird erst durch die zweite Novelle im Jahr 1973 eingeführt. Die nunmehr seit Anfang 1999 in Kraft befindliche sechste Novelle des GWB dient wesentlich der Harmonisierung des deutschen und europäischen Kartellrechts.

---

deutung des Kartell- und Monopolrechts, in: ders./ Ernst-Joachim Mestmäcker, Normenzwecke und Systemfunktionen im Recht der Wettbewerbsbeschränkungen, 1974, S. 5 ff.

[380] Vgl. *Fritz Holzwarth* (Fn. 54), S. 181.

[381] So *Eberhard Günther*, Gesetz gegen Wettbewerbsbeschränkungen. Entstehung und Auswirkungen, Festschrift für Ludwig Erhard, 1972, S. 111 ff. (115).

[382] Siehe dazu *Jürgen B. Donges*, Die Wirtschaftspolitik im Spannungsverhältnis von Regulierung und Deregulierung, ORDO, Band 48 (1997), S. 201 ff. (203 f.).

[383] Zu den einzelnen Novellierungen *Wolfgang Hefermehl/ Adolf Baumbach* (Fn. 148), Erster Teil Rdn. 85; *Rainer Bechtold*, Das neue Kartellgesetz, NJW 1998, S. 2769 ff.; *Volker Emmerich* (Fn. 272), S. 13 f.; *Ulrich Fehl/ Carsten Schreiter* (Fn. 336), S. 231 ff.; *Wolfgang Kartte/ Rainer Holtschneider* (Fn. 336), S. 210 ff.

Das deutsche Kartellrecht kann heute nicht mehr isoliert, sondern nur im Kontext mit dem europäischen Wettbewerbsrecht betrachtet werden.[384] Das europäische Kartellrecht ist durch ein Kartellverbot (Art. 81 Abs. 1 EGV) und weite Freistellungsmöglichkeiten (Art. 81 Abs. 3 EGV) sowie das Verbot des Mißbrauchs einer marktbeherrschenden Stellung (Art. 82 EGV) gekennzeichnet.[385] Das Gedankengut Franz Böhms und der Freiburger Schule hat ihre Kreise also weit über die nationalen Grenzen hinaus gezogen.

e.   Die Rolle des Staates in der Wettbewerbsordnung

Die intensive Auseinandersetzung Franz Böhms mit der Kartellgesetzgebung verdeutlicht, daß dem Staat in der Wettbewerbsordnung eine wichtige Rolle zukommt. Seine Vorschläge für die Ausgestaltung eines Kartellgesetzes zeigen auf, wie der Staat seine Aufgabe auszufüllen hat. Zunächst kommt es Franz Böhm wesentlich darauf an, dem Staat überhaupt eine Aufgabe in der Wettbewerbsordnung zuzuweisen. Der Markt allein vermag die Volkswirtschaft nicht dauerhaft wirksam zu lenken, da ihm partikulares Marktversagen immanent ist. Deshalb blendet Franz Böhm den Staat aus der Wettbewerbsordnung nicht aus, sondern weist ihm eine zentrale Funktion zu: Die Wettbewerbsordnung setze „den modernen Staat, setzt die moderne Gesellschaft, setzt die moderne Technik und die moderne Wissenschaft voraus"[386]. Aufgabe des – aus Sicht Franz Böhms

---

[384] Das europäische Kartellrecht erstreckt sich nur auf Maßnahmen, die geeignet sind, den Handel zwischen den Mitgliedstaaten zu beeinträchtigen. Zum Verhältnis von GWB und europäischem Wettbewerbsrecht: *Jürgen Burkhardt* (Fn. 271), Rdn. 51 ff.

[385] Zum Verhältnis von Verbots- und Ausnahmetatbestand in Art. 81 EGV: *Ernst-Joachim Mestmäcker* (Fn. 375), S. 51 ff.
Zur Diskussion über die Reform der europäischen Wettbewerbsregeln und die Anpassung des deutschen Kartellgesetzes an das europäische Recht: *Europäische Kommission*, Weißbuch über die Modernisierung der Vorschriften zur Anwendung der Artikel 81 und 82 EG-Vertrag, KOM (1999) 101 endg.; *Frankfurter Institut (Hrsg.)*, Kartellrecht in der Reform, 1996; *Ernst-Joachim Mestmäcker*, Risse im europäischen Gesellschaftsvertrag, Frankfurter Allgemeine Zeitung vom 04. Oktober 1997; *Wernhard Möschel*, Herausforderungen an die Wettbewerbspolitik, in: Ludwig-Erhard-Stiftung (Hrsg.), Wirtschaftsordnung als Aufgabe, 1995, S. 35 ff. (43 ff.); *ders.*, Keine Wettbewerbspolitik im Kopfstand, Frankfurter Allgemeine Zeitung vom 27. Januar 1996; *ders.*, Kartellrecht in der Reform, Festschrift für Ernst-Joachim Mestmäcker, 1996, S. 673 ff.; *Alexander Schaub/ Rüdiger Dohms*, Das Weißbuch der Europäischen Kommission über die Modernisierung der Vorschriften zur Anwendung der Artikel 81 und 82 EG-Vertrag, WuW 1999, S. 1055 ff.

[386] *Franz Böhm* (Fn. 158), S. 103.

modernen – Staates sei es, an der Verwirklichung der Wettbewerbsordnung mitzuwirken, indem er den Wettbewerb bewahre und sicherstelle, das heißt, der Staat betreibe (nur) Ordnungssicherungspolitik.[387] Zum Bereich der Sicherung des Ordnungsrahmens zähle insbesondere die Aufgabe, die Entstehung wirtschaftlicher Machtgruppen auf dem Markt zu verhindern und wettbewerbsschädigendes Verhalten zu unterbinden.[388] Kernstück dieser (staatlichen) Ordnungspolitik ist also die institutionelle Sicherung des Wettbewerbs gegenüber privatem Machtstreben; auf diese Aufgabe ist die Tätigkeit des Staates im Bereich der Wirtschaft zugleich beschränkt.

Das begrenzte Aufgabenfeld, das Franz Böhm dem Staat in der Wettbewerbsordnung zuweist, beinhaltet zugleich die Absage an jede Form einer zentralen Wirtschaftslenkung durch den Staat. Der Staat habe „nur die Funktion eines *Hüters der Ordnung, des Rechts und der Spielregel,* nicht aber die Funktion eines selbst planenden Oberkommandierenden des Produktions- und Verteilungsprozesses"[389]. Der Staat stelle lediglich einen Ordnungsrahmen zur Verfügung, innerhalb dessen die Marktteilnehmer nach ihren individuellen Plänen frei agieren, ohne auf die Ergebnisse des Marktes selbst korrigierend Einfluß zu nehmen. Er interveniere nicht, um das Marktgeschehen als planende Instanz zu korrigieren, sondern nur zur Aufrechterhaltung des anonymen Wettbewerbsverfahrens.[390] Das heißt: Der Staat im Sinne Franz Böhms ist zwar ordnungssichernd engagiert, zieht aber keine Aufgaben an sich, die über den Markt und den Preismechanismus koordiniert werden können.

---

[387] Vgl. *Franz Böhm* (Fn. 141), S. 90; *ders.,* Die Zukunft der Freiheit unter den Bedingungen des Kalten Krieges, Aus Politik und Zeitgeschichte, 1955, S. 625 ff. (630); *ders.* (Fn. 78), S. 27.
Siehe auch *Wolfgang Frickhöffer,* Staatsaufgaben in einer marktwirtschaftlichen Ordnung, in: Tagungsprotokoll der Aktionsgemeinschaft Soziale Marktwirtschaft, 1962, S. 9 ff. (19); *Otto Schlecht,* Neoliberale zu Unrecht am Pranger, Rheinischer Merkur vom 18. Juli 1997; *Christian Watrin,* Staatsaufgaben: Die Sicht Walter Euckens und Friedrich A. von Hayeks, in: Bernhard Külp/ Viktor Vanberg (Hrsg.), Freiheit und wettbewerbliche Ordnung, 2000, S. 323 ff. (331 f.).

[388] Siehe *Franz Böhm* (Fn. 140), S. 73 ff. Siehe auch *Walter Eucken* (Fn. 39), S. 334 ff.

[389] *Franz Böhm* (Fn. 140), S. 75 (Hervorhebung im Original).

[390] Vgl. *Franz Böhm* (Fn. 141), S. 90; *ders.* (Fn. 62), S. 106 f. Siehe auch *Wolfram Engels,* Die Rolle des Staates in der Wirtschaftsordnung, in: Carl C. v. Weizsäcker (Hrsg.), Staat und Wirtschaft, 1979, S. 45 ff. (48); *Otto Schlecht,* Zur Ethik in Euckens Werk, in: Bernhard Külp/ Viktor Vanberg (Hrsg.), Freiheit und wettbewerbliche Ordnung, 2000, S. 59 ff. (66 f.).
Walter Eucken hat die wirtschaftspolitische Aufgabe des Staates in folgendem Satz zusammengefaßt: „Staatliche Planung der Formen – ja; staatliche Planung und Lenkung des Wirtschaftsprozesses – nein." (*Walter Eucken* [Fn. 40], S. 93).

Die Begrenzung der Staatsaufgaben auf die Pflege des Ordnungsrahmens beruht nicht allein auf den wettbewerbsverzerrenden und freiheitseinschränkenden Erfahrungen, die mit staatlichen Interventionen in den Wettbewerb verbunden sind, sondern auch auf der Erkenntnis Franz Böhms, daß alle – über die Funktion eines Ordnungshüters hinausgehenden – Aufgaben, den Staat zu überfordern, drohen.[391] Der Staat kann das Ziel, eine (leistungs-)gerechte Verteilung der Güter auf dem Markt zu gewähren, nicht verwirklichen. Während der Wettbewerb die Güterverteilung nach einem objektiven, allgemeingültigen Prinzip vornimmt, ist jede Verteilung oder Umverteilung durch den Staat notwendig an den Interessen einzelner (Wähler-)Gruppen ausgerichtet. Die mittels staatlicher Eingriffe gelenkten Marktergebnisse werden zwangsläufig nicht von allen Marktteilnehmern als gerecht, weil nicht aus einem neutralen, objektiven Verfahren hervorgegangen, akzeptiert. Die mangelnde Akzeptanz untergräbt das Vertrauen in den Staat, was wiederum die Umsetzung seiner eigentlichen Aufgabe, einen stabilen Ordnungsrahmen zu sichern, gefährdet.

Franz Böhm beschränkt die Rolle des Staates in der freien Marktwirtschaft also darauf, die Rahmenbedingungen für die Funktionsfähigkeit der Wettbewerbsordnung zu schaffen. Zu diesem Ordnungsrahmen zählt insbesondere, daß der Staat den am Wirtschaftsprozeß Beteiligten eine Rechtsordnung zur Seite stellt, um den Wettbewerb als eine „*Veranstaltung der Rechtsordnung*"[392] dauerhaft funktionsfähig zu erhalten. [393] Mit der Rechtsordnung ist primär die Privatrechtsordnung, die den Wirtschaftsverkehr zwischen den Marktteilnehmern koordiniert, gemeint; daneben fallen dem Staat noch einige wenige weitere Aufgaben wie z.B. die Sicherung der Geldwertstabilität zu.[394]

Hinsichtlich der Rolle des Staates in der Wettbewerbsordnung kommt es Franz Böhm mithin entscheidend darauf an, daß dessen Aufgabe auf die wichtige Rolle des Wettbewerbshüters beschränkt bleibt. Der Staat soll das freie Spiel der

---

[391] Vgl. *Franz Böhm* (Fn. 387), S. 630. Siehe *Guy Kirsch/ Gerhard Lohmann*, Ordnung ist die ganze Zukunft, Frankfurter Allgemeine Zeitung vom 06. September 1997.

[392] *Franz Böhm* (Fn. 13), S. 120 (Hervorhebung im Original).
     Den Zusammenhang von Rechtsordnung und Wettbewerb hat *Wolfram Engels* treffend auf den Punkt gebracht: „Erst die sichtbare Hand des Rechts macht die unsichtbare Hand des Marktes möglich." (*Wolfram Engels* [Fn. 390], S. 62).

[393] Vgl. *Erich Hoppmann*, Prinzipien freiheitlicher Wirtschaftspolitik, 1993, S. 22 f. Siehe auch *Wernhard Möschel*, Den Staat an die Kette legen – Gegen die Aushöhlung des Wettbewerbs durch den Staat, 1995, S. 16 f. Dazu auch *Enno Langfeldt*, Wettbewerbsordnung, in: Roland Vaubel/ Hans D. Barbier (Hrsg.), Handbuch Marktwirtschaft, 1993, S. 206 ff.

[394] Vgl. *Franz Böhm*, Warum maßhalten?, Frankfurter Allgemeine Zeitung vom 19. Mai 1962.

Kräfte auf dem Markt, also den Wettbewerb, ermöglichen. Da die Wettbewerbsordnung in sich im wesentlichen funktionsfähig ist, ist das Staat auf die Regelung
der Fälle möglichen Marktversagens beschränkt.

3.   Die Soziale Marktwirtschaft

Das geistige Fundament der Sozialen Marktwirtschaft legen die Ordoliberalen
um Walter Eucken, Franz Böhm, Wilhelm Röpke und Alexander Rüstow wie
auch der „Spätfreiburger" Friedrich A. von Hayek. Der Begriff der Sozialen
Marktwirtschaft stammt wohl von Alfred Müller-Armack, der als enger Mitarbei-
ter von Ludwig Erhard und späterer Staatssekretär im Bundeswirtschaftsministe-
rium gemeinsam mit dem langjährigen Bundeswirtschaftsminister Ludwig Erhard die Soziale Marktwirtschaft in der Bundesrepublik Deutschland umsetzt.[395]

a.   Die Konzeption der Sozialen Marktwirtschaft

Alfred Müller-Armack bezeichnet die Soziale Marktwirtschaft als eine wirtschaftspolitische Gesamtkonzeption, deren Sinn darin liege „das Prinzip der
Freiheit auf dem Markte mit dem des sozialen Ausgleichs zu verbinden"[396]. Diese Umschreibung zeigt, daß das Konzept der Sozialen Marktwirtschaft zum einen in dem ordoliberalen Entwurf einer Wettbewerbsordnung wurzelt und zum
anderen von Alfred Müller-Armack durch die Ergänzung des sozialen Elements
entscheidend erweitert wird.[397] Alfred Müller-Armack geht es dabei nicht um

---

[395] Siehe *Knut Wolfgang Nörr*, Die Entscheidung für die Soziale Marktwirtschaft als ein
       Wendepunkt der deutschen Geschichte, in: ders./ Joachim Starbatty (Hrsg.), Soll
       und Haben – 50 Jahre Soziale Marktwirtschaft, 1999, S. 23 ff. Siehe auch w.N. in
       Fn. 23.

[396] *Alfred Müller-Armack*, Soziale Marktwirtschaft (1956), in: ders., Wirtschaftsordnung
       und Wirtschaftspolitik, 1976, S. 243 ff. (243).
       In dem gleichen Aufsatz definiert *Alfred Müller-Armack* den Begriff der Sozialen
       Marktwirtschaft als „eine ordnungspolitische Idee ... , deren Ziel es ist, auf der Basis
       der Wettbewerbswirtschaft die freie Initiative mit einem gerade durch die marktwirt-
       schaftliche Leistung gesicherten sozialen Fortschritt zu verbinden." (S. 245).

[397] Vgl. *Alfred Müller-Armack*, Der Theorie-Gehalt der Sozialen Marktwirtschaft, in:
       Tagungsprotokoll der Aktionsgemeinschaft Soziale Marktwirtschaft, 1973, S. 36 ff.
       (45); *Otto Schlecht*, Ordnungspolitik für eine zukunftsfähige Marktwirtschaft, 2001,
       S. 13 ff.; *Horst f. Wünsche* (Fn. 23), S. 139 ff.; *Werner Zohlnhöfer*, Ordoliberalismus und

eine Mischung der Elemente des Marktes und des sozialen Ausgleichs, sondern um eine harmonische Verbindung, die die Basis der Wettbewerbsordnung nicht verlassen soll.[398] Grundlage und Ausgangspunkt der Sozialen Marktwirtschaft ist demnach das Vorhandensein eines freien Marktes; die Konzeption der Sozialen Marktwirtschaft basiert auf einer marktwirtschaftlichen Ordnung, deren tragendes Element der Wettbewerb ist.[399] Alfred Müller-Armack versteht es als eine zentrale Aufgabe der Wirtschaftspolitik, dem „Wettbewerb seine volle Schärfe zurückzugeben"[400]. Konstitutive Merkmale dieser Wirtschaftsordnung sind desweiteren die Gewährleistung und der Schutz des Privateigentums, die Vertragsfreiheit und die Freiheit des Marktzugangs.[401] Die Verwirklichung der Sozialen Marktwirtschaft bedarf zudem flankierender Maßnahmen, zu denen die Gewährleistung von Geldwertstabilität ebenso zählt wie eine aktive Wettbewerbspolitik,

---

Soziale Marktwirtschaft aus evolutorischer Sicht, in: Bernhard Külp/ Viktor Vanberg (Hrsg.), Freiheit und wettbewerbliche Ordnung, 2000, S. 75 ff. (84 ff.).

Vgl. *Alfred Müller-Armack*, Das gesellschaftspolitische Leitbild der Sozialen Marktwirtschaft (1962), in: ders., Wirtschaftsordnung und Wirtschaftspolitik, 1976, S. 293 ff. (296 ff.).

Zu *Alfred Müller-Armacks* Rolle bei der Einführung und Umsetzung der Sozialen Marktwirtschaft *Joachim Starbatty*, Alfred Müller-Armacks Beitrag zur Theorie und Politik der Sozialen Marktwirtschaft, in: Ludwig-Erhard-Stiftung (Hrsg.), Soziale Marktwirtschaft im vierten Jahrzehnt ihrer Bewährung, 1982, S. 7 ff.; *Horst f. Wünsche* (Fn. 23), S. 155 ff.

[398] Vgl. *Joachim Starbatty*, Strukturpolitik im Konzept der Sozialen Marktwirtschaft, in: Knut W. Nörr/ ders. (Hrsg.), Soll und Haben – 50 Jahre Soziale Marktwirtschaft, 1999, S. 169 ff. (171 ff.)

[399] Vgl. *Alfred Müller-Armack* (Fn. 396), S. 244. Vgl. auch *Erich Hoppmann*, Soziale Marktwirtschaft oder Konstruktivistischer Interventionismus?, in: Egon Tuchtfeldt (Hrsg.), Soziale Marktwirtschaft im Wandel, 1973, S. 27 ff. (43 f.); *Egon Tuchtfeldt*, Soziale Marktwirtschaft als ordnungspolitisches Konzept, in: Friedrun Quaas/ Thomas Straubhaar (Hrsg.), Perspektiven der Sozialen Marktwirtschaft, 1995, S. 29 ff.; *Carl C. v. Weizsäcker*, Das Konzept der Sozialen Marktwirtschaft und seine Verwirklichung in der Bundesrepublik Deutschland, in: Frankfurter Institut (Hrsg.), Herausforderung Soziale Marktwirtschaft, 1990, S. 15 ff. (28 ff.); *Hans Willgerodt*, Soziale Marktwirtschaft – ein unbestimmter Begriff?, Festschrift für Ernst-Joachim Mestmäcker, 1996, S. 329 ff. (333 f.).

[400] *Alfred Müller-Armack*, Wirtschaftslenkung und Marktwirtschaft (1946), in: ders., Wirtschaftsordnung und Wirtschaftspolitik, 1976, S. 19 ff. (118).

[401] Siehe *Ludwig Erhard*, Privates Eigentum – unverzichtbarer Bestandteil freiheitlicher Ordnung, in: Zentralverband der Deutschen Haus-, Wohnungs- und Grundeigentümer (Hrsg.), Bedeutung des Privateigentums für die freiheitliche Ordnung, 1972, S. 13 ff.; *Hans Willgerodt* (Fn. 399), S. 334.

mit deren Hilfe Wettbewerbsbeschränkungen in Form von Kartellen und Monopolen verhindert werden sollen.[402]

Über die Rolle des sozialen Elements in der Sozialen Marktwirtschaft ist und wird gestritten. In diesem Zusammenhang ist wohl unbestritten, das eine Besonderheit des Konzepts der Sozialen Marktwirtschaft in dem Versuch liegt, die freie Marktwirtschaft und Elemente der sozialen Sicherung zu einer echten Synthese zu verschmelzen.[403] Ludwig Erhard umschreibt die Soziale Marktwirtschaft daher als eine Ordnung, in der „die persönliche Freiheit mit sozialer Sicherheit sich zu einer Einheit und einem Optimum verbindet"[404].

Für Alfred Müller-Armack bedarf die Soziale Marktwirtschaft der Ergänzung durch Elemente des sozialen Ausgleichs, das heißt, die Ergebnisse des Marktes sollen (unter engen Voraussetzungen) durch sozialpolitische Maßnahmen des Staates abgefedert werden, indem der marktwirtschaftlichen Ordnung ein vielgestaltiges System des sozialen Schutzes zur Seite gestellt werde.[405] Dies gelte insbesondere um unerwünschte soziale Härten als Folge der marktwirtschaftlichen Ordnung zu vermeiden oder um bestimmte Industriezweige bei strukturellen Anpassungsprozessen zu begleiten. Die sozialpolitischen Aufgaben des Staates könnten sowohl den Schutz vor Arbeitslosigkeit, Krankheit und Alter umfassen, als sich auch auf die Sicherung sozialer Mindeststandards bis hin zur Arbeitsmarktpolitik erstrecken.[406] Sie beinhalten in jedem Fall einen Eingriff in den

---

[402] Vgl. *Alfred Müller-Armack*, Stil und Ordnung der Sozialen Marktwirtschaft (1952), in: ders., Wirtschaftsordnung und Wirtschaftspolitik, 1976, S. 231 ff. (239); *Otto Schlecht*, „Wohlstand für alle" durch Wirtschafts- und Sozialpolitik, Festschrift für Ludwig Erhard, 1997, S. 229 ff. (236 f.); *Egon Tuchtfeldt* (Fn. 399), S. 37.
Zur Geldwertstabilität: *Otmar Issing*, Stabiles Geld – Fundament der Sozialen Marktwirtschaft, 1998.
In bezug auf die Erhaltung des Wettbewerbs bezeichnet *Ludwig Erhard* „ein auf Verbot gegründetes Kartellgesetz als das unentbehrliche ,*wirtschaftliche Grundgesetz*" (*Ludwig Erhard* [Fn. 23], S. 9 [Hervorhebung im Original]).

[403] Siehe *Wolfram Engels*, Soziale Marktwirtschaft, 1972, S. 42; *Alfred Müller-Armack* (Fn. 397 [1973]), S. 45; *ders.*, Fortschreibung der Sozialen Marktwirtschaft, Festschrift für Franz Böhm, 1975, S. 449 ff. (455).
Siehe auch *Hans Tietmeyer*, Marktwirtschaft und soziale Idee, in: Bernd v. Maydell/ Walter Kannengießer (Hrsg.), Handbuch Sozialpolitik, 1988, S. 104 ff.

[404] *Ludwig Erhard*, Persönliche Freiheit und soziale Sicherheit, 1961, S. 5.

[405] Siehe *Alfred Müller-Armack* (Fn. 38), S. 146 ff.

[406] Siehe *Alfred Müller-Armack* (Fn. 396), S. 246. Vgl. *Roman Herzog*, Im Zweifel für den Wettbewerb – Im Zweifel für die Freiheit – Mit der Sozialen Marktwirtschaft in die Zukunft, in: Ludwig-Erhard-Stiftung (Hrsg.), Ludwig Erhards Soziale Marktwirtschaft: Erbe und Verpflichtung, 1997, S. 11 ff. (17 ff.).

Marktprozeß mit dem Ziel, die Ergebnisse des Marktes zu korrigieren.[407] Die sozialpolitischen Maßnahmen sollen deshalb nach Alfred Müller-Armack auf die Fälle echter Hilfsbedürftigkeit beschränkt sein.[408] Die notwendigen sozialpolitischen Maßnahmen, die jedenfalls korrigierend in das Marktgeschehen eingreifen, müßten außerdem marktkonform ausgestaltet sein.[409] Hinsichtlich dieser engen Voraussetzungen für das Ergreifen sozialpolitischer Maßnahmen unterscheidet sich das Soziale in der Sozialen Marktwirtschaft vom Sozialstaat wohlfahrtsstaatlicher Prägung.

Alfred Müller-Armack plädiert für eine bewußt sozial gesteuerte Marktwirtschaft – eine Sichtweise, der Ludwig Erhard in Teilen zunehmend reserviert gegenübersteht. Für Ludwig Erhard ist die Marktwirtschaft im wesentlichen per se sozial; der Begriff der Sozialen Marktwirtschaft letztlich ein Pleonasmus.[410] Das Modell der Sozialen Marktwirtschaft betrachtet Ludwig Erhard insbesondere nicht als Marktwirtschaft plus Sozialpolitik, statt dessen betont er die Abhängigkeit der Sozialpolitik von einer erfolgreichen Wirtschaftspolitik.[411] Die sozial-

---

[407] Vgl. *Christian Watrin*, Soziale Marktwirtschaft – ein zukunftsweisendes Konzept?, in: Konrad-Adenauer-Stiftung (Hrsg.), Soziale Marktwirtschaft in der Bewährung, 1997, S. 15 ff. (18); *Hans Willgerodt* (Fn. 399), S. 339.

[408] So *Alfred Müller-Armack*, Die zweite Phase der Sozialen Marktwirtschaft (1960), in: ders., Wirtschaftsordnung und Wirtschaftspolitik, 1976, S. 267 ff. (284).

[409] Vgl. *Alfred Müller-Armack* (Fn. 400), S. 131 f.; *ders.* (Fn. 396), S. 246. Siehe auch *Joachim Starbatty* (Fn. 398), S. 177 ff.; *Egon Tuchtfeldt* (Fn. 399), S. 39 f.; *Hans Willgerodt* (Fn. 399), S. 375 f.
Zur Marktkonformität von sozialpolitischen Maßnahmen siehe *Anthony de Jasay*, Jede sozialpolitische Intervention mindert die Effizienz der Marktwirtschaft, in: Ludwig-Erhard-Stiftung (Hrsg.), Adjektivlose oder Soziale Marktwirtschaft?, 1993, S. 25 ff. (26 ff.); *Joachim Starbatty*, Gesellschaftliche und politische Bedeutung der Sozialen Marktwirtschaft, in: Ludwig-Erhard-Stiftung (Hrsg.), Adjektivlose oder Soziale Marktwirtschaft?, 1993, S. 19 ff. (23 f.).

[410] Daß *Ludwig Erhard* die Marktwirtschaft als aus sich selbst heraus sozial betrachtet, zeigt nicht zuletzt folgender für ihn charakteristischer Satz: „,*Wohlstand für alle'* und ,*Wohlstand durch Wettbewerb'* gehören untrennbar zusammen; das erste Postulat kennzeichnet das Ziel, das zweite den Weg, der zu diesem Ziel führt." (*Ludwig Erhard* [Fn. 23], S. 9 [Hervorhebung im Original]).
Siehe auch *Gerard Radnitzky*, Die demokratische Wohlfahrtsdiktatur, in: Roland Baader (Hrsg.), Die Enkel des Perikles, 1995, S. 187 ff. (192 f.); *Joachim Starbatty*, Soziale Marktwirtschaft als Forschungsgegenstand: ein Literaturbericht, Festschrift für Ludwig Erhard, 1997, S. 63 ff. (74 ff.).

[411] Vgl. *Otto Schlecht*, Erneuerte Soziale Marktwirtschaft statt Regulierungs- und Versorgungsstaat, 1996, S. 7 f.; *Horst F. Wünsche* (Fn. 23), S. 165 f. Vgl. auch *Johannes Gross*, Ludwig Erhard – Missionar der Freiheit, Orientierungen, März 1997, S. 2 ff. (5 f.).

politische Komponente der Sozialen Marktwirtschaft beinhaltet für Ludwig Erhard also kein eigenständiges, von der Marktwirtschaft losgelöstes Element, sondern er sieht sie in enger Abhängigkeit zur marktwirtschaftlichen Wirtschaftspolitik: Sozialpolitisch könne nur verteilt werden, was vorher erwirtschaftet werde, das heißt, eine erfolgreiche Sozialpolitik setze eine funktionsfähige freie Wettbewerbsordnung voraus; im übrigen seien um so weniger sozialpolitische Hilfsmaßnahmen erforderlich, je erfolgreicher die Wirtschaftspolitik gestaltet werde.[412] Schließlich beraubt sich die Sozialpolitik ihrer eigenen (Finanzierungs-)Grundlagen, wenn sie nicht wettbewerbskonform ausgestaltet ist, sondern die Mechanismen der Wettbewerbsordnung allmählich außer Kraft setzt.

Ludwig Erhard übernimmt den Begriff der Sozialen Marktwirtschaft trotz aller Bedenken, daß er hinsichtlich der sozialen Komponente mißverstanden werden könnte. Dies ist nicht zuletzt auf die historischen Umstände der Einführung und den (erfolgreichen) Versuch, eine ausreichende Akzeptanz in der Bevölkerung für dieses Wirtschaftsmodell zu finden, zurückzuführen.[413]

b. Die Rolle des Staates in der Sozialen Marktwirtschaft

Die vorrangige Aufgabe des Staates in der Sozialen Marktwirtschaft ist es, Ordnungspolitik zu betreiben, indem der Ordnungsrahmen für eine funktionsfähige Marktwirtschaft aufgebaut und erhalten wird. Aufgabe des Staates ist es, den Ordnungsrahmen zu setzen, das heißt, die Spielregeln auf dem Markt für alle gleichermaßen verbindlich festzulegen. Die Rolle des Staates vergleicht Ludwig Erhard mit der eines Schiedsrichters in einem Fußballspiel: „Da bin ich der Meinung, daß ebenso wie der Schiedsrichter nicht mitspielen darf, auch der Staat nicht mitzuspielen hat. Eines ist bei einem guten Fußballspiel als wesentliches Merkmal zu erkennen: Das Fußballspiel folgt bestimmten Regeln, und diese stehen von vornherein fest. Was ich mit einer marktwirtschaftlichen Politik anstrebe, das ist – um im genannten Beispiel zu bleiben – die Ordnung des Spiels und die für dieses Spiel geltenden Regeln aufzustellen"[414].

Staatliche Ordnungspolitik bedeutet demnach insbesondere, daß der Staat als Unparteiischer auftritt, der einerseits die Umsetzung der ordnungspolitischen

---

[412] Vgl. *Ludwig Erhard* (Fn. 23), S. 246 f.

[413] Vgl. *Hans O. Lenel*, Ordnungspolitische Kursänderungen, ORDO, Band 48 (1997), S. 85 ff. (90).

Das zentrale Bemühen *Ludwig Erhards*, die Bürger für das Konzept der Sozialen Marktwirtschaft zu gewinnen, unterstreicht auch *Franz Böhm* (vgl. *Franz Böhm*, Der Sprung in die Marktwirtschaft, Festschrift für Ludwig Erhard, 1972, S. 417 ff. [419]).

[414] *Ludwig Erhard* (Fn. 23), S. 134 f.

Spielregeln sicherstellt, ohne selbst Mitspieler auf dem Markt zu sein, und sich andererseits den ordnungspolitischen Spielregeln in seiner Funktion als unparteiischer Schiedsrichter selbst unterwirft.[415] Die ordnungspolitischen Maßnahmen des Staates stehen unter dem grundsätzlichen Vorbehalt, daß der Staat nur dann in den Markt eingreifen darf, wenn die Probleme wie z.B. bei Kartellbildungen durch den Markt selbst nicht ausreichend gelöst werden können. Dieser Vorbehalt ist Folge dessen, daß der Staat die ordnungspolitischen Spielregeln in der Sozialen Marktwirtschaft nicht nur gegenüber den Marktteilnehmern durchzusetzen, sondern sich selbst an sie zu halten hat.

Der Staat soll den unverfälschten Wettbewerb sicherstellen und seine Interventionen auf die Gestaltung der Rahmenbedingungen beschränken.[416] Zu den Aufgaben staatlicher Ordnungspolitik zählt im Rahmen der Verwirklichung der Wettbewerbsordnung im Einzelnen der Schutz des Eigentums, die Garantie der Vertragsfreiheit und die Stabilität des Geldwertes. Der Schutz des Wettbewerbs ist in der Bundesrepublik Deutschland vor allem durch das Gesetz gegen Wettbewerbsbeschränkungen (GWB) aus dem Jahr 1957 wie auch durch das Gesetz gegen den unlauteren Wettbewerb (UWG) gewährleistet. Der Aufgabe, die Stabilität des Geldwertes zu sichern, ist der Staat mit der Einführung des Gesetzes über die Deutsche Bundesbank im Jahr 1957 und der Errichtung der Deutschen Bundesbank nachgekommen.[417] Neben der Erhaltung und Förderung eines funktionsfähigen Wettbewerbs im Innern ist die Öffnung der Märkte nach außen

---

[415] Vgl. *Ralf Zeppernick*, Zur Rolle des Staates in der Sozialen Marktwirtschaft, 1987, S. 12.

[416] So *Fritz Hellwig*, Was Ludwig Erhard tun würde, Die Politische Meinung, März 1997, S. 77 ff. (82).

[417] Siehe *Norbert Kloten*, Der Staat in der Sozialen Marktwirtschaft, 1986, S. 29 f.
Das Gebot der Preisstabilität hat Anfang der 90er Jahre des 20. Jahrhunderts auch seinen Niederschlag im Grundgesetz (Art. 88 Satz 2 GG) gefunden und damit eine wesentliche normative Aufwertung erfahren. Zuvor war das Ziel der Preisstabilität im Rahmen des Stabilitäts- und Wachstumsgesetzes nur als gleichgeordnet neben einem hohen Beschäftigungsstand, dem außenwirtschaftlichen Gleichgewicht und einem angemessenen Wirtschaftswachstum innerhalb des „magischen Vierecks" angesehen worden (§ 1 StWG). Nunmehr hat die Bundesrepublik Deutschland Entwicklungen in der Europäischen Union nachvollzogen: Die Europäische Union schreibt die Gewährleistung der Preisstabilität als vorrangiges Ziel (Art. 4 Abs. 2; 105 Abs. 1 Satz 1 EGV) fest und konstatiert damit das Primat der Preisstabilität gegenüber anderen wirtschaftlichen Faktoren.

eine weitere ordnungspolitische Aufgabe des Staates in der Sozialen Marktwirtschaft.[418]

Neben die Aufgabe, den Ordnungsrahmen zu pflegen, treten in der Sozialen Marktwirtschaft weitere staatliche Aufgaben: die sozialpolitischen Maßnahmen des Staates. Auch für die sozialpolitischen Aufgaben des Staates gilt der Grundsatz, daß der Staat nur tätig werden soll, wenn die Aufgaben nicht durch den Markt selbst und damit durch private Initiative befriedigend gelöst werden können.[419] Auch hinsichtlich der sozialpolitischen Maßnahmen ist der Staat den ordnungspolitischen Spielregeln unterworfen, das heißt, die Maßnahmen sind marktkonform und damit nicht ordnungsschädigend auszugestalten. Dem sozialen Element in der Sozialen Marktwirtschaft ist beispielsweise durch die mit der progressiven Einkommenssteuer verbundene Umverteilung der Einkommen Rechnung getragen worden.[420] Darüber hinaus sind frühzeitig die Weichen für die Ausgestaltung des deutschen Sozialversicherungssystems mit dem Schutz gegen Krankheit, Alter und Arbeitslosigkeit gestellt worden, welches aus ordnungspolitischer Sicht allerdings von Beginn an Anlaß für Kritik geboten hat.[421]

In den Anfangsjahren der Bundesrepublik Deutschland, so bleibt festzuhalten, sind wichtige Weichenstellungen zum Schutz der Wettbewerbsordnung getroffen worden: Der Staat hat seine Rolle als Hüter der Wettbewerbsordnung bestimmt ausgeübt und zugleich eine deutliche Zurückhaltung bei (sozial-)staatlichen Interventionen gezeigt.[422] Dennoch hat sich schon frühzeitig abgezeichnet, daß das soziale Element in der Sozialen Marktwirtschaft viel Konfliktstoff – sowohl in der Wissenschaft, wie auch in der Politik – bieten würde, wie beispielsweise die Diskussion über die Einführung der gesetzlichen Rentenversicherung oder die Debatten über das Stabilitätsgesetz deutlich machen. Der grundlegende Streit darüber, welche Aufgaben der Staat im Bereich der Sozialpo-

---

[418] Vgl. *Otto Schlecht*, Der Staat als Rahmenlenker – Erfordernisse erweiterter Staatstätigkeit angesichts ökonomischer und sozialer Sachzwänge – aus der Sicht der Bundesrepublik Deutschland, in: FIW (Hrsg.), Grenzen der Staatstätigkeit in der Marktwirtschaft, 1980, S. 1 ff. (9 f.); *Ralf Zeppernick* (Fn. 415), S. 29 ff.

[419] Siehe *Ralf Zeppernick* (Fn. 415), S. 19.

[420] Vgl. *Fritz Hellwig* (Fn. 416), S. 82; *Ralf Zeppernick* (Fn. 415), S. 51 f.

[421] Siehe *Norbert Kloten* (Fn. 417), S. 36 ff.

[422] *Ludwig Erhard* ist als Wirtschaftsminister von Kritikern zum Teil vorgeworfen worden, „nichts zu tun", während er von Weggefährten wie *Hermann Josef Abs* für seine zurückhaltende Wirtschaftspolitik gerade Anerkennung erfahren hat; von *Hermann Josef Abs* stammt das Zitat: „Das Beste, was Erhard getan hat, ist das, was er nicht getan hat" (vgl. *Joachim Starbatty*, „Das Beste ist das, was er nicht getan hat", Neue Zürcher Zeitung vom 21. Januar 1997).

litik wahrnehmen und welche er besser der privaten Initiative überlassen soll, dauert bis heute an.[423]

4.   Zusammenfassung

Franz Böhm vertritt die Idee einer Wettbewerbsordnung engagiert. Allein der Leistungswettbewerb ist für ihn der Garant einer Wirtschaftsordnung, welche durch das gleichberechtigte Agieren ihrer Mitglieder, deren Machtlosigkeit im Verhältnis zueinander und damit den größtmöglichen Freiheitsraum für jeden Einzelnen auf dem Markt gekennzeichnet ist. Das Funktionsschema und die Aufgabenverteilung, welche der Wettbewerbsordnung zugrunde liegen, umschreibt Franz Böhm selbst prägnant: „Das Planen ist nicht Sache der Regierung, sondern Sache der Bürger. Die Aufgabe, die Pläne einander zu koordinieren, ist Sache des Preissystems. Die Aufgabe, dafür zu sorgen, daß das Preissystem die Pläne der Bürger volkswirtschaftlich sinnvoll koordiniert, ist Sache der Wirtschaftsordnung (des Gesetzes). Die Wirtschaftsordnung zu pflegen, ihr Geltung zu verschaffen und innerhalb ihres Rahmens gewisse Verwaltungsfunktionen begrenzten Inhalts wahrzunehmen, ist Sache der Regierung"[424].

Die Koordination der vielen Einzelinteressen erfolgt in der Wettbewerbsordnung mittels eines ausgefeilten Signalsystems: dem Marktpreissystem und der Privatrechtsordnung, die die Pläne jedes Einzelnen lenken und auf die der anderen Marktteilnehmer abstimmen. Dieser Lenkungsmechanismus signalisiert jedem Marktteilnehmer, ob er im Leistungswettbewerb mit anderen erfolgreich ist. Da allen Marktteilnehmern die gleichen Möglichkeiten offenstehen, tragen sie selbst für ihren Erfolg oder Mißerfolg auf dem Markt die Verantwortung. Der Leistungswettbewerb ist ein neutrales Instrument, welches ergebnisoffen und allein verfahrensorientiert ausgestaltet ist.

Das Gleichgewicht auf dem Markt und damit auch die Koordinationskraft der Signalsysteme geraten ins Wanken, wenn die Marktteilnehmer ihre Freiheitsrechte mißbrauchen, indem sie freiwillig ihre Freiheitsrechte aufgeben, um den

---

[423] Siehe u.a. *Stefan Baron*, Unsoziale Marktwirtschaft – die mentalen Hintergründe der deutschen Krankheit, in: Ludwig-Erhard-Stiftung (Hrsg.), Ludwig-Erhard-Preis für Wirtschaftspublizistik 1997, 1997, S. 51 ff.; *Peter Norman*, Zu wenig Markt – zu viel Soziales: Über den gegenwärtigen Zustand Deutschlands, in: Ludwig-Erhard-Stiftung (Hrsg.), Ludwig-Erhard-Preis für Wirtschaftspublizistik 1998, 1999, S. 39 ff.; *Peter Thuy*, 50 Jahre Soziale Marktwirtschaft: Anspruch und Wirklichkeit einer ordnungspolitischen Konzeption, ORDO, Band 49 (1998), S. 281 ff.

[424] *Franz Böhm* (Fn. 140), S. 75.

Leistungswettbewerb untereinander zum eigenen (kurzfristigen) Vorteil auszuschalten. Die daraus resultierenden Machtkonzentrationen zu unterbinden, ist
Aufgabe des Staates, ihm kommt die Rolle des Hüters des Wettbewerbs zu, das
heißt, er hat die Funktionsfähigkeit des Lenkungsmechanismus sicherzustellen.

Ein wichtiges Instrument zur Umsetzung und zum Erhalt der Wettbewerbsordnung ist für Franz Böhm die Rechtsordnung, innerhalb derer die Kartellgesetzgebung eine besondere Rolle einnimmt. Er selbst schlägt in einem Gesetzesentwurf vor, das Kartellrecht als Verbotsregelung auszugestalten, welche einen
allgemeinen, generellen Rahmen vorgibt, an dem sich alle Marktteilnehmer orientieren können. Das Kartellrecht und die Rechtsordnung im übrigen sollen nach
Franz Böhm kein Verhalten vorschreiben, sondern Fehlverhalten unterbinden,
um die Wettbewerbsordnung vor Schaden zu bewahren. Die Rechtsordnung läßt
dem Einzelnen somit einen breiten Freiheitsraum, innerhalb dessen er seine
individuellen Entscheidungen auf dem Markt frei treffen kann.

IV. Die Privatrechtsgesellschaft

„Die Frage, die uns gemeinsam beschäftigte, war, wenn man sie eng faßt, die Frage der privaten Macht in einer freien Gesellschaft. Sie führt notwendig weiter zu der Frage, wie die Ordnung einer freien Wirtschaft beschaffen ist"[425]. Mit diesen Worten umschreibt Franz Böhm den Kernbereich seiner wissenschaftlichen Arbeit. Die Ordnung einer freien Gesellschaft wie die einer freien Wirtschaft stehen im Mittelpunkt; beide betrachtet Franz Böhm nicht isoliert, sondern er analysiert den engen Zusammenhang und die Wechselwirkungen zwischen beiden Ordnungssystemen. Die Arbeiten Franz Böhms sind von dem Bestreben gekennzeichnet, aufzuzeigen, daß neben eine freie Wirtschaftsordnung im Sinne der Wettbewerbsordnung eine freie Gesellschaftsordnung treten muß, um die Freiheit des Einzelnen dauerhaft zu gewährleisten.

1. Die Konzeption der Privatrechtsgesellschaft

Nach Franz Böhm ist die Privatrechtsgesellschaft im 18. und 19. Jahrhundert aus den infolge der französischen Revolution eingetretenen politischen und gesellschaftlichen Veränderungen hervorgegangen. Indem sich die Bürger von staatlicher Bevormundung gelöst und sich von feudalen Bindungen und den Vorrechten einzelner Stände befreit hätten, hätten sie sich einen weiten staats- und herrschaftsfreien Raum geschaffen, in dem sie sich einander als gleichberechtigte Bürger gegenüberständen. An die Stelle der Feudal- und Ständegesellschaft sei in zunehmendem Maße eine Gesellschaft von freien Bürgern getreten: die Privatrechtsgesellschaft.[426]

Das Entstehen einer freien Gesellschaft als Folge der französischen Revolution machte erstmals den Gegensatz von staatlicher Sphäre einerseits und gesellschaftlicher Sphäre andererseits deutlich: Während erste durch ein Über- und Unterordnungsverhältnis von Staat und Bürger gekennzeichnet war, war die Gesellschaft durch ein gleichberechtigtes Miteinander der Bürger geprägt. Diesem immer deutlicher hervortretenden Gegensatz von Staat und Gesellschaft wurde durch die begriffliche Unterscheidung zwischen „bürgerlicher Gesellschaft" und „Staat", die das überlieferte Verständnis von einer Einheit beider Begriffe ablöste, sowie die Verwendung der Begriffe „bourgeois" und „citoyen"

---

[425] *Franz Böhm* (Fn. 10), S. 99.
[426] Vgl. *Franz Böhm* (Fn. 3 [1966]), S. 104 ff.

Ausdruck verliehen.[427] Die nunmehr vorgenommene Trennung von Staat und Gesellschaft symbolisierte im 18./19. Jahrhundert das Verlangen nach einer vom Staat im wesentlichen unabhängigen, autonom agierenden bürgerlichen Gesellschaft. Im Zentrum der wissenschaftlichen und politischen Diskussionen über die bürgerliche Gesellschaft standen deshalb die Legitimation und Begrenzung der staatlichen Macht sowie die Zuständigkeitsverteilung zwischen Staat und Gesellschaft.[428]

Die Unterscheidung von Staat und Gesellschaft untersuchte in Deutschland grundlegend erstmals Georg F.W. Hegel in seiner „Rechtsphilosophie" von 1821. Der von Franz Böhm entwickelte Begriff der Privatrechtsgesellschaft steht dem Begriff der bürgerlichen Gesellschaft im Verständnis von Georg F.W. Hegel nicht fern, basiert jedenfalls auf dem im 19. Jahrhundert entwickelten Dualismus von Staat und Gesellschaft.[429]

a. Die Trennung von Staat und Gesellschaft

Seit dem 18./19. Jahrhundert steht der Gedanke einer Trennung von Staat und Gesellschaft im Mittelpunkt marktwirtschaftlicher Ordnungslehren und vieler staatsrechtlicher Theorien. Aus marktwirtschaftlicher Sicht ist die Trennung von staatlichem und gesellschaftlichem Raum elementar, um die von staatlichem Einfluß im Grundsatz freie Wettbewerbsordnung auf dem Markt zu gewährleisten. Das Geschehen auf dem Markt, das der Sphäre der Gesellschaft zuzurechnen ist, ist streng vom Staat, der in der Marktwirtschaft gerade nicht planend und lenkend in die Wirtschaftsabläufe eingreifen soll, zu trennen; anderenfalls, das heißt ohne Trennung, liegt keine Marktwirtschaft im Sinne des klassischen Liberalismus vor. Aus staatsrechtlicher Sicht ist die Grenzziehung zwischen Staat und Gesellschaft für die Verwirklichung einer freiheitlichen Ordnung ebenfalls kon-

---

[427] Zur Geschichte und theoretischen Entwicklung der Unterscheidung von Staat und Gesellschaft: *Erich Angermann*, Das Auseinandertreten von „Staat" und „Gesellschaft" im Denken des 18. Jahrhunderts (1963), in: Ernst-Wolfgang Böckenförde (Hrsg.), Staat und Gesellschaft, 1976, S. 109 ff.; *Manfred Riedel*, Der Begriff der „Bürgerlichen Gesellschaft" und das Problem seines geschichtlichen Ursprungs (1962), in: Ernst-Wolfgang Böckenförde (Hrsg.), Staat und Gesellschaft, 1976, S. 77 ff.

[428] Vgl. *Ernst-Joachim Mestmäcker*, Die Wiederkehr der bürgerlichen Gesellschaft und ihres Rechts (1991), in: ders., Recht in der offenen Gesellschaft, 1993, S. 60 ff. (64 f.).

[429] So *Wolfgang Zöllner*, Die Privatrechtsgesellschaft im Gesetzes- und Richterstaat, 1996, S. 22.

stitutiv; sie ist Garant für die Sicherung der bürgerlichen Freiheitsrechte, die sich erst im (staatsfreien) Raum der Gesellschaft voll entfalten können.

In der Gegenüberstellung von Staat und Gesellschaft kristallieren sich die Begriffsdefinitionen beider Sphären heraus: Unter dem Staat versteht Franz Böhm einen sozialen Organismus, der in einem Land die politischen Herrschaftsbefugnisse verwaltet und ausübt, während unter Gesellschaft alles übrige zu verstehen ist, was sich in einem Volk abspielt.[430] Anschaulich beschreibt Franz Böhm die Gesellschaft als den Bereich, „in dem das Land bebaut, Gewerbe betrieben, Kinder erzogen, Familien gegründet, Schule gehalten, gelehrt, gedacht, Wohltätigkeit geübt, Gott verehrt, gedichtet, gesungen, gefeiert und gebaut wird ... , während der Staat als der Bereich, in dem ein einziger zentraler Wille die Aktionen der Gesamtheit lenkt, in dem Kriege geführt, Münzen geschlagen, Maß und Gewicht bestimmt, Steuern erhoben und gewisse Kollektivunternehmen durchgeführt werden ... "[431] gilt. Die Gesellschaft ist also derjenige Bereich, der nicht einer staatlichen Zwangsordnung unterworfen, sondern auf individuelle Selbstentfaltung, Selbstverantwortung und Selbstbestimmung angelegt ist.[432] Kennzeichen einer freien Gesellschaft ist die im Sinne von Karl R. Popper offene Gesellschaft, die – im Gegensatz zur geschlossenen Gesellschaft – durch die freie Entfaltung der Persönlichkeit und pluralistische Vielfalt geprägt ist.

Die Aufgaben und Zuständigkeiten zwischen Staat und Gesellschaft sind für Franz Böhm klar verteilt: Alles, was nicht kraft der Verfassung des Staates sei, gehöre der Sphäre der Gesellschaft an[433] – anders formuliert: grundsätzlich spielt sich das menschliche Zusammenleben im Bereich der Gesellschaft frei von staatlichem Einfluß ab, während der Staat ausnahmsweise dort agiert, wo er durch die

---

[430]   So *Franz Böhm*, (Fn. 3 [1966]), S. 81. Siehe auch *Franz Böhm* (Fn. 125), S. 7 f.
        Ähnlich umschreibt *Josef Isensee* die Begriffe „Staat" und „Gesellschaft": „In der Gegenüberstellung zur ‚Gesellschaft' bedeutet ‚*Staat*' die Organisation, die für sich die ausschließliche Befugnis beansprucht, unwiderstehliche Gewalt auszuüben. Dagegen bildet die ‚*Gesellschaft*' die komplementäre Größe: den Inbegriff aller sozialen Erscheinungen unterhalb jener Instanz" (*Josef Isensee*, Der Dualismus von Staat und Gesellschaft [1968], in: Ernst-Wolfgang Böckenförde [Hrsg.], Staat und Gesellschaft, 1976, S. 317 ff. [317] [Hervorhebung im Original]).

[431]   *Franz Böhm*, Zerfällt die freie Welt oder zerfällt der Kommunismus?, in: Tagungsprotokoll der Aktionsgemeinschaft Soziale Marktwirtschaft, 1957, S. 39 ff. (46 f.).

[432]   Vgl. *Hans H. Rupp*, Die Unterscheidung von Staat und Gesellschaft, in: Josef Isensee/ Paul Kirchhof (Hrsg.), HdbStR I, 1995, § 28 Rdn. 26; *Christian Watrin*, Politische Ökonomie der demokratisierten Gesellschaft, in: Friedrich A. Lutz (Hrsg.), Der Streit um die Gesellschaftsordnung, 1975, S. 113 ff. (116).

[433]   So *Franz Böhm* (Fn. 3 [1966]), S. 82.

Verfassung dazu ermächtigt wird. Diese Zuständigkeitsverteilung ergibt sich insbesondere aus der Überlegung, daß die Bürger ihr Zusammenleben im wesentlichen selbst, das heißt, ohne lenkende Instanz regeln und ordnen können. Die frei, gleichberechtigt und autonom handelnden Individuen wachsen in der Gesellschaft zu einem funktionsfähigen Kosmos zusammen; so wie die Marktteilnehmer auf dem Markt ihr Verhalten auf andere einstellen und abstimmen, koordinieren die Menschen ihr Verhalten untereinander auch im Bereich der Gesellschaft aufgrund von allgemeinen Regeln. Auf einen Hoheitsträger, den Staat, sind die Menschen nach Franz Böhm nur dort angewiesen, wo sie in ihrer Gesamtheit handlungsunfähig seien, wie beispielsweise bei der Vertretung gegenüber anderen Staaten oder zur Aufrechterhaltung der (wenn auch aus der Gesellschaft hervorgegangenen und damit selbstauferlegten) Regeln.[434]

Da die Gesellschaft als solche nicht handlungsfähig sei, verleihe sie dem Staat bzw. seinen handelnden Organen (Herrschafts-)Rechte, mittels derer diese für die Gesellschaft handeln und auch in den Bereich der Gesellschaft regelnd eingreifen könnten.[435] Der Staat werde deshalb auch als Raum der Herrschaft und die Gesellschaft als Raum der Freiheit beschrieben. Dies zeige sich auch daran, daß der Staat auf einem Über- und Unterordnungsverhältnis beruhe, während die Gesellschaft auf dem Gedanken der Gleichordnung und des Wettbewerbs basiere. Franz Böhm bezeichnet daher die Staatsordnung als Subordinations- und die Gesellschaftsordnung als Koordinationsordnung.[436] Denn die Welt des Staates sei „eine Welt des *Zwangs* und der *Subordination*, die Welt des Privatrechts aber eine Welt der *Freiheit* und der *Koordination*. Das gilt für *jeden* Staat, auch für den freiheitlichsten"[437].

Mit dieser Unterscheidung von Staat und Gesellschaft als Subordinations- und Koordinationsordnung lehnt Franz Böhm sich bewußt an die in bezug auf die Wirtschaftsordnungen getroffene Charakterisierung von Ordnungen an: Die Zentralverwaltungswirtschaft (Subordinationsordnung) ist eine Wirtschaftsordnung, die durch staatliche Instanzen gelenkt wird, während sich in der Marktwirtschaft (Koordinationsordnung) gleichberechtigte Individuen gegenüberstehen, deren Handeln durch den Wettbewerb koordiniert wird. Daran zeigt sich, daß der Markt klassischer Bestandteil der gesellschaftlichen Sphäre ist: Es ist der Bereich, indem die Menschen frei von staatlichem Einfluß ihre täglichen wirtschaftlichen Entscheidungen individuell treffen und ihre Wirtschaftspläne auf-

---

[434] Vgl. *Franz Böhm* (Fn. 374), S. XIII f.; *ders.* (Fn. 118), S. 3.

[435] *Franz Böhm* (Fn. 3 [1966]), S. 81, 83.

[436] Vgl. *Franz Böhm*, Privateigentum – Grundlage für eine freiheitliche Demokratie, Die Aussprache 1960, S. 143 ff. (144). Siehe auch *Franz Böhm* (Fn. 158), S. 118.

[437] *Franz Böhm* (Fn. 140), S. 86 (Hervorhebung im Original).

einander abstimmen. Während aber die für die Zentralverwaltungs- und die Marktwirtschaft verwendeten Synonyme Subordinations- und Koordinationsordnung vollkommen gegensätzliche, sich gegenseitig ausschließende Wirtschaftssysteme kennzeichnen, gilt dies für die Gesellschaft als Koordinationsordnung und den Staat als Subordinationsordnung nicht. Staat und Gesellschaft bestehen nicht losgelöst voneinander, es besteht zwischen beiden kein Entweder-Oder, sondern sie sind – trotz ihrer gegensätzlichen Ausgestaltung – eng miteinander verzahnt.

Franz Böhm begreift die Abläufe in Staat und Gesellschaft als eine „umfassende funktionale Einheit"[438], die durch ein Ineinandergreifen des Gesellschaftsgeschehens und der Handhabung politischer Gewalt geprägt sei.[439] In der Zuordnung von Staat und Gesellschaft nehme der Staat gegenüber der Gesellschaft eine dienende Rolle ein, dessen vornehmste Aufgabe es sei, als Hüter des Gesetzes in einer freien Gesellschaft tätig zu sein.[440] Der Staat ist nach Franz Böhm quasi eine „Hilfseinrichtung der Gesellschaft"[441]; er setze seine Machtmittel zum Erhalt und zur Pflege der freiheitlichen Koordinationsordnung ein.

Die mit der Trennung von Staat und Gesellschaft verbundene Aufgabenteilung, die dem Staat eine gegenüber der Gesellschaft subsidiäre und dienende Funktion zuweist, grenzt zugleich die Aufgaben des Staates ein. Dem Staat werden nach Franz Böhm nur diejenigen Aufgaben zugewiesen, die im Interesse der Bewahrung der Gesellschaft notwendig zentral und hoheitlich erfüllt werden müßten[442]; allein die Aufgabenzuständigkeit der Gesellschaft ist unbegrenzt.

---

[438] *Franz Böhm* (Fn. 225), S. 13.

[439] Vgl. *Franz Böhm* (Fn. 191), S. 82 f.
Auch *Josef Isensee* betont die wechselseitige Bezogenheit von Staat und Gesellschaft: „Staat und Gesellschaft stellen sich heute nicht mehr als autarke Ordnungen dar, sondern als eine dialektische Einheit. In dieser dialektischen Zuordnung, die Diversität und Identität umschließt, bildet der Staat die Antithese zur Gesellschaft und die umgreifende einheitsstiftende Synthese." (*Josef Isensee*, Subsidiaritätsprinzip und Verfassungsrecht, 1968, S. 149 ff. [154]).

[440] Vgl. *Franz Böhm* (Fn. 3 [1959]), S. 56; *ders.* (Fn. 191), S. 83.
Ähnlich umschreibt *Ernst-Wolfgang Böckenförde* die Aufgabe des Staates in bezug auf die Gesellschaft: „Der Staat (als organisierte Wirk- und Entscheidungseinheit) gibt und erhält der Gesellschaft ihre (Rechts-)Ordnung, wirkt in sie hinein und erbringt Leistungen für die Gesellschaft." (*Ernst-Wolfgang Böckenförde*, Die Bedeutung der Unterscheidung von Staat und Gesellschaft im demokratischen Sozialstaat der Gegenwart, Festschrift für Wolfgang Hefermehl, 1972, S. 11 ff. [18]).

[441] *Franz Böhm* (Fn. 436), S. 144.

[442] Vgl. *Franz Böhm* (Fn. 431), S. 47 f.; *ders.* (Fn. 260); *ders.*, (Fn. 118), S. 3.

Die Trennung von und die Aufgabenteilung zwischen Staat und Gesellschaft ist für Franz Böhm ein wesentliches Mittel zur Begrenzung staatlicher Macht und damit zugleich eine Möglichkeit, den Freiheitsraum des Einzelnen in der Gesellschaft zu sichern. Dies bedeutet folglich, daß der Raum der Gesellschaft vor staatlichem Zugriff geschützt werden muß; die grundsätzliche Allgemeinzuständigkeit der Gesellschaft darf nicht durch eine Ausweitung der staatlichen Befugnisse ausgehöhlt werden. Franz Böhm betont deshalb, daß die Gesellschaft selbst Trägerin verfassungsrechtlich geschützter Rechte und Zuständigkeiten sein müsse, und spricht ihr damit eine eigene rechtlich garantierte Zuständigkeitssphäre zu.[443]

Die Gesellschaft erlangt nach Franz Böhm also nur dann eigenständige Bedeutung gegenüber dem Staat, wenn ihre Sphäre wie der Einzelne auch vor staatlichen Eingriffen geschützt werde, das heißt, der (Freiheits-)Raum der Gesellschaft solle so wie der des Einzelnen auch, der durch die Menschen- und Grundrechte vor staatlichen Eingriffen geschützt werden würde, bewahrt werden.[444] Das (klassische) Gegenüber von Staat und Individuum wird bei Franz Böhm demnach durch das Gegenüber von Staat und Gesellschaft ergänzt, wobei letztere als eine Art vorgeschalteter Freiheitssicherung im Ergebnis wiederum der Freiheit des Einzelnen zugute kommt, dessen gesellschaftlicher Freiheitsraum ebenso geschützt wird wie sein individueller. Der Gedanke der Trennung von Staat und Gesellschaft ist insoweit auch ein elementarer Baustein in Franz Böhms Verständnis vom Rechtsstaat.

In Deutschland wird die Trennung von staatlichem und gesellschaftlichen Bereich (einmal abgesehen von den Zeiten der nationalsozialistischen und sozialistischen Diktatur, in denen die Trennung jeweils vollkommen aufgehoben worden ist) mit Beginn des modernen Sozialstaats zunehmend in Frage gestellt.[445] Nur in Teilen der Staatsrechtslehre ist an der Unterscheidung von Staat und Gesellschaft als einer Bedingung für die Gewährleistung individueller Freiheit festgehalten worden.[446] Obwohl die Veröffentlichung des Aufsatzes „Privatrechtsge-

---

[443] Vgl. *Franz Böhm* (Fn. 3 [1966]), S. 83.

[444] Vgl. *Franz Böhm* (Fn. 3 [1966]), S. 83 f.

[445] *Horst Ehmke* zählt zu denjenigen Vertretern, die dafür plädieren, die Trennung von Staat und Gesellschaft aufzugeben und allein das politische Gemeinwesen, das die gegenläufigen Kräfte in sich vereinige, als Staat aufzufassen (siehe *Horst Ehmke*, „Staat" und „Gesellschaft" als verfassungstheoretisches Problem [1962], in: Ernst-Wolfgang Böckenförde [Hrsg.], Staat und Gesellschaft, 1976, S. 241 ff.). Zurückhaltender *Konrad Hesse*, Bemerkungen zur heutigen Problematik und Tragweite der Unterscheidung von Staat und Gesellschaft, DÖV 1975, S. 437 ff.

[446] Die Auffassungen von *Horst Ehmke* werden von *Ernst-Wolfgang Böckenförde* scharf kritisiert (vgl. *Ernst-Wolfgang Böckenförde*, Die verfassungstheoretische Unterscheidung

sellschaft und Marktwirtschaft" von Franz Böhm in die insbesondere in den 60er Jahren des 20. Jahrhunderts intensiv geführte Diskussion über das Festhalten an der Trennung von Staat und Gesellschaft fällt, werden die Gedanken von Franz Böhm über die Privatrechtsgesellschaft als einer konsequenten Fortführung des Trennungsgedankens weder aufgegriffen noch diskutiert; auch umgekehrt geht Franz Böhm nicht auf diese vornehmlich staatsrechtliche Diskussion ein.[447] Trotz des Nebeneinanders der geführten Diskussionen zeigt sich bei den Fürsprechern einer Beibehaltung der Trennung von Staat und Gesellschaft eine parallele gedankliche Entwicklung: An die Stelle eines strengen Dualismus, das heißt eines losgelösten, beziehungslosen Nebeneinanders von Staat und Gesellschaft, den die Theoretiker des 19. Jahrhunderts noch vertreten haben, tritt der Gedanke der engen Verzahnung der zwei Bereiche Staat und Gesellschaft.[448] Es wird nach Franz Böhm nunmehr wichtig, „das *Hand-in-Hand-Wirken von Staat und Gesellschaft* zu begreifen"[449].

b. Der Begriff und die Idee der Privatrechtsgesellschaft

Franz Böhm setzt sich zu Beginn seiner wissenschaftlichen Arbeit wie auch insbesondere in der Nachkriegszeit vorrangig mit der Gestaltung der Wettbewerbsordnung auseinander, und die 50er Jahre des 20. Jahrhunderts stehen ganz im

---

von Staat und Gesellschaft als Bedingung der individuellen Freiheit, 1973, S. 7 ff.), der ebenso wie *Josef Isensee* an der organisatorischen Trennung von Staat und Gesellschaft festhält (vgl. *Josef Isensee* [Fn. 439], S. 149 ff.).

[447] Über die Gründe für fehlende Berührungspunkte zwischen *Franz Böhm* und der parallel geführten Diskussion unter Staatsrechtlern können nur Vermutungen geäußert werden. *Franz Böhm* ist zeitlebens in enger Nähe zur Nationalökonomie und weniger zur Jurisprudenz gesehen worden; in der Rechtswissenschaft ist er zudem nur als Wirtschafts-, nicht aber als Staatsrechtler bekannt. Neben der insoweit fehlenden Nähe zur Staatsrechtslehre stößt *Franz Böhm* desweiteren in Deutschland mit seinem konsequenten Anknüpfen an die Ideen des klassischen Liberalismus nur auf wenig Zuspruch. Bezeichnend ist es daher, daß im wesentlichen nur *Friedrich A. v. Hayek* den Gedanken einer Privatrechtsgesellschaft immer wieder aufgreift (vgl. *Friedrich A. v. Hayek*, Grundsätze einer liberalen Gesellschaftsordnung, ORDO, Achtzehnter Band, 1967, S. 11 ff. [22]; *ders.* [Fn. 245], S. 31; ein weiterer Hinweis erfolgt zu Beginn seines Beitrages „Rechtsordnung und Handelnsordnung", *Friedrich A. v. Hayek*. [Fn. 80], S. 162).

[448] Vgl. *Ernst-Wolfgang Böckenförde* (Fn. 440), S. 16 f.; *ders.*, Einleitung, in: ders., Staat und Gesellschaft, 1976, S. XI ff. (XIV f.). Vgl. auch *Hans H. Rupp* (Fn. 432), Rdn. 26. Siehe auch *Franz Böhm* (Fn. 140), S. 86.

[449] *Franz Böhm* (Fn. 3 [1966]), S. 81 (Hervorhebung im Original).

Zeichen der Kartellrechtsdebatte. Die Frage der Gestaltung einer freien Gesellschaftsordnung ist dabei jeweils in den Hintergrund getreten, begleitet aber gleichwohl alle Arbeiten von Franz Böhm von Beginn an. Der Aufsatz „Privatrechtsgesellschaft und Marktwirtschaft" und damit die zugleich wohl grundlegende Ausarbeitung zur Privatrechtsgesellschaft wird zwar erst im Jahr 1966 veröffentlicht, der Begriff und die Idee der Privatrechtsgesellschaft sind aber bereits Gegenstand vieler älterer Arbeiten und durchzieht gleichsam die gesamte Forschungsarbeit Franz Böhms.[450]

Der von Franz Böhm geprägte Begriff der „Privatrechtsgesellschaft" läßt sich nicht in einer knappen Definition wiedergeben. Den Zeitpunkt ihrer Entstehung datiert Franz Böhm auf das Ende der Feudal- und Ständegesellschaft zu Beginn des 19. Jahrhunderts: Die Feudal- und Ständegesellschaft sei durch ständische Bindungen und Vorrechte einzelner Stände, also durch Standesunterschiede, Abhängigkeitsverhältnisse sowie Berufs- und Gewerbeprivilegien gekennzeichnet gewesen. Die Befreiung der Bürger von Standesvorrechten und Standesunterschieden sei durch die französische Revolution ausgelöst worden, welche eine Abschaffung dieser ständischen und landesherrlichen Privilegien und eine Gesellschaft von Gleichberechtigten (egalité), in der der Einzelne eigenverantwortlich freie Entscheidungen treffen könne (liberté), angestrebt habe.[451] In der Folgezeit sei die Gewerbefreiheit eingeführt worden, die in strenger Abkehr von der Feudal- und Ständegesellschaft allen Bürgern den ungehinderten und freien Zugang zu jedem Gewerbe und damit auch den freien Zugang zum Markt ermögli-

---

[450] Erste Ansätze über die „Privatrechtsgesellschaft" (noch im Wechsel mit der Formulierung „Zivilrechtsgesellschaft") finden sich bereits – und wohl erstmals – in dem 1951 erschienenen Aufsatz „Die wirtschaftliche Mitbestimmung der Arbeiter im Betrieb" (vgl. *Franz Böhm* [Fn. 140], S. 85 ff.). In der Abhandlung „Der Rechtsstaat und der soziale Wohlfahrtsstaat" von 1953 entwickelt *Franz Böhm* einige Grundgedanken zur Privatrechtsgesellschaft, die nicht zuletzt in den Aufsätzen „Die vier Säulen der Freiheit" von 1959 und „Demokratie und ökonomische Macht" aus dem Jahre 1961 fortgeschrieben werden.
Der Begriff der „Privatrechtsgesellschaft" ist in jüngerer Zeit u.a. wieder aufgegriffen worden von *Franz Bydlinski*, Das Privatrecht im Rechtssystem einer „Privatrechtsgesellschaft", 1994; *Josef Isensee*, Vertragsfreiheit im Griff der Grundrechte, Festschrift für Bernhard Großfeld, 1999, S. 485 ff. (492 f.); *Knut W. Nörr* (Fn. 91), S. 15 ff.; *Klaus Mayer/ Jörg Scheinpflug*, Privatrechtsgesellschaft und die Europäische Union, 1996; *Wolfgang Zöllner*, Zivilrechtswissenschaft und Zivilrecht im ausgehenden 20. Jahrhundert, AcP 188 (1988), S. 85 ff.; *ders.* (Fn. 429).

[451] Vgl. *Franz Böhm* (Fn. 3 [1966]), S. 1. Dazu *Klaus Mayer/ Jörg Scheinpflug* (Fn. 450), S. 13; *Theo Mayer-Maly*, Raumordnung und Privatrechtsgesellschaft, 1973, S. 9 f.; *Wolfgang Zöllner* (Fn. 429), S. 23.

chen sollte.[452] Die Einführung der Gewerbefreiheit markierte damit den Beginn einer neuen, einer auf Gleichberechtigung und individueller Freiheit beruhenden Gesellschaftsordnung, die Franz Böhm als Privatrechtsgesellschaft bezeichnet.

Im Mittelpunkt dieser Gesellschaftsordnung steht für Franz Böhm das Privatrecht, das für jedermann gleichermaßen, ohne ständespezifische Ausnahmen oder Privilegien zuzulassen, gelte.[453] In der Feudal- und Ständegesellschaft habe das Privatrecht demgegenüber ein „Aschenbrödeldasein"[454] geführt; es hätten die Ständerechte und Gewerbeprivilegien dominiert. Diese organisieren nach Franz Böhm den täglichen Austausch und das tägliche Kooperieren der Individuen untereinander zwar nicht umfassend und erschöpfend, so daß stets „Raum für improvisierte Begegnungen zwischen Gleich und Gleich und für eine vertragliche Verständigung über korrespondierende Individualpläne übrig"[455] geblieben sei. Aber auch wenn privatrechtliche Regelungen bereits in der Feudal- und Ständegesellschaft teilweise Geltung beanspruchen konnten, so doch nur in begrenztem Umfang; das Privatrecht habe den Austausch unter den Bürgern nicht schlechthin geregelt, sondern nur dort, wo die Ständeordnungen keine Regelungen getroffen, also eine Lücke gelassen hätten.

Die charakteristischen Merkmale der Privatrechtsgesellschaft lassen sich vorerst wie folgt zusammenfassen: Die Privatrechtsgesellschaft ist nach Franz Böhm eine Gesellschaft von Gleichberechtigten, in der das Privatrecht als überragendes allgemeines Prinzip gelte. Die durch die Privatrechtsordnung gesteuerte Gesellschaft bestehe ohne Privilegien, Standesvorrechte oder sonstige zementierte Besitzstände.[456] Der Austausch und die Kooperation mit anderen vollziehe sich allein mit Hilfe des Privatrechts, so könne beispielsweise das Recht, über fremdes Vermögen zu verfügen, nur durch Vertrag eingeräumt werden. Das heißt: Die Privatrechtsgesellschaft sei eine „*Gesellschaft von Gleichberechtigten* ... Wer von andern etwas will, kann das nur mit dem freien und freiwilligen Einverständnis dieser anderen erreichen"[457]. Das einander gleichberechtigte Gegenüberstehen

---

[452] Zur Einführung der Gewerbefreiheit in Deutschland: *Hans-Georg Reuter*, Die Entwicklung der Gewerbeordnung in Deutschland von 1731 bis 1897, in: Karl v. Delhaes/ Ulrich Fehl (Hrsg.), Dimensionen des Wettbewerbs, 1997, S. 429 ff.; *Walter Strauß*, Gewerbefreiheit und Vertragsfreiheit, Festschrift für Franz Böhm, 1975, S. 603 ff.

[453] Vgl. *Franz Böhm* (Fn. 3 [1966]), S. 2 ff. Dazu auch *Klaus Mayer/ Jörg Scheinpflug* (Fn. 450), S. 13 f.; *Wolfgang Zöllner* (Fn. 429), S. 23 f.

[454] *Franz Böhm* (Fn. 3 [1966]), S. 78.

[455] *Franz Böhm* (Fn. 3 [1966]), S. 76.

[456] Vgl. *Franz Böhm* (Fn. 191), S. 82. Siehe dazu auch *Knut W. Nörr* (Fn. 256), S. 153.

[457] *Franz Böhm*, Mitbestimmung, in: Tagungsprotokoll der Aktionsgemeinschaft Soziale Marktwirtschaft, 1966, S. 123 ff. (130) (Hervorhebung im Original).

aller Mitglieder der Privatrechtsgesellschaft bedinge, daß alle ohne Ansehen ihrer Person den gleichen rechtlichen Status innehaben; selbst die Träger der Staatsgewalt würden sich im Bereich der Privatrechtsgesellschaft (nur) als Gleichberechtigte unter Gleichen bewegen.[458] Den gemeinsamen und alleinigen Status, den die Mitglieder dieser freiheitlichen Gesellschaftsordnung haben, sei der der Privatautonomie.[459] Die Privatrechtsgesellschaft sei demzufolge frei von Herrschaftselementen und damit von Über- und Unterordnungsverhältnissen, allein das Gesetz beanspruche Autorität.

Das Wesensmerkmal der Privatrechtsgesellschaft ist mithin das Privatrecht, welches als allgemeines Prinzip für die Gestaltung aller Lebensverhältnisse gilt und für die Privatrechtsgesellschaft schlechthin konstitutiv ist.[460] Das Privatrecht koordiniert das Verhalten der Bürger untereinander und macht damit den Austausch und die Kooperation zwischen ihnen möglich. Dadurch wirkt die Privatrechtsordnung als Bindeglied zwischen den Mitgliedern der Gesellschaft. Die Menschen in der Privatrechtsgesellschaft stehen nicht beziehungslos nebeneinander, sondern sind nach Franz Böhm einer einheitlichen Rechtsordnung unterworfen: der Privatrechtsordnung.[461] Diese ermöglicht es, die individuellen Pläne der Bürger ohne äußeren Zwang zu koordinieren und zu lenken. Eine Art mittelbarer Zwang geht allein von dem Umstand aus, daß der Einzelne seine Pläne zu den eigenen Gunsten auf die der anderen abstimmen muß. „Die Nötigung für jeden Menschen, sein individuelles Planen und Verhalten auf die Pläne anderer und auf die gesellschaftlichen Daten abzustimmen, ist *in der gesellschaftlichen Situation selbst gegeben*: wer sich unter Gleichberechtigten bewegt und der Natur nicht autark gegenübersteht, sondern auf seinesgleichen angewiesen ist, der *muß* sich an die Gesellschaft anpassen. Der Zwang geht hier von einer *Situation*, nicht von einer politischen Autorität aus."[462] Diese unvermeidliche Anpassung an das Verhalten anderer ist letztlich ein Ausdruck dessen, daß die individuelle Freiheit des Einzelnen durch die der anderen begrenzt wird. Nur so kann sichergestellt werden, daß jedem in der Gesellschaft das gleiche Maß an Freiheit zukommt.[463]

---

[458] Dazu *Franz Böhm* (Fn. 225), S. 12: „Selbst die Träger der Staatsgewalt müssen ihre Macht und ihre Autorität in der Garderobe abgeben, wenn sie sich im Bereich der Privatrechtsgesellschaft etwa als Käufer, Verkäufer, Eigentümer oder Patentinhaber bewegen wollen".

[459] So *Franz Böhm* (Fn. 3 [1959]), S. 54 f.

[460] Vgl. *Josef Isensee* (Fn. 450), S. 492; *Theo Mayer-Maly* (Fn. 451), S. 15.

[461] Vgl. *Franz Böhm* (Fn. 3 [1966]), S. 85. Dazu auch *Klaus Mayer/ Jörg Scheinpflug* (Fn. 450), S. 15.

[462] *Franz Böhm* (Fn. 3 [1966]), S. 89 (Hervorhebung im Original).

[463] Siehe dazu unter: III.2.d.aa.(3).

Die Privatrechtsgesellschaft als eine auf individueller Freiheit beruhende Ordnung von Gleichberechtigten, eine frei von staatlichem Zwang, nur durch das Privatrecht und daneben die Sprache sowie das Marktpreissystem gesteuerte Koordinationsordnung bildet das Pendant zur Wettbewerbsordnung. Das Maß an individueller Freiheit, welches die Wettbewerbsordnung im Bereich der Wirtschaft durch das Wettbewerbsprinzip garantiert, stellt die Privatrechtsgesellschaft im Bereich der Gesellschaft durch die Regeln des Privatrechts sicher. Beide, Privatrechtsordnung und Wettbewerbsordnung, gewährleisten dem Einzelnen einen weiten Handlungsspielraum für eine selbstbestimmte Gestaltung des eigenen Lebens. Franz Böhm stellt daher die Privatrechtsgesellschaft der Wettbewerbsordnung als rechtliches Spiegelbild gegenüber.[464]

Die Privatrechtsgesellschaft ist als freiheitliche Gesellschaftsordnung zugleich untrennbar mit den Prinzipien des demokratischen Rechtsstaates verbunden.[465] Eine Staatsordnung, die auf einer Privatrechtsgesellschaft und damit einer privilegienfreien Ordnung von Rechtsgleichen aufgebaut sei, steht nach Franz Böhm notwendig im krassen Widerspruch zu jeder totalitären Diktatur und jeder Feudalgesellschaft.[466] Franz Böhm versteht und definiert die Privatrechtsgesellschaft gerade als Gegenentwurf zu totalitären Systemen oder Feudal- und Ständegesellschaften. Denn innerhalb der (idealen) Privatrechtsgesellschaft ist jede Form der staatlichen Herrschaftsausübung im Prinzip ausgeschlossen; die staatliche Machtausübung wird durch die Gewaltenteilung zwischen Staat und Gesellschaft begrenzt, die dem Staat eine subsidiäre Rolle zuweist.

---

[464] So *Hans Willgerodt*, Die Sachlogik der Wirtschaft im Spiegel des Rechts, in: Ludwig-Erhard-Stiftung (Hrsg.), Recht und Gesittung in einer freien Gesellschaft, 1985, S. 13 ff. (23). Vgl. auch *Claus-Wilhelm Canaris*, Verfassungs- und europarechtliche Aspekte der Vertragsfreiheit in der Privatrechtsgesellschaft, Festschrift für Peter Lerche, 1993, S. 873 ff. (875 f.); *Wolfgang Zöllner* (Fn. 429), S. 24 f.

[465] Vor diesem Hintergrund erscheint die Umschreibung der Privatrechtsgesellschaft als einen Zweckverband, zu dem sich Privatrechtsträger zur Sicherung ihrer privaten Rechtssphäre zusammengeschlossen haben, wie sie *Egon E. Nawroth* vornimmt (vgl. *Egon E. Nawroth* [Fn. 118], S. 228), verkürzt. Die Bezeichnung als (bloßer) Zweckverband wird der Rolle der Privatrechtsgesellschaft, die *Franz Böhm* ihr im staatsrechtlichen Ordnungsgefüge zuweist, nicht gerecht.

[466] Vgl. *Franz Böhm*, Das Vorurteil als Element totaler Herrschaft, Hessische Hochschulzeitung, Siebzehnter Band (1957), S. 149 ff. (160 f.); *ders.* (Fn. 431), S. 43 f. Dazu auch *Claus-Wilhelm Canaris* (Fn. 464), S. 874 f.; *Viktor Vanberg* (Fn. 91), S. 715.

c. Die Rolle des Privatrechts

Privatrechtliche Regelungen erlangten in dem Zeitpunkt, in dem die Eigenversorgung aufgeben wurde und der Tauschverkehr infolge der einsetzenden Arbeitsteilung rapide zunahm, wachsende Bedeutung. Auch wenn das Privatrecht nach Franz Böhm im Feudal- und Ständestaat neben dem bestehenden Standesrecht nur die Rolle eines bloßen „Lückenbüßers"[467] einnahm, entwickelte es sich dennoch abseits der Privilegien und Standesvorrechte fort und erstarkte mit Einführung der Gewerbefreiheit zum bestimmenden Ordnungselement der Gesellschaft. Das Privatrecht ist also geschichtlich betrachtet mit der zunehmenden Arbeitsteilung der Gesellschaft gewachsen. Die Entwicklung privatrechtlicher Regelungen hat ihren Ausgangspunkt demzufolge nicht in einem Gesetz oder anderen staatlichen Akt, sondern ist im Austausch der Bürger untereinander entstanden, die sich zur besseren Koordinierung ihrer Tauschgeschäfte sich selbst gesetzten Regeln unterworfen haben. Franz Böhm bezeichnet das Privatrecht daher als eine „Gemeinschaftsschöpfung"[468], die – wie die Sprache und der Marktpreis auch – auf im Wege des Austausches zustande gekommenen Übereinstimmungen beruhe[469]: „Unbestimmt viele individuelle Tastversuche, gerichtet sozusagen an die Adresse aller, die es angeht, unbestimmt viele individuelle Reaktionen auf solche gleichsam in der Luft schwebenden Tastversuche mit dem Ergebnis einer Akklamation im Wege eines nivellierenden Einpendelns. So kommt die Sprache zustande, die für uns dichtet und denkt, so das Gewohnheitsrecht, so der Marktpreis ... "[470]. Die Privatrechtsordnung ist in diesem Sinne nicht das Ergebnis menschlichen Entwurfs, sondern das Ergebnis menschlichen Handelns.[471]

Mit dieser Umschreibung des Entstehungsprozesses privatrechtlicher Regelungen unterstreicht Franz Böhm seine These, daß das Privatrecht Ordnungsstrukturen wie den einzelnen Tauschvorgang vorfinde, dessen Umsetzung die private Rechtsordnung nunmehr gewährleisten wolle und dessen Übertragung auf eine Vielzahl von Tauschakten ermöglicht werden solle, indem sie einen

---

[467] So *Franz Böhm* (Fn. 3 [1966]), S. 76. Dazu auch *Wolfgang Zöllner*, Die politische Rolle des Privatrechts, JuS 1988, S. 329 ff. (329).

[468] *Franz Böhm* (Fn. 3 [1966]), S. 88.

[469] Vgl. *Franz Böhm* (Fn. 3 [1966]), S. 88, 92. Siehe auch *Franz Bydlinski*, Kriterien und Sinn der Unterscheidung von Privatrecht und öffentlichem Recht, AcP 194 (1994), S. 319 ff. (326); *Klaus Mayer/ Jörg Scheinpflug* (Fn. 450), S. 17; *Knut W. Nörr* (Fn. 91), S. 16.

[470] *Franz Böhm* (Fn. 3 [1966]), S. 88.

[471] So *Friedrich A. von Hayek*, Die Ergebnisse menschlichen Handelns, aber nicht menschlichen Entwurfs (1967), in: ders., Freiburger Studien, 1994, S. 97 ff.

rechtlichen (Ordnungs-)Rahmen zur Verfügung stelle.[472] Die Wurzeln des Privatrechts liegen für Franz Böhm also im Vorgang des Tauschens. Aus dem Tausch, das heißt, dem entgeltlichen synallagmatischen Vertrag habe sich eine fein ausgefeilte und ausgewogene Privatrechtsordnung entwickelt, die es den Menschen ermögliche, mit anderen rechtsgeschäftliche Verbindungen aufzunehmen und zu unterhalten.[473] Ausgehend vom einzelnen Tauschvorgang würden die privatrechtlichen Regeln somit zum grundlegenden Prinzip der Gesellschaftsordnung werden, die das Übergreifen „der ordnenden Kraft des einzelnen Tauschakts aus dem bilateralen Mikrokosmos in den multilateralen Makrokosmos"[474] im Ergebnis ermögliche.

Die Privatrechtsordnung erfüllt als wesentliches Instrument der Privatrechtsgesellschaft vor allem zwei Aufgaben: Sie dient als Lenkungsinstrument auf dem Markt sowie in der Gesellschaft und garantiert die Freiheit des Einzelnen. Das Privatrecht eröffnet den Bürgern die Möglichkeit, Rechtsbeziehungen miteinander zu unterhalten, sie eigenverantwortlich zu gestalten und zu ordnen, indem es an ein bestimmtes Verhalten Rechtsfolgen knüpft. Die Rechtsfolgen privatrechtlichen Handelns äußern sich dahingehend, daß ein geschlossener Vertrag für die Vertragsparteien bindend und von ihnen zu erfüllen ist (pacta sunt servanda). Anderenfalls kann die Vertragspartei gegen denjenigen, der seine Verpflichtungen nicht erfüllt, mit Ersatzforderungen vorgehen; es sei denn, daß der Vertrag gegen die guten Sitten verstößt und damit nichtig ist. An jede privatrechtliche Handlung knüpft sich also eine Rechtsfolge an, und damit wird mit jeder rechtsgeschäftlichen Handlung auch eine bestimmte Erwartung verbunden, nämlich diejenige, daß der andere sich an das Vereinbarte hält bzw. der sittenwidrige Vertrag gerade keine Bindungswirkung entfaltet. Diese (Rechts-)Folgen des eigenen Handelns und die des anderen bezieht nach Franz Böhm jeder bewußt oder unbewußt in seine Pläne und Handlungen ein.[475] Auf diese Weise geben die Rechtsfolgen ein System von Signalen an die Menschen weiter, welches zum einen die eigenen Handlungen (unmerklich) lenkt und zum anderen zugleich die Kooperation mit anderen möglich macht.[476]

Die Regeln des Privatrechts ermöglichen es dem Einzelnen demnach – unter Beachtung und Nutzung dieser Regeln – eigene wirtschaftliche Zwecke zu verfolgen und andere mittels privatrechtlicher Vereinbarungen zur Mitwirkung zu

---

[472] Vgl. *Franz Böhm* (Fn. 88), S. L f. Siehe auch *Ernst-Joachim Mestmäcker*, Über die normative Kraft privatrechtlicher Verträge, JZ 1964, S. 441 ff. (443).

[473] Vgl. *Franz Böhm* (Fn. 88), S. L f.

[474] *Franz Böhm* (Fn. 88), S. LI. Dazu auch *Ernst-Joachim Mestmäcker* (Fn. 472), S. 443.

[475] Vgl. *Franz Böhm* (Fn. 3 [1966]), S. 91 f.

[476] Dazu *Fritz Holzwarth* (Fn. 54), S. 185 f.

bewegen.[477] Darüber hinaus ist das Privatrecht dort, wo Konflikte bei den Handlungen der Bürger entstehen, Mittel der Konfliktlösung und -vermeidung. Die Privatrechtsordnung enthält für Franz Böhm die Gesamtheit der Regeln des Privatrechts, die den institutionellen Rahmen für die Ordnung der menschlichen Handlungen bildet.[478] Konstituierende Prinzipien der Privatrechtsordnung seien das Privateigentum, die Vertragsfreiheit und das Haftungsprinzip.[479]

Ihre Lenkungsfunktion kann die Privatrechtsordnung nur erfolgreich erfüllen, wenn ihre Rechtsregeln unabhängig vom Einzelfall Anwendung finden und allgemeine Geltung beanspruchen. Die privatrechtlichen Regeln müssen deshalb allgemein, das heißt, auf eine unbekannte Anzahl von Personen und Situationen anwendbar sein.[480] Schließlich muß die Privatrechtsordnung im Sinne Franz Böhms so beschaffen sein, daß sie *„systemwidrige Handlungen* mit *Rechtsnachteilen* belegt, im übrigen aber einen solchen Zustand von Machtverteilung erzeugt, daß sich mit *systementsprechenden Handlungen* lockende *faktische Vorteile* erzielen lassen, und zwar *um so größere Vorteile, je mehr sich der Handelnde im Sinne der gewollten Kooperation betätigt"*[481]. Auf diese Weise erlaubt es die Rechtsordnung dem Einzelnen, seine eigenen Ziele und Pläne zu verfolgen, und gleichzeitig stabilisiert sie seine Erwartungen in einem Maße, welches die Koordination untereinander begünstigt.[482] In einer in diesem Sinne offenen Ordnung, die durch Verhaltensregeln jene Handlungen beschreibt, die erlaubt bzw. verboten sind, bleibt dem Einzelnen ein weiter, kreativer Spielraum, um neue Handlungen und Formen der Kooperation zu entdecken. Diese Verhaltensregeln sind nicht statisch, sondern offen, das heißt, sie entwickeln sich weiter. Die privatrechtlichen Regeln lenken

---

[477] So *Manfred E. Streit,* Die Interdependenz der Ordnungen – Eine Botschaft und ihre aktuelle Bedeutung, in: Walter-Eucken-Institut (Hrsg.), Ordnung in Freiheit, 1992, S. 5 ff. (18).

[478] *Friedrich A. v. Hayek* bezeichnet die in diesem Sinne verstandene Privatrechtsordnung als „Handelnsordnung". Auf die Parallelität der Gedankenführung von *Franz Böhm* und *Friedrich A. v. Hayek* hat *Fritz Holzwarth* hingewiesen (vgl. *Fritz Holzwarth* [Fn. 54], S. 184 ff.).

[479] Vgl. *Franz Böhm,* Der Rechtsstaat und der soziale Wohlfahrtsstaat (1953), in: Franz Böhm. Reden und Schriften, hrsgg. von Ernst-Joachim Mestmäcker, 1960, S. 82 ff. (104).

[480] Vgl. *Friedrich A. v. Hayek* (Fn. 82), S. 48 ff. Vgl. auch *Manfred E. Streit* (Fn. 477), S. 18; *ders.* (Fn. 93), S. 81 f.

[481] *Franz Böhm* (Fn. 158), S. 122 (Hervorhebung im Original).

[482] Vgl. *Manfred E. Streit,* Rechtsordnung und Handelnsordnung, 1999, S. 7.

daher nicht nur mittelbar das Verhalten der Individuen, sondern werden umgekehrt vom menschlichen Verhalten beeinflußt.[483]

Die allgemeinen und abstrakten Verhaltensregeln erzwingen also keine bestimmten Handlungen, sondern lassen dem Einzelnen einen weiten Handlungsspielraum innerhalb der Gesellschaft, was zweierlei zur Folge hat: Die in diesem
Sinne verstandenen Regeln garantieren dem Einzelnen größtmögliche Freiheit;
sie schreiben kein bestimmtes Verhalten vor, sondern geben Anreize für ein
systemkonformes Handeln und verbieten lediglich, die geschützte Sphäre des
jeweils anderen zu verletzten, die durch eben diese Regeln abgesteckt wird.[484]
Vor diesem Hintergrund bezeichnet Franz Böhm das Privatrecht als „Magna
Charta der freien Gesellschaft"[485].

d.   Privatrecht, Freiheit und Wettbewerb

Die Privatrechtsordnung ist eine Ordnung der Freiheit, da sie dem Einzelnen in
hohem Maße freie Entfaltungs- und Handlungsspielräume auf der Basis frei
vereinbarter Verträge garantiert.[486] Diese Freiheitsräume des Einzelnen können
durch das Privatrecht auf Dauer nur dann gewährleistet werden, wenn alle Menschen den gleichen Regeln unterworfen sind und demzufolge denselben Status
ohne Sonderrechte oder Abhängigkeitsverhältnisse inne haben. Denn Freiheit
setzt die Abwesenheit von Zwang, das heißt von Privilegien sowie Standesvorrechten und damit Gleichheit – nicht im Sinne von sozialer Gleichheit, sondern
im Sinne einer Gleichheit vor dem Gesetz – voraus. In der Privatrechtsgesellschaft haben alle Menschen den gleichen rechtlichen Status inne: den Status der
Privatautonomie. Sie ist für Franz Böhm das Grundprinzip der Privatrechtsgesellschaft. Jeder sei im Besitz der Privatautonomie; sie sei der einzige existente
rechtliche Personenstatus.[487]

Die Privatautonomie gewährt nach Franz Böhm jedem Einzelnen die Frei-
heit, *„seine eigenen Angelegenheiten* nach *unbeschränkt freiem Ermessen,* aber beschränkt

---

[483] Siehe auch *Friedrich A. v. Hayek*, Bemerkungen über die Entwicklung von Systemen
       von Verhaltensregeln (1967), in: ders., Freiburger Studien, 1994, S. 144 ff.; *Erich
       Hoppmann* (Fn. 175), S. 142 ff.
[484] So *Friedrich A. v. Hayek* (Fn. 447), S. 17; *ders.* (Fn. 80), S. 174 f.
[485] *Franz Böhm* (Fn. 3 [1966]), S. 77.
[486] Zur Grundidee einer Ordnung der Freiheit siehe *Hans Albert*, Freiheit und Ordnung,
       1986, S. 49 f.
[487] Vgl. *Franz Böhm* (Fn. 3 [1959]), S. 54; *ders.* (Fn. 3 [1966]), S. 80. Siehe auch *Fritz
       Holzwarth* (Fn. 54), S. 185.

auf die *Reichweite seiner individuellen Kräfte*[488] auszuüben. Der Begriff der Privatautonomie beschreibe den Freiheitsraum des Einzelnen innerhalb der Gesellschaft und umschreibe seinen Status im Verhältnis zu den anderen Mitgliedern der Privatrechtsgesellschaft, das heißt, definiere die rechtliche Stellung des Einzelnen in der Gesellschaft.[489]

Die Privatautonomie oder auch bürgerliche Freiheit grenzt Franz Böhm von der politischen und der rechtsstaatlichen Freiheit ab.[490] Während die politische Freiheit das Verhältnis des Bürgers zum Staat, seine demokratischen Teilhaberechte und damit dessen rechtliche Stellung im Staat charakterisiere, beschreibe die rechtsstaatliche Freiheit das Verhältnis der Privatrechtsgesellschaft zum Staat: Die Sphäre der Gesellschaft solle vor staatlichem Zugriff geschützt werden, das heißt, der gesellschaftliche Freiraum des Einzelnen solle bewahrt werden.[491] Die rechtsstaatliche Freiheit sei im Ergebnis der Garant dafür, daß der Staat die *„Privatautonomie der Individuen* respektiert"[492], sie sei Ausdruck der Trennung von Staat und Gesellschaft. Demgegenüber spiegele die privatrechtliche oder bürgerliche Freiheit den Freiheitsraum des Einzelnen innerhalb der Gesellschaft, also unter den Bürgern wider.[493] Das Handeln des Einzelnen finde seine Grenzen allein in der (bürgerlichen) Freiheit der anderen Bürger, ansonsten kenne die Privatautonomie der Bürger *„kein Titelchen Befehls- und Besteuerungsgewalt"*[494].

Mit der Unterscheidung von politischer, rechtsstaatlicher und bürgerlicher Freiheit führt Franz Böhm den Gedanken der Trennung von Staat und Gesellschaft konsequent fort. Die politische Freiheit allein garantiert dem Einzelnen nach Franz Böhm noch keine umfassende Freiheit, neben sie muß vielmehr die rechtsstaatliche Freiheit treten, denn erst der gesellschaftliche, staatsfreie Raum läßt dem Einzelnen einen ausreichenden Entfaltungsspielraum. Damit schafft die rechtsstaatliche Freiheit den notwendigen Raum für das privatautonome Handeln der Bürger in der Gesellschaft, also für die bürgerliche Freiheit.

Die Privatrechtsgesellschaft Franz Böhms bedingt eine enge wechselseitige Verflechtung von Freiheit sowie Gleichheit auf der einen und dem Privatrecht auf der anderen Seite: Die Funktionsfähigkeit der lenkenden und koordinierenden Kraft des Privatrechts setzt die Privatautonomie der Bürger, das heißt die Gleichheit aller Rechtssubjekte voraus; nur in einer von staatlichem Einfluß frei-

---

[488]   *Franz Böhm* (Fn. 82), S. 20 (Hervorhebung im Original).
[489]   Vgl. *Franz Böhm* (Fn. 140), S. 87. Siehe auch *Fritz Holzwarth* (Fn. 54), S. 185.
[490]   Siehe *Franz Böhm* (Fn. 140), S. 86 f.; *ders.* (Fn 3 [1959]), S. 43 ff.
[491]   So *Franz Böhm* (Fn. 140), S. 87; *ders.* (Fn. 3 [1959]), S. 46, 48. Siehe auch *Klaus Mayer/ Jörg Scheinpflug* (Fn. 450), S. 15 f.
[492]   *Franz Böhm* (Fn. 140), S. 87 (Hervorhebung im Original).
[493]   Vgl. *Franz Böhm* (Fn. 140), S. 87.
[494]   *Franz Böhm* (Fn. 3 [1966]), S. 98 (Hervorhebung im Original).

en Gesellschaft als Ausdruck der rechtsstaatlichen Freiheit kann das Privatrecht seine ordnende Kraft entfalten. Umgekehrt ermöglicht erst das Privatrecht die optimale Verwirklichung der bürgerlichen Freiheit und die Bewahrung der Gleichheit der Bürger. Die Privatrechtsordnung kann (bürgerliche) Freiheit also nur insoweit garantieren, als ihr selbst Raum zur Entfaltung gewährt wird.[495] Die Trennung von staatlichem und gesellschaftlichem Raum ist damit Voraussetzung für die Realisierung der freiheitlichen Ordnung in der Privatrechtsgesellschaft, während die Ausdehnung staatlicher Regelungen auf Bereiche, die herkömmlich der privaten Selbstregulierung vorbehalten waren, das heißt das Zurückdrängen des Privatrechts, unweigerlich die Einschränkung privatautonomen Handelns und damit die Beschneidung individueller Freiheitsräume zur Folge hat.[496]

Die Privatrechtsordnung bedarf also selbst eines Freiraums, um die Freiheit des Einzelnen zu sichern. Nur dann wird die Privatrechtsordnung ihrer Stellung als freiheitlicher Ordnung gerecht, in der die „einzige Autorität oberhalb der Mitglieder der Zivilrechtsgesellschaft ... das *Gesetz* [ist]; nirgends ist das Prinzip des Aristoteles: Gesetze sollen herrschen, nicht Menschen! so vollständig verwirklicht wie in der Privatrechtsordnung"[497].

Die Privatrechtsgesellschaft findet ihr wirtschaftliches Pendant in der Wettbewerbsordnung, mit der sie enge strukturelle Übereinstimmungen aufweist[498]: Die Privatrechtsordnung und der Wettbewerb sind beide durch die Gleichrangigkeit bzw. Machtlosigkeit der Privatrechtssubjekte gekennzeichnet, die als einzige Autorität das Gesetz anerkennen; beide bedürfen eines im wesentlichen staatsfreien gesellschaftlichen Raumes, damit sich ihre ordnende Kraft entfalten kann. Neben die strukturelle Entsprechung von Privatrechts- und Wettbewerbsordnung tritt das wechselseitige aufeinander angewiesen sein. Die Funktionsfähigkeit der Wettbewerbsordnung hängt einerseits vom Vorhandensein der Privatrechtsordnung als einem wesentlichen Signalsystem ab. Andererseits hält die Wettbewerbsordnung den Zustand der relativen Machtlosigkeit aller Privatrechtssubjekte aufrecht, die die ordnende Kraft des Privatrechts zur Entfaltung kommen läßt.[499] Denn der Wettbewerb wirkt als Kontrollinstanz auf dem Markt, welche das Entstehen von wirtschaftlichen Machtungleichgewichten unterbindet. Insoweit legitimiert der Wettbewerb zugleich die Ausübung der wirtschaftlichen Handlungsfreiheit des Einzelnen, das heißt die Privatautonomie.[500]

---

495 Dazu *Wolfgang Zöllner* (Fn. 467), S. 331 ff.

496 Vgl. *Josef Isensee* (Fn. 243), S. 139 ff.

497 *Franz Böhm* (Fn. 3 [1959]), S. 55 (Hervorhebung im Original).

498 Vgl. *Ernst-Joachim Mestmäcker*, Der Kampf ums Recht in der offenen Gesellschaft (1989), in: ders., Recht in der offenen Gesellschaft, 1993, S. 11 ff. (18).

499 Vgl. *Ernst-Joachim Mestmäcker* (Fn. 474), S. 443.

500 So *Manfred E. Streit* (Fn. 477), S. 16.

Zwischen Privatrechtsordnung und Wettbewerb besteht also im Grundsatz Kongruenz, zugleich können sich beide Ordnungssysteme nur im gemeinsamen Zusammenwirken vollständig entfalten; sie stehen gleichrangig nebeneinander. Dem Privatrecht kommt gegenüber der Wettbewerbsordnung keine nur dienende Rolle zu, sondern erlangt als Rechtsordnung der Gesellschaft eigenständige Bedeutung.[501] Die Privatrechtsgesellschaft ist mithin der Ort, in dem die Ordnungsprinzipien des Privatrechts und des Wettbewerbs zusammenkommen, sie bildet die verbindende Klammer von Rechtsordnung und Marktwirtschaft. In der Privatrechtsgesellschaft werden Privatrechts- und Wettbewerbsordnung rechtstatsächlich und normativ verbunden.[502] Auf diese Weise kann die Privatrechtsgesellschaft ihre Selbststeuerungskräfte umfassend zur Geltung bringen und damit größtmögliche Freiheit für den Einzelnen garantieren.

2. Die Bedrohung der Freiheit durch private Macht

Die Privatrechtsgesellschaft reagiert in hohem Maß empfindlich auf Machtbildungen innerhalb der Gesellschaft. Wenn es zu (dauerhaften) Machtungleichgewichten in der Gesellschaft kommt, verliert das Privatrecht seine koordinierende und ausgleichende Kraft. Der Privatrechtsverkehr gerät in Unordnung und an die Stelle des gleichberechtigten Tausches treten Abhängigkeitsverhältnisse, die bestehende Machtzusammenballungen stärken und gesellschaftliche Machtpositionen absichern. Auch wenn in der Privatrechtsgesellschaft das Privilegien(un)wesen und damit der Zustand gesellschaftlicher Ungleichheit vor dem Gesetz, wie sie für die Zeit der Feudal- und Ständegesellschaft symptomatisch war, überwunden worden ist, mahnt Franz Böhm, daß die Gefahr neuer Ungleichgewichte und damit neuer Formen von Unfreiheit, welche das menschliche Zusammenleben dominieren, nicht gebannt sei.[503] Im Gegenteil: Die Privatrechtsgesellschaft sei der Gefahr, das innere Machtbildungen entstehen und es zu Machtverschiebungen komme, permanent ausgesetzt; es drohe stets ein Rückfall

---

[501] Den Vorwurf, daß *Franz Böhm* dem Privatrecht eine rein dienende Funktion zuweist, damit das Marktpreissystem einseitig überhöht und im Ergebnis an der Stelle der Rule of Law die Rule of Prices setzt, erhebt *Knut W. Nörr* (vgl. *Knut W. Nörr* [Fn. 91], S. 17) zu Unrecht.

[502] Dazu *Ernst-Joachim Mestmäcker*, Freiheit und Ordnung in der Marktwirtschaft, in: Konrad-Adenauer-Stiftung (Hrsg.), Franz Böhm. Beiträge zu Leben und Wirken, 1980, S. 37 ff. (46).

[503] Vgl. *Franz Böhm*, Die Bedrohung der Freiheit durch private ökonomische Macht in der heutigen Gesellschaft, Universitas 1963, S. 37 ff. (37).

in dem Stände- und Feudalstaat entsprechende Strukturen. Franz Böhm spricht diesbezüglich von der „Gefahr der Refeudalisierung einer freien Gesellschaft"[504].

Damit einher gehe die Bedrohung der Privatrechtsgesellschaft durch den Staat, wenn dieser den gesellschaftlichen Freiraum nicht respektiere, sondern in das gesellschaftliche Zusammenleben intervenierend eingreife, und damit die Trennung von staatlichem und gesellschaftlichen Raum schleichend aufgehoben werde.[505]

a.   Die Entstehung und der Einfluß privater Macht

Das Zusammenleben in der Privatrechtsgesellschaft wird durch die Regeln des Privatrechts geordnet, die es den Bürgern nicht nur ermöglichen, gegenläufige Interessen im Rahmen von Verträgen miteinander in Einklang zu bringen, sondern auch ihre Interessen zu bündeln, indem sie sich auf privatrechtlicher Grundlage zusammenschließen. Im Bereich der Wirtschaft kann eine solche Bündelung von (wirtschaftlichen) Interessen durch freiwillige Unternehmenszusammenschlüsse oder Kartellvereinbarungen erfolgen. Auf diese Weise werden die ökonomischen Interessen verschiedener Unternehmer konzentriert, deren (Macht-)Stellung auf dem Markt im Vergleich zu anderen Konkurrenten so verbessert wird und deren wirtschaftliche Gewinnchancen erhöht werden. Darüber hinaus steht den Unternehmen der Weg offen, ihre wirtschaftspolitischen Interessen wirkungsvoll zu artikulieren und umzusetzen, indem sie sich zu Vereinen, Gruppen oder Verbänden zusammenschließen. Von dieser Möglichkeit, den eigenen, (gesellschafts-)politischen Anliegen durch einen Zusammenschluß mit anderen Gehör zu verschaffen, machen auch die Bürger Gebrauch, in dem sie sich zu gesellschaftlichen Interessengruppen zusammenfinden. Gesellschaftliche Interessengruppen schließen sich auf gleiche Weise und aufgrund einer ähnlichen Motivationslage wie beispielsweise Unternehmen bei wirtschaftlichen Zusammenschlüssen zusammen: Gesellschaftliche Interessengruppen sind in der Regel private Vereinigungen, in denen sich Bürger zur Umsetzung eines bestimmten Interesses, das sie mit anderen Mitbürgern teilen und welches sie allein nicht zu erreichen vermögen, zusammengeschlossen haben.[506]

---

[504] *Franz Böhm* (Fn. 436), S. 150. Siehe auch *Franz Böhm* (Fn. 225), S. 15.
[505] Vgl. *Franz Böhm* (Fn. 225), S. 14.
[506] Vgl. *Franz Böhm* (Fn. 140), S. 194; *ders.* (Fn. 3 [1966]), S. 141.
       Siehe auch *Kurt Biedenkopf*, Der Staat und die gesellschaftlichen Gruppen, in: Warnfried Dettling (Hrsg.), Macht der Verbände – Ohnmacht der Demokratie?, 1976, S. 237 ff. (239 f.); *Warnfried Dettling*, Verbände – Strukturelement einer freiheitlichen Demokratie, 1978, S. 7 ff.; *Karl-Hans Hartwig*, Wirtschaftsverbände und Soziale

Der Zusammenschluß zu gesellschaftlichen Interessengruppen ist ebenso Ausdruck der Vereinigungsfreiheit der Bürger, wie der freiwillige Unternehmenszusammenschluß Ausdruck der Vertragsfreiheit der Gewerbetreibenden ist. Beide Formen von Zusammenschlüssen sind Ausdruck einer freiheitlichen Gesellschafts- und Wirtschaftsordnung und nehmen in diesen legitime Anliegen und Aufgaben wahr. Gleichzeitig können sie Veränderungen von gesellschaftlichen Machtverhältnissen zur Folge haben: Eine gesellschaftliche Gruppe kann ihren Partikularinteressen effektiver Gehör verschaffen als ein (nicht organisierter) Einzelner, sie verfügt demzufolge über einen stärkeren gesellschaftlichen Einfluß und damit mehr Macht als der Einzelne oder eine kleinere Gruppe. Ein Unternehmen, welches aus einem Zusammenschluß hervorgegangen ist, verfügt in der Regel über mehr Marktanteile auf dem Markt, das heißt über mehr Einfluß und Macht auf dem betroffenen Markt als die am Zusammenschluß jeweils beteiligten einzelnen Unternehmen. Mit den Mitteln des Privatrechts kann nach Franz Böhm also private Macht in Form von gesellschaftlichen Interessengruppen oder aber ökonomische Macht aufgrund von Unternehmenszusammenschlüssen entstehen, die den freien Gestaltungsspielraum anderer notwendig einschränkt und sich innerhalb der Privatrechtsgesellschaft auswirkt.[507]

aa. Der Einfluß privater Macht in Gesellschaft und Staat

Für Franz Böhm stellt jede Form von privater Macht, unabhängig davon, ob sie auf ökonomischer Konzentration oder auf gesellschaftlicher Gruppenbildung beruht, eine Gefahr für die freie Gesellschaftsordnung dar. Dies gilt nach Franz Böhm hinsichtlich der wirtschaftlichen Macht eines Monopolisten oder eines Kartells vor allem mit Blick darauf, daß diese sich nicht mit den aufgrund ihrer Vormachtstellung erlangten Vorteilen begnügen, sondern dazu tendieren, ihre Machtstellung gegenüber den Konkurrenten rücksichtslos zu verteidigen: „Nicht der seine Macht ausbeutende, sondern der um seine Macht kämpfende Monopolismus ist es, der uns tatsächlich ernsten Anlaß gibt, um unsere bürgerlichen und politischen Freiheiten, um unsere gesellschaftliche und staatliche Ordnung besorgt zu sein"[508]. Um ihre Monopolstellung zu verteidigen, würden die Inhaber ökonomischer Macht die Regeln des Privatrechts, die gerade auf dem gleichberechtigten Nebeneinander der Marktteilnehmer beruhen und sich in ihrer Wir-

---

Marktwirtschaft, ORDO, Band 48 (1997), S. 655 ff.; *Rüdiger v. Voss*, Interessenverbände – Gegenregierung oder Partner?, in: Bernd v. Maydell/ Walter Kannengießer (Hrsg.), Handbuch Sozialpolitik, 1988, S. 149 ff. (152 ff.).

507 Vgl. *Franz Böhm* (Fn. 503), S. 39.

508 *Franz Böhm* (Fn. 225), S. 18; *ders.* (Fn. 503), S. 41.

kung in den Händen der Inhaber privater Macht in ihr Gegenteil verkehren, dazu nutzen, neue Abhängigkeitsverhältnisse zu schaffen. Aufgrund ihrer Machtstellung können sie ihren Vertragspartnern, wenn diese mangels oder nicht ausreichender anderweitiger Möglichkeiten von dem jeweiligen Vertragsabschluß wirtschaftlich abhängen und damit auf ihn angewiesen sind, den Inhalt der Verträge de facto zu den eigenen Gunsten diktieren; mit dem Mittel des Preiskampfes können sie kleinere Konkurrenten, die in der Regel über geringere finanzielle Ressourcen verfügen, vom Markt verdrängen oder sogar aufkaufen. Die privatrechtlichen Regeln können sich nach Franz Böhm in der Hand von Monopolisten und Inhabern ökonomischer Macht in eine Waffe verwandeln, die Abhängigkeitsverhältnisse zementiere, Konkurrenten vom Markt verdrängen helfe und damit die Grundlagen der Privatrechtsordnung erodiere.[509] Die Inhaber ökonomischer Macht könnten dann letztlich in die freie Wirtschaft nach ihrem Gutdünken intervenieren, das heißt, an die Stelle der privatwirtschaftlichen Überlegungen jedes Einzelnen trete die der Inhaber privater Macht, die – einer Regierung vergleichbar – Wirtschaftspolitik zu ihren Gunsten betreiben könne. „Diese Macht hat die Natur eines *feudalmäßigen Besitzstandes*; freie Bürger werden der Botmäßigkeit anderer freier Bürger ausgesetzt und müssen sich von diesen Mitbürgern zwangsmäßige Eingriffe in ihr berufliches und konsumptives Schicksal gefallen lassen, die sie von seiten ihrer Regierung *nicht hinnehmen* müßten, es sei denn, es existiere ein *Gesetz*, das die Regierung eindeutig und unmißverständlich zu diesem Eingriff ermächtigt"[510].

Die Inhaber wirtschaftlicher Macht würden aber nicht nur über Einfluß auf dem Markt verfügen, sondern seien immer auch im Besitz von politischem Einfluß.[511] Um die eigene Machtstellung abzusichern und auszubauen, würden sie Druck auf politisch Verantwortliche ausüben, damit diese ihnen wirtschaftliche Vorteile und Vorrechte, z.B. in Form von Investitionszuschüssen, Steuervergünstigungen oder Konkurrentenschutz durch Importbeschränkungen einräumen.[512] Im Ergebnis wollen sie sich nach Franz Böhm mittels staatlicher Eingriffe und Regelungen den Risiken des Wettbewerbs entziehen, indem sie für sich Ausnahmeregelungen schaffen, das heißt, sie würden sich durch Spielregelverlet-

---

[509] Vgl. *Franz Böhm* (Fn. 126), S. 72 f.; *ders.* (Fn. 503), S. 43, 45. Siehe auch *Otto Schlecht* (Fn. 136), S. 39 f.

[510] *Franz Böhm* (Fn. 143), S. 197 (Hervorhebung im Original).

[511] Vgl. *Franz Böhm* (Fn. 126), S. 73. Siehe auch *Constantin v. Dietze* (Fn. 254), S. 43; *Otto Schlecht* (Fn. 136), S. 35.

[512] Siehe dazu *Franz Böhm*, Marktwirtschaft von links und von rechts (1953), in: Franz Böhm. Reden und Schriften, hrsgg. von Ernst-Joachim Mestmäcker, 1960, S. 151 ff. (153 f.).

zungen – nämlich der partiellen Außerkraftsetzung der Regeln des Wettbewerbs – wirtschaftliche Vorteile auf Kosten anderer verschaffen.[513]

Je mehr ökonomische Macht ein einzelnes Unternehmen repräsentiert, desto eher geben die politischen Kräfte den Forderungen einzelner Unternehmer nach. So kann beispielsweise die Drohung eines Unternehmers mit einer Verlagerung seiner Produktionsstätten in eine andere Stadt oder ins Ausland, sofern damit ein Verlust von heimischen Arbeitsplätzen droht, bereits zu umfassenden Zugeständnissen der jeweils politisch Verantwortlichen führen; Großunternehmen können im Sanierungs- oder Insolvenzfall eher mit staatlicher Unterstützung und Beihilfen rechnen als kleine und mittelgroße Unternehmen.

Den Inhabern wirtschaftlicher Macht steht außerdem die Möglichkeit offen, sich mit anderen Unternehmen zu (Wirtschafts-)Verbänden zusammenzuschließen, um ihre Positionen wirksamer gegenüber den staatlichen Stellen vertreten zu können. Dieser Weg, sich zu Verbänden und Interessengruppen zusammenzuschließen, um sich gegenüber anderen Gruppen Vorteile auf dem Markt zu sichern, steht auch allen Individuen offen. Im Bereich der Wirtschaft machen sowohl die Unternehmen als auch die Arbeitnehmer von dieser Möglichkeit umfassend Gebrauch.

Der Begriff des Verbandes umfaßt eine Vielzahl unterschiedlicher Organisationen, die wirtschaftliche, soziale, kulturelle oder andere Interessen ihrer Mitglieder wahrnehmen. Sie sind freiwillige Zusammenschlüsse in Form von privatrechtlichen Vereinigungen, die natürliche wie juristische Personen umfassen; öffentlich-rechtliche Körperschaften und Anstalten zählen nicht zu den Verbänden im staatsrechtlichen Sinn.[514] Im Mittelpunkt der organisierten Wirtschaftsverbände hat zunächst der Gedanke gestanden, eine Schutz- und Leistungsgemeinschaft zu schaffen, um den Mitgliedern durch den Zusammenschluß eine bessere individuelle Sicherung sowie eine Unterstützung ihrer Arbeit durch übergreifende Beratungs- und Serviceleistungen ihres Verbandes zu bieten; an seine Stelle tritt – in seit Jahren zunehmendem Maße – die Aufgabe einer gemeinschaftlichen Interessenvertretung gegenüber den staatlichen Institutionen.[515]

Ziel dieser Interessenvertretung ist es, sich mit Hilfe des Staates über die eigene Leistung hinausgehende Vorteile zu sichern, indem die Interessengruppen

---

[513] Vgl. *Franz Böhm* (Fn. 3 [1966]), S. 140.

[514] Vgl. *Wamfried Dettling* (Fn. 506), S. 18; *Joseph H. Kaiser*, Verbände, in: Josef Isensee/ Paul Kirchhof (Hrsg.), HdbStR II, 1998, § 34 Rdn. 5; *Manfred E. Streit*, Verbände, marktwirtschaftliche Ordnung und politische Verfassung, in: Roland Vaubel/ Hans D. Barbier (Hrsg.), Handbuch Marktwirtschaft, 1993, S. 199 ff. (200).

[515] Vgl. *Kurt Biedenkopf*, Das Verhältnis von Staat und gesellschaftlichen Gruppen, Festschrift für Kurt Ballerstedt, 1975, S. 13 ff. (18).

politische Entscheidungen in ihrem Sinne zu beeinflussen versuchen.[516] Die
verschiedenen Verbände wollen ihre jeweiligen Einzelinteressen durchsetzen,
denn wenn „sich Menschen zum Zweck der Interessenwahrnehmung vereinigen,
so vereinigen sie sich niemals zur gemeinsamen Wahrnehmung ihrer *gesamten
Interessen*, sondern sie greifen *ein bestimmtes Interesse* heraus, das sie mit vielen Mitmenschen der gleichen sozialen Lage teilen ... ".[517] Den Interessengruppen stehen dazu im wesentlichen zwei Möglichkeiten offen: Sie nehmen mittelbar
Einfluß auf politische Entscheidungsprozesse, indem sie ihre Interessen an Regierung und Parlament herantragen, oder sie nehmen dadurch unmittelbaren
Einfluß, daß sie sich selbst in die Parlamente wählen lassen.[518] In beiden Fällen
müssen die Verbände über gesellschaftliche Macht verfügen, um ihre Möglichkeiten erfolgreich auszuschöpfen. Gesellschaftliche Macht zu erlangen, ist deshalb der wesentliche Sinn und Zweck der Interessenverbände: Sie konstituieren
durch einen verbandlichen Zusammenschluß Macht, um ihre Interessen effektiv
wahrnehmen zu können.[519]

Die verschiedenen Wirtschaftsverbände verfolgen mit ihrer Interessenvertretung insbesondere das Ziel, wirtschaftliche Vorteile z.B. in Form von Subventionen oder Sonderregeln, Kündigungsschutzregeln oder sozialen Vergünstigungen
zu erstreiten. Der Staat soll nach Franz Böhm zu ihren Gunsten in das Marktgeschehen intervenieren und auf diese Weise private Besitzstände schaffen.[520]

Der Erfolg der einzelnen Interessenvertretungen beruht bei den Wirtschaftsverbänden vor allem darauf, daß sie direkt (wegen der Bedeutung des Verbandes)
oder indirekt (durch ihre Mitglieder) über Marktmacht verfügen, so daß sich die
politischen Institutionen über die geäußerten Interessen nicht ohne weiteres
hinwegsetzen können.[521] Die bemerkenswerte gesellschaftspolitische Machtposition, die einige Wirtschaftsverbände – auch unabhängig von der dahinter stehen-

---

[516] Vgl. *Ernst-Wolfgang Böckenförde*, Die politische Funktion wirtschaftlich-sozialer Ver-
       bände und Interessenträger in der sozialstaatlichen Demokratie, Der Staat 1976,
       S. 457 ff. (460 f.); *Wamfried Dettling* (Fn. 506), S. 23; *Karl-Hans Hartwig* (Fn. 506),
       S. 660; *Guy Kirsch*, Ordnungspolitik als Gegenstand der politischen Auseinanderset-
       zung, in: Otmar Issing (Hrsg.), Zukunftsprobleme der Sozialen Marktwirtschaft,
       1981, S. 255 ff. (263 ff.).
[517] *Franz Böhm* (Fn. 140), S. 194 (Hervorhebung im Original).
[518] Vgl. *Kurt Biedenkopf* (Fn. 515), S. 23; *Wamfried Dettling* (Fn. 506), S. 23 ff.; *Karl-Hans
       Hartwig* (Fn. 506), S. 664 f.; *Walter Kannengießer*, Der Staat, die Parteien und die Ver-
       bände, in: Bernd v. Maydell/ ders. (Hrsg.), Handbuch Sozialpolitik, 1988, S. 130 ff.
       (137 ff.).
[519] Siehe *Joseph. H. Kaiser* (Fn. 514), Rdn. 9.
[520] Vgl. *Franz Böhm* (Fn. 78), S. 41. Siehe auch *Manfred E. Streit* (Fn. 514), S. 202.
[521] Vgl. *Manfred E. Streit* (Fn. 514), S. 202.

den ökonomischen Macht – inne haben, zeigt sich beispielsweise auf Gewerk-
schaftsseite, wo sich mittlerweile fast monopolistische Strukturen herausgebildet
haben. Überhaupt ist in Gestalt der Tarifparteien ein regelrechtes Kartell von
Arbeitgebern und Arbeitnehmern (zugunsten der Beschäftigten und zu Lasten
der Arbeitslosen) entstanden.[522] Der Umstand, daß die Interessengruppen auf
politische Entscheidungen Einfluß nehmen können, führt zwangsläufig dazu,
daß sich auch andere Unternehmen und Private zu organisieren beginnen, um
ihrerseits durch gezielte Interessenpolitik Vorteile zu ihren Gunsten zu erwirken.
Der wachsende Einfluß von gesellschaftlichen Interessengruppen führt so nach
Franz Böhm zu einer Kettenreaktion, in deren Folge sich weitere Interessengruppen bilden, deren erfolgreiches Agieren wiederum weitere Zusammenschlüsse nach sich zieht.[523]

bb. Interessenvertretung an der Nahtstelle von Staat und Gesell-schaft

Die Interessengruppen agieren an der Nahtstelle von Staat und Gesellschaft. Sie
sind gesellschaftliche Gruppen, die sich nach den Regeln des Privatrechts gründen, und innerhalb der Gesellschaft eine wichtige soziale Funktion erfüllen. Die
einzelnen Gruppen repräsentieren die unterschiedlichen Anliegen einer partikularen Gesellschaft, übernehmen eine Filterfunktion der verschiedenen Interessen,
wirken daran mit, einen Ausgleich der Interessen in der Gesellschaft zu erzielen,
und sind insoweit für die Funktionsfähigkeit einer pluralen Gesellschaft unverzichtbar.[524] Zugleich verfolgen sie auch das Ziel, auf staatliche Entscheidungen
im Interesse ihrer Gruppe Einfluß zu nehmen. Dabei sind die Übergänge von
einer reinen Beratung der politischen Institutionen über eine unmittelbaren Beteiligung der Interessengruppen an politischen Entscheidungen bis hin zur Ausübung von rechtsetzender Hoheitsgewalt fließend. Dies liegt zum einen daran,
daß die politisch Verantwortlichen mangels eigener Kenntnisse auf den Sach-
verstand von Verbänden angewiesen sind, ohne deren Vorschläge selbst im De-
tail überprüfen zu können; zum anderen bleibt wegen der mangelnden Transpa-

---

[522] So *Johann Eekhoff*, Die Arbeitslosen werden abgedrängt und ausgesperrt, Frankfurter
Allgemeine Zeitung vom 22. März 1997. Siehe auch *Wulf-Henning Roth*, Tarifverträge
aus kartellrechtlicher Sicht, in: FIW (Hrsg.), Tarifautonomie und Kartellrecht, 1990,
S. 7 ff.

[523] Siehe *Franz Böhm* (Fn. 78), S. 41; *Guy Kirsch* (Fn. 516), S. 268.

[524] Vgl. *Kurt Biedenkopf* (Fn. 506), S. 241; *ders.* (Fn. 515), S. 24 f. Siehe auch *Franz Böhm*
(Fn. 3 [1966]), S. 85.

renz von Anhörungen und Beratungen der konkrete Einfluß der Interessengruppen oftmals verdeckt.[525]

Die Kette der Entscheidungen, in denen einzelne Interessengruppen (gesetzliche) Vorteile zu ihren eigenen Gunsten erwirkt haben, ist lang. Allein die Beratungen über das Gesetz gegen Wettbewerbsbeschränkungen waren von seiner Einführung an bis heute von einer deutlichen Einflußnahme seitens einzelner Interessengruppen geprägt. Jüngstes Beispiel dafür ist die neu eingeführte Ausnahmeregelung für die Vermarktung von Sportübertragungen in § 31 GWB, die aufgrund des hartnäckigen Intervenierens der Sportverbände in die sechste Novelle aufgenommen worden ist. Im Einzelfall erweist es sich dabei als schwierig, zwischen einer bloß vorbereitenden oder rein konsultativen Tätigkeit der Interessengruppen, die noch keine legitimationsbedürftige Ausübung von Hoheitsgewalt beinhaltet, und einer Steuerung staatlicher Entscheidungen zu unterscheiden. Die Grenzen zwischen bloß beratender Teilhabe und Mitentscheidung verschwimmen im politischen Alltagsgeschäft.[526]

Einen unmittelbaren Einfluß auf politische Entscheidungen und damit eine mitentscheidende Funktion nehmen die Interessengruppen wohl zumindest dann (nach außen sichtbar) wahr, wenn zwischen ihnen und der Regierung bestimmte Vereinbarungen öffentlich getroffen werden, die das Parlament aufgrund des öffentlichen Drucks de facto nur bestätigen kann; das Parlament vollzieht dann im Rahmen des Gesetzgebungsverfahrens lediglich eine bereits ergangene Entscheidung, es spielt selbst nur eine untergeordnete Rolle.[527] Ein solcher Mechanismus zeigt sich in den 90er Jahren des 20. Jahrhunderts bis heute beispielsweise bei den sogenannten Bündnissen für Arbeit, wo Arbeitgeber- und Arbeitnehmerverbände gemeinsam mit der Regierung politische Vereinbarungen treffen, die dann vom Parlament (zumindest teilweise) umzusetzen sind, ohne daß dem Parlament und insbesondere der parlamentarischen Opposition tatsächlich ein eigener Entscheidungsspielraum bleibt.[528]

Die unmittelbare Einflußnahme einzelner gesellschaftlicher Gruppen auf staatliche Entscheidungsprozesse und insbesondere das Gesetzgebungsverfahren wirft ein grundsätzliches staatsrechtliches Problem auf: In dem Augenblick, in

---

[525] Siehe *Winfried Brohm*, Sachverständige Beratung des Staates, HdbStR II, 1998, § 36 Rdn. 10; *Wamfried Dettling* (Fn. 506), S. 25; *Joseph H. Kaiser* (Fn. 514), Rdn. 32; *Manfred E. Streit* (Fn. 514), S. 202.

[526] Siehe dazu *Winfried Brohm* (Fn. 525), Rdn. 30 ff. Siehe auch BVerfGE 83, 60 (73 f.). Zur Abgrenzungsproblematik auch *Ernst-Wolfgang Böckenförde* (Fn. 516), S. 461 ff.

[527] Vgl. *Rainer Hank*, Böcke treten als Gärtner auf, Frankfurter Allgemeine Zeitung vom 20. April 1996.

[528] Vgl. *Guy Kirsch*, Runde Tische sind gefährliche Möbel, Frankfurter Allgemeine Zeitung vom 10. Februar 1996.

dem gesellschaftliche Gruppen auf staatliche Entscheidungsprozesse dergestalt Einfluß gewinnen, daß sie auf gleicher Ebene mit dem Staat verhandeln und unmittelbar mitentscheiden, verlassen sie den gesellschaftlichen Raum, sie üben Hoheitsgewalt aus und maßen sich damit eine den staatlichen Organen vergleichbare Stellung an.[529] Die Interessengruppen oder auch die Inhaber privater Macht verfügen dann nach Franz Böhm über gesetzgeberische und administrative Herrschaftsbefugnisse, indem sie (mit Hilfe des Staates) unmittelbar in wirtschaftliche Abläufe eingreifen.[530] Die gesellschaftlichen Gruppen verfügen jedoch nicht über eine den staatlichen Hoheitsträgern entsprechende Legitimation, denn sie sind weder aus allgemeinen Wahlen hervorgegangen, noch sind sie dem Allgemeinwohl, sondern allein ihren Gruppeninteressen verpflichtet.[531] Dieser qualitative Unterschied zwischen den staatlichen Organen und den gesellschaftlichen Gruppen bedingt, daß gesellschaftliche Gruppen zwar im Gesetzgebungsverfahren gehört werden können, nicht aber mitentscheiden dürfen.[532] Anderen-

---

[529] Vgl. *Josef Isensee*, Der Tarifvertrag als Gewerkschafts-Staats-Vertrag, in: Walter Leisner (Hrsg.), Das Berufsbeamtentum im demokratischen Staat, 1975, S. 23 ff. (30 ff.). Siehe auch *Ernst R. Huber*, Die erweiterte wirtschaftliche Mitbestimmung und der Verfassungsstaat (1972), in: ders., Bewahrung und Wandlung, 1975, S. 274 ff. (278 f.).

[530] Vgl. *Franz Böhm*, Partisanen gegen die Verfassung, Frankfurter Allgemeine Zeitung vom 21. Juni 1975. Siehe auch *Roman Herzog*, Das Verbandswesen im modernen Staat, in: Warnfried Dettling (Hrsg.), Macht der Verbände – Ohnmacht der Demokratie?, 1976, S. 69 ff. (71 ff.).
Hans Großmann-Doerth thematisiert das Problem, daß gesellschaftliche Machtgruppen sich quasi gesetzgeberische Kompetenzen anmaßen, anhand des „selbstgeschaffenen Rechts der Wirtschaft" in Gestalt der Allgemeinen Geschäftsbedingungen in seiner Freiburger Antrittsvorlesung im Jahr 1933. In diesem Zusammenhang erhebt er die Forderung, daß Allgemeine Geschäftsbedingungen unter die Kontrolle des Staates gestellt werden müssen, um ein Auseinanderfallen von staatlichen Gesetzen und privatrechtlich geschaffenem Recht zu vermeiden (*Hans Großmann-Doerth*, Selbstgeschaffenes Recht der Wirtschaft und staatliches Recht, 1933). Siehe dazu auch *Franz Böhm* (Fn. 10), S. 105 ff.; *Otto Schlecht* (Fn. 136), S. 40 f.

[531] Vgl. *Franz Böhm* (Fn. 10), S. 109. Siehe auch *Kurt Biedenkopf* (Fn. 506), S. 243 f.; *Ernst-Wolfgang Böckenförde*, Demokratie als Verfassungsprinzip, HdbStR I, 1995, § 22 Rdn. 11 ff., 29.

[532] So *Kurt Biedenkopf* (Fn. 506), S. 244; *Josef Isensee* (Fn. 529), S. 30.
Das Bundesverfassungsgericht stellt diesbezüglich fest: „Aus dem Bereich des demokratisch zu legitimierenden Handelns scheiden bloß vorbereitende und rein konsultative Tätigkeiten grundsätzlich aus. Die Tätigkeit von Beiräten und sonstigen Expertengremien, die mit beratenden Aufgaben befaßt sind, ohne Mitbestimmungsbefugnisse zu haben, muß daher insoweit nicht auf das Volk zurückgeführt wer-

falls, so mahnt Franz Böhm, würden Teilbereiche der Staatsgewalt auf nicht-staatliche Verbände, das heißt, in den Raum der Gesellschaft verlagert werden.[533]

(1)   Das (staats-)rechtliche Problem der paritätischen Mitbestimmung

Franz Böhm verdeutlicht das Phänomen, daß gesellschaftliche Gruppen nicht nur innerhalb des Gesellschaft, sondern auch in bezug auf den Staat und seine Entscheidungen eine einflußreiche Rolle einnehmen, vor allem im Rahmen der in den 60er und 70er Jahren des 20. Jahrhunderts geführten Diskussionen über die Einführung einer paritätischen Mitbestimmung. In diesem Zusammenhang thematisiert Franz Böhm auch das Problem, daß Interessengruppen eine den staatlichen Organen vergleichbare Stellung einnehmen können, ohne in entsprechendem Umfang dazu ermächtigt und demokratisch legitimiert zu sein.

Mitte der 60er Jahre des 20. Jahrhunderts beginnt in Deutschland die zweite Phase einer Diskussion über die wirtschaftliche Mitbestimmung der Arbeitnehmer, die 1976 mit dem Gesetz über die Mitbestimmung der Arbeitnehmer ihren vorläufigen Abschluß findet.[534] Die unternehmerische Mitbestimmung zielt auf den Schutz der in abhängiger Arbeit beschäftigen Arbeitnehmer und auf ihre Beteiligung an wirtschaftlichen Entscheidungen im Unternehmen. Konkret bestehen drei Formen von Mitbestimmung nebeneinander: die Mitbestimmung in Unternehmensorganen, die Mitbestimmung im Rahmen der Betriebsverfassung und die koalitionsmäßige Mitgestaltung der Arbeits- und Wirtschaftsbedingungen im Rahmen des Tarifrechts.[535] Allein die erste Form der Mitbestimmung ist Gegenstand der kritischen Würdigung von Franz Böhm, während er die anderen Formen ausdrücklich als mit den Grundprinzipien einer marktwirtschaftlichen Ordnung, der Privatrechtsordnung und der Gesellschaftsordnung konform ansieht.[536]

---

den ... Verdichtet sich indes die unverbindliche, bloß beratende Teilhabe an Verwaltung zur Mitentscheidung, so wird staatliche Herrschaft ausgeübt, die stets demokratisch, d.h. vom Staatsvolk, legitimiert sein muß." (BVerfGE 83, 60 [74]).

[533] Vgl. *Franz Böhm* (Fn. 143), S. 198; *Josef Isensee* (Fn. 529), S. 31.

[534] Zur Entwicklung und Ausgestaltung der wirtschaftlichen Mitbestimmung in Deutschland: *Peter Badura*, Wirtschaftliche Mitbestimmung, in: Bernd v. Maydell/Walter Kannengießer (Hrsg.), Handbuch Sozialpolitik, 1988, S. 244 ff.

[535] Siehe *Josef Isensee*, Wirtschaftsdemokratie – Wirtschaftsgrundrechte – Soziale Gewaltenteilung, Der Staat 1978, S. 161 ff. (163).

[536] So *Franz Böhm* (Fn. 122 [1966]); *ders.* (Fn. 457), S. 123.

Im Mittelpunkt der Diskussion über das Mitbestimmungsgesetz von 1976 steht die Forderung nach einer paritätischen Mitbestimmung im Aufsichtsrat.[537] Die Arbeitnehmer wollen – wie im Montan-Mitbestimmungsgesetz von 1951 auch – paritätisch mit den Arbeitgebern im Aufsichtsrat vertreten sein und so gleichberechtigt an wesentlichen unternehmerischen Entscheidungen beteiligt werden. Hieran entzündet sich die ordnungspolitische Kritik Franz Böhms.

Die Kritik von Franz Böhm an der paritätischen Mitbestimmung beruht auf folgender Ausgangsüberlegung: In der Marktwirtschaft könne jedermann ein Gewerbe gründen, als Unternehmer tätig sein und sein Unternehmen nach eigenen, autonomen Plänen lenken; dies sei Ausdruck der Gewerbefreiheit.[538] Die einzelnen Unternehmerpläne würden in der Wettbewerbsordnung mittels des Marktpreissystems koordiniert. Der Markt entscheide über eine leistungsgerechte Verteilung von Gewinnen und Verlusten und sei damit der Maßstab für unternehmerische Entscheidungen.[539] Der Gewerbefreiheit wohne schließlich das Prinzip inne, daß der Unternehmer für seine Entscheidungen nicht nur selbst zuständig sei, sondern zugleich auch die Verantwortung für seine wirtschaftlichen Entscheidungen tragen müsse. Diese Zuständigkeit für das Betreiben eines Unternehmens und die Verantwortlichkeit bzw. die Haftung für den Erfolg oder Mißerfolg des Unternehmens am Markt wird nach Franz Böhm mit der paritätischen Mitbestimmung zwischen Unternehmern und Arbeitnehmern neu aufgeteilt[540]: Mit Einführung einer paritätischen Besetzung des Aufsichtsrates werde zunächst die Zuständigkeit für unternehmerische Entscheidungen gleichermaßen auf Unternehmer und Arbeitnehmer verteilt, das heißt, der Unternehmer büße sein – aus der Gewerbefreiheit resultierendes – Selbstbestimmungsrecht ein.[541]

---

[537] Vgl. *Franz Böhm* (Fn. 457), S. 124 f.

[538] Siehe *Franz Böhm*, Mitbestimmung als Gleichberechtigung von Kapital und Arbeit oder als Vertragsanspruch der Arbeitnehmer aus dem Arbeitsverhältnis, in: ders./ Goetz Briefs (Hrsg.), Mitbestimmung – Ordnungselement oder politischer Kompromiß, 1971, S. 206 ff. (216).
Die Befugnis und Berechtigung zur Leitung eines Unternehmens leitet *Franz Böhm* nicht aus dem Eigentum, sondern aus der Privatautonomie, der Vertrags- und Gewerbefreiheit jeder Privatperson, ab (vgl. *Franz Böhm*, Der Zusammenhang zwischen Eigentum, Arbeitskraft und dem Betreiben eines Unternehmens, Festgabe für Heinrich Kronstein, 1967, S. 11 ff. [16 ff.]).

[539] Vgl. *Franz Böhm* (Fn. 140), S. 168; *ders.* (Fn. 457), S. 136.

[540] Vgl. *Franz Böhm* (Fn. 538 [1971]), S. 211, 216. Siehe auch *Gunther Schwerdtfeger*, Zur Verfassungsmäßigkeit der paritätischen Mitbestimmung, 1978, S. 23 f.

[541] Vgl. *Franz Böhm* (Fn. 140), S. 103, 117; *ders.* (Fn. 538 [1971]), S. 219 f. Siehe auch *Peter Badura/ Fritz Rittner/ Bernd Rüthers*, Mitbestimmungsgesetz 1976 und Grundge-

Ein mitbestimmtes Unternehmen setze sich quasi „aus *zwei* durch Gesetz nach Art siamesischer Zwillinge zusammengekoppelten *Partnern* zusammen[...], die nur gemeinsam einen unternehmerischen Willen bilden können"[542]. Gleichzeitig werde das Zusammenspiel und der enge Zusammenhang von unternehmerischer Zuständigkeit einerseits und der Verantwortung für die getroffenen Entscheidungen andererseits aufgehoben. Die Verantwortung für die Konsequenzen der unternehmerischen Entscheidungen liege weiterhin allein bei den Unternehmern, das heißt, die Arbeitnehmer würden zwar unternehmerische Entscheidungen mit treffen, aber nicht für deren Folgen haften.[543] Eine Beteiligung an den finanziellen Folgen unternehmerischer Entscheidungen wird von den Arbeitnehmern sogar ausdrücklich abgelehnt.[544]

Das Auseinanderfallen von Entscheidungskompetenz auf der einen und Verantwortung für die getroffenen Entscheidungen auf der anderen Seite bleibt nach Franz Böhm nicht ohne wirtschaftliche Folgen für das Unternehmen: Der an Gewinn und Verlust beteiligte Unternehmer richte ein Unternehmen weit stärker an den Bedürfnissen und Erfordernissen des Marktes aus als ein Arbeitnehmer, der von den negativen und positiven Auswirkungen des Marktes erst mit erheblichen Zeitverzögerungen konfrontiert werde.[545] Gravierender ist aus der Sicht Franz Böhms jedoch, daß das paritätische Mitbestimmungsrecht die Privatautonomie der Unternehmer durchbreche, die zwar frei in der Entscheidung seien, ein Unternehmen zu gründen, in der Führung des Unternehmens jedoch eingeschränkt und damit in ihren unternehmerischen Freiheiten beschränkt würden.[546] Den Arbeitnehmern werde das Recht auf Mitsprache und

---

setz, 1977, S. 198 f.; *Ernst R. Huber*, Grundgesetz und wirtschaftliche Mitbestimmung, 1970, S. 25 ff.

[542] *Franz Böhm* (Fn. 538 [1971]), S. 216 (Hervorhebung im Original).

[543] Vgl. *Franz Böhm* (Fn. 140), S. 103; *ders.* (Fn. 122 [1966]); *ders.* (Fn. 538 [1971]), S. 224; *ders.* (Fn. 530).

[544] Siehe *Wolfram Engels* (Fn. 403), S. 52; *Dieter Reuter*, Die wirtschaftliche Mitbestimmung der Arbeitnehmer, in: Ludwig-Erhard-Stiftung (Hrsg.), Wirtschaftsordnung als Aufgabe, 1995, S. 71 ff. (81 f.).

[545] So *Franz Böhm*, Klassenkampf mit neuer Front, Frankfurter Allgemeine Zeitung vom 09. Februar 1952. Siehe auch *Josef Isensee* (Fn. 535), S. 167; *Hans-Jürgen Papier*, Unternehmen und Unternehmer in der verfassungsrechtlichen Ordnung der Wirtschaft, VVDStRL 35 (1977), S. 55 ff. (72).
Vgl. auch *Franz Böhm*, Die Mitbestimmung der Arbeiter, Wirtschaftszeitung vom 14. Mai 1948.

[546] Vgl. *Franz Böhm* (Fn. 140), S. 101; *ders.*, Die Fragwürdigkeit der Wirtschaftsdemokratie, Vortragsreihe des Deutschen Industrieinstituts, 1952, S. 4; *ders.* (Fn. 538 [1971]), S. 217 f., 227.

Mitgestaltung eingeräumt und damit im Ergebnis das Recht, die wirtschaftliche Gestaltungsfreiheit der Unternehmer zu beschränken; jedes Mitbestimmungsrecht von Privatpersonen bedeutet nach Franz Böhm deshalb einen Eingriff in fremde Zuständigkeiten.[547] Die wesentliche Wirkung, die die Einführung der paritätischen Mitbestimmung zur Folge habe, sei demzufolge „ein *privatrechtswidriger und privatrechtsfeindlicher Eingriff in die privatrechtliche Zuständigkeitsverteilung*. Die Arbeitnehmer sollen ein Recht erhalten, das es in einer Privatrechtsgesellschaft nicht gibt, nicht geben kann und nicht geben darf, nämlich das Recht, in die privatrechtliche Zuständigkeit anderer Privatpersonen ohne deren rechtsgeschäftliche Einwilligung einzugreifen"[548].

Die Einführung einer paritätischen Mitbestimmung habe also nicht nur zur Folge, daß eine (künstliche) Konfrontation zwischen Unternehmern und Arbeitnehmern als Gegensatz von Kapital und Arbeit aufgebaut werde, sondern führe zu einer einseitigen Privilegierung der Arbeitnehmer und damit zu einem gesellschaftlichen Ungleichgewicht.[549] Das Modell der paritätischen Mitbestimmung führe im Ergebnis zu einer Unterteilung der Gesellschaft in drei Gruppen oder – in der Formulierung Franz Böhms – in drei Stände: den ersten Stand würden alle Mitglieder der Gesellschaft (Unternehmer, Arbeitnehmer, Selbständige, Konsumenten etc.) bilden, der zweite werde von den Unternehmern und der dritte von den Arbeitnehmern gebildet.[550] Allein dem letzten Stand, den Arbeitnehmern, stehe das Recht zu, in die Entscheidungsfreiheit anderer Privater, der Unternehmer, einzugreifen[551]: „Dem Sozialpartner Arbeit wird ein *gesellschaftliches Standesprivileg* gewährt, aus dem *bestimmte Einzelbefugnisse* erwachsen ... "[552]. Den Verbrauchern und allen anderen Mitgliedern der ersten Gruppe, die von unternehmerischen Entscheidungen auch mittelbar betroffen seien, würden keine vergleichbaren Mitspracherechte zur Verfügung gestellt.[553] Dadurch, daß den Verbrauchern als größter Gruppe in der paritätischen Mitbestimmung keinerlei Mitsprache- und Beteiligungsrechte eingeräumt seien, führe diese Form der Mitbestimmung im Ergebnis zu einer modernen Erscheinungsform der Ständege-

---

[547] So *Franz Böhm* (Fn. 457), S. 130.

[548] *Franz Böhm* (Fn. 457), S. 137 (Hervorhebung im Original).

[549] Vgl. *Franz Böhm* (Fn. 140), S. 97 f.; *ders.* (Fn. 457), S. 131, 143. Siehe auch *Peter Badura/ Fritz Rittner/ Bernd Rüthers* (Fn. 541), S. 251 f.; *Ernst R. Huber* (Fn. 529), S. 283 ff.; *Josef Isensee* (Fn. 535), S. 172 f.

[550] Vgl. *Franz Böhm* (Fn. 457), S. 132 f.; *ders.* (Fn. 122 [1966]).

[551] Siehe *Franz Böhm* (Fn. 122 [1966]); *ders.* (Fn. 530).

[552] *Franz Böhm* (Fn. 457), S. 143 (Hervorhebung im Original).

[553] Vgl. *Franz Böhm* (Fn. 140), S. 96 f., 194 ff.; *ders.* (Fn. 546), S. 2. Siehe auch *Josef Isensee* (Fn. 535), S. 171 f. Siehe ebenfalls *Herbert Krüger*, Paritätische Mitbestimmung – Unternehmensverfassung – Mitbestimmung der Allgemeinheit, 1973, S. 76 ff.

sellschaft, in der sich der Stand der Arbeitnehmer besondere Standesprivilegien sichere.[554] Die paritätische Mitbestimmung läuft also nach Franz Böhm „auf die Einführung eines unsere verfassungsmäßige Gesellschaftsordnung sprengenden Einmischungsprivilegs zugunsten einer standesmäßig abgegrenzten Gruppe von Privatpersonen"[555] hinaus.

Die Gruppe der Arbeitnehmer ist nach Franz Böhm ein durch die Einführung einer paritätischen Mitbestimmung gegenüber allen anderen gesellschaftlichen Gruppen bevorrechtigter Stand, der insbesondere unmittelbar in die privaten Rechte der Unternehmer hinein regieren könne. Diese einseitige Privilegierung der Arbeitnehmer gegenüber den Unternehmern werde noch durch einen weiteren Umstand verstärkt, der sich im Bereich des Tarifvertragsrecht auswirke: Die Arbeitnehmer seien aufgrund des paritätischen Mitbestimmungsrechts im Ergebnis auf beiden Vertragsseiten bei tarifvertraglichen Abschlüssen vertreten. Die „eine Vertragsseite bildet er selbst und auf der anderen Seite tummelt er sich ebenfalls, indem er den Willen der Mitglieder der Arbeitgeberseite kraft seines unternehmerischen Mitbestimmungsrechts mitbestimmt"[556].

Die privilegierte Stellung der Arbeitnehmer wirft neben den negativen Auswirkungen für eine freiheitliche Gesellschaftsordnung für Franz Böhm ein grundlegendes staatsrechtliches Problem auf. Die paritätische Mitbestimmung räume Privaten (den Arbeitnehmern) das Recht ein, in die Gestaltungs- und Handlungsfreiheit anderer Privater (der Unternehmer) einzugreifen. Dieses Recht, die Freiheit von Privaten zu beschränken, stehe in einer freien Gesellschaftsordnung grundsätzlich nur dem Staat zu, der hinsichtlich dieser Befugnis dem rechtsstaatlichen Grundsatz des Vorbehaltes und Vorrangs des Gesetzes sowie der gegenseitigen Kontrolle der staatlichen Gewalten unterworfen sei.[557] Privaten stehe demgegenüber das Recht, in die Angelegenheiten anderer einzugreifen, in der Privatrechtsgesellschaft nur aufgrund von Verträgen und damit aufgrund eines freiwilligen, gleichberechtigten Übereinkommens zu.[558] Wenn sich eine gesellschaftliche Gruppe das Recht anmaße, in die Rechte anderer eingreifen zu dürfen, ohne dazu vertraglich berechtigt zu sein, dann nehme sie eine dem Staat vergleichbare Rolle ein. Die paritätische Mitbestimmung führt insoweit nach Franz Böhm zu einer Verschiebung der Aufgabenverteilung von Staat und Gesellschaft und verwischt die jeweiligen Zuständigkeiten[559]: (Staatliche)

---

[554] Siehe *Franz Böhm* (Fn. 530). Siehe auch *Hans-Jürgen Papier* (Fn. 545), S. 72.

[555] *Franz Böhm* (Fn. 122 [1966]).

[556] *Franz Böhm* (Fn. 538 [1971]), S. 224.

[557] Siehe *Franz Böhm* (Fn. 538 [1971]), S. 227; *ders.* (Fn. 530).

[558] Vgl. *Franz Böhm* (Fn. 140), S. 94; *ders.* (Fn. 122 [1966]).

[559] So *Franz Böhm* (Fn. 479), S. 135; *ders.*, Menschenwürde und Marktwirtschaft, Frankfurter Allgemeine Zeitung vom 03. Januar 1967.

Eingriffsbefugnisse würden von einzelnen gesellschaftlichen Gruppen wahrgenommen, die – ohne eine den staatlichen Organen vergleichbare Legitimation
und entsprechende Kontrollmechanismen – die Freiheitsrechte anderer gesellschaftlicher Gruppen beschränken könnten.[560]

Franz Böhm geht im Rahmen der paritätischen Mitbestimmung nicht davon
aus, daß eine einzelne gesellschaftliche Gruppe staatliche Hoheitsgewalt im herkömmlichen Sinne ausübt. Für ihn kommt es darauf an, daß Private durch die
Einführung eines paritätischen Mitbestimmungsgesetzes ermächtigt würden, in
die Rechte anderer Privater tagtäglich einzugreifen. Eine solche Ermächtigung
zur Begrenzung von Freiheit stehe grundsätzlich nur dem Staat zu, so daß eine
gesetzliche Eingriffsbefugnis zugunsten einiger Privaten diesen quasi staatliche
Befugnisse verleihe.

Den Eingriff einer gesellschaftlichen Interessengruppe in die unternehmerische Freiheit von Privaten sieht Franz Böhm nicht dadurch als gerechtfertigt an,
daß die Einführung der paritätischen Mitbestimmung zum Teil mit dem Argument der Notwendigkeit einer demokratischen Kontrolle der Unternehmenstä-
tigkeit sowie mit der Kontrollbedürftigkeit der Inhaber wirtschaftlicher Macht
begründet wird. Das Erfordernis einer „Demokratisierung" der Unternehmen
setzt nach Franz Böhm zunächst voraus, daß in der Marktwirtschaft und damit
im Rahmen einer Privatrechtsordnung regiert, politische Herrschaft und Macht
ausgeübt werden würde, was im Bereich einer Privatrechtsgesellschaft aber gerade nicht der Fall sei.[561] Im übrigen sind die Unternehmen nach Franz Böhm
bereits einer effektiven Kontrolle, nämlich der Kontrolle des Wettbewerbs unterworfen; wenn dieser Kontrollmechanismus partiell versagen sollte, dann könne an seine Stelle nur eine staatliche Kontrolle durch die verfassungsmäßigen
Träger politischer Herrschaftsbefugnisse treten.[562] Einzelnen oder organisierten
Privatpersonen stehe es demgegenüber nicht zu, in die privatrechtlichen Zuständigkeiten anderer Personen kontrollierend einzugreifen; ihnen fehle die verfassungsmäßige Legitimation zur Ausübung von staatlichen Kontrollaufgaben.[563]

Die von Franz Böhm vorgetragenen ordnungspolitischen Bedenken, daß die
Einführung einer paritätischen Mitbestimmung zu grundlegenden Machtver-

---

560 Vgl. *Franz Böhm* (Fn. 122 [1966]); *ders.* (Fn. 538 [1971]), S. 227 f.; *ders.* (Fn. 530).
     Siehe auch *Ernst R. Huber* (Fn. 529), S. 286 f.
561 Vgl. *Franz Böhm* (Fn. 546), S. 4.
     Ebenfalls kritisch zur Forderung der Notwendigkeit einer „Demokratisierung" der
     Wirtschaft *Josef Isensee* (Fn. 535), S. 166 ff.; *Rupert Scholz*, Paritätische Mitbestimmung
     und Grundgesetz, 1974, S. 28 ff.
562 Siehe *Franz Böhm* (Fn. 457), S. 180. Siehe auch *Ernst R. Huber* (Fn. 529), S. 290.
563 Vgl. *Franz Böhm* (Fn. 546), S. 4; *ders.* (Fn. 457), S. 180. Vgl. auch *Ernst R. Huber*
     (Fn. 529), S. 219.

schiebungen in der Gesellschaft und zu einer gesellschaftspolitischen Neuord-
nung der Wirtschaftsverfassung führt, wird von den Gegnern des Mitbestimmungsgesetzes teilweise aufgegriffen.[564] Seine auf staatsrechtlichen Erwägungen
gegründete Kritik an der paritätischen Mitbestimmung, deren Einführung seines
Erachtens einer gesellschaftlichen Gruppe quasi staatliche Befugnisse einräumt
und damit jedenfalls die Trennung von staatlichem und gesellschaftlichem Bereich aufhebt, findet demgegenüber kaum Beachtung.[565] Im Zentrum der Auseinandersetzung über das Mitbestimmungsgesetz von 1976 steht vielmehr die
Frage der Vereinbarkeit des Gesetzes mit dem Grundrecht auf Eigentum
(Art. 14 Abs. 1 GG), der Vereinigungsfreiheit (Art. 9 Abs. 1 GG) und der wirtschaftlichen Betätigungsfreiheit (Art. 12 Abs. 1 und Art. 2 Abs. 1 GG).[566] Der
Frage der Vereinbarkeit des Modells der paritätischen Mitbestimmung mit dem
Ordnungskonzept der Sozialen Marktwirtschaft kommt nur eine untergeordnete
Bedeutung zu, da mehrheitlich die wirtschaftspolitische Neutralität des Grundge-
setzes (nicht seine Offenheit) bejaht wird, so daß das Mitbestimmungsgesetz
ausschließlich an den Grundrechten, die der wirtschaftlichen Gestaltungsfreiheit
des Gesetzgebers Grenzen ziehen, gemessen wird.[567]

Das Mitbestimmungsgesetz von 1976, welches nach umfangreichen Diskussionen beschlossen wird, schreibt die Besetzung des Aufsichtsrates von Unternehmen einer bestimmten Größe mit der gleichen Zahl von Mitgliedern der
Anteilseigner und der Arbeitnehmer vor. Im Fall einer Pattsituation stehen dem
Aufsichtsratsvorsitzenden zwei Stimmen zu; der Aufsichtsratsvorsitzende gehört
aufgrund der im Mitbestimmungsgesetz getroffenen Regelungen für die Wahl
des Aufsichtsratsvorsitzenden in der Regel der Seite der Anteilseigner an. Das
Bundesverfassungsgericht beurteilt das Mitbestimmungsgesetz als verfassungsgemäß.[568] Der Entscheidung des Bundesverfassungsgerichtes liegt die Feststel-

---

[564] Vgl. *Peter Badura/ Fritz Rittner/ Bernd Rüthers* (Fn. 541), S. 251 f.; *Ernst R. Huber*
       (Fn. 529), S. 275 ff.; *Hans-Jürgen Papier* (Fn. 545), S. 71 ff. Diesen Ansatz verneinend
       Rupert Scholz (Fn. 561), S. 31 ff.

[565] Siehe *Ernst R. Huber* (Fn. 529), S. 289 ff.
       Josef Isensee greift die Problematik, daß gesellschaftliche Gruppen dem Staat als
       gleichberechtigte Partner gegenübertreten, anhand der arbeitsrechtlichen Regelungs-
       verfahren im Öffentlichen Dienst auf (vgl. *Josef Isensee* [Fn. 529], S. 23 ff.).

[566] Zur Mitbestimmungsdiskussion: BVerfGE 50, 290 ff.; *Peter Badura/ Fritz Rittner/*
       Bernd Rüthers (Fn. 541); *Ernst R. Huber* (Fn. 541); *Hans-Jürgen Papier* (Fn. 545); *Thomas*
       Raiser, Grundgesetz und paritätische Mitbestimmung, 1975; *Rupert Scholz* (Fn. 561).

[567] Vgl. BVerfGE 50, 290 (336 f.). Zur Diskussion über die wirtschaftspolitische Neu-
       tralität des Grundgesetzes siehe m.w.N. *Hans-Jürgen Papier* (Fn. 545), S. 74 f. Näheres
       auch unter: V.3.c.bb.

[568] BVerfGE 50, 290 (339 ff.).

lung zugrunde, daß das Mitbestimmungsgesetz keine paritätische Mitbestimmung im eigentlichen Sinne begründe, da der Seite der Anteilseigner ein leichtes Übergewicht zukomme.[569] Die Frage der Verfassungsmäßigkeit einer paritätischen Mitbestimmung, bei der keine Seite imstande ist, die von ihr gewünschte Entscheidung ohne die Zustimmung der anderen Seite zu erzwingen, entscheidet das Bundesverfassungsgericht also nicht abschließend und läßt insoweit Raum für weitere verfassungsrechtliche Diskussionen.[570]

(2) Das (staats-)rechtliche Problem von Allgemeinverbindlicherklärungen

Im Vergleich zur Diskussion über die paritätische Mitbestimmung wird das von Franz Böhm angesprochene staatsrechtliche Problem einer Vermischung von gesellschaftlichem und staatlichem Raum bei den sogenannten Allgemeinverbindlicherklärungen deutlicher sichtbar. Das Tarifvertragsgesetz ermöglicht es, daß unter bestimmten Voraussetzungen zwischen Arbeitgebern und Arbeitnehmern ausgehandelte Tarifvertragsnormen für allgemeinverbindlich erklärt, das heißt, auf den Kreis der tarifungebundenen Arbeitgeber und Arbeitnehmer ausgedehnt werden. Die besondere Wirkung der Allgemeinverbindlicherklärung liegt demnach in der Erstreckung der Tarifgebundenheit auf Außenseiter. Über den Erlaß einer Allgemeinverbindlicherklärung entscheidet auf Antrag einer Tarifvertragspartei ein paritätisch aus Arbeitnehmer- und Arbeitgeberorganisationen besetzter Tarifausschuß, der beim Bundesminister für Arbeit und Sozialordnung angesiedelt ist. Der Bundesminister kann die Allgemeinverbindlicherklärung im Falle eines positiven Votums ablehnen, jedoch keinem Antrag auf Allgemeinverbindlicherklärung ohne entsprechendes Votum des Ausschusses stattgeben.

Franz Böhm selbst äußert sich zur staatsrechtlichen Problematik von Allgemeinverbindlicherklärungen, welche erst 1974 eingeführt wurden, nicht mehr. Seine im Rahmen der Diskussion über die Einführung einer paritätischen Mitbestimmung vorgetragenen Bedenken lassen sich jedoch auf die Allgemeinverbindlicherklärung von Tarifverträgen übertragen: Der Tarifausschuß, der sich aus gesellschaftlichen Interessengruppen zusammensetzt, entscheidet darüber, ob bestimmte Normen des Tarifvertrags nunmehr auch für nicht in diesen Interessengruppen organisierte Privatleute Geltung haben sollen; er schafft insoweit geltendes Recht für andere (tariflich nicht gebundene) Arbeitgeber und Arbeit-

---

[569] BVerfGE 50, 290 (322 ff.).
[570] Siehe dazu *Peter Badura*, Paritätische Mitbestimmung und Verfassung, 1985, S. 7 ff.

nehmer. Dies ist im Sinne Franz Böhms als ein staatlicher Rechtsetzungsakt durch gesellschaftliche Gruppen zu qualifizieren, bei dem die staatlichen Organe selbst keine oder eine nur untergeordnete Rolle spielen; zumindest ist das Parlament an der Allgemeinverbindlicherklärung nicht unmittelbar und die Regierung nur eingeschränkt beteiligt. Der Tarifausschuß als Gremium gesellschaftlicher Interessengruppen maßt sich damit eine dem Staat vergleichbare Stellung an, er übt selbst Hoheitsgewalt aus und handelt als gesetzgebendes Organ, ohne über eine entsprechende demokratische Legitimation durch allgemeine Wahlen zu verfügen.

Die Allgemeinverbindlicherklärung verkehrt somit den Sinn und Zweck der Tarifautonomie in ihr Gegenteil. Im Rahmen der Tarifautonomie verständigen sich Arbeitgeber und Arbeitnehmer über wesentliche Arbeitsbedingungen ohne jede staatliche Beteiligung, frei im gesellschaftlichen Raum; die Tarifautonomie beinhaltet insoweit vor allem den Ausschluß einer staatlichen Lohnregulierung.[571] Während sich die Tarifautonomie also grundsätzlich im staatsfreien Raum entfaltet und damit Merkmal der Trennung von Staat und Gesellschaft ist, schlägt die Tarifautonomie im Wege der Allgemeinverbindlicherklärung in ein Instrument um, welches diese Trennung gerade überwindet und gesellschaftlichen Gruppen quasi staatliche Befugnisse einräumt.[572]

Das Bundesverfassungsgericht bewertet die Allgemeinverbindlicherklärung als einen im Verhältnis zu den tarifungebundenen Arbeitgebern und Arbeitnehmern Rechtsetzungsakt eigener Art zwischen autonomer Regelung und staatlicher Rechtsetzung.[573] Obwohl es die Allgemeinverbindlicherklärung als einen „vom Willen außerstaatlicher, demokratisch nicht legitimierter und parlamentarisch nicht verantwortlicher ‚Gruppierungen'"[574] abhängigen Rechtsetzungsakt bezeichnet, beurteilt das Bundesverfassungsgericht sie als verfassungsgemäß. Die ausreichende Legitimation, Normen auch gegenüber den tariflich nicht organisierten Außenseitern zu setzen und damit das gesamte Arbeitsleben aller Arbeitnehmer zu regeln, ergebe sich aus dem Verfahren bis zum Erlaß der Allgemein-

---

[571] Vgl. *Josef Isensee* (Fn. 529), S. 26.
[572] Siehe in diesem Zusammenhang zur ordnungspolitischen Kritik am Arbeitnehmer-Entsendegesetz von 1996: *Manfred Löwisch*, Das Arbeitnehmer-Entsendegesetz – ein ordnungspolitischer und rechtlicher Irrweg, in: Bernhard Külp/ Viktor Vanberg (Hrsg.), Freiheit und wettbewerbliche Ordnung, 2000, S. 221 ff. (232 ff.).
[573] BVerfGE 44, 322 (340 ff.); 55, 7 (20).
[574] BVerfGE 44, 322 (343).

verbindlicherklärung und insbesondere der staatlichen Mitwirkung durch den Bundesminister für Arbeit und Sozialordnung.[575]

b.   Die Auswirkungen privater Macht auf die Gesellschafts- und Staatsordnung

Die Arbeiten Franz Böhms sind geprägt von dem Bewußtsein, daß private Macht eine Gefahr für eine freie Wirtschaftsordnung wie auch eine freiheitliche Gesellschafts- und Staatsordnung ist und deshalb in der Ordnungskonzeption einer rechtsstaatlichen Demokratie keinen Platz findet. Private Macht ist – unabhängig davon, ob in der Erscheinungsform ökonomischer Macht oder in Gestalt von organisierten Interessengruppen – darauf ausgerichtet, politischen Einfluß zu gewinnen, um sich Vorteile zugunsten des eigenen Unternehmens oder der einzelnen Gruppe zu sichern. Steht dabei zunächst noch die Sicherung des wirtschaftlichen Status quo im Vordergrund, rückt mit wachsendem gesellschaftlichen Einfluß die Schaffung neuer Besitzstände in den Mittelpunkt des Interesses. Da diese Aktivitäten der gesellschaftlichen Interessengruppen notwendig darauf gerichtet sind, den Wettbewerb zugunsten ihrer Mitglieder auf dem Wege der politischen Interessenwahrnehmung zu beeinflussen bzw. zu verfälschen, haben sie nach Franz Böhm systemdeformierende negative Effekte auf die Wirtschaftsordnung.[576] Zugleich wirkt sich dieses Verhalten auch negativ auf eine freie Gesellschafts- und Staatsordnung aus.

aa.   Die Auswirkungen privater Macht auf die Gesellschaftsordnung

Die einzelnen Interessengruppen arbeiten im Rahmen ihrer politischen Interessenwahrnehmung wegen zum Teil gegenläufiger Interessen einerseits gegeneinander, aber andererseits stützen sie sich auch gegenseitig. Bei den einzelnen Interessenverbänden ist nicht damit zu rechnen, daß sie staatliche Eingriffe zuguns-

---

[575] BVerfGE 44, 322 (347 f.). Dazu kritisch *Josef Isensee*, Die verfassungsrechtliche Verankerung der Tarifautonomie, in: Walter-Raymond-Stiftung (Hrsg.), Die Zukunft der sozialen Partnerschaft, 1986, S. 159 ff.
Eine vergleichbare Problematik stellt sich heute in bezug auf den Sozialen Dialog innerhalb der Europäischen Gemeinschaft, in dessen Rahmen von bestimmten Sozialpartnern geschlossene Vereinbarungen als europäische Richtlinie übernommen werden. Dazu kritisch und m.w.N. *Hans-Georg Dederer*, Durchführung von Vereinbarungen der europäischen Sozialpartner, RdA 2000, S. 216 ff.

[576] Vgl. *Franz Böhm* (Fn. 3 [1966]), S. 142. Vgl. auch *Karl-Hans Hartwig* (Fn. 506), S. 658.

ten anderer Interessengruppen grundsätzlich anprangern; sie werden diese nur insoweit kritisieren, als sie selbst eigene Vorteile aus Gründen einer vermeintlichen Gleichbehandlung vom Staat einfordern. Sie verzichten also auf eine grundlegende Kritik an Eingriffen des Staates zugunsten einzelner Gruppen, weil sie, so Franz Böhm, selbst auf einen solchen Eingriff – wenn auch unter anderem Vorzeichen – hoffen.[577] Jeder staatliche Eingriff zugunsten eines Interessenverbandes löse demzufolge fast zwangsläufig eine Kettenreaktion aus, nämlich die Forderung anderer Interessengruppen, gleichfalls entsprechende staatliche Vergünstigungen zu erhalten; eine Forderung, der sich der Staat bei einflußreichen Interessengruppen kaum erfolgreich werde entziehen können.[578] Die erfolgreiche Einflußnahme von Verbänden auf staatliche Entscheidungen biete zugleich einen Anreiz für andere Private, ihre Interessen ebenfalls zu organisieren und sich zu Interessenverbänden zusammenzuschließen, zumal ihnen anderenfalls drohe, die Nachteile, die aus den Privilegien anderer erwachsen würden, tragen zu müssen.[579] Die Gesellschaft spalte sich demzufolge mehr und mehr in rivalisierende Interessengruppen auf, die sich bemühen, Vorteile auf dem Markt mittels gesetzlicher Privilegien zu erlangen. Diese Entwicklung bezeichnet Franz Böhm als „*wilde Refeudalisierung* einer freien Gesellschaft"[580].

In einer refeudalisierten Gesellschaft würden an die Stelle ehemals ständischer und feudaler Vorrechte Privilegien einzelner Interessengruppen und sozialer Schichten treten. An die Stelle der Privilegien der Geburt rückten fortschreitend die Privilegien und Besitzstände des Sozialstaates, die nicht angetastet werden dürften.[581] Es bilde sich eine Gesellschaft heraus, die auf sozialen sowie beruflichen Besitzständen und faktischen Vorzugsstellungen beruhe.[582] Dieser Vorgang der „*Verpfründung, Verzunftung und Feudalisierung*, ... der eine *moderne*,

---

[577] Vgl. *Franz Böhm* (Fn. 3 [1966]), S. 148. Vgl. auch *Viktor Vanberg* (Fn. 91), S. 717.

[578] Siehe *Franz Böhm* (Fn. 78), S. 41 f. Siehe auch *Eugen Kogon*, Wirkungen der Konzentration auf die Demokratie, in: Helmut Arndt (Hrsg.), Die Konzentration in der Wirtschaft, Dritter Band, 1960, S. 1721 ff. (1740); *Andreas K. Winterberger*, Von der liberalen Demokratiekritik zur liberalen Verfassungsreform – oder: Kann der Parteienstaat gebändigt werden?, in: Roland Baader (Hrsg.), Wider die Wohlfahrtsdiktatur, 1995, S. 191 ff. (204 f.).

[579] Vgl. *Franz Böhm* (Fn. 140), S. 80 f. Vgl. auch *Viktor Vanberg* (Fn. 91), S. 716.

[580] *Franz Böhm* (Fn. 143), S. 197 (Hervorhebung im Original). Siehe auch *Franz Böhm* (Fn. 225), S. 15. Dazu *Manfred E. Streit* (Fn. 93), S. 88 ff.

[581] Siehe *Franz Böhm* (Fn. 479), S. 139. Siehe auch *Ernst-Joachim Mestmäcker* (Fn. 502), S. 48.

[582] Vgl. *Franz Böhm* (Fn. 436), S. 150. Vgl. auch *Wilhelm Röpke*, Civitas Humana, 1949, S. 212 f. Siehe auch *Roman Herzog* (Fn. 530), S. 70; *Viktor Vanberg* (Fn. 91), S. 716.

entwickelte Industriegesellschaft aufs gefährlichste desorganisiert und zurückbildet"[583], wird heute unter dem Begriff der „rent-seeking-society" zusammengefaßt.

In dieser Stände- und Feudalgesellschaft in neuem Erscheinungsbild bleibt die Freiheit einzelner Privatrechtssubjekte notwendig auf der Strecke; dies gilt insbesondere für diejenigen Privatpersonen, die selbst nicht in Interessenverbänden organisiert sind. Ihre Freiheit wird zum einen durch die Zunahme an staatlichen Eingriffen in die marktwirtschaftliche Ordnung, die notwendig zu einer Denaturierung der Wettbewerbsordnung führt, eingeschränkt.[584] Zum anderen beruht die Beschränkung der (rechtsstaatlichen) Freiheit Einzelner nach Franz Böhm darauf, daß die gesellschaftlichen Interessengruppen ohne gesetzliche Grundlage in das gesellschaftliche Zusammenleben hinein regieren könnten.[585] Durch den Einfluß der organisierten Interessenverbände auf staatliche Entscheidungen tritt an die Stelle einer auf Gleichordnung und damit auf der Entfaltungsfreiheit des Einzelnen beruhenden Privatrechtsgesellschaft eine Gesellschaft der Unterordnung und neuer Abhängigkeiten. Das Privatrecht spielt in der refeudalisierten Gesellschaft nur noch eine untergeordnete Rolle, es wird als gesellschaftlich gewachsenes Recht immer mehr durch staatlich gesetztes Recht verdrängt.[586] Der wachsende Einfluß von gesellschaftlichen Interessengruppen auf den Staat führt damit dazu, daß der Privatrechtsgesellschaft ihre wesentliche Grundlage entzogen wird.

bb. Die Auswirkungen privater Macht auf die Staatsordnung

In einer refeudalisierten Gesellschaft wandelt sich nach Franz Böhm die Rolle des Staates von einem „domestizierten Schützer einer freien, auf Koordination beruhenden Gesellschaftsordnung (Privatrechtsgesellschaft) immer mehr zu einer Art von Stammes-Scheich, der Tag für Tag in seinem Zelt die zahllosen Familienfehden seines Klans schlichtet, wobei er sich aber nicht mit Menschen aus Fleisch und Blut und mit anschaulichen Tatbeständen auseinanderzusetzen hat, sondern mit akademisch versierten und spezialisierten Fachvertretern kollektiver Fremdinteressen ... "[587]. Der Staat, der eigentlich die Rolle des Hüters der Wettbewerbsordnung einnehmen solle, werde in einer refeudalisierten Gesellschaft immer mehr zu einem Staat, der selbst planend und gestaltend in die wirtschaftlichen Abläufe eingreife. Das Agieren der Interessenverbände erschwere es

---

[583] *Franz Böhm* (Fn. 196), S. 507 (Hervorhebung im Original).

[584] Siehe unter: III.2.c.

[585] Vgl. *Franz Böhm* (Fn. 143), S. 197. Vgl. *Manfred E. Streit* (Fn. 167), S. 25.

[586] Vgl. *Friedrich A. v. Hayek* (Fn. 447), S. 22.

[587] *Franz Böhm* (Fn. 143), S. 198 f.

dem Staat, seine Gesetzgebung an ordnungspolitischen Grundsätzen auszurichten, und mache es ihm zunehmend unmöglich, „*neutral zu regieren*", wovon der Freiheitsgehalt einer freien Gesellschafts- und Staatsordnung in viel höherem Grade abhängt, als es sich unsere modernen Pläneschmiede träumen lassen"[588].[589]

Der Staat kann sich der Einflußnahme der gesellschaftlichen Interessengruppen auf Dauer vor allem deshalb nicht entziehen, weil ihnen mit dem Wahlrecht ihrer Mitglieder, dem Demonstrationsrecht, dem Streik und der veröffentlichten Meinung effektive Mittel zur Verfügung stehen, politische Entscheidungsträger unter Druck zu setzen. Jede parlamentarische Mehrheit will wiedergewählt werden und denkt deshalb nach Franz Böhm bei ihren Interventionsentscheidungen mehr an die nächsten Wahlen als an ordnungspolitisch sinnvolle Entscheidungen.[590] Um ihre Wiederwahl zu sichern, ist die parlamentarische Mehrheit auf die Unterstützung durch spezielle Interessengruppen angewiesen (bzw. meint dies zu sein), um die sie mit der Opposition konkurriert, und die sie gewinnen will, indem sie Privilegien und Vergünstigungen bereit- oder zumindest in Aussicht stellt.[591] Die Gewährung von Sonderrechten und die Verteilung von direkten oder indirekten finanziellen Zuschüssen erweisen sich für die politischen Entscheidungsträger im Hinblick auf Wahlen als ein effektives Mittel, weil diese spürbar spezifischen Gruppen gewährt werden, während die finanziellen Lasten auf die anonyme Masse der Steuer- und Beitragszahler abgewälzt werden.

Die Abhängigkeit der politisch Verantwortlichen vom Zyklus der Wahlen und ihre mittelbare Abhängigkeit von organisierten Interessen zeigt, daß das hohe Maß an Machtfülle, welches dem Parlament in einer demokratischen Staatsordnung zukommt, nicht mit einem gleichen Maß an Autonomie in der

---

588 *Franz Böhm* (Fn. 143), S. 197 (Hervorhebung im Original).
589 Vgl. *Franz Böhm* (Fn. 140), S. 80 f.; *ders.* (Fn. 225), S. 23. Siehe dazu *Friedrich A. v. Hayek*, Die Entthronung der Politik, in: Daniel Frei (Hrsg.), Überforderte Demokratie?, 1978, S. 17 ff. (20).
590 Vgl. *Franz Böhm* (Fn. 3 [1966]), S. 139, 145; *ders.* (Fn. 78), S. 42. Vgl. auch *Christian Watrin*, Der neue Leviathan – über Gefahren einer Selbstzerstörung der freien Gesellschaft, in: Ludwig-Erhard-Stiftung (Hrsg.), Soziale Marktwirtschaft im vierten Jahrzehnt ihrer Bewährung, 1982, S. 139 ff. (145 f.).
591 Vgl. *Ernst-Wolfgang Böckenförde*, Demokratische Willensbildung und Repräsentation, in: Josef Isensee/ Paul Kirchhof (Hrsg.), HdbStR II, 1998, § 30 Rdn. 29; *Ernst-Joachim Mestmäcker* (Fn. 336), S. 9; *Manfred E. Streit*, Zur Interdependenz der Ordnungen – marktwirtschaftliche Ordnungspolitik im Sozialstaat, in: Konrad-Adenauer-Stiftung (Hrsg.), Soziale Marktwirtschaft in der Bewährung, 1997, S. 41 ff. (43). Siehe auch *Guy Kirsch*, Vorwärts zum geordneten Rückzug, Frankfurter Allgemeine Zeitung von 21. Oktober 2000.

Entscheidungsfindung einher geht.[592] Ein demokratisch gewähltes Parlament ist kein Garant dafür, daß parlamentarische Entscheidungen ausschließlich im Interesse des Allgemeinwohls getroffen werden. Vielmehr ist auch dem demokratischen System die Möglichkeit des Staatsversagens immanent, das heißt, daß politische Instanzen Entscheidungen treffen, die zwar im eigenen Interesse ihrer Mitglieder – nämlich deren Wiederwahl –, nicht aber zwangsläufig im Interesse der Allgemeinheit liegen.[593] Den politischen Entscheidungsträgern kann insoweit nicht einmal ein Vorwurf gemacht werden, denn sie verhalten sich, wenn sie partikularen Forderungen im eigenen Interesse nachgeben, entsprechend den Regeln der demokratischen Ordnung, die auf eine zeitlich begrenzte Machtausübung und damit auf (Wieder-)Wahlen angelegt ist.[594]

Der Einfluß der Interessenverbände bleibt nach Franz Böhm in einer Gesellschaft, „die auf pseudoprivilegierten sozialen und beruflichen Besitzständen und auf Vorrechten und institutionalisierten faktischen Vorzugsstellungen beruht"[595], nicht ohne Auswirkungen auf die politische Machtverteilung.[596] Die gesellschaftlichen Interessengruppen können in zunehmendem Umfang die Politik des Staates beeinflussen und sich damit eine Kompetenz anmaßen, die eigentlich allein den aus allgemeinen Wahlen hervorgegangenen und so legitimierten staatlichen Organen zusteht.[597] Der Staat fällt unter dem Einfluß einzelner Interessengruppen Entscheidungen, welche nach Franz Böhm nur einigen wenigen und nicht der Allgemeinheit zugute kommen und demzufolge nicht mehr von dem Willen

---

[592] Vgl. *Friedrich A. v. Hayek*, Die Anschauungen der Mehrheit und die zeitgenössische Demokratie, ORDO, Fünfzehnter/Sechszehnter Band (1965), S. 19 ff. (32 f.); *ders.*, Wohin zielt die Demokratie? (1976), in: ders., Demokratie, Gerechtigkeit und Sozialismus, 1977, S. 7 ff. (12 ff.); *ders.*, Law, Legislation and Liberty, Volume III: The Political Order of a Free People, 1979, S. 3, 8 ff.; *Helmut Leipold*, Ordnungspolitische Konsequenzen der ökonomischen Theorie der Verfassung, in: Dieter Cassel/ Bernd-Thomas Ramb/ H. Jörg Thieme (Hrsg.), Ordnungspolitik, 1988, S. 257 ff. (267); *Manfred E. Streit* (Fn. 93), S. 89 f.; *ders.* (Fn. 591), S. 43.

[593] Siehe dazu *Franz Böhm* (Fn. 3 [1966]), S. 145, 149. Siehe auch *Ernst-Joachim Mestmäcker* (Fn. 336), S. 9 f.
Vgl. auch *Friedrich A. v. Hayek* (Fn. 592 [1979]), S. 10; *Erich Hoppmann*, Ökonomische Theorie der Verfassung, ORDO, Band 38 (1987), S. 31 ff. (32); *Christian Watrin*, Zur Überlastung des Staates mit wirtschaftspolitischen Aufgaben, in: Wilhelm Hennis/ Peter Graf v. Kielmansegg/ Ulrich Matz (Hrsg.), Regierbarkeit, Band II, 1979, S. 233 ff. (235 f.); *ders.* (Fn. 590), S. 144.

[594] Vgl. *Dieter Cassel* (Fn. 95), S. 320.

[595] *Franz Böhm* (Fn. 436), S. 150.

[596] Vgl. *Franz Böhm* (Fn. 225), S. 15; *ders.* (Fn. 503), S. 38.

[597] Vgl. *Walter Eucken* (Fn. 39), S. 328.

der Wählermehrheit (volonté générale) getragen sind, sondern auf dem Willen einer Minderheit (volonté particulaire) beruhen.[598]

Franz Böhm erkennt ebenso wie die Vertreter der Public-Choice-Theorie, daß das demokratische System mit Fehlern behaftet ist, die dem Agieren von gesellschaftlichen Interessengruppen Vorschub leisten. Die Public-Choice-Theorie untersucht das Verhalten von Personen in ihren unterschiedlichen Rollen als Mitglieder von Interessenverbänden, von Parteien oder Parlamenten.[599] Das Verhalten eines Politikers ist, wie das jedes anderen Mensch auch, wesentlich durch seine eigenen Interessen und nicht das Interesse der Allgemeinheit geprägt.[600] Wenn es seinem individuellen Fortkommen besser dient, einzelnen Gruppen Privilegien zu gewähren, als eine abstrakte Ordnung aufrechtzuerhalten, dann wird er sich im Zweifelsfall für die Privilegierung einiger Weniger entscheiden.

Diese Schwäche des demokratischen Staates, sich dem Einfluß der gesellschaftlichen Interessengruppen nicht erwehren zu können, beschleunigt nach Franz Böhm die Entwicklung hin zu einer Gesellschaft, in der divergierende Interessengruppen auf Kosten der Allgemeinheit um einzelne Vorrechte und Privilegien streiten. Der Staat selbst werde mehr und mehr „zum Spielball rivalisierender organisierter Gruppeninteressen ... , ein domestizierter Staat mit ungemein guten sozialen Absichten, der sich aber zum Behuf dieser Absichten einer Trompete bedient, in die man hineinblasen kann, wie man will, ohne aber jemals hoffen zu dürfen, daß aus dieser Trompete das Lied auch heraustönt, das man hineinblasen wollte"[601].[602] Seiner eigentlichen Aufgabe als Hüter der Wettbewerbs- und Privatrechtsordnung komme der Staat nicht mehr nach, das heißt, über der denaturierten Gesellschaft erhebe sich „ein seiner Aufgabe nicht mehr gewachsener schwacher Staat, der sich in alles mischt ... "[603].

---

[598] Siehe *Franz Böhm* (Fn. 3 [1966]), S. 140 f.

[599] Siehe *James M. Buchanan*, Konstitutionelle Demokratie, persönliche Freiheit und politische Gleichheit (1985), in: James M. Buchanan. Politische Ökonomie als Verfassungstheorie, hrsgg. von der Bank Hofmann AG, 1990, S. 59 ff. (71).

[600] Vgl. *Franz Böhm* (Fn. 3 [1966]), S. 145; *James M. Buchanan*, Moral und Gemeinschaft in der offenen Ordnung des Marktes, in: Viktor Vanberg (Hrsg.), Freiheit, Wettbewerb und Wirtschaftsordnung, 1999, S. 13 ff. (31); *Christian Watrin*, Was leistet der Staat – was leistet der Markt?, Orientierungen, März 1985, S. 2 ff. (6 f.).

[601] *Franz Böhm* (Fn. 143), S. 198.

[602] Vgl. *Friedrich A. v. Hayek* (Fn. 592 [1979]), S. 99 f.; *Ernst-Joachim Mestmäcker* (Fn. 502), S. 50.

[603] *Franz Böhm* (Fn. 225), S. 23; *ders.* (Fn. 503), S. 47.

cc. Die Aufhebung der Trennung von Staat und Gesellschaft

Der wachsende Einfluß gesellschaftlicher Interessengruppen auf den Staat bewirkt nach Franz Böhm, daß diesem Aufgaben zuwachsen, derer er sich in der Wettbewerbsordnung und der Privatrechtsgesellschaft eigentlich entledigt haben sollte: der aktiven Planung und Lenkung der Wirtschaftsabläufe.[604] Diese Entwicklung führe fast zwangsläufig dazu, daß der Staat seine eigentliche Aufgabe nicht mehr in der Bekämpfung privater Macht und damit in der Aufrechterhaltung des Ordnungssystems, sondern darin sehe, die divergierenden Interessen einzelner gesellschaftlicher Gruppen zu befriedigen.[605] Der Staat nimmt dabei mehr und mehr eine Aufgabe wahr, die zuvor allein dem Bereich der Gesellschaft zugeordnet war. Gesellschaft und Wirtschaft regulieren sich dann in zunehmendem Maße nicht mehr selbst, sondern werden vom Staat aktiv gestaltet.

Das Verhältnis des Staates zu Gesellschaft und Wirtschaft ist in der refeudalisierten Gesellschaft folglich ein anderes als in der Privatrechtsgesellschaft. Während diese auf die Trennung von Staat und Gesellschaft angelegt ist, wird die Trennung mit der wachsenden Einflußnahme des Staates auf alle Bereiche der Gesellschaft in jener gerade durchbrochen.[606] Schließlich führt in der refeudalisierten Gesellschaft der wachsende Einfluß der gesellschaftlichen Interessenverbände auf die staatlichen Entscheidungsträger und Institutionen dazu, daß diese sich dem Willen der organisierten Interessen unterordnen.[607] Diese wechselseitige Verschmelzung von staatlichem und gesellschaftlichem Raum kann mit den Worten Franz Böhms wie folgt zusammengefaßt werden: Es droht die Verstaatlichung der Gesellschaft – es droht die Vergesellschaftung des Staates.[608]

Die Aufhebung der Trennung von staatlichem und gesellschaftlichen Bereich als Folge der beschriebenen Interaktion zwischen gesellschaftlichen Interessengruppen und staatlichen Institutionen ist ein tiefgreifender Eingriff in die Freiheit des Einzelnen. Die Privatrechtsgesellschaft entwickelt sich zurück in einen

---

[604] Vgl. *Franz Böhm* (Fn. 191), S. 84.

[605] Vgl. *Franz Böhm* (Fn. 503), S. 38.

[606] Vgl. *Manfred E. Streit* (Fn. 477), S. 22; *ders.*, Entstaatlichung der Wirtschaft – Eine ordnungspolitische Notwendigkeit, in: ders., Freiburger Beiträge zur Ordnungsökonomik, 1995, S. 363 ff. (365 f.).

[607] Vgl. *Ernst-Wolfgang Böckenförde* (Fn. 440), S. 18; *Roman Herzog* (Fn. 530), S. 73; *Manfred E. Streit* (Fn. 606), S. 365 f.; *Hans H. Rupp* (Fn. 432), Rdn. 54.

[608] Siehe *Franz Böhm* (Fn. 479), S. 92, 135; *Manfred E. Streit* (Fn. 606), S. 365 f.; *Christian Watrin* (Fn. 432), S. 118; *Rudolf Wiethölter*, Die Position des Wirtschaftsrechts im sozialen Rechtsstaat, Festschrift für Franz Böhm, 1965, S. 41 ff. (52).
    Franz Böhm greift diese Formulierung auch unter Bezugnahme auf *Heinrich Kronstein* auf (vgl. *Franz Böhm* [Fn. 10], S. 109).

Zustand, den sie überwunden zu haben glaubte: den der Identität von Staat und Gesellschaft, in dem „eine vom Staat unabhängige Regung, ein von ihm unabhängiges Atmen der Gesellschaft ... dann kaum mehr feststellbar"[609] ist.

c.   Die Begrenzung des Einflusses privater Macht

Um den Verfall der Privatrechtsgesellschaft und ihre Entwicklung hin zu einer refeudalisierten Gesellschaft zu verhindern, müssen zwei Aspekte berücksichtigt werden: Zum einen muß die Entstehung privater Macht im Bereich der Gesellschaft unterbunden bzw. ihr Einfluß begrenzt werden, und zum anderen müssen die Aufgaben des Staates auf diejenigen beschränkt werden, die die Gesellschaft nicht im Wege der Selbstorganisation bewältigen kann.

Der erste Weg, private Machtbildungen in der Gesellschaft gar nicht erst entstehen zu lassen bzw. ihren Einfluß zu beschränken, muß einerseits bei der Verhinderung ökonomischer Machtkonzentrationen und andererseits bei den gesellschaftlichen Interessengruppen ansetzen. Mit seinem Vorschlag für die Ausgestaltung eines Kartellgesetzes zeigt Franz Böhm einen effektiven Weg auf, Machtbildungen auf dem Markt, die sich auch in der Gesellschaft und auf den Staat negativ auswirken können, zu verhindern.[610] Bei dem Problem einer Begrenzung des Einflusses von Interessenverbänden auf staatliche Entscheidungen geht es im wesentlichen um die Frage, welche Aufgaben die Interessengruppen haben, wie sich ihre Zuständigkeiten abgrenzen und wie sie organisiert sind. Es muß dabei vorausgeschickt werden, daß eine Selbstregulierung des politischen Einflusses von Interessengruppen im Wege des Wettbewerbs untereinander nicht möglich ist. Dies liegt einmal daran, daß nicht jede organisierte Interessengruppe notwendig auf einen ebenbürtigen Wettbewerber stößt, da sich die konkurrierenden Interessen aufgrund der verschiedenartigen Anliegen unterschiedlich leicht und dauerhaft organisieren lassen.[611] Außerdem sind die konkreten Einflußmöglichkeiten der Interessengruppen auf staatliche Entscheidungen wenig transparent, was einem offenen Wettbewerb um politisches Gehör und politischen Einfluß entgegensteht.[612] Auf den ersten Blick scheint es daher nahe zu liegen, die Aufgaben und Zuständigkeiten der Interessengruppen durch ein Verbändegesetz zu regeln. Ein solches Gesetz könnte neben einer reinen Aufgabenzuweisung und Aufgabenbeschränkung auf gegenüber den staatlichen Organen rein beratende Tätigkeiten auch – quasi als Pendant zum Kartellgesetz – den

---

[609] *Franz Böhm* (Fn. 479), S. 92.
[610] Siehe unter: III.2.d.cc.
[611] Vgl. *Manfred E. Streit* (Fn. 514), S. 202.
[612] Vgl. *Manfred E. Streit* (Fn. 514), S. 202.

Mißbrauch einer gesellschaftlichen Vormachtstellung oder (tarifvertragliche) Vereinbarungen zu Lasten Dritter verbieten.[613] Ein Verbändegesetz kann jedoch die Komplexität und Vielfalt der Interessengruppen und ihrer Beziehungen zu den staatlichen Institutionen nicht zufriedenstellend erfassen.[614] Gewerkschaften und Arbeitgeberverbände können wegen ihrer herausgehobenen Rolle im Bereich des Tarifrechts nicht nach den gleichen Maßstäben wie andere Wirtschaftsverbände (z.B. Bundesverband der Deutschen Industrie, Zentralverband des Deutschen Handwerks) behandelt werden; während die Rolle der Letztgenannten ganz wesentlich auf politische Einflußnahme beschränkt ist, handeln die Tarifparteien die Ausgestaltung von Arbeitsverhältnissen (im wesentlichen frei von staatlicher Einmischung) im Bereich der Gesellschaft aus und nehmen damit eine wichtige gesellschaftspolitische Funktion wahr. Eine gesetzliche Regelung der Aufgaben von Interessenverbänden in der Gesellschaft ist daher kaum möglich und wegen der freiheitsbeschränkenden Wirkung einer solchen Reglementierung gesellschaftlicher Gruppen auch bedenklich. Die Idee eines Verbändegesetzes wird daher überwiegend abgelehnt bzw. alsbald aufgegeben.[615] Franz Böhm selbst zieht diese Möglichkeit nicht in Erwägung.

Es bleibt damit vor allem ein Weg, den Einfluß gesellschaftlicher Gruppen auf den Staat zu begrenzen, nämlich der Weg über die Beschränkung der Aufgaben des Staates. Diesen Weg, die Bildung von privaten Machtpositionen im Raum des Staates durch eine wirksame Begrenzung der staatlichen Aufgaben zu verhindern, geht Franz Böhm.[616] Der Staat solle sich auf den Ausbau und die Pflege des Ordnungsrahmens von Wettbewerbs- und Privatrechtsordnung beschränken, d.h. er nehme „keine gestaltenden, sondern nur *pflegerische*, sozusagen *gärtnerische* Funktionen"[617] wahr.

---

[613] Siehe *Christian Watrin*, Zur Rolle organisierter und nicht organisierter Interessen in der Sozialen Marktwirtschaft, in: Egon Tuchtfeldt (Hrsg.), Soziale Marktwirtschaft im Wandel, 1973, S. 69 ff. (75). Vgl. auch *Volker Rieble*, Walter Eucken und die Frage nach der Arbeitsmarktordnung, in: Bernhard Külp/ Viktor Vanberg (Hrsg.), Freiheit und wettbewerbliche Ordnung, 2000, S. 199 ff. (210 f.).

[614] Vgl. *Kurt Biedenkopf* (Fn. 515), S. 26; *Josef Isensee*, Regierbarkeit in einer parlamentarischen Demokratie, in: Freiherr-vom-Stein-Gesellschaft (Hrsg.), Zur Regierbarkeit der parlamentarischen Demokratie, 1979, S. 15 ff. (29 f.). Vgl. auch *Ernst-Wolfgang Böckenförde* (Fn. 516), S. 475 ff.

[615] Siehe *Kurt Biedenkopf* (Fn. 515), S. 26; *Rüdiger v. Voss* (Fn. 506), S. 157. Zur Diskussion über ein Verbändegesetz m.w.N.: *Josef Isensee* (Fn. 614), S. 29.

[616] Vgl. *Franz Böhm* (Fn. 431), S. 47; *ders.* (Fn. 3 [1966]), S. 121. *Ernst-Wolfgang Böckenförde* verwirft diesen Lösungsansatz mit Hinweis auf seine mangelnde Realisierungschance (vgl. *Ernst-Wolfgang Böckenförde* [Fn. 516], S. 470 f.).

[617] *Franz Böhm* (Fn. 140), S. 75 (Hervorhebung im Original).

Ein Staat, der in seinen Aufgaben beschränkt ist und nicht planend in die Wirtschaftsabläufe eingreift, bewirkt zweierlei: Zum einen verliert das Bemühen der gesellschaftlichen Gruppen, die staatlichen Organe zu beeinflussen, aus ihrer Sicht an Reiz, denn sie wollen den Staat ja gerade zu gestaltenden Eingriffen animieren; gerade darauf verzichtet der im Hinblick auf seine Aufgaben beschränkte Staat. Zum anderen können die staatlichen Institutionen nunmehr effektiver kontrolliert werden, weil die Aufgaben, die der Staat (überhaupt) wahrnimmt, übersichtlich und transparent sind. Diese verbesserte Kontrollmöglichkeit über die staatlichen Organe macht nach Franz Böhm zugleich den Einfluß gesellschaftlicher Gruppen auf einzelne Entscheidungen des Staates sichtbar und nimmt damit den Anreiz für die Interessenverbände, sich dergestalt einzumischen.[618] Was bei einem gestaltenden, omnipräsenten Staat hinter den Kulissen geschieht, tritt bei einem Staat, der sein Betätigungsfeld auf die Pflege des Ordnungsrahmens reduziert, offen zutage. Das Licht der Öffentlichkeit scheuen die Interessengruppen aber nicht zuletzt deshalb, weil sie dann auch für staatliche Entscheidungen mit in die Pflicht genommen werden könnten. Im Ergebnis führt ein nur mit wenigen Aufgaben betrauter Staat also dazu, daß sich die gesellschaftlichen Gruppen auf ihr Betätigungsfeld im Bereich der Gesellschaft zurückziehen. Mit einer engen Begrenzung der Aufgaben des Staates werden die Bereiche von Staat und Gesellschaft wieder unterscheidbar, wobei bei Franz Böhm die Kompetenzen der Privatrechtsgesellschaft um so größer sind, je kleiner der Bereich des Staates ist.[619]

Darüber hinaus fordert Franz Böhm die Stärkung neutraler Institutionen (institutions neutres) ein, die als Gegengewicht zur Tendenz der politischen Institutionen, sich dem Gezerre der rivalisierenden Interessengruppen preiszugeben, ihr Augenmerk auf ordnungspolitische Zusammenhänge richten.[620] Solche Institutionen müßten sich aus Personen zusammensetzen, die selbst unabhängig seien und deren berufliche wie soziale Unabhängigkeit von den gesellschaftlichen Gruppen und den staatlichen Institutionen anerkannt werden würde. Aus der Sicht Franz Böhms müßten vor allem Wissenschaftler und wissenschaftliche Institutionen wie der Sachverständigenrat die Aufgabe, den Ordnungsrahmen zu stärken und in der Öffentlichkeit für Ordnungpolitik zu werben, übernehmen.[621] Allerdings gibt sich Franz Böhm nicht der Illusion hin, daß die Arbeit

---

[618] Vgl. *Franz Böhm* (Fn. 140), S. 74; *ders.* (Fn. 3 [1966]), S. 120.

[619] Vgl. *Franz Böhm* (Fn. 431), S. 47 f. Vgl. auch *Klaus Mayer/ Jörg Scheinpflug* (Fn. 450), S. 28.

[620] Vgl. *Franz Böhm* (Fn. 3 [1966]), S. 143.

[621] Vgl. *Franz Böhm* (Fn. 191), S. 89 f.; *ders.* (Fn. 3 [1966]), S. 143 ff.
     Zur Rolle und Bedeutung von Sachverständigenrat und anderen wirtschaftspolitischen Beratungsgremien: *Michael Hüther*, Entscheidungshilfe jenseits der Ideologie,

solcher wissenschaftlichen Beiräte von besonderem oder gar dauerhaftem Gewicht sei.[622] Der Rückgang der politischen Bedeutung und des Einflusses des Sachverständigenrates oder anderer wissenschaftlicher Gremien bestätigen diese Befürchtungen Franz Böhms. Gutachten und Anregungen, ob sie nun von seiten des Sachverständigenrates, der Monopolkommission oder nur vorübergehend eingerichteten wissenschaftlichen Expertenkommissionen stammen, werden allenfalls zur Kenntnis genommen und im politischen Alltagsgeschäft in der Auseinandersetzung mit dem politischen Gegner für die Rechtfertigung der eigenen Positionen ge- bzw. mißbraucht; bei der Ausarbeitung konkreter Handlungsoptionen kommt ihnen im Regelfall nur zweitrangige Bedeutung zu.

Im Ergebnis reduziert sich der Vorschlag Franz Böhms demzufolge darauf, privaten Machtbildungen auf dem Markt durch kartellrechtliche Regelungen entgegenzutreten und die Aufgaben des Staates zu begrenzen, um somit den Einfluß gesellschaftlicher Gruppen auf den Staat zu minimieren. Diese Forderung nach einem auf wenige Aufgaben begrenzten und damit von gesellschaftlichen Interessengruppen möglichst unabhängigen Staat verbindet Franz Böhm nicht mit einem verfassungsrechtlichen oder institutionellen Vorschlag. Ein solcher findet sich bei Friedrich A. von Hayek, der eine Aufteilung der Kompetenzfülle des Parlaments durch die Einführung einer zweiten Kammer vorschlägt. Im Rahmen dieses Zweikammersystems solle die eine die Interessen der Bürger vertreten, die diese Kammer in Gestalt des derzeitigen Parlaments wählen (Regierungsversammlung), und die zweite Kammer solle mit der Aufgabe betraut werden, Gesetze zu erlassen (legislative Versammlung).[623] In der gesetzgebenden Versammlung sollen im Gegensatz zur Regierungsversammlung möglichst keine Parteien oder organisierten Interessen vertreten seien, um zu vermeiden, daß sich Sonderinteressen im Rahmen der Gesetzgebung durchsetzen würden. Zur Verwirklichung dieses Ziels schlägt Friedrich A. von Hayek vor, daß die Mitglieder der legislativen Versammlung für eine Dauer von 15 Jahren gewählt würden,

---

Frankfurter Allgemeine Zeitung vom 09. September 2000; *Manfred J. M. Neumann*, Läuse im Pelz der Politik, Frankfurter Allgemeine Zeitung vom 10. Januar 1998; *Heinz Sauermann*, Anmerkungen zu einem alten Thema: Politik und Ökonomik, Festschrift für Franz Böhm, 1975, S. 553 ff.

[622]   Siehe *Franz Böhm* (Fn. 3 [1966]), S. 144 f.

[623]   Vgl. *Friedrich A. v. Hayek* (Fn. 592 [1965]), S. 39 f.; *ders.*, Die Verfassung eines freien Staates, ORDO, Neunzehnter Band (1968), S. 3 ff. (8 ff.); *ders.* (Fn. 592 [1976]), S. 17 ff.; *ders.* (Fn. 592 [1979]), S. 111 ff.
Siehe auch *Hardy Bouillon*, Ein Maulkorb für Leviathan: Intra- und intergruppenbedingte Grenzen der Staatätigkeit, in: Gerard Radnitzky/ ders. (Hrsg.), Ordnungstheorie und Ordnungspolitik, 1991, S. 105 ff. (111 f.); *Erich Hoppmann* (Fn. 593), S. 40; *Helmut Leipold* (Fn. 592), S. 275 f.

jedes Jahr ein Fünfzehntel neu gewählt werde und nach Ablauf dieser Frist nicht wiederwählbar sei.[624]

3.   Die Rolle des Staates in der Privatrechtsgesellschaft

Das wesentliche Merkmal der Privatrechtsgesellschaft ist die Trennung von staatlichem und gesellschaftlichem Bereich. Dem Staat sind in der Privatrechtsgesellschaft viele Aufgaben entzogen, die die Bürger in der Sphäre der Gesellschaft selbst und eigenständig wahrnehmen. So wird das gesamte Feld der Wirtschaft nach Franz Böhm nicht vom Staat gestaltet, sondern ist seinem Einfluß bewußt entzogen, denn die Bürger koordinieren ihr wirtschaftliches Verhalten im staatsfreien Raum der Gesellschaft selbst. Der Markt als ein maßgeblicher Bestandteil der Gesellschaft verdeutlicht nicht nur die Trennung von staatlicher und gesellschaftlicher Sphäre, sondern zeigt nach Franz Böhm auch das Zusammenwirken zwischen Staat und Gesellschaft auf: Ebenso wie dem Staat auf dem Markt die Aufgabe zukomme, einen Ordnungsrahmen bereitzustellen und für dessen Bestand zu sorgen, nehme er die gleiche Funktion auch in allen anderen Bereichen der Gesellschaft wahr. In der Privatrechtsgesellschaft habe der Staat also die Aufgabe, den Ordnungsrahmen in Gestalt der Privatrechts- und Wettbewerbsordnung bereitzustellen und aufrecht zu erhalten.[625]

Franz Böhm weist dem Staat die gärtnerische Aufgabe einer Pflege des Ordnungsrahmens zu, ohne vor der Formel des Nachtwächterstaates oder der möglichen Unterstellung, den Staat zum Liftboy des Privatrechtsverkehrs zu machen, zurückzuschrecken.[626] Er sieht in der „hingebenden und intelligenten Wahrnehmung dieser Nachtwächteraufgabe den eigentlichen und wichtigsten Zweck des Staates ... "[627]. Den im Vergleich zur Gesellschaft „bescheidenen Staat"[628] und sein begrenztes Aufgabenfeld schätzt Franz Böhm keinesfalls als gering ein, denn

---

[624]   Siehe *Friedrich A. v. Hayek* (Fn. 592 [1965]), S. 40; *ders.* (Fn. 623), S. 9.

[625]   Vgl. *Franz Böhm* (Fn. 140), S. 75; *ders.* (Fn. 3 [1966]), S. 102. Vgl. auch *Jürgen Lange-von Kulessa/ Andreas Renner*, Die Soziale Marktwirtschaft Alfred Müller-Armacks und der Ordoliberalismus der Freiburger Schule – Zur Unvereinbarkeit zweier Staatsauffassungen, ORDO, Band 49 (1998), S. 79 ff. (96); *Klaus Mayer/ Jörg Scheinpflug* (Fn. 450), S. 79 f.; *Manfred E. Streit*, Freiheit und Gerechtigkeit – Ordnungspolitische Aspekte zweier gesellschaftlicher Grundwerte, ORDO, Band 39 (1988), S. 33 ff. (40).

[626]   Siehe *Franz Böhm* (Fn. 479), S. 106; *ders.* (Fn. 82), S. 14. Siehe auch *Hans Willgerodt* (Fn. 464), S. 23.

[627]   *Franz Böhm* (Fn. 3 [1966]), S. 87.

[628]   So *Franz Böhm* (Fn. 436), S. 144.

er sichere letztlich den Bestand und die Funktionsfähigkeit der Privatrechtsgesellschaft. Die Aufgabe der Wartung und Pflege des Ordnungsrahmens könne die Privatrechtsgesellschaft nicht aus sich selbst heraus wahrnehmen und bedürfe insoweit der Hilfe des Staates.[629] Die Privatrechtsgesellschaft brauche also, „im Interesse ihres Kreislaufs, einen bewaffneten Nachtwächter; im übrigen aber werden die Pläne ihrer Mitglieder *mit Hilfe des Privatrechts* geräuschlos, automatisch und mit einem erstaunlichen Minimum von Reibungs- und Ungehorsamswiderstand gelenkt"[630].

Der in diesem Sinne bescheidene Staat, der sich auf seine ordnungspolitischen Aufgaben konzentriere, habe zugleich die innere Kraft und Stärke, um sich dem Einfluß von gesellschaftlichen Interessengruppen zu entziehen und zu erwehren. Der Staat, den die Ordoliberalen einer freien Gesellschaftsordnung zuordnen, ist insoweit ein „starker Staat"[631]. Dieser starke Staat wird als Gegenmodell zu einem sich dem Ansturm von Interessengruppen nicht mehr erwehren könnenden ohnmächtigen Staat verstanden.[632] Seine Stärke resultiere nicht aus seiner Aufgabenfülle oder weitreichenden Kompetenzen, sondern allein aus seiner Fähigkeit, sich nicht von rivalisierenden Interessenverbänden beeinflussen zu lassen.[633] Diese Fähigkeit beruht wiederum maßgeblich darauf, daß der Staat hinsichtlich seiner Aufgaben auf die Pflege des Ordnungsrahmens beschränkt ist.

Staat und Gesellschaft wirken in diesem Sinne bei Franz Böhm eng zusammen: Der Staat stellt einerseits die Funktionsfähigkeit der Gesellschaft sicher; andererseits ermöglicht es erst die Privatrechtsgesellschaft, indem sie den Staat von einem großen Teil möglicher Aufgaben entlastet und diese in der gesellschaftlichen Sphäre verankert, daß sich der Staat auf seine ordnungspolitischen Aufgaben konzentrieren und beschränken kann.[634] Dieses funktionenteilige Zu-

---

[629]   Vgl. *Franz Böhm* (Fn. 3 [1966]), S. 86 f. Vgl. auch *Klaus Mayer/Jörg Scheinpflug* (Fn. 450), S. 19 f.

[630]   *Franz Böhm* (Fn. 3 [1966]), S. 87 f. (Hervorhebung im Original).

[631]   So *Alexander Rüstow*, Aussprache bei den Verhandlungen des Vereins für Socialpolitik 1932, in: Franz Boese (Hrsg.), Deutschland und die Weltkrise, 1932, S. 62 ff. (68).

[632]   Vgl. *Alexander Rüstow* (Fn. 47), S. 224.   Vgl. auch *Manfred E. Streit/ Michael Wohlgemuth*, Walter Eucken und Friedrich A. von Hayek: Initiatoren der Ordnungsökonomik, in: Bernhard Külp/ Viktor Vanberg (Hrsg.), Freiheit und wettbewerbliche Ordnung, 2000, S. 461 ff. (466 ff.).

[633]   Vgl. *Walter Eucken* (Fn. 39), S. 334 ff.; *Karl-Hans Hartwig* (Fn. 506), S. 659; *Manfred E. Streit/Michael Wohlgemuth*, The Market Economy and the State – Hayekian and ordoliberal conceptions, 1997, S. 8; *Viktor Vanberg* (Fn. 91), S. 717; *Christian Watrin*, Ordnungs- und wirtschaftspolitische Grundlagen Sozialer Marktwirtschaft, Festschrift für Gernot Gutmann, 1994, S. 9 ff. (18 f.).

[634]   Vgl. *Franz Böhm* (Fn. 3 [1966]), S. 102.

sammenwirken von Staat und Gesellschaft ist ein Garant dafür, daß die Trennung von Staat und Gesellschaft dauerhaft aufrechterhalten werden kann.

4.   Exkurs: Die „Formierte Gesellschaft"

Die Bedeutung und der Einfluß von gesellschaftlichen Interessengruppen nimmt seit Bestehen der Bundesrepublik Deutschland permanent zu. Mit dem beginnenden wirtschaftlichen Aufschwung, dem sogenannten Wirtschaftswunder als Folge der Einführung der Sozialen Marktwirtschaft, geht auch ein Anwachsen der Zahl der Wirtschaftsverbände und Interessengruppen einher, die sich offen in die Verteilung des Sozialprodukts einmischen und proportional zum Anstieg des Bruttosozialprodukts ein Mehr an finanziellen Zuwendungen zugunsten der eigenen Klientel einfordern. Die zunehmende Staatstätigkeit ruft die Interessenverbände auf den Plan, die weitere staatliche Interventionen fordern und damit wiederum die Interessen und Forderungen anderer wecken. Die politischen Parteien, die sich in den Anfangsjahren der Bundesrepublik noch der Interessengruppen bedienen, um ihren politischen Vorstellungen Nachdruck zu verleihen und sie durchzusetzen, passen sich im Laufe der Jahre immer mehr den Forderungen der gesellschaftlichen Interessengruppen an.[635] Vor allem in Wahlkampfzeiten übernehmen die politischen Parteien fast unreflektiert die Forderungen von Interessengruppen in dem oftmals trügerischen Glauben, dadurch die Wahlen für sich entscheiden zu können. Diese Entwicklung von den frühen Jahren der Bundesrepublik Deutschland bis heute begünstigt eine umfassende Verteilungspolitik des Staates, in deren Folge ein den Interessengruppen in vielfacher Hinsicht ausgelieferter Verteilerstaat mit einer zunehmenden finanziellen Haushaltskrise konfrontiert wird.[636] Bereits in den 50er und 60er Jahren des 20. Jahrhunderts erkennt Ludwig Erhard vorausschauend, daß die Interessengruppen mehr und mehr Einfluß auf staatliche Entscheidungen nehmen, damit eine Entwicklung hin zu einem Wohlfahrtsstaat bereiten und den Zerfall der Gesellschaft in gegeneinander organisierte Gruppen einleiten; diese Entwicklung

---

[635] Vgl. *Rüdiger Altmann*, Die Formierte Gesellschaft (1965), in: ders., Abschied vom Staat, 1998, S. 61 ff. (66).

[636] Siehe *Rüdiger Altmann/Dieter Erb*, Soziale Marktwirtschaft als gesellschaftliche Ordnungspolitik, in: Ludwig-Erhard-Stiftung (Hrsg.), Ludwig Erhard und seine Politik, 1985, S. 9 ff. (12).

sieht er mit Sorge.[637] Mit seinem Konzept der „Formierten Gesellschaft" will Ludwig Erhard dieser Entwicklung und damit insbesondere der Aushöhlung der parlamentarischen Demokratie durch den Einfluß von Interessengruppen sowie der wachsenden Desintegration der Gesellschaft frühzeitig entgegentreten.

Die Formierte Gesellschaft ist nach Ludwig Erhard eine Gesellschaft, die nicht mehr von sozialen Kämpfen und von kulturellen Konflikten zerrissen sei, die nicht mehr aus Klassen und Gruppen bestehe, welche einander ausschlie-ßende Ziele durchsetzen wollen, sondern die „fernab aller ständestaatlichen Vor-stellungen, ihrem Wesen nach kooperativ ist, das heißt, daß sie auf dem Zusam-menwirken aller Gruppen und Interessen beruht"[638]. Eine Gesellschaft sei in diesem Sinne „formiert", wenn ihre Zielsetzungen und Anstrengungen über die Sicherung der individuellen Existenz sowie die Absicherung von Sonderinteres-sen einzelner Gruppen hinaus reichen und auf das gemeinsame Wohl aller Bür-ger gerichtet seien. Die Formierte Gesellschaft verlange daher von jedem Einzel-nen und jeder Gruppe ein soziales und politisches Verhalten, welches sich nicht in der Sorge um die eigenen Belange erschöpfe, sondern dem Allgemeinwohl verpflichtet sei.[639]

Die Forderung nach einer Orientierung der verschiedenen Verbände und ge-sellschaftlichen Gruppen auf das Allgemeinwohl trägt Ludwig Erhard den Vor-wurf ein, die verschiedenen Interessen autoritär angleichen und am Ende eine uniformierte Gesellschaft schaffen zu wollen. Aber gerade das Gegenteil ist das Anliegen von Ludwig Erhard, der die Formierte Gesellschaft nicht als eine in der Form erstarrte Gesellschaft, sondern als „das Gegenteil einer uniformierten Ge-sellschaft sozialistischer Prägung oder kollektivistischen Geistes"[640] verstanden wissen will. Ludwig Erhard faßt die Idee einer Formierten Gesellschaft nämlich nicht als ein institutionelles oder organisatorisches Modell, sondern vor allem als einen Appell an die Vernunft der Bürger auf, die wirtschaftlichen Grundlagen des Staates nicht durch eine übertriebene Sozialpolitik zu gefährden.[641] Die Ver-

---

[637] Vgl. *Ludwig Erhard*, Gebt dem Staate, was des Staates ist (1957), in: ders., Deutsche Wirtschaftspolitik, 1962, S. 371 ff. Vgl. auch *Gerd Habermann* (Fn. 94), S. 342.

[638] *Ludwig Erhard*, Formierte Gesellschaft (1965), in: Ludwig Erhard. Gedanken aus fünf Jahrzehnten, hrsgg. von Karl Hohmann, 1988, S. 915 ff. (916 f.).

[639] Siehe *Ludwig Erhard*, Das gesellschaftspolitische Leitbild der Formierten Gesellschaft (1965/66), in: Wolfgang Stützel/ Christian Watrin/ Hans Willgerodt/ Karl Hoh-mann (Hrsg.), Grundtexte zur Sozialen Marktwirtschaft, 1981, S. 79 ff. (81). Siehe auch *Fritz Hellwig* (Fn. 416), S. 85.

[640] *Ludwig Erhard* (Fn. 638), S. 916.

[641] Vgl. *Ludwig Erhard*, Demokratie heißt Freiheit, Recht und Ordnung, in: ders./ Kurt Brüß/ Bernhard Hagemeyer (Hrsg.), Grenzen der Demokratie?, 1973, S. 15 ff. (30 f.).

pflichtung der Bürger und der gesellschaftlichen Interessengruppen auf das Allgemeinwohl solle nicht per staatlicher Verordnung, sondern mittels einer breit
angelegten Kampagne und eines Appells an die moralische Vernunft erfolgen, an
deren Ende sich Ludwig Erhard ein verändertes und reiferes wirtschaftspoliti-
sches Verhalten der Bürger erhofft.[642] Die Formierte Gesellschaft soll also nicht
durch den Staat geformt werden, sondern sich aus eigener Kraft und insbesondere der wachsenden Einsicht der Bürger in wirtschaftspolitische Zusammenhänge
formieren.[643]

Darüber hinaus beinhaltet Ludwig Erhards Ansatz einer Formierten Gesellschaft eine Ermahnung an Regierungen und Parlamente im Bund und in den
Ländern, sich den partiellen Wünschen einzelner Gruppen verstärkt zu widerset-
zen und ihr Handeln am Gemeinwohl zu orientieren.[644] Diese Botschaft richtet
sich ganz wesentlich an die Finanz- und Haushaltspolitik von Bund und Ländern, die nach Auffassung von Ludwig Erhard vermehrt auf die Finanzierung
langfristiger Projekte und nicht auf die Befriedigung kurzfristiger Interessen gerichtet sein müsse.[645] Ludwig Erhard regt deshalb in diesem Zusammenhang die
Errichtung eines sogenannten Deutschen Gemeinschaftswerkes an, welches über
ein steuerliches Sondervermögen zur Finanzierung von langfristigen Gemein-
schaftsaufgaben verfügen solle.[646] Dieser Vorschlag wird nach der Bundestags-
wahl 1965, welche Ludwig Erhard für die Union gewinnt, um kurz danach von
ihr fallengelassen zu werden, ebensowenig aufgegriffen wie die Idee einer Formierten Gesellschaft, die bereits während des Wahlkampfes heftig bekämpft
wird.

Der Gedanke der Formierten Gesellschaft beinhaltet im Ergebnis die konse-
quente, gesellschaftspolitische Weiterentwicklung der Sozialen Marktwirtschaft[647]: Das Konzept der Formierten Gesellschaft basiert nach Ludwig Erhard

---

642 Vgl. *Ludwig Erhard* (Fn. 641), S. 31. Vgl. auch *Volkhard Laitenberger*, Ludwig Erhard,
       1986, S. 199.
643 Vgl. *Gerd Habermann* (Fn. 94), S. 344; *Hans-Henning Zencke*, Formierte Gesellschaft.
       Vision und Wirklichkeit, Festschrift für Ludwig Erhard, 1972, S. 273 ff. (279).
644 Siehe *Ludwig Erhard* (Fn. 638), S. 918.
645 Siehe *Ludwig Erhard* (Fn. 639), S. 81. Vgl. auch *Rüdiger Altmann/ Dieter Erb* (Fn. 636),
       S. 15.
       Auch *Rüdiger Altmann* hat der Haushaltspolitik eine zentrale Rolle in einer Formier-
       ten Gesellschaft eingeräumt und daher den Haushaltsplan als „das Logbuch einer
       Formierten Gesellschaft" bezeichnet (*Rüdiger Altmann* [Fn. 635], S. 69).
646 Vgl. *Ludwig Erhard* (Fn. 638), S. 918 f. Vgl. auch *Volkhard Laitenberger* (Fn. 642),
       S. 195 f.; *Hans-Henning Zencke* (Fn. 643), S. 276 f.
647 *Alfred Müller-Armack* hat sich (im Gegensatz zu *Ludwig Erhard*) hinsichtlich der ge-
       sellschaftspolitischen Fortschreibung der Sozialen Marktwirtschaft vor allem auf

auf einem liberalen Staat, der sich des Eingriffs in wirtschaftliche und gesellschaftliche Prozesse im Prinzip enthält, und einer Gesellschaft, die nicht durch
die Macht von Verbänden dominiert wird.[648] Eine solche Gesellschaft gewährleiste grundsätzlich eine ungestörte und reibungslose Verwirklichung des Konzepts der Sozialen Marktwirtschaft, denn der Staat werde finanzpolitisch nicht
durch unangemessene Forderungen überlastet, und die Wirtschaft sowie der
Einzelne würden nicht durch eine ansteigende Abgabenlast in ihrer Dispositions-
freiheit beschränkt. Schließlich komme in der Formierten Gesellschaft dem Parlament die notwendige Autonomie zu, Entscheidungen ohne die Beeinflussung
durch gesellschaftliche Interessengruppen zu treffen.[649]

Mit der Idee der Formierten Gesellschaft weist Ludwig Erhard frühzeitig auf
die negativen Auswirkungen eines Verbändestaates hin, in dem gesellschaftliche
Gruppen ihre partikularen Interessen zu Lasten der Allgemeinheit durchsetzen.
Sein Gegenentwurf einer Formierten Gesellschaft, in der sich die divergierenden
gesellschaftlichen Interessen im Interesse des Allgemeinwohls aus sich heraus
harmonisieren, vertraut auf die Einsichtsfähigkeit der Bürger und deren Verständnis für wirtschaftliche Abläufe und Zusammenhänge. Ludwig Erhard hofft
letztlich, mit einer breit angelegten Bildungs- und Informationskampagne dem
wachsenden Einfluß von gesellschaftlichen Interessengruppen auf staatliche und
vor allem finanzpolitische Entscheidungen Paroli bieten zu können. Franz Böhm
dagegen, der die Gefahren einer von verschiedenen Interessengruppen zerrisse-
nen Gesellschaft und deren Einfluß auf staatliche Entscheidungen mit gleicher
Sorge betrachtet, setzt nicht allein auf die Aufklärung über ordnungspolitische
Zusammenhänge. Aufklärungsarbeit und Informationskampagnen von Wissenschaftlern und Politikern sind für Franz Böhm nur ein Mittel auf dem Weg (zurück) zu einer Privatrechtsgesellschaft. Die Eingrenzung der staatlichen Befugnisse auf wenige Aufgaben kommt bei Franz Böhm als weiteres und wesentliches
Instrument hinzu.

Die Beschränkung Ludwig Erhards auf das Mittel der Aufklärung und Information resultiert wohl wesentlich daraus, daß für ihn und Franz Böhm unterschiedliche Aspekte im Mittelpunkt ihrer Überlegungen stehen: Während für
Ludwig Erhard insbesondere die finanzpolitische Lage, die Gefahr einer zunehmenden Verteilungspolitik und damit die erfolgreiche Fortsetzung der Sozialen
Marktwirtschaft im Vordergrund stehen, geht Franz Böhm das Problem grund-

---

konkret zu bewältigende Aufgaben in der Bildungs-, Gesundheits- und Vermögens-
bildungspolitik sowie auf die Zuordnung von Umwelt und Arbeitswelt konzentriert
(vgl. *Alfred Müller-Armack* [Fn. 397 [1973]], S. 48 f.; *ders.* [Fn. 403], S. 452).

[648] Vgl. *Ludwig Erhard* (Fn. 641), S. 31. Vgl. auch *Rüdiger Altmann/ Dieter Erb* (Fn. 636),
S. 14.

[649] Siehe *Ludwig Erhard* (Fn. 638), S. 917.

legend an. Ihm geht es um die Ausgestaltung einer freien Gesellschafts- und Staatsordnung und insbesondere die dauerhafte Sicherstellung der Trennung von staatlicher und gesellschaftlicher Sphäre. Um den Weg zurück zu einer Privatrechtsgesellschaft einzuschlagen, reicht es nach Franz Böhm nicht aus, die Interessengruppen allein auf das Allgemeinwohl zu verpflichten; vielmehr soll ihnen das Interesse, staatliche Entscheidungen unmittelbar zu beeinflussen, genommen werden. Franz Böhm vertraut dabei nicht auf eine freiwillige Selbstbeschränkung der gesellschaftlichen Gruppen und deren freiwillige Unterordnung unter das Allgemeinwohl, sondern will ihnen jeden Anreiz nehmen, sich in parlamentarische Entscheidungsprozesse einzumischen, indem er die Betätigung des Staates auf wenige, die Pflege des Ordnungsrahmens betreffende Aufgaben beschränkt.

5.   Zusammenfassung

Die Privatrechtsgesellschaft Franz Böhms ist im wesentlichen durch folgende Strukturmerkmale gekennzeichnet:

–   die Trennung von staatlichem und gesellschaftlichen Raum,
–   die Gleichrangigkeit ihrer Mitglieder, deren Pläne durch die Regeln des Privatrechts und des Wettbewerbs privatautonom, das heißt, frei von staatlichem oder anderem Einfluß koordiniert werden,
–   einen bescheidenen Staat, dessen Funktion auf die Rolle eines Hüters der Privatrechts- und Wettbewerbsordnung beschränkt ist.

Die Privatrechtsgesellschaft kennzeichnet eine freiheitliche Gesellschaftsordnung, die ihren Mitgliedern größtmögliche Freiheit und Entfaltungschancen gewährleistet. Sie bildet den Raum und den Rahmen innerhalb dessen die Wettbewerbsordnung zur vollen Entfaltung kommen kann. In der Wettbewerbsordnung spiegeln sich die Strukturelemente der Privatrechtsgesellschaft wider, und sie bildet zugleich einen Bestandteil dieser Gesellschaftsordnung.[650] Die Wettbewerbsordnung nimmt in der Privatrechtsgesellschaft eine wichtige Funktion wahr – nämlich die wirtschaftlichen Einzelpläne aller Marktteilnehmer zu koordinieren und Machtkonzentrationen im Bereich der Wirtschaft, die sich auch auf die Gesellschaft und den Staat negativ auswirken können, zu verhindern. Dennoch ist die Privatrechtsgesellschaft ebenso wie die Wettbewerbsordnung ständig der Gefahr ausgesetzt, daß ihre Grundlagen und damit ihre Funktionsfähigkeit durch private Machtbildungen oder die Intervention des Staates in den gesell-

---

[650]   Vgl. *Ernst-Joachim Mestmäcker* (Fn. 498), S. 18.

schaftlichen Bereich zerstört werden. Die Privatrechtsgesellschaft kann ebenso
wenig wie der Markt die Entstehung von Macht dauerhaft verhindern und aus
sich selbst heraus unterbinden, dazu bedarf sie vielmehr der ordnenden Hand
des Staates, dessen Aufgabe sich in dieser ordnungspolitischen Rolle zugleich
erschöpft.

Der Bestand der Privatrechtsgesellschaft kann also durch zwei Faktoren,
nämlich durch innergesellschaftliche Machtbildungen und durch eine wachsende
Einflußnahme des Staates auf gesellschaftliche Abläufe, gefährdet werden.[651] Die
freie Gesellschaftsordnung kann deshalb nach Franz Böhm nur aufrecht erhalten
und ihre Funktionsfähigkeit dauerhaft gesichert werden, wenn eine zweifache
Begrenzung von Macht sichergestellt ist: die Begrenzung von Macht im Innern
und die Begrenzung der Macht des Staates. Allein diese zweifache Machtbegren-
zung stellt auf Dauer die Trennung von Staat und Gesellschaft sicher, die für
Franz Böhm von elementarer Bedeutung ist, um die Freiheit des Einzelnen zu
garantieren. Nur wenn der Einzelne sich im Raum der Gesellschaft frei von
staatlichem Zwang bewegen kann, sich der Staat also des Eingriffs in den gesellschaftlichem Raum enthält, ist er frei. Innerhalb der Gesellschaft ist der Einzelne
wiederum nur dann frei, wenn er nicht durch ständische Vorrechte und Privilegien anderer in seinen Entfaltungs- und Gestaltungsspielräumen behindert und
beschränkt wird. Die Freiheit des Einzelnen kann aus der Sicht Franz Böhms
also nicht nur durch den Staat, sondern in gleicher Weise durch gesellschaftliche
Macht gefährdet und beschränkt werden.

Machtbildungen innerhalb der Gesellschaft führen im übrigen nach Franz
Böhm zwangsläufig zu eine Ausweitung von staatlichen Aktivitäten im Bereich
der Gesellschaft, da sich die gesellschaftlichen Machtgruppen der Hilfe des Staates zu bedienen versuchen, um ihre Machtstellungen zu sichern und auszubauen.
Deshalb muß das Augenmerk in gleicher Weise auf die Begrenzung von Macht
im Innern als auch auf die der Macht des Staates gerichtet sein. Dabei ist zu berücksichtigen, daß nach Franz Böhm mit einer Begrenzung der staatlichen Aufgaben zugleich eine Reduzierung der aktiven Einflußnahme von gesellschaftlichen Interessengruppen auf staatliche Entscheidungen einher geht.

Die Begrenzung von Macht in der Gesellschaft und die Begrenzung der
Macht des Staates ist das zentrale Anliegen von Franz Böhm, dessen Arbeiten
von der Untersuchung dieses zweifachen Machtproblems geprägt sind. Während
Franz Böhm für die Begrenzung von privater Macht im Bereich der Wirtschaft
mit seinen umfassenden Vorschlägen für eine Kartellgesetzgebung einen Lö-
sungsvorschlag unterbreitet, erscheinen die Lösungsvorschläge für die Begrenzung von privater Macht im Bereich der Gesellschaft und von staatlicher Macht

---

[651] Vgl. *Manfred E. Streit* (Fn. 591), S. 43.

weniger resolut. Sein Vorschlag, die Aufgaben des Staates auf ordnungspolitische Funktionen zu beschränken, ist zwar in sich konsequent, aber es fehlt an einem praktischen Ansatz zur erfolgreichen Umsetzung dieses Vorschlages. Dies verwundert insbesondere vor dem Hintergrund, daß Franz Böhm die Anfälligkeit staatlicher Organe für Forderungen von gesellschaftlichen Interessengruppen, also das Problem des Staatsversagens, frühzeitig erkennt und beschreibt. Während Franz Böhm also im Bereich der Wirtschaft für das Problem des Marktversagens Antworten formuliert, bleiben im Bereich von Staat und Gesellschaft, das heißt in bezug auf das Problem der Vermachtung der Gesellschaft und das des Staatsversagens, Fragen offen.

V.   Die Staatsordnung Franz Böhms

Mit der Rolle des Staates beschäftigt sich Franz Böhm, wie die Ausführungen zur Wettbewerbsordnung und zur Privatrechtsgesellschaft bereits andeuten, fast nebenbei bzw. mehr abgrenzend. Der Staat spielt scheinbar eine Nebenrolle, auf die nur zur Unterstützung der Hauptakteure, dem Markt und der Privatrechtsgesellschaft, zurückgegriffen wird. Er trägt zum reibungslosen Ablauf von Wettbewerb und Privatrechtsgesellschaft bei und findet insoweit ausdrücklich Erwähnung.

Franz Böhm behandelt den Staat – ganz im Sinne eines klassisch liberalen Staatsverständnisses – als notwendiges Übel: Der Staat ist Garant dafür, innere Machtstrukturen in der Gesellschaft zu verhindern und zu beseitigen, und deshalb notwendig; der Staat ist von Übel, da er selbst dahin tendiert, die Freiheit des Einzelnen zu beschränken und in dessen persönliche Lebensgestaltung regelnd einzugreifen. Auch wenn der Staat eine Bedrohung für die Freiheit des Einzelnen ist, kann Franz Böhm auf ihn als Hüter des Ordnungsrahmens weder im Bereich der Wirtschaft noch im Bereich der Gesellschaft verzichten. Er ist vielmehr von zentraler Bedeutung, um die Funktionsfähigkeit einer freiheitlichen Wirtschafts- und Gesellschaftsordnung zu garantieren. Ob der Staat seine Doppelrolle als freiheitsschützende Ordnungsinstanz auf der einen und als freiheitsbedrohender Regelungsinstanz auf der anderen Seite zufriedenstellend, das heißt, zugunsten der Freiheit des Einzelnen löst, bemißt sich im Ergebnis an dem tatsächlichen Freiheitsraum des Einzelnen.

Der Staat nimmt also keineswegs eine Statistenrolle ein, sondern stellt letztlich einen wesentlichen (wenn auch ungeliebten) Grundpfeiler in den Ordnungsvorstellungen von Franz Böhm dar. Die Freiheit des Einzelnen kann der Staat allerdings nur dann dauerhaft sichern, wenn er die an ihn gestellten (freiheitssichernden) Anforderungen erfüllt, ohne sich darüber hinausgehende Kompetenzen anzumaßen.

1.   Der Staatsbegriff Franz Böhms

Für den Staatsbegriff von Franz Böhm ist zunächst einmal das Verhältnis von Staat und Gesellschaft von Bedeutung. Den Bereich des Staates trennt Franz Böhm von der Sphäre der Gesellschaft, ohne aber die enge Verzahnung und das funktionelle Zusammenwirken von Staat und Gesellschaft aus dem Blickfeld zu verlieren.[652] Die Gesellschaft beschreibt Franz Böhm als den Raum der Freiheit und des gleichberechtigten Miteinanders der Bürger, demgegenüber sei der Staat durch die Ausübung von Zwang und damit das Verhältnis der Über- und Unterordnung zum Bürger gekennzeichnet. Gleichwohl sei die Gesellschaft auf den Staat angewiesen, denn die Gesellschaft, die in ihrer Gesamtheit nicht handlungsfähig sei, bedürfe eines handelnden Organs, welches die politischen Herrschaftsbefugnisse verwalte und ausübe.[653] Sie sei auf den Staat angewiesen, den Franz Böhm auch als „Hilfseinrichtung der Gesellschaft"[654] bezeichnet, um den äußeren Rahmen für das Zusammenleben der Bürger in der Gesellschaft zu schaffen und zu gewährleisten. Deshalb organisiere sich eine Gesellschaft im Staat „zu dem Zweck, mittels disziplinierter Unterordnung aller Mitglieder *Macht* zu konzentrieren und diese Macht im Interesse der Gesellschaft zu gebrauchen"[655]. Der Staat sei insoweit auch eine „Hervorbringung der Gesellschaft"[656].

Mit der beschriebenen Zweckausrichtung ist der Staat als Träger der hoheitlichen Gewalt gekennzeichnet. Die Hoheitsgewalt des Staates verkörpert den maßgeblichen Wesensunterschied zur Gesellschaft, die nur gleichberechtigte Bürger kennt, und ermöglicht es dem Staat, seiner Ordnungsfunktion nachzukommen, denn ohne die erforderlich Autorität kann er nach Franz Böhm der Privatrechtsgesellschaft keine Hilfestellung leisten.[657] Die Staatsgewalt spaltet sich in drei Gewalten: die gesetzgebende, die richterliche und die exekutive Gewalt; alle drei repräsentieren das, was Franz Böhm den Staat nennt.[658]

Franz Böhm ordnet die Privatrechtsgesellschaft dem Staat als staatstragende Gesellschaft zu; sie bewege sich nicht unabhängig oder außerhalb des Staates, sondern das Privatrechtsgeschehen sei in das Staatsgeschehen einbezogen und umgekehrt.[659] Schließlich seien die Individuen durch die Privatrechtsgesellschaft in den Staat eingebunden und seinem Einfluß untergeordnet.[660] Auch dies kennzeichnet die enge Verzahnung von staatlicher und gesellschaftlicher Sphäre.

Der Begriff der „Gesellschaft" ist mithin nicht als ein Gegenbegriff zum Begriff des „Staates" zu verstehen, sondern Franz Böhm begreift die staatsmäßige Form der Organisation von Menschen ebenso wie die privatrechtliche im Bereich der Gesellschaft als jeweils spezifische Ordnungstechniken, die nebenein-

---

652 Vgl. *Franz Böhm* (Fn. 479), S. 87.
653 Siehe *Franz Böhm* (Fn. 3 [1966]), S. 81, 83; *ders.* (Fn. 34), S. 11.
654 *Franz Böhm* (Fn. 436), S. 144. Siehe auch *Franz Böhm* (Fn. 225), S. 13.
655 *Franz Böhm* (Fn. 479), S. 87 (Hervorhebung im Original).
656 *Franz Böhm* (Fn. 479), S. 87.
657 Vgl. *Franz Böhm* (Fn. 479), S. 88 f.; *ders.* (Fn. 3 [1966]), S. 86.
658 Siehe *Franz Böhm* (Fn. 479), S. 89; *ders.* (Fn. 82), S. 14.
659 Vgl. *Franz Böhm* (Fn. 140), S. 86; *ders.* (Fn. 225), S. 13 f.
660 Vgl. *Franz Böhm* (Fn. 3 [1966]), S. 85. Vgl. auch *Manfred E. Streit* (Fn. 591), S. 45.

ander Bestand haben.[661] Im Staat und in der Gesellschaft werden jeweils unterschiedliche Formen von Organisation wahrgenommen: Während der Staat hoheitlich und damit im Verhältnis der Über- und Unterordnung handele, sei die Gesellschaft privatrechtlich und im Verhältnis der Gleichordnung organisiert.[662] So sei die „Welt des Staats eine Welt des *Zwangs* und der *Subordination*, die Welt des Privatrechts aber eine Welt der *Freiheit* und der *Koordination*. Das gilt für *jeden* Staat, auch für den freiheitlichsten"[663].

Franz Böhm sieht den Staat also als ein Organisationsmodell, das politische Herrschaftsbefugnisse in sich trägt und politische Herrschaft ausübt. Den Staat als ein Modell politischer Herrschaft zu begreifen, entspricht dem Verständnis vom modernen Staat.[664] Franz Böhm legt seiner Staatsordnung damit den modernen Staat zugrunde. Wie die politische Herrschaft eines Staates im Einzelfall ausgestaltet sei, sei eine Entscheidung der Bürger, denn der „Staat der Menschen hat im Gegensatz zum Staat der Ameisen oder der Bienen keine feste, von der Natur selbst ein für allemal gestiftete Ordnung, sondern er wählt sich seine eigene Ordnung sozusagen aus einer Speisekarte aus, die ihm sehr verschiedenartige Ordnungsmöglichkeiten zur Verfügung stellt"[665]. Die Bürger entscheiden über die Staatsordnung und damit über die Form der Ausübung politischer Herrschaft, indem sie dem Staat ein Gesetz, eine Verfassung, geben, welches die Ordnung des Staates im Grundsatz regelt. Während der Staat selbst als neutraler Begriff für verschiedene Modelle politischer Herrschaft steht, entscheidet die Verfassung bei Franz Böhm über die konkrete Ausgestaltung des Organisationsmodells und damit auch über das Verhältnis des Staates zu seinen Bürgern[666]; erst die Verfassung weist dem Staat ein bestimmtes Ordnungssystem zu.

2.   Die Aufgabe des Staates

Franz Böhm strebt eine Ordnung an, die dem Einzelnen ein Höchstmaß an persönlicher Freiheit und individueller Lebensgestaltung sichert. Dieses Ziel werde in der Privatrechtsgesellschaft verwirklicht, die deshalb Ausgangspunkt und Grundlage der Staatsordnung Franz Böhms ist. In der Privatrechtsgesellschaft

---

661 So *Franz Böhm* (Fn. 140), S. 85. Vgl. auch *Hans H. Rupp* (Fn. 432), Rdn. 29 ff.
662 Vgl. *Franz Böhm* (Fn. 436), S. 144.
663 *Franz Böhm* (Fn. 140), S. 86 (Hervorhebung im Original).
664 Siehe zum Begriff des modernen Staates *Josef Isensee* (Fn. 1), Rdn. 41 ff.
665 *Franz Böhm* (Fn. 431), S. 43 f.
666 Vgl. *Franz Böhm* (Fn. 431), S. 44 f.

sieht sich der Einzelne nach Franz Böhm einem zweifachen Machtproblem gegenüber: Seine Freiheit könne zum einen durch die Macht anderer Privater innerhalb der Gesellschaft bedroht werden; zum anderen könne der Staat den
persönlichen Entfaltungs- und Gestaltungsspielraum des Einzelnen durch hoheitliche Eingriffe einschränken.[667] Während der Staat im ersten Fall dem Einzelnen freiheitsschützend zur Seite treten kann, ist er im zweiten Fall selbst Ursache der Gefährdung der Freiheit des Einzelnen. Der Staat steht folglich vor der
Aufgabe zwei gegenläufige Anforderungen miteinander zu vereinbaren: einerseits
den Einzelnen vor dem Mißbrauch privater Macht in der Gesellschaft zu schützen und andererseits die Freiheit des Einzelnen nicht durch seine eigene Machtausübung zu gefährden.[668]

a.   Die Bereitstellung des Ordnungsrahmens

In der Privatrechtsgesellschaft fällt dem Staat die Aufgabe zu, den Rahmen für
die Privatrechts- und die Wettbewerbsordnung bereitzustellen, deren Funktions-
fähigkeit zu überwachen und Ordnungsstörungen zu beseitigen. Dabei vertraut
Franz Böhm darauf, daß es im Prinzip ausreicht, wenn der Staat einige wenige
Grundmaximen und Spielregeln aufstellt und durchsetzt, damit die Bürger ihr
Zusammenleben in Freiheit ordnen. Diese Spielregeln umfassen die gesamte
Rechtsordnung und insbesondere die Privatrechtsordnung.

Der Privatrechtsordnung Geltung zu verschaffen, ist eine zentrale Aufgabe
des Staates im Sinne Franz Böhms. Diese Aufgabe könne nicht von den Privaten
selbst, sondern nur von einer neutralen, über den Privaten stehenden Autorität
wahrgenommen werden. Nur eine Instanz, die gegenüber den Privaten Autorität
inne habe, also Träger hoheitlicher Gewalt sei, könne die Rechtsordnung gegenüber jedermann verbindlich durchsetzen.[669] Franz Böhm erläutert diese Rolle des
Staates anhand eines Schachspiels, an dem zwei einander gleichberechtigte Spieler beteiligt sind, die sich über die Spielregeln verständigt haben: „Solange sich
die beiden Spieler über die Regel einig sind, ist die Existenz eines Dritten überflüssig. Erst wenn zwischen den Spielern eine Meinungsverschiedenheit über den
Inhalt der Spielregel entsteht, kann es zweckmäßig sein, daß ein Schiedsrichter
vorhanden ist. Dieser Schiedsrichter darf nicht selbst mitspielen, er darf auch
nicht Partei ergreifen. Er darf nur, wenn einer der Spieler gegen die Spielregel
verstößt, aussprechen, daß dieser Zug unzulässig war. Spricht ein Schiedsrichter
ein solches Urteil aus, dann besitzt dieses Urteil eine Autorität, der sich die bei-

---

[667] Siehe *Franz Böhm* (Fn. 225), S. 14.

[668] Vgl. *Jürgen Lange-von Kulessa/ Andreas Renner* (Fn. 625), S. 92.

[669] Vgl. *Franz Böhm* (Fn. 3 [1959]), S. 50.

den Spieler unterwerfen müssen, auch wenn sich der Schiedsrichter irrt. Aber diese Autorität beschränkt sich auf die Interpretation der Spielregel"[670].

Der Staat nehme also, indem er der Rechtsordnung Geltung verschaffe, eine Aufgabe wahr, die im Interesse aller notwendig sei und außerdem nicht anders als mit den Mitteln einer autoritären Führung erfüllt werden könne.[671] Diesbezüglich gelte es nicht nur, die erforderlichen Regeln aufzustellen und deren richterliche Überwachung zu garantieren, sondern auch diejenigen Funktionen zu übernehmen, die zur Abwicklung des Privatrechtsverkehrs in weiterem Sinne beispielsweise im Bereich der Vormundschaftsgerichte oder Grundbuchämter, aber auch der Strafverfolgung oder der Polizei erforderlich seien.[672] Der Staat führt mithin bei Franz Böhm alles das aus, was zum reibungslosen Ablauf des Privatrechtsverkehrs erforderlich ist und – als weitere Voraussetzung – hoheitlicher Autorität bedarf.

Diese Aufgabenbeschreibung schließt den Staat im Sinne Franz Böhms von vielen Tätigkeiten aus und grenzt ihn sogleich vom modernen Sozial- und Wohlfahrtsstaat, wie er sich heute ganz überwiegend in den westlichen Industrienationen darstellt, ab. Der Sozialstaat heutiger Provenienz ist durch eine aktive Gestaltung der Wirtschafts- und Sozialpolitik, eine großzügige Auslegung der staatlichen Daseinsvorsorge (z.B. im Bereich der Landesbanken und Sparkassen) bis hin zu einer bewußten Abschottung von Märkten gegenüber dem Wettbewerb (beispielsweise in Teilbereichen des Arbeitsmarktes durch gesetzliche Zulassungsbeschränkungen) gekennzeichnet. Der Staat im Sinne Franz Böhms hat demgegenüber gerade nicht die Aufgabe, mittels seiner Herrschaftsgewalt Tätigkeiten auszuüben, die von den Bürgern im Raum der Gesellschaft selbst wahrgenommen werden können. So fällt beispielsweise der gesamte Bereich der Wirtschaft, in dem die Bürger ihre individuellen Pläne aufeinander abstimmen und miteinander koordinieren, nicht in das Betätigungsfeld des Staates. Vielmehr soll er hier gerade nicht planend und lenkend eingreifen, damit sich die Pläne der Bürger voll entfalten können. Der Staat hat also „die Funktion eines *Hüters der Ordnung, des Rechts und der Spielregel*, nicht aber die Funktion eines selbst planenden Oberkommandierenden des Produktions- und Verteilungsprozesses"[673]. Die Hauptaufgabe des Staates ist es deshalb nach Franz Böhm, dem Gesetz Geltung zu verschaffen und den Grundsatz, daß Gesetze und nicht Menschen herrschen

---

670 *Franz Böhm*, Die Rule of Law und der Liberalismus, in: ACDP (Nachlaß), S. 1.
671 So *Franz Böhm*, Brief an Herrn Dr. Seuss vom 09. Oktober 1970, in: ACDP (Nachlaß), S. 3. Siehe auch *Franz Böhm* (Fn. 3 [1966]), S. 86 f.
672 Vgl. *Franz Böhm* (Fn. 479), S. 89, 105. Vgl. auch *Fritz Holzwarth* (Fn. 54), S. 187.
673 *Franz Böhm* (Fn. 140), S. 75 (Hervorhebung im Original).

sollen, zu beachten.[674] Allein zu diesem Zweck organisiert sich nach Franz Böhm die Gesellschaft im Staat und stattet ihn mit hoheitlicher Gewalt aus.[675]

Maßt sich der Staat weitergehende Kompetenzen an, die über eine dem Recht Geltung verschaffende Funktion hinausgehen, droht er seine Rolle als neutraler Schiedsrichter, der sich auf die Durchsetzung von (Spiel-)Regeln konzentriert, einzubüßen. Mit dem Verlust an Neutralität geht nach Franz Böhm zugleich ein Verlust an Autorität einher[676], das heißt, der Staat kann seine Aufgabe, der Privatrechtsgesellschaft einen Ordnungsrahmen zur Verfügung zu stellen, überhaupt nur dann wirksam erfüllen, wenn er sich auf seine Rolle als Hüter des Gesetzes beschränkt.

b.   Die Beschränkung staatlicher Macht

Der Staat im Sinne Franz Böhms soll sich auf diejenigen Aufgabenbereiche beschränken, die die Gesellschaft aus sich heraus nicht erfüllen kann: den Vollzug und die Durchsetzung von Regeln. Die Beschränkung der staatlichen Aufgaben auf dieses Feld sei nur deshalb möglich, weil der Einzelne im Raum der Gesellschaft seine individuellen Pläne mittels des Wettbewerbsprinzips und der Privatrechtsordnung verwirkliche und mit denen anderer koordiniere.[677] Die Gesellschaft entlaste den Staat somit von umfangreichen Aufgabenbereichen wie vor allem der Gestaltung des Wirtschaftslebens, die sie ganz wesentlich selbst übernehme.[678] Die Selbststeuerungskräfte der Privatrechtsgesellschaft ermöglichen es nach Franz Böhm also erst, die staatlichen Aufgaben auf die Bereitstellung des Ordnungsrahmens zu reduzieren, und machen den Staat damit in bezug auf die Ausgestaltung des Zusammenlebens der Bürger grundsätzlich überflüssig. Mit dem Bild des Schachspiels ausgedrückt bedeutet dies: „Damit eine Partie Schach gespielt werden kann, müssen zwei Spieler vorhanden sein. Die beiden Spieler sind absolut notwendig, aber sie haben keinerlei Autorität und keinerlei Herrschaftsgewalt im Verhältnis untereinander. Das Vorhandensein eines Schiedsrichters ist dagegen nicht notwendig. Wenn man aber einen Schiedsrichter bestellt, so muß man ihn mit einer Autorität ausrüsten und ihm eine Stellung *über*

---

[674] Siehe *Franz Böhm* (Fn. 140), S. 75; *ders.* (Fn. 479), S. 95; *ders.* (Fn. 436), S. 144; *ders.* (Fn. 671), S. 3.

[675] So *Franz Böhm* (Fn. 479), S. 95 f.; *ders.* (Fn. 670), S. 2. Siehe auch *Klaus Mayer/ Jörg Scheinpflug* (Fn. 450), S. 28.

[676] Vgl. *Franz Böhm* (Fn. 140), S. 92 f.

[677] Vgl. *Franz Böhm* (Fn. 3 [1966]), S. 137 f.; *ders.* (Fn. 671), S. 3 f.; *ders.* (Fn. 34), S. 11 f. Vgl. auch *Klaus Mayer/ Jörg Scheinpflug* (Fn. 450), S. 19 f.

[678] Siehe *Franz Böhm* (Fn. 191), S. 84.

den beiden Spielern einräumen. Die beiden Spieler sitzen auf ganz bürgerlichen Stühlen, aber sie sind die schlechthin unentbehrlichen Hauptpersonen. Der Schiedsrichter sitzt auf einem Herrschaftsthron, aber er ist beinahe überflüssig"[679]. Die Trennung von staatlichem und gesellschaftlichem Bereich ist demzufolge eine wesentliche Voraussetzung für die Beschränkung staatlicher Gewalt.

Die Selbststeuerungskraft der Privatrechtsgesellschaft stößt an Grenzen, vor allem wenn es um den Vollzug und die Umsetzung der Rechtsordnung geht; sie ist deshalb auf die Unterstützung des Staates zur Aufrechterhaltung und Durchsetzung der (Rechts-)Ordnung angewiesen. Der Staat wirkt damit im Ergebnis, dadurch daß er die Funktionsfähigkeit der Privatrechts- und Wettbewerbsordnung sicherstellt und damit den Rahmen für die freie Koordinierung der individuellen Pläne bereitet, daran mit, sich selbst in weiten Teilen entbehrlich zu machen. Gleichwohl darf nicht übersehen werden, daß er allein Träger von Autorität in einer ansonsten machtlosen Gesellschaft ist. Hier zeigt sich die Konfliktlinie und das Dilemma des staatlichen Auftrags: Die staatlichen Organe können ihre Hoheitsgewalt nach Franz Böhm allein zum Nutzen der Gesellschaft einsetzen, aber es kann ihnen nur wenig entgegengesetzt werden, wenn sie ihre Macht zur Ausdehnung der eigenen Kompetenzen (aus-)nutzen.[680]

Um die Ausweitung staatlicher Kompetenzen über den beschriebenen Aufgabenkreis hinaus zu vermeiden, muß die staatliche Gewalt wirksam begrenzt, geteilt und kontrolliert werden. Ein wichtiges Element ist in diesem Zusammenhang die Teilung der hoheitlichen Gewalt in die vollziehende, gesetzgebende und judikative Gewalt. Die Gewaltenteilung bewirkt nicht nur eine Aufteilung der Kompetenzen, sondern insbesondere auch eine gegenseitige Kontrolle und damit gegenseitige Begrenzung von staatlicher Macht.[681]

Die exekutive Gewalt ist nach Franz Böhm diejenige Gewalt, von der die größte Gefahr im Hinblick auf eine Ausdehnung des staatlichen Betätigungsfeldes ausgehe und deshalb in besonderem Maße der Kontrolle bedürfe.[682] Ihr wohne die Tendenz inne, ihre Zuständigkeiten permanent auszuweiten und in zunehmendem Umfang regierend sowie planend in das Zusammenleben der Bürger einzugreifen.[683] In den Augen von Franz Böhm sind *„alle Träger der Exe-*

---

[679] *Franz Böhm* (Fn. 670), S. 1 f. (Hervorhebung im Original).

[680] Siehe *Franz Böhm* (Fn. 431), S. 47.

[681] Siehe dazu m.w.N. *Eberhard Schmidt-Aßmann* (Fn. 37), Rdn. 46 ff.; *Klaus Stern*, Das Staatsrecht der Bundesrepublik Deutschland, Band I, 1984, S. 792 ff.

[682] Vgl. *Franz Böhm* (Fn. 82), S. 14.

[683] Vgl. *Franz Böhm* (Fn. 140), S. 93; *ders.* (Fn. 479), S. 90 f.; *ders.* (Fn. 3 [1959]), S. 51. Mit dem Phänomen einer sich permanent ausweitenden Staatstätigkeit setzte sich bereits Mitte des 19. Jahrhunderts *Alexis de Tocqueville* ausführlich auseinander (vgl.

kutive gefährlich, auch das Volk oder beliebige Regierungskoalitionen und Regierungsparteien. Die Behauptung, daß es irgendwelche Personenkreise gibt, denen man die exekutive Gewalt ohne Sorge und Mißtrauen anvertrauen kann, ist nach rechtsstaatlichem Urteil nicht nur eine leichtfertige Behauptung, sondern immer auch eine höfische, byzantinische, schmeichlerische Unwahrheit"[684].

Um die Gefahr einer Ausweitung der exekutiven Aufgaben zu minimieren, stellt Franz Böhm die exekutive Gewalt unter den Vorbehalt des Gesetzes, das heißt, jede Regierung dürfe nur aufgrund einer gesetzlichen Ermächtigung tätig werden[685]: „Die Staatsgewalt darf nur solche Aufgaben mit Hilfe der exekutiven Führungsgewalt besorgen, die ihr *durch Gesetz* ausdrücklich zugewiesen sind, und sie darf sich bei der Besorgung dieser Angelegenheiten nur derjenigen Machtmittel und Eingriffe in die Freiheit der Regierten bedienen, die ihr das *Gesetz* ausdrücklich zur Verfügung stellt"[686]. Dem Betätigungsfeld der exekutiven Gewalt werden enge Grenzen gesetzt, wenn ihr Handeln unter dem Vorbehalt steht, Aufgaben nur dann wahrnehmen zu dürfen, wenn sie durch Gesetz dazu ermächtigt ist.[687] Damit wird zugleich auch der politische Ermessensspielraum, der jeder exekutiven Gewalt im Rahmen ihrer Befugnisse zukommt, beschränkt. Denn das Ermessen der Exekutive erstreckt sich nur auf die Bereiche, welche den Staat aufgrund einer Ermächtigungsgrundlage überhaupt zum Tätigwerden berechtigen. Schließlich wird das staatliche Handeln, dadurch, daß dem politischen Ermessen durch den Gesetzesvorbehalt enge Grenzen gezogen werden, nach Franz Böhm für den Bürger berechenbar und leichter kontrollierbar.[688]

Das Prinzip des Gesetzesvorbehaltes büßt seine – die staatliche Macht begrenzende – Wirkung ein, wenn sich die exekutive Gewalt mit Unterstützung der gesetzgebenden Gewalt die gesetzlichen Grundlagen für ihr Tätigwerden schafft und ihr Betätigungsfeld auf diese Weise unbegrenzt ausdehnen kann. Diese Form des Zusammenwirkens von vollziehender und gesetzgebender Gewalt bis hin zu einer Verschmelzung von Regierung und Parlament ist auch in einigen demokratischen Staaten zu beobachten: Die gesetzgebende Gewalt (in Gestalt der die Regierung tragenden Fraktionen) versteht sich nach Franz Böhm immer

---

Alexis de Tocqueville, Über die Demokratie in Amerika, Zweiter Teil [1840], 1987, S. 463 ff.).

684 *Franz Böhm* (Fn. 479), S. 97 (Hervorhebung im Original).

685 Vgl. *Franz Böhm* (Fn. 140), S. 94; *ders.* (Fn. 3 [1966]), S. 119. Vgl. auch *Fritz Holzwarth* (Fn. 54), S. 188.

686 *Franz Böhm* (Fn. 3 [1959]), S. 51 (Hervorhebung im Original).

687 Siehe auch *Klaus Stern* (Fn. 681), S. 801 f.

688 Vgl. *Franz Böhm* (Fn. 140), S. 74; *ders.* (Fn. 3 [1966]), S. 138. Vgl. auch *Friedrich A. v. Hayek*, Entstehung und Verfall des Rechtsstaatsideales, in: Albert Hunold (Hrsg.), Wirtschaft ohne Wunder, 1953, S. 33 ff. (44, 52 f.); *ders.* (Fn. 208), S. 275 ff.

weniger als Kontrollorgan der Regierung, sondern verschaffe dieser für ihre Vorhaben die notwendige parlamentarische Mehrheit.[689] Eine Kontrollfunktion nimmt nur noch die parlamentarische Opposition wahr, die mangels einer eigenen Mehrheit die Ausweitung der Kompetenzen der Exekutive kaum wirksam unterbinden kann. Diese Entwicklung, daß sich nicht das Parlament als Ganzes, sondern (nur) die Opposition als Gegenpart zur Regierung begreift, ist nicht ohne Auswirkung auf die Gesetzgebung geblieben, die der Regierung nunmehr die von ihr geforderten Kompetenzen eher unkritisch verleiht und an der Ausweitung ihrer Befugnisse mitwirkt.

Sobald, so warnt Franz Böhm, „die Exekutive ihre Hand am Hebel der Gesetzgebung hält, beginnt eine atemberaubende Gesetzesmacherei, eine Inflationierung mit Rechtsnormen, eine fachmännische Vertechnifizierung des gesetzgeberischen Fabrikationsprozesses, kurz eine Entwicklung, die dahin tendiert, aus dem Gesetz ein schlagkräftiges Mittel im Dienst des Tageskampfes um die Macht und im Dienst rein exekutiver Vielregiererei zu machen"[690]. Dieser Entwicklung könne letztlich nur durch eine wirksame Trennung von vollziehender und legislativer Gewalt entgegen getreten werden. Wenn sich die Legislative als Gegenmacht zur exekutiven Gewalt verstehe, könne sie den Umfang der Regierungsaufgaben wirksam auf ein von ihr vorgegebenes Maß beschränken.[691] Dann würden auch die Gesetze ihre gegenüber der vollziehenden Gewalt machtbegrenzende Funktion erfüllen.

Die Prinzipien der Trennung von Staat und Gesellschaft, der Gewaltenteilung und des Vorbehalts des Gesetzes bilden die wesentlichen Grundlagen für eine wirksame Beschränkung staatlicher Gewalt, die in Franz Böhms Verständnis vom Rechtsstaat ihre konkrete Ausformung finden. Daneben tritt für Franz Böhm die politische Maxime: Es soll *„so wenig wie möglich regiert werden ... "*[692]. Dies alles unterstreicht die tiefe Skepsis, die Franz Böhm jeder Form von Macht entgegenbringt; es ist sein Anliegen, private ebenso wie staatliche Macht zu zähmen.[693] Die staatliche Gewalt soll sich allein auf die Durchsetzung der Rechtsordnung beschränken und nur dazu gesetzlich ermächtigt sein, während ihr für darüber hinausgehende Zuständigkeiten die Ermächtigungsgrundlage fehlen soll.

---

[689] Vgl. *Franz Böhm* (Fn. 479), S. 100. Vgl. auch *Helmut Leipold* (Fn. 592), S. 266 f. Siehe dazu auch unter: V.4.b.

[690] *Franz Böhm* (Fn. 479), S. 101.

[691] Vgl. *Franz Böhm* (Fn. 3 [1959]), S. 51 f. Vgl. auch *Friedrich A. v. Hayek*, Die Ursachen der ständigen Gefährdung der Freiheit, ORDO, Zwölfter Band (1960/61), S. 103 ff. (106 f.); *ders.* (Fn. 208), S. 274 f.
Dazu bereits *John Locke* (Fn. 299), S. 291 f.

[692] *Franz Böhm* (Fn. 3 [1959]), S. 51 (Hervorhebung im Original).

[693] So *Hans Willgerodt* (Fn. 464), S. 25.

Dem Staatsbild Franz Böhms entspricht also der „Staat *‚in being'*, nicht der Staat in *Aktion*"[694]. Der Staat, der einerseits die Durchsetzung der Rechtsordnung garantiert, ist andererseits selbst dem Recht unterworfen.[695] Der Staat im Sinne Franz Böhms ist Hüter der Gesetze unter dem Gesetz.

3.   Die Rechtsordnung im Verständnis von Franz Böhm

Das Recht bildet den Rahmen für das Handeln der Bürger und ist Maßstab für das Handeln der staatlichen Gewalt; gegenüber dem Bürger und dem Staat beansprucht das Recht gleichermaßen Geltung und Autorität. In bezug auf die Bürger stellt die Rechtsordnung den Rahmen zur Verfügung, innerhalb dessen die Bürger ihr Leben im wesentlichen frei von staatlichem Einfluß gestalten können. Dabei tritt sie vor allem auch wirtschaftlichen Machtzusammenballungen im Bereich der Gesellschaft entgegen. Mit Blick auf den Staat bindet das Recht die staatliche Gewalt, begrenzt seine Macht und schützt den Einzelnen vor staatlicher Willkür. Vor dem Gesetz sind demnach nicht nur die Bürger gleich, sondern die staatliche Gewalt unterliegt – wie die Bürger auch – der Autorität des Rechts. Das Recht ist sowohl gegen private als auch gegen staatliche Macht gerichtet.[696]

Eine wirksame Beschränkung der staatlichen Macht beruht nach Franz Böhm wesentlich auf einer Trennung von staatlicher und gesellschaftlicher Sphäre und damit einhergehend auf einer Kompetenzverteilung zwischen Staat und Gesellschaft: Je weniger der Staat regelt, desto größer ist der Entfaltungsspielraum für die Gesellschaft und damit den Einzelnen. Der Staatsordnung Franz Böhms liegt die Prämisse zugrunde, daß die Aufgabenzuständigkeit der Gesellschaft prinzipiell unbegrenzt ist.[697] Dagegen sind die Kompetenzen des Staates auf die Bereiche beschränkt, die ihm durch Gesetz ausdrücklich zugewiesen sind. Die Rechtsordnung, die dem Staat jeweils bestimmte Aufgaben zuweist, entscheidet damit über die Kompetenzverteilung zwischen Staat und Gesellschaft.

Nach Ansicht Franz Böhms soll sich der Staat darauf beschränken, *„Gesetze* zu geben und die Einhaltung dieser Gesetze zu erzwingen ... "[698]. Die Rechtsordnung ermächtigt den Staat also, einzelne Aufgaben wahrzunehmen, und be-

---

[694] *Franz Böhm* (Fn. 140), S. 74 (Hervorhebung im Original).
[695] Vgl. *Fritz Holzwarth* (Fn. 54), S. 188.
[696] Vgl. *Manfred E. Streit* (Fn. 477), S. 15; *Hans Willgerodt* (Fn. 464), S. 21.
[697] Siehe *Franz Böhm* (Fn. 3 [1959]), S. 56.
[698] *Franz Böhm* (Fn. 479), S. 88 (Hervorhebung im Original).

grenzt insoweit sein Betätigungsfeld; sie ist aber zugleich auch selbst Gegenstand der staatlichen Betätigung.

a. Der Ursprung und die Aufgabe des Rechts

Die Frage nach dem Ursprung des Rechts ist von elementarer Bedeutung, um die Rolle des Rechts nachzuvollziehen und insbesondere das von Franz Böhm – in Anlehnung an Aristoteles – formulierte rechtsstaatliche Prinzip: Gesetze sollen herrschen, nicht Menschen, nachvollziehen zu können. Franz Böhm versteht Gesetze – im Gegensatz zum heute gängigen Verständnis – erst in zweiter Linie als staatlich gesetztes Recht. Der Gesetzgebungsvorgang selbst ist für ihn ein Vorgang, der das Recht zwar nach außen sichtbar und verbindlich festlege, aber insoweit ein Prozeß, der selbst kein Recht erzeuge, sondern (nur) bestehendes Recht kodifiziere und ihm staatliche Autorität verleihe.[699] Das wahre Gesetz im Sinne Franz Böhms ist zeitlosen Alters und werde als solches „nicht gemacht, sondern *gefunden*, und zwar im Sinn von *vorgefunden*"[700]. Das wahre Gesetz sei das durch Gewohnheitsbildung zustande gekommene Gesetz, das heißt, dasjenige Recht, das sich durch Konventionen und Sitten in der Gesellschaft herausgebildet habe.[701] Es spiegele die Grundregeln wider, welche sich eine Gesellschaft im Wege des tagtäglichen Austauschens ihrer Mitglieder selbst gebe. Allerdings werde das Gewohnheitsrecht in der modernen, komplexen Industriegesellschaft durch staatlich gesetztes Recht zunehmend ergänzt und abgeändert. Gleichwohl ist auch die staatliche Gesetzgebung für Franz Böhm nicht so sehr „eine sprachgestaltende als eine sprachfeststellende Gewalt, ähnlich der Funktion einer Akademie, die mit geläutertem Urteil ausspricht, was in der Sprache gilt und sich ziemt"[702].

Das (Gewohnheits-)Recht sei also überliefertes Recht, welches im Bereich der Gesellschaft entwickelt und nicht vom Staat durch einen Gesetzgebungsakt ge-

---

[699] Vgl. *Franz Böhm* (Fn. 479), S. 88.

[700] *Franz Böhm* (Fn. 479), S. 88 (Hervorhebung im Original).

[701] Siehe *Franz Böhm* (Fn. 479), S. 88, 97 f.
Anfang der 30er Jahre des 20. Jahrhunderts nimmt *Franz Böhm* die Unterscheidung von staatlich gesetztem Recht und dem vom Staat vorgefundenen Gewohnheitsrecht bzw. wahrem Recht noch nicht explizit vor (vgl. *Franz Böhm*, Recht und Macht, Die Tatwelt 1934, S. 115 ff., S. 169 ff. [171 f.]), sondern entwickelt sie in den 50er Jahren vor allem in seinem Beitrag „Der Rechtsstaat und der soziale Wohlfahrtsstaat".

[702] *Franz Böhm* (Fn. 479), S. 99.

schaffen worden sei.[703] Es habe seinen Ursprung in der Gesellschaft, denn im Gegensatz zum staatlich gesetzten Recht haben alle Bürger unmittelbar Anteil an der Entstehung und Entwicklung des Gewohnheitsrechts[704]; sie alle würden tagtäglich an der Rechtserzeugung mitwirken, die von der gesetzgebenden Gewalt als vorgefundenes Recht im Rahmen des politischen Gesetzgebungsvorgangs (nur) kodifiziert werde. Das Recht in diesem Sinne sei älter als die Gesetzgebung, denn es habe schon Bestand und Geltung, bevor ihm mit dem Gesetzgebungsakt staatliche Autorität verliehen worden sei.[705]

Die Aufgabe, die die Rechtsordnung nach Franz Böhm wahrnimmt, ist die, jede Form vom Macht zu begrenzen und „die *Machtkonzentration* in den Händen von Individuen und Gruppen zu *verhindern*"[706]. Franz Böhm betrachtet das Recht quasi als Gegenspieler zur privaten wie auch zur staatlichen Macht.[707] Im Bereich der Gesellschaft gelte es mit Hilfe des Rechts Machtbildungen zu verhindern, aufzuspalten und aufzulösen und im Bereich des Staates dessen Macht auf das erforderliche Mindestmaß zu beschränken.[708] Um staatliche Macht wirksam zu begrenzen, müsse die Rechtsordnung eine zweckmäßige Aufteilung der Aufgaben zwischen Staat und Gesellschaft widerspiegeln, das heißt, nur solche Kompetenzen, die der staatlichen Autorität bedürften, sollten auf den Staat übertragen werden, während alle anderen im Raum der Gesellschaft verbleiben würden, um ein Höchstmaß an individueller Selbstentfaltung zu garantieren.[709]

Die Rechtsordnung kann die ihr zugewiesene Aufgabe nur bewältigen, wenn das Recht bestimmte Kriterien erfüllt: Die Rechtsordnung und ihre Gesetze müssen nach Franz Böhm zunächst einmal für alle Individuen gleich sein und für alle in gleichem Umfang Geltung haben.[710] Desweiteren müsse es sich um Regeln mit allgemeinem Charakter handeln, die also nicht auf einen Einzelfall bezogen seien, sondern jedermann ohne Ansehen der Person betreffen und unab-

---

[703] Vgl. *Franz Böhm* (Fn. 479), S. 88; *ders.* (Fn. 3 [1966]), S. 99. Siehe auch *Friedrich A. v. Hayek*, Recht schützt Freiheit, Gesetze töten sie, Frankfurter Allgemeine Zeitung vom 01./02. Mai 1963.

[704] Vgl. *Franz Böhm* (Fn. 479), S. 98.

[705] Vgl. *Franz Böhm* (Fn. 479), S. 102. Siehe dazu auch *Friedrich A. v. Hayek* (Fn. 471), S. 103 f.

[706] *Franz Böhm* (Fn. 479), S. 102 (Hervorhebung im Original).

[707] Siehe *Franz Böhm*, Machtdenken und Rechtsgewissen, Die Wandlung 1948, S. 152 ff. (157).

[708] Vgl. *Franz Böhm* (Fn. 158), S. 121 f.; *ders.* (Fn. 479), S. 103. So auch *Friedrich A. v. Hayek* (Fn. 688), S. 41 f.

[709] Vgl. *Franz Böhm* (Fn. 701), S. 131, 173.

[710] Vgl. *Franz Böhm* (Fn. 479), S. 103 f. Vgl. auch *Hans Willgerodt* (Fn. 464), S. 21.

hängig von Zeitpunkt oder Ort gelten würden.[711] Die Gesetze sollten keine konkreten Anweisungen oder Befehle enthalten, sondern seien auf Dauer und allgemeine Gültigkeit angelegt.[712] Eine weitere Eigenschaft, die die (wahren) Gesetze aufweisen müßten, sei, daß sie hinreichend bestimmt seien, damit der Einzelne die Folgen seines Verhaltens in bezug auf diese Gesetze im Voraus erkennen sowie abschätzen könne und insoweit Rechtssicherheit für die Bürger bestehe.[713] Wenn das Recht diese Merkmale: die Gleichheit aller unter dem Gesetz, den allgemeinen Charakter der Regeln und das Gebot der Rechtssicherheit erfülle, dann sei im wesentlichen sichergestellt, daß der Staat seine gesetzgebende Funktion absolut neutral gegenüber der Gesellschaft und den Individuen ausfülle und als „ehrlicher Makler der Gesellschaft"[714] auftrete.

Das Recht büßt seine Rolle als machtbegrenzende Kraft ein, wenn es nicht mehr die Eigenschaft von allgemeinen Regeln aufweist, sondern Einzelfälle regelt und damit im Ergebnis Sonderinteressen vertritt. Eine solche Entwicklung droht nach Franz Böhm vor allem dann, wenn der Gesetzgebungsprozeß nicht mehr als ein Vorgang verstanden werde, innerhalb dessen bestehendes (Gewohnheits-)Recht festgestellt und kodifiziert, sondern durch staatlich gesetztes Recht geprägt werde. Diesen Vorgang bezeichnet Franz Böhm als Verpolitisierung der Gesetzgebung, die im Ergebnis stets zu einer Ausweitung der staatlichen Befugnisse zu Lasten der Gesellschaft und des Einzelnen führe.[715] Denn wenn die gewohnheitsrechtliche Rechtserzeugung, an der alle Mitglieder der Gesellschaft beteiligt seien, vom rein staatlich gesetzten Recht zunehmend in den Hintergrund gedrängt werde, dann könnten sich die gesellschaftlichen Interessengruppen im Verlauf des Gesetzgebungsprozesses in ganz anderem Umfang Gehör verschaffen und ihre Interessen durchsetzen. Und es sei gerade das rein staatlich gesetzte Recht, welches dem Staat selbst neue Aufgaben und Kompetenzen zuzuweisen drohe.[716]

---

[711] Vgl. *Franz Böhm* (Fn. 479), S. 103. Siehe auch *Friedrich A. v. Hayek* (Fn. 703).

[712] Vgl. *Franz Böhm* (Fn. 479), S. 104. Vgl. auch *Hans Willgerodt* (Fn. 464), S. 21.
Zur Unterscheidung von (wahren) Gesetzen und Befehlen: *Friedrich A. v. Hayek* (Fn. 208), S. 180 ff.

[713] Siehe *Franz Böhm* (Fn. 701), S. 131. Siehe auch *Friedrich A. v. Hayek* (Fn. 208), S. 270 f.

[714] *Franz Böhm* (Fn. 479), S. 105.

[715] Siehe *Franz Böhm* (Fn. 479), S. 99.
Hier wie auch in späteren Beiträgen nimmt *Franz Böhm* insoweit ausdrücklich Bezug auf den Aufsatz „Entstehung und Verfall des Rechtsstaatsideales" von *Friedrich A. v. Hayek* (siehe *Franz Böhm* [Fn. 479], S. 99; *ders.* [Fn. 10], S. 112).

[716] Vgl. *Franz Böhm* (Fn. 479), S. 99 f.

b. Die Verfassung

Der Staat, den Franz Böhm seinen Arbeiten zugrunde legt, ist der Verfassungsstaat. Die Verfassung gibt dem Staat als Träger der hoheitlichen Gewalt eine bestimmte Ordnung und verkörpert damit die Entscheidung über die Ausgestaltung und Bändigung staatlicher Gewalt.[717] In bezug auf die (eher sparsamen) Aussagen von Franz Böhm zur Staatsverfassung lassen sich im Verlauf seines Wirkens unterschiedliche Ansatzpunkte erkennen.

In den 30er und frühen 40er Jahren des 20. Jahrhunderts beschreibt Franz Böhm die Staatsverfassung als eine Entscheidung, die ihrem Grunde nach sittlicher Natur ist. In ihr würden „die großen Marschziele der Nation auf lange Sicht ausgerichtet und auch bei der Aufstellung der organisatorischen Grundsätze wird nicht so sehr Bedacht auf die technische Zweckmäßigkeit als vielmehr auf ihre Übereinstimmung mit dem Geist, mit dem Genius der Nation genommen, der im letzten Grunde den Ausschlag darüber gibt, in welcher Form und in welcher Gesinnung die einzelnen Aufgaben in Angriff genommen und gelöst werden sollen"[718]. Die Verfassung spiegele die Gesamtheit der sittlichen Überzeugungen eines Staatsvolkes wider, ohne daß es eines verfassunggebenden Aktes oder einer verfassungsgesetzlichen Kodifizierung bedürfe.[719] Sie könne vielmehr „weitgehend ungeschrieben sein, weil sie die tatsächlich gelebte politische Ordnung einer sittlichen Personen-(Volks-)Gemeinschaft ist"[720]. Die geschriebene Verfassung, das Verfassungsgesetz, müsse folglich nicht notwendig im Einklang mit der gelebten sittlichen Ordnung des Volkes stehen; solche Verfassungen, die im Widerspruch zum sittlichem Empfinden stehen und einem Volk quasi aufgezwungen würden, bezeichnet Franz Böhm als Fremdverfassungen, die sich seines Erachtens nicht dauerhaft gegen die innere Kraft eines Volkes behaupten könnten.[721] Dies zeigt, daß Franz Böhm letztlich eine Unterscheidung zwischen der (wahren) Verfassung und dem tatsächlichen Verfassungsgesetz trifft, wobei nur die Verfassung Ausdruck der Rechtsüberzeugung eines Volkes ist und insoweit dauerhaft Bestand hat.[722]

---

[717] Vgl. *Franz Böhm* (Fn. 431), S. 43 ff.

[718] *Franz Böhm* (Fn. 13), S. 58.

[719] Vgl. *Franz Böhm* (Fn. 13), S. 58.

[720] *Freiburger Bonhoeffer-Kreis* (Fn. 16), S. 104; der Abschnitt „Rechtsordnung" in der Anlage wurde von *Franz Böhm* und *Erik Wolf* verfaßt.

[721] Vgl. *Franz Böhm* (Fn. 13), S. 58 f.

[722] Mit dieser Unterscheidung schließt sich *Franz Böhm* den Bestrebungen der Weimarer Staatsrechtslehre an, sich von einem strengen staatsrechtlichen Positivismus abzusetzen. *Franz Böhm* verweist ausdrücklich auf diese Tendenz in der Staatsrechtswissen-

Die Unterscheidung der wahren Verfassung von dem Verfassungsgesetz tritt bei Franz Böhm – wohl unter dem Eindruck der verfassungsrechtlichen Entwicklungen in der Bundesrepublik Deutschland – in den 50er Jahren des 20. Jahrhunderts in den Hintergrund. Im Vordergrund steht nunmehr das Verständnis von der Verfassung als einer rechtlichen Grundordnung des Staates, welches dem herkömmlichen Begriff der materiellen Verfassung entspricht.[723] Für Franz Böhm ist es die Verfassung, die dem Staat seine jeweilige Ordnung gebe, denn „der Mensch als Individuum folgt dem Gesetz, nach dem er angetreten ist; die Staaten aber folgen dem Gesetz, das wir ihnen geben"[724]. Die Verfassung treffe vor allem eine Aussage über die Art und Weise, in der politische Herrschaft wahrgenommen und ausgeübt werde. Zu einer freiheitlichen Verfassung im Sinne Franz Böhms gehört daher die Bindung der staatlichen Gewalt an das Recht ebenso wie die Garantie der bürgerlichen Freiheits- und Grundrechte.[725]

c.   Die Wirtschaftsverfassung

Der Begriff der „Wirtschaftsverfassung" ist aufgrund der Verbindung von zwei – nicht auf den ersten Blick in Zusammenhang stehenden – Begriffen wie „Wirtschaft" und „Verfassung" mehrdeutig und wird daher in recht unterschiedlichen Bedeutungszusammenhängen verwendet.[726] Während in einem Fall die Notwendigkeit, der Wirtschaft eine bestimmte Verfassung (oder auch Ordnung) zu geben, betont wird, steht in einem anderen die Frage nach der konkreten verfassungsrechtlichen Normierung einer bestimmten Wirtschaftsordnung im Vorder-

---

schaft, ohne aber auf einzelne Staatsrechtslehrer Bezug zu nehmen (vgl. *Franz Böhm* [Fn. 13], S. 58).
Siehe in diesem Zusammenhang auch *Josef Isensee* (Fn. 1), Rdn. 140 ff.; *ders.*, Verfassungsrecht als „politisches Recht", in: ders./ Paul Kirchhof (Hrsg.), HdbStR VII, 1992, § 162 Rdn. 3.

[723]   Siehe zum herrschenden Begriff der materiellen Verfassung *Josef Isensee* (Fn. 1), Rdn. 139.

[724]   *Franz Böhm* (Fn. 431), S. 44.

[725]   Siehe *Franz Böhm* (Fn. 707), S. 161 f.

[726]   Ursprünglich hat sich der Begriff der Wirtschaftsverfassung wohl auf die Wirtschaftsartikel der Weimarer Reichsverfassung bezogen und ist damit allein auf die Verfassung ausgerichtet gewesen (vgl. *Peter Badura*, Grundprobleme des Wirtschaftsverfassungsrechts, JuS 1976, S. 205 ff. [206]).
Siehe zu dem Abschnitt „Das Wirtschaftsleben" (Art. 151-165 der Weimarer Reichsverfassung) auch *Franz Böhm* (Fn. 158), S. 337 ff.

grund. Dieser Ansatz betrachtet das Problem der Wirtschaftsverfassung, indem er allein auf eine verfassungsrechtliche Entscheidung für eine Wirtschaftsordnung eingeht und damit das Verfassungsrecht in den Mittelpunkt stellt, aus dem Blickwinkel des geschriebenen Verfassungsrechts, während für jenen Ansatz das Verfassungsrecht zweitrangig ist. Danach bedarf es, um einer Wirtschaft eine Ordnung zu geben, zwar eines rechtlichen Rahmens zur Ausgestaltung der konkreten Wirtschaftsordnung, nicht aber notwendig einer verfassungsrechtlichen Entscheidung für eine bestimmte Ordnung.[727]

aa.   Die Wirtschaftsverfassung bei Franz Böhm

Die Frage nach der Wirtschaftsverfassung ist für Franz Böhm vor allem eine praktisch-technische Aufgabe, bei der es darauf ankommt, sich für ein zweckmäßiges Wirtschaftssystem zu entscheiden.[728] Die (Staats-)Verfassung gebe nur sehr eingeschränkt einen Anhaltspunkt dafür, wie das Wirtschaftssystem im Einzelfall auszugestalten sei, denn mit der (Staats-)Verfassung besitze ein Volk noch „keine konkrete Wirtschaftsverfassung, sondern es sieht sich erst vor eine bestimmte *Auswahl* zwischen mehreren möglichen Wirtschaftsordnungen gestellt"[729]. Die Verfassung gebe lediglich einen Spielraum vor, in dessen Rahmen sich die konkrete Ausgestaltung der jeweiligen Wirtschaftsordnung zu bewegen habe. Die Wirtschaftsverfassung könne sich wiederum nur innerhalb dieses durch die Verfassung vorgegebenen Spielraums bewegen, das heißt, sie müsse im Einklang mit der (politischen) Verfassung stehen.[730] Die Wirtschaftsverfassung im Verständnis von Franz Böhm ist demnach keineswegs ein Äquivalent zur (Staats-)Verfassung, wie die Begriffswahl vermuten lassen könnte. Im Gegenteil: Die Verfassung hat Vorrang vor der Wirtschaftsverfassung; sie gibt den Rahmen für die Ausgestaltung der konkreten Wirtschaftsverfassung vor.

Unter einer Wirtschaftsverfassung versteht Franz Böhm „eine politische Gesamtentscheidung über die Ordnung des nationalen Wirtschaftslebens"[731]. Er definiert die Wirtschaftsverfassung als „eine ‚*Gesamtentscheidung‘ über Art und Form*

---

[727]   Siehe dazu auch *Peter Badura*, Das Verwaltungsmonopol, 1963, S. 316 ff.

[728]   Vgl. *Franz Böhm* (Fn. 13), S. 59.

[729]   *Franz Böhm* (Fn. 13), S. 59 (Hervorhebung im Original).

[730]   Siehe *Franz Böhm* (Fn. 13), S. 60. Siehe auch *Walter Strauß*, Wirtschaftsverfassung und Staatsverfassung, Recht und Staat, 1952, S. 7.

[731]   *Franz Böhm/ Walter Eucken/ Hans Großmann-Doerth* (Fn. 14), S. XIX.
        In Übereinstimmung damit charakterisiert *Walter Eucken* die Wirtschaftsverfassung als „die Gesamtentscheidung über die Ordnung des Wirtschaftslebens eines Gemeinwesens" (vgl. *Walter Eucken* [Fn. 99], S. 52).

des wirtschaftlich-sozialen Kooperationsprozesses in dem gleichen Sinne, in dem Carl Schmitt die *Staatsverfassung* als eine *‚Gesamtentscheidung' über Art und Form der politischen Einheit'* bezeichnet"[732]. Franz Böhm lehnt sich hinsichtlich seiner Charakterisierung des Begriffs der Wirtschaftsverfassung also bewußt an den positiven Verfassungsbegriff von Carl Schmitt an.[733]

Carl Schmitt betrachtet die Verfassung als „eine grundlegende *politische Entscheidung des Trägers der verfassunggebenden Gewalt"*[734] und grenzt insoweit die Verfassung von den Verfassungsgesetzen ab, die nur aufgrund der Verfassung gelten und diese voraussetzen.[735] Die Verfassung selbst ist danach auf einen Verfassungskern beschränkt, allein er ist Gegenstand der politischen Entscheidung.[736] Zu diesem Verfassungskern zählt nach Carl Schmitt die politische Entscheidung für eine Demokratie und einen bürgerlichen Rechtsstaat oder für die Monarchie als Staatsform.[737] Dieses Verständnis von einer Verfassung als grundlegender politischer Entscheidung, die jedenfalls die Grundsatzentscheidung über die Staatsform und damit die staatliche Ordnung enthält, nimmt Franz Böhm in bezug auf seinen Begriff von der Wirtschaftsverfassung auf.[738] Die Wirtschaftsverfassung beinhaltet die grundlegende Entscheidung über die Wirtschaftsordnung; sie weist die Richtung hin zur staatlich regulierten oder zur von staatlichem Einfluß frei agierenden Wirtschaft, mithin die Richtung hin zur Zentralverwaltungswirtschaft oder hin zur Marktwirtschaft. Die Entscheidung für die Gewerbefreiheit in Deutschland im 19. Jahrhundert stellt für Franz Böhm eine solche grundsätzliche wirtschaftsverfassungsrechtliche Entscheidung dar.[739]

Die Wirtschaftsverfassung als Grundsatzentscheidung im Sinne Franz Böhms muß nicht notwendig in den Verfassungsgesetzen ihren formellen Niederschlag finden, womit sich Franz Böhm ganz wesentlich von dem engen Verständnis

---

[732] *Franz Böhm* (Fn. 158), S. 107 (Hervorhebung im Original).

[733] Vgl. auch *Rainer Behlke* (Fn. 105), S. 48; *Peter Behrens*, Die ökonomischen Grundlagen des Rechts, 1986, S. 15; *Helmut Depenheuer*, Wirtschaftsverfassung und Wirtschaftslenkung, 1964, S. 2 ff.; *Knut W. Nörr* (Fn. 256), S. 105.

[734] *Carl Schmitt*, Verfassungslehre (1928), 1993, S. 23 (Hervorhebung im Original).

[735] Vgl. *Carl Schmitt* (Fn. 734), S. 20 ff.

[736] Vgl. *Josef Isensee* (Fn. 1), Rdn. 143.

[737] Vgl. *Carl Schmitt* (Fn. 734), S. 23 f.

[738] Siehe dazu *Ernst-Joachim Mestmäcker*, Über Mitbestimmung und Vermögensverteilung, 1973, S. 13 f.

[739] Vgl. *Franz Böhm* (Fn. 158), S. 323; *ders.* (Fn. 13), S. 40. Vgl. auch *Ernst-Joachim Mestmäcker*, Wirtschaftsordnung und Staatsverfassung, Festschrift für Franz Böhm, 1975, S. 383 ff. (383); *Knut W. Nörr* (Fn. 256), S. 105.
Siehe auch *Heinz Grosskettler*, Franz Böhm als Protagonist einer Ökonomischen Theorie der Gesetzgebungslehre, 1995, S. 8.

einer Wirtschaftsverfassung absetzt, welches sich allein an der verfassungsrechtlichen Umsetzung und den verfassungsrechtlichen Garantien einer Wirtschaftsordnung orientiert.[740] Die Entscheidung für eine bestimmte Wirtschaftsordnung ist für Franz Böhm Gegenstand der Wirtschaftsverfassung selbst; ihren Ausdruck und ihre Umsetzung kann die Wirtschaftsverfassung im einfachen Gesetzesrecht, wie beispielsweise in der gesetzlichen Verankerung der Gewerbefreiheit, finden. Franz Böhm verzichtet damit keinesfalls auf eine rechtliche Ausgestaltung der Wirtschaftsverfassung, sondern nur auf die Notwendigkeit einer verfassungsrechtlichen Normierung.[741] Insoweit ist die Wirtschaftsverfassung Franz Böhms „ein *Inbegriff von Normen*. Und zwar von Normen, deren Zweck es ist, das wirtschaftliche Verhalten der einzelnen und Gruppen in einem bestimmten Sinn zu beeinflussen, vor allem aber ... das *Zusammenwirken* der einzelnen und der zusammengesetzten Einheiten untereinander zu *ordnen*"[742]. Zu diesen Normen würden nicht nur die Regeln des Privatrechts, sondern ebenso öffentlich-rechtliche Regeln aus dem Vollstreckungs- oder Konkursrecht wie insbesondere auch das Gesetz gegen Wettbewerbsbeschränkungen zählen.[743] In ihrer Gesamtheit würden diese Regeln „*Rechtsverfassungen des Wirtschaftslebens*"[744] bilden. Sie setzen die Wirtschaftsverfassung praktisch um und verleihen ihr Ausdruck; als solche stehen sie nicht zur Disposition der am Wirtschaftsleben Beteiligten.[745] Die Wirtschaftsverfassung als Grundsatzentscheidung im Sinne Franz Böhms

---

[740]   Vgl. *Wernhard Möschel* (Fn. 148), S. 719 f. Vgl. auch *Jürgen Basedow*, Von der deutschen zur europäischen Wirtschaftsverfassung, 1992, S. 7 f.; *Helmuth Liesegang*, Die verfassungsrechtliche Ordnung der Wirtschaft, 1977, S. 3 f.
    Zum engen Begriff der Wirtschaftsverfassung siehe *Peter Badura* (Fn. 726), S. 207; *Andreas Hamann*, Deutsches Wirtschaftsverfassungsrecht, 1958, S. 13 f.

[741]   Vgl. *Hans Merz* (Fn. 283), S. 229; *Ernst-Joachim Mestmäcker* (Fn. 739), S. 413 f.; *Wernhard Möschel* (Fn. 148), S. 719; *Ludwig Raiser*, Wirtschaftsverfassung als Rechtsproblem (1950), in: Ulrich Scheuner (Hrsg.), Die staatliche Einwirkung auf die Wirtschaft, 1971, S. 109 ff. (117); *Hans f. Zacher*, Aufgaben einer Theorie der Wirtschaftsverfassung, Festschrift für Franz Böhm, 1965, S. 63 ff. (72).

[742]   *Franz Böhm* (Fn. 13), S. 54 f. (Hervorhebung im Original).

[743]   Vgl. *Franz Böhm* (Fn. 158), S. 318 f.; *ders.*, Die Wirtschaftsordnung als Zentralbegriff des Wirtschaftsrechts, Mitteilungen des Jenaer Instituts für Wirtschaftsrecht, 1936, S. 3 ff. (6 f.); *ders.* (Fn. 13), S. 92 ff. Vgl. auch *Ernst-Joachim Mestmäcker*, Wirtschaft und Verfassung, DÖV 1964, S. 606 ff. (608).
    So auch *Walter Strauß* (Fn. 730), S. 6. Siehe auch *Hans C. Nipperdey*, Die Grundprinzipien des Wirtschaftsverfassungsrechts, in: Hermann Wandersleb (Hrsg.), Recht – Staat – Wirtschaft, Dritter Band, 1951, S. 223 ff.

[744]   *Franz Böhm* (Fn. 743), S. 7 (Hervorhebung im Original).

[745]   Siehe *Ernst-Joachim Mestmäcker* (Fn. 739), S. 383.

bedarf also der rechtlichen Ausgestaltung, aber nicht notwendig einer verfassungsrechtlichen Normierung.[746]

Die Bedingung, die Franz Böhm an eine moderne Wirtschaftsverfassung stellt, ist, daß sie „*inhaltlich* eine *echte* Entscheidung zugunsten eines in sich geschlossenen, *eindeutigen wirtschaftspolitischen Ordnungssystems* ... "[747] treffe. Die Wirtschaftsverfassung sei daher nicht auf ein bestimmtes Wirtschaftssystem festgelegt; sie könne sich innerhalb bestimmter Grenzen sogar aus verschiedenen Systemen zusammensetzen.[748] Sie müsse jedoch so beschaffen sein, daß sie ein klares Ziel und eine Ordnung erkennen lasse. Eine solche klare Linie habe die Gesamtheit der wirtschaftsrechtlichen Normen z.B. in der Weimarer Zeit aus der Sicht Franz Böhms vermissen lassen. Es habe sich dabei um eine kombinierte Verfassung gehandelt, die gleichermaßen Elemente des Marktes wie auch der staatlichen Planung enthalten habe.[749] Die jeweilige Gewichtung der einzelnen Elemente habe darüber hinaus in drei – von Franz Böhm so unterschiedenen – großen wirtschaftlichen Teilbereichen: der Ernährungswirtschaft, der Arbeitswirtschaft und der gewerblichen Wirtschaft, welche insofern jeweils eigene Teilverfassungen darstellen würden, jeweils variiert.[750] Es habe an einer geschlossenen wirtschaftspolitischen Ausrichtung gefehlt. Die Gewerbefreiheit als Rechtsverfassung der freien Verkehrswirtschaft sei in den 20er und 30er Jahren des 20. Jahrhunderts zu einer Teilordnung herab gestuft worden, deren Prinzipien sich eben nur teilweise und nicht in der geltenden Rechtsordnung insgesamt wiedergefunden haben.[751]

Franz Böhm kritisiert eine solche Vielfalt an unterschiedlichen Teilordnungen, die nur teilweise der (Gesamt-)Wirtschaftsverfassung entsprechen, und da-

---

[746] Vgl. *Jürgen Basedow* (Fn. 740), S. 6 f.; *Ernst-Joachim Mestmäcker* (Fn. 738), S. 13; *Ludwig Raiser* (Fn. 741), S. 117; *Hans f. Zacher* (Fn. 741), S. 74 f.

[747] *Franz Böhm* (Fn. 13), S. 57 (Hervorhebung im Original).

[748] Vgl. *Franz Böhm* (Fn. 13), S. 57. Vgl. auch *Helmut Depenheuer* (Fn. 733), S. 4.

[749] Vgl. *Franz Böhm* (Fn. 13), S. 75 f.

[750] Vgl. *Franz Böhm* (Fn. 13), S. 76 ff.

[751] Vgl. *Franz Böhm* (Fn. 158), S. 337. Vgl. auch *Ernst-Joachim Mestmäcker* (Fn. 739), S. 413.
Diese Bewertung, derzufolge sich die Rechtsverfassung der freien Marktwirtschaft nur auf einen Teilbereich des geltenden Rechts der Weimarer Zeit erstreckt habe, trifft auch auf die gegenwärtige Lage der Bundesrepublik Deutschland zu, die in einzelnen Bereichen der Wirtschaft (z.B. in der Landwirtschafts- und Gesundheitspolitik) der staatlichen Regulierung im Gegensatz zur Außenhandelspolitik oder neuerdings dem Bereich der Telekommunikation breiten Raum läßt und insofern insgesamt eine klare Linie in der Wirtschaftspolitik vermissen läßt bzw. zumindest verwässert.

mit das Fehlen einer eindeutigen, erkennbaren Entscheidung für eine bestimmte Wirtschaftsordnung. Eine Wirtschaftsverfassung, die sich nur in Teilen in der tatsächlich praktizierten Wirtschaftsordnung und Rechtsverfassung wiederfinde und somit nur in verwässerter Form bestehe, werde den Aufgaben des modernen und komplexen Wirtschaftslebens nicht gerecht. Nach Ansicht von Franz Böhm zwingt „die Tatsache, daß das Funktionieren einer hochentwickelten Wirtschaftsverfassung von der Geschlossenheit und Durchsichtigkeit ihrer technischen Ordnung abhängt, ... den Staat dazu, alle Macht und Autorität, die ganze Kraft des politischen Willens *im Dienste der Klarheitsidee* einzusetzen: Der Sinn des Ganzen muß bis in die entlegensten Teilregelungen hinein mit kristallklarer Durchsichtigkeit zutagetreten; denn jede Trübung schafft Schattenstellen und Schlupfwinkel"[752]. Jede Teilordnung müsse vor diesem Hintergrund auf ihre Übereinstimmung mit der wirtschaftlichen Gesamtverfassung und dahingehend untersucht werden, ob sie sich als Baustein in die Rechtsverfassung einer bestimmten Wirtschaftsordnung und damit im Ergebnis auch in die Verfassung einfüge.[753]

Aufgabe der Wirtschaftsverfassung sei es, „die bestmöglichen Voraussetzungen dafür zu schaffen, daß die am Wirtschaftshergang beteiligten Rechtsgenossen *sinnvoll* zusammenwirken und daß das Ergebnis ihres Zusammenwirkens nach einem Schlüssel verteilt wird, der sich vor dem Richterstuhl der sozialen *Gerechtigkeit* verantworten läßt"[754]. Diejenige Ordnung, die das Zusammenleben der Bürger aus der Sicht Franz Böhms sinnvoll, das heißt, zum größtmöglichen Nutzen aller und mit der größtmöglichen Entscheidungsfreiheit für den Einzelnen koordinieren könne, sei die Wettbewerbsordnung; ihr (gerechter) Verteilungsschlüssel sei das Leistungsprinzip.[755] Eine weitere Aufgabe der Wirtschaftsverfassung sei es, das Problem der privaten Macht zu lösen.[756] Auch diese Aufgabe erfüllt nach Franz Böhm der nach verbindlichen Spielregeln ausgetragene Wettbewerb im Prinzip wirksam. Der Wettbewerb schaffe die Bedingungen dafür, daß sich die individuellen Wirtschaftspläne frei von jedweden Machteinflüssen wechselseitig anpassen würden, und sei zugleich ein wirkungsvolles Instrument zur Bekämpfung privater Machtkonzentrationen. Die wichtigste Institution der Wirtschaftsverfassung im Sinne Franz Böhms ist mithin der Wettbewerb, der in einem rechtlich geordneten Verfahren entsteht.[757]

---

[752] *Franz Böhm* (Fn. 13), S. 76 (Hervorhebung im Original).

[753] Siehe dazu *Franz Böhm* (Fn. 743), S. 7. Siehe auch *Hans Willgerodt* (Fn. 464), S. 19.

[754] *Franz Böhm* (Fn. 204), S. 49 (Hervorhebung im Original).

[755] Vgl. *Franz Böhm* (Fn. 13), S. 120 ff. So auch *Leonhard Miksch* (Fn. 109), S. 210.

[756] Vgl. *Franz Böhm* (Fn. 204), S. 51; *ders.* (Fn. 225), S. 12. Vgl. auch *Ernst-Joachim Mestmäcker* (Fn. 739), S. 413 f.

[757] Vgl. *Ernst-Joachim Mestmäcker*, Bausteine zu einer Wirtschaftsverfassung, 1996, S. 3.

Die Entscheidung für eine Wirtschaftsordnung (die Wirtschaftsverfassung), die den Erfordernissen einer sinnvollen und gerechten Ordnung entspricht, steht für Franz Böhm also in direktem Bezug zur Wettbewerbsordnung.[758] Dies hat unmittelbare Auswirkungen auf die konkrete Ausgestaltung der Wirtschaftsverfassung durch die Rechtsordnung. So ist die Rechtsordnung einer freien Wettbewerbswirtschaft durch ein System von geschriebenen und ungeschriebenen Verhaltensregeln geprägt, welche nach Franz Böhm das eigenverantwortliche, von staatlichen Einflüssen freie Handeln der Bürger und damit die Entscheidungsfreiheit des Einzelnen sichern sollen.[759] Es handelt sich insoweit um eine herrschaftsfreie Ordnung, die sich nach bestimmten Regeln vollzieht. Im Rahmen dieser Wirtschaftsverfassung kommt dem Staat vor allem die Aufgabe zu, der Wettbewerbsordnung ein hohes Maß an Autonomie zu sichern und damit den Rahmen für einen reibungslosen Ablauf des Wettbewerbs bereitzustellen. Der Staat ist bei Franz Böhm daher in seiner Eigenschaft als Träger der Gesetzgebung und der Justiz, aber nicht als Träger der Exekutive an der Ausgestaltung der Wirtschaftsverfassung beteiligt.[760]

Es bleibt festzuhalten, daß die Wirtschaftsverfassung im Sinne Franz Böhms eine Grundentscheidung für eine bestimmte Wirtschaftsordnung beinhaltet, die in der Rechtsordnung (und gegebenenfalls, aber nicht notwendig auch in der Verfassung) ihren Niederschlag und ihre konkrete Ausgestaltung findet. Die Einführung der Gewerbefreiheit markiert für Franz Böhm die Entscheidung für eine Wirtschaftsverfassung. Diese muß ebenso im Einklang mit der (Staats-)Verfassung stehen, die den Rahmen für die mögliche Wirtschaftsordnung beschreibt, wie sich die wirtschaftlichen Teilordnungen in die (Gesamt-)Wirtschaftsverfassung einfügen müssen, damit die Entscheidung für eine bestimmte Wirtschaftsordnung erkennbar bleibt und nicht schleichend aufgegeben wird. Die Aufgabe, das Wirtschaften der Menschen sinnvoll aufeinander abzustimmen und die daraus resultierenden Ergebnisse gerecht zu verteilen, löst die Wirtschaftsverfassung in Gestalt der Wettbewerbsordnung nach Franz Böhm wirksamer als jede andere Wirtschaftsordnung.

bb. Die Wirtschaftsverfassung des Grundgesetzes

Franz Böhm beteiligt sich an der in der Mitte des 20. Jahrhunderts geführten Diskussion, ob dem deutschen Grundgesetz eine bestimmte Wirtschaftsverfas-

---

[758] Siehe *Peter Behrens* (Fn. 733), S. 15 f.

[759] Vgl. *Franz Böhm* (Fn. 204), S. 60 ff. Vgl. auch *Manfred E. Streit/ Wolfgang Kasper* (Fn. 12), S. 115.

[760] So *Franz Böhm* (Fn. 158), S. 324. So auch *Ernst-Joachim Mestmäcker* (Fn. 757), S. 5.

sung immanent ist, nicht.[761] Die Wirtschaftsverfassung in seinem Verständnis beruht nicht auf und bedarf auch nicht notwendig einer verfassungsrechtlichen Normierung; diese würde jedenfalls – wie eine einfach-gesetzliche Normierung auch – die Wirtschaftsverfassung (nur) rechtlich umsetzen und absichern. Insofern ist es nachvollziehbar, daß Franz Böhm der in den 50er und 60er Jahren des 20. Jahrhunderts intensiv geführten Debatte über die wirtschaftspolitische Ausrichtung des Grundgesetzes keine wesentliche Beachtung schenkt. Die Debatte soll gleichwohl in ihren Grundzügen dargestellt werden, um Franz Böhms Verständnis von einer Wirtschaftsverfassung von dem heute gängigen verfassungsrechtlichen Begriffsverständnis abzugrenzen.[762]

Der Parlamentarische Rat klammert den Bereich der Wirtschafts- und Sozialordnung als Regelungsgegenstand des Grundgesetzes aus, so daß das Grundgesetz der Bundesrepublik Deutschland keine explizite Festlegung auf ein Wirtschaftssystem enthält.[763] Aufgrund dieser fehlenden verfassungsrechtlichen Festschreibung eines bestimmten Wirtschaftssystems wird insbesondere in den 50er Jahren des 20. Jahrhunderts eine kontroverse Debatte über die Wirtschaftsverfassung des Grundgesetzes geführt. In dieser Diskussion stehen sich im wesentlichen drei Strömungen gegenüber[764]: Die erste Strömung vertritt die Ansicht, daß das Grundgesetz nicht neutral sei, sondern die Wirtschaftsverfassung der Sozialen Marktwirtschaft gewährleiste.[765] Die beiden anderen Strömungen beja-

---

[761] Vgl. *Hans f. Zacher* (Fn. 741), S. 72.

[762] Die wenigen Versuche, *Franz Böhms* Überlegungen in diese Debatte einzubeziehen, sind wenig fruchtbar, zumal sie dabei im wesentlichen ein fehlerhaftes Verständnis des *Böhm*schen Denkansatzes zugrunde legen (siehe zu einem solchen Fehlverständnis *Eckart Bulka*, Wirtschaftsordnung und Grundgesetz, Hamburger Jahrbuch für Wirtschafts- und Gesellschaftspolitik, 1974, S. 223 ff. [231]).

[763] Vgl. *Josef Isensee*, Verfassung ohne soziale Grundrechte, Der Staat 1980, S. 367 ff. (369 f.); *Fritz Voigt*, Wirtschaftsverfassung und Wirtschaftsentwicklung der Bundesrepublik Deutschland, Festschrift für Willibalt Apelt, 1958, S. 73 ff. (76 ff.).

[764] Einen Überblick über die einzelnen Diskussionsansätze geben *Peter Badura* (Fn. 727), S. 319 ff.; *Jürgen Basedow* (Fn. 740), S. 19 ff.; *Wolfgang Bohling*, Die Anforderungen des Grundgesetzes an die Wirtschaftsordnung, in: ders. (Hrsg.), Wirtschaftsordnung und Grundgesetz, 1981, S. 1 ff. (3 ff.); *Horst Ehmke*, Wirtschaft und Verfassung, 1961, S. 18 ff.; *K. Paul Hensel*, Grundgesetz – Wirtschaftsordnungen, ORDO, Vierzehnter Band (1963), S. 43 ff. (45 ff.); *Ernst R. Huber*, Der Streit um das Wirtschaftsverfassungsrecht, DÖV 1956, S. 97 ff., S. 135 ff., S. 172 ff., S. 200 ff.; *Reiner Schmidt*, Staatliche Verantwortung für die Wirtschaft, in: Josef Isensee/ Paul Kirchhof (Hrsg.), HdbStR III, 1996, § 83 Rdn. 15 ff.

[765] Vgl. *Hans C. Nipperdey* (Fn. 293), S. 870 ff.; *ders.*, Soziale Marktwirtschaft und Grundgesetz, 1965, S. 21 ff. Siehe dazu *Hans H. Rupp*, Grundgesetz und „Wirtschaftsverfassung", 1974, S. 7 ff.

hen dagegen die wirtschaftspolitische Neutralität des Grundgesetzes – mit allerdings voneinander abweichenden Schlußfolgerungen. So ist insbesondere Herbert Krüger der Auffassung, daß das Fehlen einer positiven Entscheidung zugunsten eines Wirtschaftssystem als bewußte Nicht-Entscheidung des Grundgesetzes für ein Wirtschaftssystem zu werten sei.[766] Diese Nicht-Entscheidung binde Gesetzgebung und Regierung dahingehend, daß sich beide nicht für ein bestimmtes Wirtschaftssystem entscheiden, sondern die Wirtschaftspolitik ausschließlich unter realpolitischen Gesichtspunkten betreiben dürften.[767]

Die dritte und (auch heute noch) vorherrschende Strömung legt zwar ebenfalls die wirtschaftspolitische Neutralität des Grundgesetzes zugrunde, sieht es aber als Aufgabe des Gesetzgebers an, die ihm jeweils sachgemäß erscheinende Wirtschaftspolitik zu verfolgen, was auch die Entscheidung für ein bestimmtes Ordnungssystem einschließe.[768] Nach der Rechtsprechung des Bundesverfassungsgerichts garantiert das Grundgesetz „weder die wirtschaftspolitische Neutralität der Regierungs- und Gesetzgebungsgewalt noch eine nur mit marktkonformen Mitteln zu steuernde ‚soziale Marktwirtschaft'. Die ‚wirtschaftspolitische Neutralität' des Grundgesetzes besteht lediglich darin, daß sich der Verfassungsgeber nicht ausdrücklich für ein bestimmtes Wirtschaftssystem entschieden hat. Dies ermöglicht dem Gesetzgeber die ihm jeweils sachgemäß erscheinende Wirtschaftspolitik zu verfolgen, sofern er dabei das Grundgesetz beachtet"[769]. Der Gesetzgeber könne sich also einerseits frei für ein Wirtschaftssystem entscheiden, unterliege in seiner Wahl aber andererseits den verfassungsrechtlichen Bin-

---

In jüngerer Zeit finden sich wieder Stimmen, die eine wirtschaftspolitische Neutralität des Grundgesetz verneinen und im Grundgesetz die Soziale Marktwirtschaft verwirklicht sehen (vgl. *Hans-Ernst Folz*, Die Soziale Marktwirtschaft als Staatsziel?, 1994, S. 65 ff.; *Helge Sodan*, Vorrang der Privatheit als Prinzip der Wirtschaftsverfassung, DÖV 2000, S. 361 ff. [365 ff.]).

[766] So *Herbert Krüger*, Staatsverfassung und Wirtschaftsverfassung, DVBl. 1951, S. 361 ff. (363). Vgl. auch *Ernst R. Huber* (Fn. 764), S. 97.

[767] Siehe *Herbert Krüger* (Fn. 766), S. 363; *ders.* (Fn. 348), S. 565. Dazu kritisch *Ernst Benda*, Industrielle Herrschaft und sozialer Staat, 1966, S. 160 ff.; *Klaus Stern*, Gedanken über den wirtschaftslenkenden Staat aus verfassungsrechtlicher Sicht, DÖV 1961, S. 325 ff. (327).

[768] Siehe ständige Rechtsprechung des Bundesverfassungsgerichts: BVerfGE 4, 1 (17 f.); 7, 377 (400); 21, 73 (78); 30, 292 (317); 50, 290 (336 ff.).
Vgl. auch *Peter Badura/ Fritz Rittner/ Bernd Rüthers* (Fn. 541), S. 249 f.; *Rupert Scholz*, Grenzen staatlicher Aktivität unter der grundgesetzlichen Wirtschaftsverfassung, in: Dieter Duwendag (Hrsg.), Der Staatssektor in der sozialen Marktwirtschaft, 1976, S. 113 ff. (116 f.); *ders.* (Fn. 358), S. 83 ff.; *Willi Thiele* (Fn. 43), S. 96.

[769] BVerfGE 4, 1 (17 f.).

dungen des Grundgesetzes und insbesondere den Grundrechten, die der staatlichen Gestaltungsfreiheit Grenzen ziehen.[770]

Den Freiheitsrechten und der Eigentumsgarantie des Grundgesetzes ist ein zentralverwaltungswirtschaftliches Wirtschaftssystem fremd und schließt es im Ergebnis aus.[771] Der durch das Grundgesetz und die Grundrechte konstituierte Ordnungsrahmen weist insoweit grundsätzlich in Richtung auf ein freiheitliches Wirtschaftssystem.[772] Diese Ausrichtung auf eine eher marktwirtschaftliche Ordnung ist durch die weitere Entwicklung – vor allem den Zusammenbruch der sozialistischen Staaten und den europäischen Integrationsprozeß – bestätigt worden. So ist im deutschen Einigungsvertrag die Soziale Marktwirtschaft als gemeinsame Wirtschaftsordnung der Vertragsparteien festgelegt worden.[773] Die Europäische Gemeinschaft ist dem Grundsatz einer offenen Marktwirtschaft mit freiem Wettbewerb verpflichtet (Art. 4 Abs. 1 EGV), ihre Wirtschaftsverfassung ist ordnungspolitisch auf Wirtschaftsfreiheit, Marktwirtschaft und unverfälschten Wettbewerb angelegt.[774]

---

[770]   BVerfGE 4, 1 (18); 7, 377 (400); 14, 263 (275); 21, 73 (78); 50, 290 (338). Siehe auch *Peter Badura* (Fn. 727), S. 322 f.; *ders.* (Fn. 726), S. 208 ff.; *Walter Leisner*, Privateigentum ohne privaten Markt? (1975), in: Walter Leisner. Eigentum, hrsgg. von Josef Isensee, 1996, S. 724 ff.; *Hans-Jürgen Papier*, Soziale Marktwirtschaft – ein Begriff ohne verfassungsrechtliche Relevanz?, in: Knut W. Nörr/ Joachim Starbatty (Hrsg.), Soll und Haben – 50 Jahre Soziale Marktwirtschaft, 1999, S. 95 ff.; *Rupert Scholz* (Fn. 768), S. 119 ff.; *Willi Thiele* (Fn. 43), S. 96 ff.
        Wegen der Grenzen, die das Grundgesetz dem Gesetzgeber auch in bezug auf seine wirtschaftspolitische Gestaltungsfreiheit zieht, wird zum Teil eine „Offenheit" des Grundgesetzes für jede Wirtschaftsordnung ausdrücklich verneint (siehe *Peter Badura* [Fn. 570], S. 35).

[771]   Vgl. *Hans-Jürgen Papier*, Grundgesetz und Wirtschaftsordnung, in: Ernst Benda/ Werner Maihofer/ Hans-Jochen Vogel (Hrsg.), HdbVerfR, 1994, § 18 Rdn. 14 ff.; *ders.* (Fn. 770), S. 101 ff.; *Hans H. Rupp*, Die Soziale Marktwirtschaft in ihrer Verfassungsbedeutung, in: Josef Isensee/ Paul Kirchhof (Hrsg.), HdbStR IX, 1997, § 203 Rdn. 21 ff.; *Ulrich Scheuner*, Grundfragen des modernen Staates, in: Hermann Wandersleb (Hrsg.), Recht – Staat – Wirtschaft, Dritter Band, 1951, S. 126 ff. (130).

[772]   Vgl. *Hans-Jürgen Papier* (Fn. 771), Rdn. 23 ff.; *Hans H. Rupp* (Fn. 771), Rdn. 21 ff.

[773]   Siehe dazu *Hans H. Rupp* (Fn. 771), Rdn. 29.

[774]   Vgl. *Peter Badura*, Staatsziele und Garantien der Wirtschaftsverfassung in Deutschland und Europa, Festschrift für Klaus Stern, 1997, S. 409 ff. (411 f.); *Jürgen Basedow* (Fn. 740), S. 26 ff.; *Ulrich Everling*, Wirtschaftsverfassung und Richterrecht in der Europäischen Gemeinschaft, Festschrift für Ernst-Joachim Mestmäcker, 1996, S. 365 ff. (368 f.); *Ernst-Joachim Mestmäcker*, Auf dem Wege zu einer Ordnungspolitik für Europa, Festschrift für Hans von der Groeben, 1987, S. 9 ff.; *ders.*, Die Wirt-

Vor diesem Hintergrund gilt die Diskussion über die Wirtschaftsverfassung des Grundgesetzes heute im wesentlichen als abgeschlossen. Die zum Teil sehr kontrovers geführte Auseinandersetzung zeigt aber, daß ihre Ansätze allein im Verfassungsrecht liegen und damit – im Gegensatz zu Franz Böhm – einen Begriff der Wirtschaftsverfassung zugrunde legen, der sich über die verfassungsrechtliche Ausgestaltung einer Wirtschaftsordnung definiert.

d. Die Privatrechtsordnung

Die wichtige Koordinierungsfunktion, die Franz Böhm der Privatrechtsordnung zuschreibt, ist im Zusammenhang mit der Wettbewerbsordnung und der Gesellschaftsordnung bereits ausführlich dargestellt worden. In bezug auf die Staatsordnung kommt der Privatrechtsordnung eine weitere Rolle zu: Sie bildet einen wichtigen Baustein in der staatlichen Ordnung, weil sie dank ihrer koordinierenden Kraft einen entscheidenden Beitrag zur Trennung von Staat und Gesellschaft leistet.[775] Die Gesellschaft regelt ihre Angelegenheiten mittels privatrechtlicher Regeln im wesentlichen selbst. Dadurch, daß das Privatrecht den Austausch zwischen den Bürgern koordiniert, ohne daß es einer übergeordneten planenden Instanz bedarf, ermöglicht es die Beschränkung der staatlichen Aufgaben auf den Schutz und die Pflege des rechtlichen Ordnungsrahmens. Die Aufgabenteilung zwischen staatlichem und gesellschaftlichem Bereich beruht also ganz wesentlich auf der Koordinationskraft des Privatrechts, welche den Staat von der Notwendigkeit regulierender Eingriffe in die gesellschaftliche Sphäre im Prinzip enthebt. Staatliche Eingriffe sind überhaupt nur dort notwendig, wo die Selbstregulierungskräfte der Gesellschaft versagen.

Das Privatrecht büßt seine koordinierende Funktion ein, wenn seine wichtigste Voraussetzung – nämlich die Gleichordnung und Machtlosigkeit aller Bürger – aufgrund von Machtbildungen innerhalb der Gesellschaft nicht mehr besteht. Da die Gesellschaft Machtbildungen nur bis zu einem gewissen Grad selbst unterbinden kann, ist sie ansonsten auf die Hilfe des Staates, z.B. in Form eines wirksames Kartellrechts angewiesen. Desweiteren verliert das Privatrecht nach Franz Böhm seine Koordinationskraft und damit die Möglichkeit, den Staat von vielen Aufgaben zu entlasten, wenn an die Stelle von privatrechtlichen Regelungen zunehmend hoheitliche treten.[776] Auch dagegen kann sich die Gesellschaft

---

schaftsverfassung in der Europäischen Union, hrsgg. vom Zentrum für Europäisches Wirtschaftsrecht, 1993, S. 1 ff.

[775] Vgl. *Franz Böhm* (Fn. 479), S. 104 f. Vgl. auch *Ernst-Joachim Mestmäcker* (Fn. 498), S. 19.

[776] Vgl. *Franz Böhm* (Fn. 191), S. 84.

nicht aus eigener Kraft zur Wehr setzen. Die Privatrechtsordnung ermöglicht zwar die Beschränkung der staatlichen Aufgaben, garantiert sie aber nicht.

Die Privatrechtsordnung kann sich folglich als Gesellschaftsverfassung nur etablieren, wenn die Aufgaben des Staates eng begrenzt sind und damit der notwendige breite Raum für die gesellschaftliche Selbstregulierung bleibt.[777] Sie bedarf also ihrerseits der rechtlichen Absicherung. Die Privatrechtsordnung ist demnach ein wichtiger Bestandteil der öffentlichen Ordnung, der eines rechtlichen Rahmens zur Sicherung ihrer Funktionsfähigkeit und zur Gewährleistung des notwendigen Entfaltungsspielraums bedarf. Zu diesem notwendigen Ordnungsrahmen zählen für Franz Böhm die Grundprinzipien einer Wettbewerbsordnung ebenso wie öffentlich-rechtliche Rechtsnormen beispielsweise aus dem Bereich des Zwangsvollstreckungsrechts und Kartellrechts.[778]

4.   Das Rechtsstaatsprinzip bei Franz Böhm

In seinem Beitrag „Der Rechtsstaat und der soziale Wohlfahrtsstaat" nimmt Franz Böhm eine auf den ersten Blick verwunderlich anmutende begriffliche Gegenüberstellung des Rechtsstaates mit dem Wohlfahrtsstaat vor.[779] Einleitend weist er in seinem Beitrag darauf hin, daß der korrekte Gegenbegriff zum Rechtsstaat der Willkür- oder Aktionenstaat sei, der seine radikalste Ausprägung in der nationalsozialistischen und den sozialistischen Diktaturen finde. Der moderne Wohlfahrtsstaat stelle zwar – so Franz Böhm beschwichtigend – eine „recht sanfte, gebändigte und gezähmte Spielart des Aktionenstaats"[780] dar, im Ergebnis finde er aber als Gegenbegriff zum Rechtsstaat seine Berechtigung.[781]

In dieser Gegenüberstellung von Rechtsstaat und Wohlfahrtsstaat liegt bereits ein wichtiger Anhaltspunkt für Franz Böhms Verständnis vom Rechtsstaat: Der Rechtsstaat und der Wohlfahrtsstaat geben ganz unterschiedliche Antworten auf die für Franz Böhm zentrale Frage jeder Gesellschafts- und Staatsordnung, nämlich die Frage nach dem Verhältnis und nach der Kompetenzverteilung zwischen Staat und Gesellschaft.[782] Während der moderne Wohlfahrtsstaat durch umfangreiche Interventionen des Staates in den Bereich der Gesellschaft, zunehmend

---

777   Siehe *Josef Isensee* (Fn. 450), S. 492.
778   Vgl. *Franz Böhm* (Fn. 743), S. 6.
779   Siehe auch *Franz Böhm* (Fn. 121), S. 90 ff.
780   *Franz Böhm* (Fn. 479), S. 82.
781   Vgl. *Franz Böhm* (Fn. 479), S. 82 f.
782   Vgl. *Franz Böhm* (Fn. 479), S. 88.

geringere Entfaltungsspielräume im Bereich der Gesellschaft und letztlich durch eine Vermischung von staatlichem und gesellschaftlichem Bereich geprägt ist, ist der Rechtsstaat im Sinne Franz Böhms dadurch gekennzeichnet, daß der Staat im Verhältnis zur Gesellschaft begrenzt sei und einem weiten gesellschaftlichen Betätigungsfreiraum ein eng umrissenes Aufgabenfeld des Staates gegenüberstehe.[783] Während im Wohlfahrtsstaat der politische Wille der Regierungen eine wesentliche Gestaltungskraft darstelle, sei die Ordnungskraft des Rechtsstaates das Gesetz.[784]

Dem Rechtsstaat im Sinne von Franz Böhm liegt damit „eine ganz bestimmte Vorstellung von den *Aufgaben des Staates*, von seinen *Funktionen im Rahmen der Gesellschaft*, von der spezifischen Art der *Verzahnung zwischen Staat und Gesellschaft* zugrunde"[785]. Der Rechtsstaat, der auf der im Sinne Franz Böhms verstandenen Trennung von Staat und Gesellschaft beruht, ist im wesentlichen durch folgende, sich wechselseitig bedingende Merkmale gekennzeichnet: die Herrschaft des Gesetzes, das heißt, Gesetze sollen herrschen und nicht Menschen, ein bestimmtes Verständnis vom Gesetz und die Gewaltenteilung.

a.   Die Herrschaft des Gesetzes

Das Postulat der Herrschaft des Gesetzes (rule of law[786]) ist Ausdruck des klassisch liberalen Freiheits- und Rechtsstaatsideales, welches Franz Böhm in Anlehnung an Aristoteles mit den Worten: Gesetze sollen herrschen, nicht Menschen, umschreibt.[787] Die Herrschaft des Gesetzes bedeute, daß der Staat mit Hilfe seiner hoheitlichen Gewalt weder Aufgaben wahrnehmen soll, die die Bürger im Bereich der Gesellschaft selbst in die Hand nehmen könnten, noch das Handeln und Planen der Bürger in eine bestimmte Richtung lenken soll, denn dies sei allein Sache der Gesetze.[788]

---

[783] Vgl. *Franz Böhm* (Fn. 3 [1959]), S. 49. Vgl. auch *Kurt Ballerstedt*, Rechtsstaat und Wirtschaftslenkung, AöR, 74. Band (1948), S. 129 ff. (136 ff.).

[784] Vgl. *Franz Böhm* (Fn. 479), S. 144.

[785] *Franz Böhm* (Fn. 479), S. 87 (Hervorhebung im Original).

[786] Zum angelsächsischen Verständnis der „rule of law" u.a.: *Walter Bagehot*, The English Constitution (1867), 1993, S. 155 f., 213 ff.; *Albert V. Dicey*, Introduction to the Study of the Law of the Constitution (1885), 1982, S. 107 ff.; *Friedrich A. v. Hayek* (Fn. 208), S. 195 ff., 264 ff.; *ders.* (Fn. 703); *Bruno Leoni*, Freedom and the Law, 1991, S. 58 ff.

[787] Siehe *Franz Böhm* (Fn. 479), S. 95; *ders.* (Fn. 10), S. 112; *ders.* (Fn. 123), S. 14. Siehe auch *Friedrich A. v. Hayek* (Fn. 688), S. 36.

[788] Vgl. *Franz Böhm* (Fn. 479), S. 95. Vgl. auch *Gernot Gutmann* (Fn. 94), S. 9.

Der Konzeption des Rechtsstaates bei Franz Böhm liegt die Vorstellung zugrunde, daß „der Staat im Verhältnis zur Gesellschaft etwas *begrenztes* ist, d.h., daß das Dichten und Trachten eine Angelegenheit der Menschen, der Individuen ist und nicht eine Angelegenheit der Obrigkeit"[789]. Die Aufgabe des Staates erschöpfe sich im Rechtsstaat darin, dem Gesetz Geltung und Autorität zu verschaffen, indem er sich auf die Gesetzgebung, die Kontrolle der Einhaltung und Umsetzung der Gesetze sowie auf die Schlichtung rechtlicher Streitigkeiten zwischen den Bürgern konzentriere[790]; der Staat nehme insofern die Rolle einer Ordnungsmacht ein.[791] Im Rahmen seiner Aufgaben sei der Staat selbst dem Recht unterworfen und in seinem Handeln an das Gesetz – nicht zuletzt die bürgerlichen Grund- und Freiheitsrechte – gebunden (Vorrang des Gesetzes)[792]; schließlich dürfe der Staat im Rechtsstaat nur aufgrund einer gesetzlichen Ermächtigung tätig werden (Vorbehalt des Gesetzes).[793] Die Bindung der staatlichen Gewalt an das Recht und damit (auch) seine eigenen Gesetze ist ein wesentliches Merkmal des Rechtsstaates im Sinne Franz Böhms. Der Umstand, daß der Staat im Rechtsstaat Hüter des Gesetzes unter dem Gesetz ist, ist die wesentliche Voraussetzung dafür, daß Herrschaft im Rechtsstaat allein von Gesetzen und nicht von Menschen und Regierungen wahrgenommen wird.

Der Grundsatz, daß Gesetze und nicht Menschen herrschen sollen, garantiert dem Einzelnen nach Franz Böhm ein Höchstmaß an Freiheit, nämlich den *„Schutz des freien Mannes gegen das Regiertwerden"*[794]. Die Herrschaft des Gesetzes konzentriere sich nicht allein auf das gesetzmäßige Verhalten der staatlichen Organe, sondern binde auch Private.[795] Der Einzelne könne im Rechtsstaat seinen eigenen Interessen nachgehen und allein zum eigenen Nutzen handeln, ohne von anderen daran gehindert zu werden, es sei denn, er handele geltendem Recht zuwider.[796] Die Gesetze seien daher auch Richtschnur und Maßstab für das Handeln des Einzelnen und könnten gegebenenfalls auch gegen seinen Willen durchgesetzt werden; zur Durchsetzung der Gesetze könne der Staat hoheitli-

---

789 *Franz Böhm* (Fn. 3 [1959]), S. 49 (Hervorhebung im Original).
790 Vgl. *Franz Böhm* (Fn. 479), S. 95 f. Vgl. auch *Klaus Mayer/Jörg Scheinpflug* (Fn. 450), S. 28 f.
791 Vgl. dazu *Manfred E. Streit*, Ordnungsökonomik – Versuch eine Standortbestimmung, 1995, S. 27 f.
792 Vgl. *Franz Böhm* (Fn. 707), S. 161 f.
793 Siehe *Franz Böhm* (Fn. 3 [1959]), S. 50 f. Siehe auch *Manfred E. Streit* (Fn. 591), S. 46.
794 *Franz Böhm* (Fn. 3 [1959]), S. 48 (Hervorhebung im Original).
795 Siehe in diesem Zusammenhang zum Verständnis *Walter Euckens* vom Rechtsstaat: *Walter Eucken* (Fn. 39), S. 48 ff.; *Thomas Fischer*, Staat, Recht und Verfassung im Denken von Walter Eucken, 1993, S. 95 f.
796 Vgl. *Franz Böhm* (Fn. 3 [1959]), S. 50.

chen Zwang ausüben. Die rechtsstaatliche Freiheit, die Franz Böhm als die „*Freiheit jedes Menschen vom autoritativen unmittelbaren oder mittelbaren Dreinreden bestimmter anderer Menschen in seine individuellen Pläne zum Vollzug kollektiver Aktionspläne wechselnder Art*"[797] beschreibt, werde also nur im Rahmen der Gesetze gewährt. Der Rechtsstaat im Sinne Franz Böhms redet mithin nicht einer anarchischen Gesellschafts- und Staatsordnung das Wort, in der der Einzelne mit allen denkbaren Mitteln seine Interessen verfolgen kann, sondern steht für einen Gesetzes- und Ordnungsstaat, in dem der Einzelne ebenso wie der Staat auch den Gesetzen unterworfen ist.[798] Die Herrschaft des Gesetzes untersagt dem Staat wie auch Privaten, in die Gestaltungs- und Handlungsfreiheit eines Bürgers einzugreifen, sofern der Staat dazu nicht durch Gesetz ermächtigt oder der Private durch Vertrag berechtigt ist.

Der Rechtsstaat Franz Böhms beruht also auf dem Prinzip der Herrschaft des Gesetzes, das den erwähnten Vorrang und Vorbehalt des Gesetzes ebenso wie das Monopol des Staates auf Rechtsetzung und Durchsetzung des Rechts beinhaltet. Diesem Rechtsstaat liegt ein bestimmtes Verständnis vom Gesetz zugrunde, denn wenn ausnahmslos alles Gesetz wäre, was irgendein Mensch oder eine Versammlung entscheidet, so wäre jeder Staat ein Rechtsstaat.[799] Der Gesetzesbegriff ist für das freiheitliche Rechtsstaatsprinzip mithin von zentraler Bedeutung; er weist bei Franz Böhm einen engen Zusammenhang mit den Prinzipien des Rechtsstaats auf.

b. Das Gesetzesverständnis von Franz Böhm

Mit dem rechtsstaatlichen Postulat „Gesetze sollen herrschen, nicht Menschen" verbindet Franz Böhm eine ganz bestimmte inhaltliche Vorstellung von dem,

---

[797] *Franz Böhm* (Fn. 121), S. 92 (Hervorhebung im Original).
  Franz Böhm umschreibt das Wesen der rechtsstaatlichen Freiheit in Abgrenzung zur Tyrannei in einer Gedenkrede für *Johann H. Pestalozzi* mit dessen Worten wie folgt: „Pestalozzi schreibt: ‚Wer diese Unterdrückung leiden muß, ist Sklave. Wer sie nicht leiden muß, ist frei. Wer sie leiden machen kann, kann Tyrann sein. Wer das nicht kann, kann nicht Tyrann sein. Völker, deren Fürsten nicht Tyrannen sein können, haben ein Recht. Völker, deren Fürsten Tyrann sein können, haben kein Recht. Fürsten, die Tyrannen sein können und nicht sind, sind Engel oder Schatten.'" (*Franz Böhm*, Pestalozzi als Erzieher und Staatsdenker. Gedenkrede, 1946, S. 8 ff. [25]). Siehe auch *Franz Böhm* (Fn. 431), S. 45.

[798] Vgl. *Franz Böhm* (Fn. 3 [1959]), S. 49 f. Siehe zur Freiheit des Einzelnen und deren Grenzen auch unter: III.2.d.aa.(3).

[799] So *Carl Schmitt* (Fn. 734), S. 138.

was ein Gesetz ist, und damit auch von dem Verfahren der Gesetzgebung. Gesetze seien in seinem Verständnis zunächst allgemeine, abstrakte Verhaltensregeln, die ohne Unterschied der Person für jedermann und auch für den Staat gelten.[800] Dem rechtsstaatlichen Gesetzesverständnis von Franz Böhm liegt schließlich kein formelles, sondern ein materielles Verständnis zugrunde. Gesetze im formellen Sinne sind diejenigen parlamentarischen Entscheidungen, die in den für Gesetze vorgesehenen Formen und Verfahren zustande gekommen sind.[801] Ein Gesetz im materiellen Sinne liegt nach Franz Böhm vor, wenn es allgemeingültige Regeln enthalte, die private oder staatliche Macht begrenzen und Herrschaft mäßigen würden.[802]

In diesem materiellen Gesetzesverständnis kommt nach Franz Böhm die Grundidee rechtsstaatlichen Denkens zum Ausdruck, nämlich die Idee, „das *Element der Macht* im Verhältnis zwischen den Menschen nach Möglichkeit zu *neutralisieren*. Das rechtsstaatliche Fundamentalrezept lautet: Macht*verhinderung*, Macht*aufspaltung* und Macht*auflösung* im Bereich der *Gesellschaft*, d.h. vor allem im Bereich der *Zivilrechts*gesellschaft, und Macht*begrenzung* bis zur Grenze des gerade noch zu Verantwortenden im Bereich der *Staatsverfassung*"[803]. Es kommt also nicht nur auf das Verfahren (formelles Verständnis), sondern insbesondere den Charakter, den Inhalt und den Zweck einer Regel an, damit es die Qualität eines Gesetzes im materiellen Verständnis von Franz Böhm hat. Nur diejenigen Gesetze, die rechtsstaatlichen Prinzipien entsprechen, also allgemeingültige Regeln sind, die Macht begrenzen und Herrschaft mäßigen, bilden die Grundlage für eine Herrschaft des Gesetzes.[804]

---

[800] Vgl. *Franz Böhm* (Fn. 479), S. 103 f. Vgl. auch *Friedrich A. v. Hayek* (Fn. 703); *ders.*, Die Erhaltung des liberalen Gedankengutes, in: Friedrich A. Lutz (Hrsg.), Der Streit um die Gesellschaftsordnung, 1975, S. 23 ff. (28 f.); *Wernhard Möschel*, Die Idee der rule of law und das Kartellrecht heute, ORDO, Band 30 (1979), S. 295 ff. (296 f.). Siehe dazu auch: V.3.a.

[801] Vgl. *Eberhard Schmidt-Aßmann* (Fn. 37), Rdn. 34; *Carl Schmitt* (Fn. 734), S. 143; *Christian Starck*, Der Gesetzesbegriff des Grundgesetzes, 1970, S. 21.

[802] Vgl. *Franz Böhm* (Fn. 479), S. 102 f.
Friedrich A. v. Hayek, der ebenfalls einen materiellen Gesetzesbegriff zugrunde legt, definiert das Gesetz als allgemeine, für alle gleich geltende Regel gerechten Verhaltens (vgl. *Friedrich A. v. Hayek* [Fn. 800], S. 29).

[803] *Franz Böhm* (Fn. 479), S. 103 (Hervorhebung im Original).

[804] *Franz Böhm* lehnt sich in bezug auf sein Gesetzesverständnis ausdrücklich an *John Locke* an (vgl. *Franz Böhm* [Fn. 479], S. 102 f.). Zu dessen Gesetzesverständnis siehe u.a. *John Locke* (Fn. 299), S. 283 ff. Siehe auch *D. Neil MacCormick*, Der Rechtsstaat und die rule of law, JZ 1984, S. 65 ff. (68); *Christian Starck* (Fn. 801), S. 122 ff.

Vor allem Friedrich A. von Hayek betont die Unterscheidung von Gesetzen
im formellen Sinn und den „wirklichen" Gesetzen sowie ihre Bedeutung für das
Rechtsstaatsprinzip: „[Die Herrschaft des Gesetzes] ist ein Prinzip, das sagt, was
Recht sein soll, welche allgemeinen Eigenschaften die einzelnen Gesetze besitzen
sollen. Das ist deshalb wichtig, weil heute der Begriff Herrschaft des Gesetzes
manchmal mit dem Erfordernis der bloßen Gesetzlichkeit aller Regierungstätigkeit verwechselt wird. Die Herrschaft des Gesetzes setzt natürlich vollkommene
Gesetzlichkeit voraus, aber das ist nicht genug: Wenn zum Beispiel ein Gesetz
der Regierung unbeschränkte Macht gäbe, zu handeln wie es ihr gefällt, dann
würden alle ihre Maßnahmen gesetzlich sein, aber sie stünden gewiß nicht unter
der Herrschaft des Gesetzes. Die Herrschaft des Gesetzes ist also mehr als Kon-
stitutionalismus: Sie erfordert, daß alle Gesetze gewissen Prinzipien entsprechen"[805]. Dieses Gesetzesverständnis reflektiert das Prinzip der Herrschaft des
Gesetzes und sichert in zweifacher Hinsicht die Begrenzung und Mäßigung von
Macht: Das wahre Gesetz zielt inhaltlich auf die Beschränkung von Macht und
gleichzeitig liegt ein Gesetz im rechtsstaatlichen Sinne (welches allein Herrschaft
beanspruchen kann) überhaupt nur vor, wenn es diesem Inhalt und Zweck entspricht.

Die wesentlichen Merkmale eines Gesetzes im Sinne Franz Böhms sind also
seine Allgemeingültigkeit und sein machtbegrenzender Inhalt. Für die gesetzgebende Gewalt bedeutet dies, daß sie vor allem eine machtbeschränkende Funktion gegenüber der exekutiven Gewalt wahrnimmt; diese Rolle fällt der Gesetzgebung wegen des Inhalts der (wahren) Gesetze notwendigerweise zu. Diese (ausschließlich) machtbegrenzende Funktion der Gesetzgebung spiegelt das traditio-
nelle Rollenverhältnis von Parlament und König der englischen Monarchie des
17. und 18. Jahrhunderts wider, auf das sich Franz Böhm als Ausgangspunkt der
rechtsstaatlichen Entwicklung explizit bezieht: Dem König als Inhaber der exekutiven Gewalt habe das Parlament als Gegengewicht gegenüber gestanden,
welches verhindert habe, daß der König aus eigener Machtvollkommenheit selbst
Gesetze erlassen und sich über die Erhebung von Steuern und Abgaben die
notwendigen finanziellen Mittel zum Regieren selbst verschafft habe.[806] Das
Parlament habe sich allein als Gegenmacht und Kontrollorgan des Königs verstanden, indem es dessen Machtbefugnisse begrenzt habe. Dieses (nur) auf die
Beschränkung der exekutiven Gewalt reduzierte Aufgabenverständnis von der

---

[805] *Friedrich A. v. Hayek* (Fn. 208), S. 266. Zum Gesetzesverständnis von *Friedrich A.
v. Hayek* m.w.N.: *Christoph Zeitler*, Spontane Ordnung, Freiheit und Recht, 1996,
S. 185 ff.

[806] Vgl. *Franz Böhm* (Fn. 3 [1959]), S. 51 f. Vgl. auch *Friedrich A. von Hayek* (Fn. 688),
S. 38 ff.; *ders.* (Fn. 208), S. 195 ff.

Legislative und die strikte Trennung der Gewalten sind auf den modernen Staat nicht übertragbar, wie auch Franz Böhm einräumt.[807] An die Stelle einer absoluten (auch personalen) Trennung der Gewalt des Königs von der Gewalt des Parlaments ist im modernen, auf dem Gedanken der Volkssouveränität beruhenden Staat die Teilung der drei Gewalten im Sinne einer gegenseitigen Kontrolle und Hemmung getreten. Das Gesetzesverständnis von Franz Böhm ist demgegenüber zumindest insoweit, als es allgemeine, abstrakte Regeln voraussetzt und damit konkrete Einzelentscheidungen zugunsten einiger Weniger ausschließt, auf moderne demokratische Staatsordnungen übertragbar. De facto reduziert sich das heute vorherrschende Gesetzesverständnis allerdings auf rein formelle Verfahrensaspekte.

Der Herrschaft des Gesetzes liegt also ein materielles Gesetzesverständnis und in dessen Konsequenz ein ganz bestimmtes Verständnis von der Rolle der Gesetzgebung zugrunde, deren maßgebliche Aufgabe darin besteht, die Exekutive zu kontrollieren und deren Macht zu begrenzen.

c.   Die Gewaltenteilung

Die Teilung der staatlichen Gewalt in die exekutive, legislative und judikative Gewalt gewährleistet, daß der ohnehin beschränkte staatliche Aufgabenbereich organisatorisch unterteilt wird und eine wechselseitige Kontrolle der staatlichen Gewalten ermöglicht. Die Gewaltenteilung ist insoweit das notwendige Korrelat zum vom Staat beanspruchten Gewaltmonopol.[808] Sie ist für Franz Böhm ein wesentlicher Eckpfeiler neben der Trennung von staatlichem und gesellschaftlichem Bereich zur Verwirklichung und zum Erhalt des Rechtsstaates.[809] Während diese die Beschränkung der staatlichen Aufgaben auf die Schaffung und Um- sowie Durchsetzung der Gesetze überhaupt erst ermöglicht, stellt das Prinzip der Gewaltenteilung die Weichen für eine dauerhafte Bestandssicherung des Rechtsstaates.

Nach Franz Böhm bedarf vor allem die exekutive Gewalt der Kontrolle; der Kampf um den Rechtsstaat sei für ihn der Kampf gegen die Entwicklung zum Exekutivstaat.[810] Der Exekutive wohne die Tendenz inne, ihre durch Gesetz begrenzten Aufgaben zu erweitern, indem sie sich neue Kompetenzen durch entsprechende gesetzliche Ermächtigungen verschaffe; sie ist für Franz Böhm

---

[807] Vgl. *Franz Böhm* (Fn. 3 [1959]), S. 52.

[808] Vgl. *Eberhard Schmidt-Aßmann* (Fn. 37), Rdn. 47 ff.

[809] Vgl. *Franz Böhm*, Diktatur und „Rückfall" in den Barbarismus, Frankfurter Allgemeine Zeitung vom 12. Juli 1958.

[810] Vgl. *Franz Böhm* (Fn. 479), S. 92.

„die geborene Feindin des Gesetzes"[811]. Diese Entwicklung hin zu einer Ausdehnung der exekutiven Kompetenzen müsse die Rechtsprechung, indem sie die
Regierung in ihre gesetzlichen Schranken verweise, und das Parlament, indem sie
der Regierung keine neuen Kompetenzen erteile, unterbinden.[812] Jedes Aufwei-
chen der rechtlichen und organisatorischen Selbständigkeit der drei Gewalten, sei
es, daß die Regierung de facto maßgeblichen Einfluß auf die Gesetzgebung
nimmt oder sei es, daß sich die Gerichte in ihren Entscheidungen mit konkreten
Handlungsanweisungen an die anderen Gewalten richten, vermindert demnach
die wechselseitigen Kontrollmöglichkeiten und damit die gegenseitige Mäßigung
und Begrenzung von Macht; stets bleibt der Rechtsstaat und damit die rechtsstaatliche Freiheit des Einzelnen auf der Strecke.

Dadurch, daß im modernen, auf dem Prinzip der Volkssouveränität basieren-
den Verfassungsstaat sich die staatliche Gewalt jeweils auf das Volk zurückfüh-
ren läßt, ist die absolute Trennung der staatlichen Gewalt, wie sie in der englischen Monarchie des 17. und 18. Jahrhunderts in dem Gegenüber von König
und Parlament ihren Ausdruck fand, überholt. Während die Träger der exekutiven Gewalt damals selbst nicht auch Mitglieder der gesetzgebenden Körperschaft waren, sind heute beispielsweise die Mitglieder der Regierung oftmals auch
Mitglied des Parlaments.[813] Die gemeinsame Parteizugehörigkeit von Regie-
rungsmitgliedern und den Abgeordneten der regierungstragenden Fraktionen im
Parlament schafft in den modernen Parteiendemokratien eine wesentliche
Grundlage für enge Absprachen und gemeinsames Agieren von Exekutive und
Legislative.[814] Franz Böhm zieht zwar die Bedeutung der Fortentwicklung des
Rechtsstaatsgedankens zum demokratischen Gedanken nicht in Zweifel, verweist
aber dennoch darauf, daß das Prinzip der Volkssouveränität den Grundstein für
ein anderes Gesetzesverständnis und damit im Ergebnis für den Verfall des
Rechtsstaatsprinzips gelegt habe.[815]

In den modernen Verfassungsstaaten ist die Gesetzgebung nicht mehr in dem
Maße frei vom Einfluß der exekutiven Gewalt, wie dies bei einer strengen Trennung beider Gewalten der Fall sein würde.[816] Heute droht nach Franz Böhm –

---

[811] *Franz Böhm* (Fn. 479), S. 101.

[812] Vgl. *Franz Böhm* (Fn. 3 [1959]), S. 51 f.

[813] Vgl. bereits *Franz Böhm* (Fn. 479), S. 100.

[814] Siehe dazu *Helmut Leipold* (Fn. 592), S. 266 f.

[815] Vgl. *Franz Böhm* (Fn. 479), S. 109 f.; *ders.* (Fn. 3 [1959]), S. 54. Vgl. auch *Friedrich A. v.
       Hayek* (Fn. 592), S. 28 ff.; *ders.* (Fn. 800), S. 31.

[816] Auf das Fehlen einer absoluten Gewaltentrennung in den modernen, demokrati-
       schen Verfassungsstaaten macht insbesondere *Friedrich A. v. Hayek* aufmerksam:
       „Die Gewaltentrennung ist daher niemals erreicht worden, weil von Beginn der mo-
       dernen Entwicklung zum Verfassungsstaat an die Gesetzgebungsbefugnis in dem

nicht zuletzt wegen der gemeinsamen Parteizugehörigkeit von Mitgliedern der Regierung und der die Regierung stellenden Fraktionen im Parlament – eine Verschmelzung von Regierungs- und Parlamentsaufgaben und damit eine Art der Gesetzgebung, die dazu führe, daß an die Stelle von wahren Gesetzen solche treten würden, welche die Kompetenzen der Exekutive erweitern, anstatt sie zu beschränken.[817] Die Gesetze verlieren somit mehr und mehr ihre Ordnungsfunktion und werden zu Lenkungs- und Planungsmitteln des wirtschaftlichen und sozialen Lebens.[818]

Die Gesetzgebung in den modernen Industriestaaten sieht nach Franz Böhm ihre Aufgabe auch deshalb immer weniger darin, die Macht der Regierung zu beschränken, weil sie selbst zunehmend politisch gestaltend tätig wird und insofern die aktuelle Regierungspolitik in ihrem Sinne zu beeinflussen sucht.[819] Dies führe wiederum dazu, daß die Legislative in wachsendem Umfang anfällig für die Anliegen gesellschaftlicher Interessengruppen, und damit der Prozeß der Gesetzgebung weiter verpolitisiert werde.[820]

Die Herrschaft des Gesetzes bedarf nach Franz Böhm also des staatlichen Gewaltmonopols und setzt zugleich die Trennung der staatlichen Gewalten voraus, um deren wechselseitige Kontrolle zu gewährleisten. Der effektive Schutz vor staatlicher Macht liegt nach Franz Böhm in der „*Kleinheit der Portionen*, in denen sie vorkommt"[821]. Dieses Ziel wird idealerweise durch eine absolute Trennung vor allem der exekutiven und legislativen Gewalt verwirklicht, wobei sich das Parlament als Gegengewicht und machtbegrenzendes Kontrollorgan gegenüber der Regierung begreift. Im demokratischen Rechtsstaat läßt sich eine solche strenge Trennung jedoch nicht in vollem Umfang verwirklichen.

Sinne, in dem sie durch diesen Begriff vorausgesetzt wird, und die Lenkungsbefugnis der Regierung in derselben Körperschaft vereinigt waren. Folglich hat die höchste Regierungsgewalt in keinem demokratischen Land unserer Zeit jemals unter dem Gesetz gestanden, weil sie immer in den Händen einer Körperschaft gelegen hat, der freigestellt war, jegliches Gesetz zu erlassen, das sie für bestimmte, für erwünscht gehaltene Aufgaben brauchte." (*Friedrich A. v. Hayek* [Fn. 623] S. 7 f.).

[817] Vgl. *Franz Böhm* (Fn. 479), S. 101. Vgl. auch *Friedrich A. v. Hayek* (Fn. 800), S. 31; *Ernst-Joachim Mestmäcker* (Fn. 174), S. 670.

[818] Vgl. *Klaus Stern*, Der Rechtsstaat (1971), in: Klaus Stern. Der Staat des Grundgesetzes, hrsgg. von Helmut Siekmann, 1992, S. 3 ff. (8).

[819] Vgl. *Franz Böhm* (Fn. 3 [1959]), S. 54.

[820] Vgl. *Franz Böhm* (Fn. 479), S. 99.

[821] *Franz Böhm* (Fn. 479), S. 103 (Hervorhebung im Original).

d. Die Abgrenzung zum Rechtsstaatsprinzip des Grundgesetzes

Das Prinzip der Rechtsstaatlichkeit zählt zu den elementaren Verfassungs-
grundsätzen und Grundentscheidungen des Grundgesetzes.[822] Rechtsstaatlichkeit
im Sinne des Grundgesetzes bedeutet, daß die Ausübung staatlicher Macht allein
auf Grundlage der Verfassung und von formell sowie materiell verfassungsmäßig
erlassenen Gesetzen, die Menschenwürde, Freiheit, Gerechtigkeit und Rechtssicherheit gewährleisten, zulässig ist.[823] Das Rechtsstaatsprinzip spiegelt sich vor
allem in folgenden Elementen wider: der Verfassungsstaatlichkeit, der Menschenwürde, der Gewaltenteilung, der Gesetzmäßigkeit der vollziehenden und
rechtsprechenden Gewalt.[824] Der Rechtsstaat des Grundgesetzes vereinigt also
gleichermaßen formelle wie auch materielle Elemente. Er entspricht damit dem
Verständnis vom materiellen Rechtsstaat, der eine inhaltliche Ausrichtung an
einer höheren Normenordnung gewährleistet und sie durch die Verfassungsbin-
dung der Gesetzgebung sowie die Normierung von Grundrechten sichert.[825]

Dem Rechtsstaatsprinzip des Grundgesetzes liegt mithin ebenso wie dem
vom Franz Böhm ein materielles Verständnis zugrunde. Gleichwohl sind auch
Unterschiede zwischen dem Prinzip der Herrschaft des Gesetzes im Sinne Franz
Böhms und dem Rechtsstaatsprinzip des Grundgesetzes erkennbar. So weicht
Franz Böhm mit seinem materiellen Gesetzesverständnis vom Gesetzesbegriff
des Grundgesetzes ab. Ein Gesetz im Sinne von Art. 20 Abs. 3 GG ist jede Art
parlamentarischer Entscheidung, die in den für Gesetze vorgesehenen Formen
und Verfahren zustande gekommen ist; auf eine bestimmte inhaltliche Qualität
dieser Gesetze kommt es (allein) in bezug auf die Verfassungsmäßigkeit, aber
nicht bezüglich der Gesetzesqualität an.[826] Der Begriff des Gesetzes wird in
Art. 20 Abs. 3 GG durch den Begriff des Rechts ergänzt, wonach die vollziehende Gewalt und die Rechtsprechung an „Recht und Gesetz" gebunden sind. Mit

---

[822] Zur deutschen Entwicklung des Rechtsstaates m.w.N.: *Eberhard Schmidt-Aßmann*
(Fn. 37), Rdn. 10 ff.; *Helmuth Schulze-Fielitz*, in: Horst Dreier (Hrsg.), Grundgesetz.
Kommentar, Band II, Artikel 20-82, 1998, Art. 20 (Rechtsstaat) Rdn. 10 ff.

[823] Vgl. *Klaus Stern* (Fn. 681), S. 781.

[824] Siehe dazu *Eberhard Schmidt-Aßmann* (Fn. 37), Rdn. 21 ff.; *Helmuth Schulze-Fielitz*
(Fn. 822), Rdn. 61 ff.; *Klaus Stern* (Fn. 681), S. 784 ff.

[825] Vgl. *Ernst-Wolfgang Böckenförde*, Entstehung und Wandel des Rechtsstaatsbegriffs,
Festschrift für Adolf Arndt, 1969, S. 53 ff. (72 ff.); *Eberhard Schmidt-Aßmann* (Fn. 37),
Rdn. 19; *Klaus Stern* (Fn. 818), S. 7.

[826] Vgl. *Eberhard Schmidt-Aßmann* (Fn. 37), Rdn. 34. Siehe dazu auch *Fritz Ossenbühl*,
Gesetz und Recht – Die Rechtsquellen im demokratischen Rechtsstaat, in: Josef
Isensee/ Paul Kirchhof (Hrsg.), HdbStR III, 1996, § 61 Rdn. 4 ff.

der Formel „Recht und Gesetz" wird laut Bundesverfassungsgericht „ein enger Gesetzespositivismus abgelehnt. Die Formel hält das Bewußtsein aufrecht, daß sich Gesetz und Recht zwar faktisch im allgemeinen, aber nicht notwendig und immer decken. Das Recht ist nicht mit der Gesamtheit der geschriebenen Gesetze identisch"[827]. Durch die Formel „Recht und Gesetz" dokumentiert das Grundgesetz seine Ablehnung gegenüber einem Rechtsstaat, in dem allein das positive Gesetz die Rechtsstaatlichkeit gewährleistet; es ist somit nicht ausgeschlossen, daß ein Gesetz im Widerspruch zum Recht steht.[828] Insoweit nähert sich das Rechtsverständnis des Grundgesetzes dem Gesetzesverständnis von Franz Böhm an, der gerade betont, daß nicht jede im gesetzgeberischen Verfahren formell rechtmäßig zustande gekommene Entscheidung auch tatsächlich ein Gesetz in seinem (materiellen) Verständnis ist.

Auch wenn der Gesetzesbegriff von Franz Böhm und der Begriff des „Rechts" in Art. 20 Abs. 3 GG auf ähnlichen rechtsstaatlichen Erwägungen beruhen, bleibt die Differenz in bezug auf den Gesetzesbegriff. Während bei Franz Böhm ein (wahres) Gesetz voraussetzt, das es allgemeingültig ist und sein Inhalt auf die Begrenzung und Mäßigung von Macht zielt, liegt ein (formelles) Gesetz im Sinne des Grundgesetzes mit dem ordnungsgemäßen Abschluß des gesetzgeberischen Verfahrens vor. Die Frage der Verfassungsmäßigkeit des jeweiligen Gesetzes und damit auch die Frage, ob ein Gesetz in unzulässiger Weise in die Rechte eines Bürgers eingreift, tangiert die Gesetzesqualität der parlamentarischen Entscheidung nicht. Schließlich verzichtet das Grundgesetz auf das Merkmal der Allgemeinheit der Regelung ausdrücklich, welches für den Gesetzesbegriff Franz Böhms und sein rechtsstaatliches Postulat der Herrschaft des Gesetzes konstitutiv ist.[829]

Desweiteren ist Franz Böhms Verständnis von der Gewaltenteilung von dem des Grundgesetzes abzugrenzen. Das Grundgesetz versteht den Begriff der Gewaltenteilung nicht im Sinne einer absoluten Trennung der Gewalten, sondern im Sinne einer organisatorischen Teilung, welche die gegenseitige Kontrolle und Mäßigung der Gewalten gewährleistet.[830] Art. 20 Abs. 2 Satz 2 GG verpflichtet

---

[827] BVerfGE 34, 269 (286 f.).

[828] Vgl. *Eberhard Schmidt-Aßmann* (Fn. 37), Rdn. 41; *Helmuth Schulze-Fielitz* (Fn. 822), Rdn. 85; *Klaus Stern* (Fn. 681), S. 798 f.

[829] Siehe Art. 59 Abs. 2, 87 Abs. 3, 110, 115 S. 1 GG und (indirekt auch) Art. 19 Abs. 1 Satz 1 GG. Siehe auch *Eberhard Grabitz* (Fn. 299), S. 78 ff.; *Eberhard Schmidt-Aßmann* (Fn. 37), Rdn. 35.

[830] Vgl. BVerfGE 7, 183 (188); 30, 1 (28). Vgl. auch *Hans B. Brockmeyer*, in: Bruno Schmidt-Bleibtreu/ Franz Klein (Hrsg.), Kommentar zum Grundgesetz, 1999, Art. 20 Rdn. 43a; *Eberhard Schmidt-Aßmann* (Fn. 37), Rdn. 46 ff.; *Klaus Stern* (Fn. 681), S. 792 ff.

dazu, den drei Gewalten jeweils besondere Organe vorzuhalten, die ihre Funktionen grundsätzlich eigenständig wahrnehmen. Dabei kann es jedoch in Randbereichen zu Durchbrechungen in Form von Gewaltenüberschneidungen kommen.[831] Die Grenze für solche Überschneidungen liegt dort, wo eine Gewalt ein Übergewicht über eine andere Gewalt erhält oder einer Gewalt die für die Erfüllung ihrer verfassungsmäßigen Aufgaben erforderlichen Zuständigkeiten entzogen werden.[832] Franz Böhm weist darauf hin, daß die Herrschaft des Gesetzes in ihren Ursprüngen eine absolute, also insbesondere auch personale Trennung der Gewalten beinhaltete. Gleichzeitig erklärt er – wenn auch nicht ohne kritischen Unterton –, daß diese strenge Trennung in demokratischen Staaten, die auf dem Prinzip der Volkssouveränität basieren, nicht mehr umsetzbar sei. Damit akzeptiert Franz Böhm letztlich, daß dem demokratischen Rechtsstaat (nur noch) eine Teilung der Gewalten zugrunde liegt, die weniger auf einer strikten Trennung als vielmehr einer wechselseitigen Kontrolle und Hemmung beruht.

Trotz dieses Eingeständnisses bleibt ein vom Grundgesetz abweichendes Verständnis Franz Böhms von der Rolle der Gesetzgebung: Das Grundgesetz gewährt nicht nur dem Parlament, sondern auch der Regierung das Initiativrecht für Gesetzesvorlagen (Art. 76 Abs. 1 GG). Die Regierung kann demzufolge selbständig Gesetzgebungsverfahren einleiten. Franz Böhm hebt demgegenüber die Notwendigkeit hervor, daß die Exekutive keinerlei Einfluß auf die Gesetzgebung erhalten darf. Der gesetzgebenden Gewalt in seinem Verständnis kommt die Rolle einer Gegenmacht zum Parlament zu, das heißt, sie soll die Exekutive Gewalt kontrollieren und beschränken. Dies schließt für Franz Böhm jede Beteiligung der Regierung an einem Gesetzgebungsverfahren notwendig aus.

Das Prinzip der Herrschaft des Gesetzes im Sinne Franz Böhms findet sich also vielfach im Rechtsstaatsprinzip des Grundgesetzes wieder. Beide basieren auf einem materiellen Verständnis vom Rechtsstaat und legen im wesentlichen dieselben Grundprinzipien zugrunde. Gleichwohl ist das Rechtsstaatsprinzip Franz Böhms von dem des Grundgesetzes in bezug auf das jeweils zugrundeliegende Gesetzesverständnis und bezüglich der jeweiligen Rolle der Gesetzgebung voneinander abzugrenzen. Die bestehenden Divergenzen sind im Ergebnis wohl darauf zurückzuführen, daß Franz Böhm dem Staat nur einen eng eingegrenzten Aufgabenbereich zubilligt und daher der Beschränkung der staatlichen Macht einen anderen (über die reine Abwehr verfassungswidriger Eingriffe hinausgehenden) Stellenwert einräumt.

---

[831] Vgl. *Helmuth Schulze-Fielitz* (Fn. 822), Rdn. 70.
[832] Siehe *Hans B. Brockmeyer* (Fn. 830), Rdn. 43a.

5.   Das Demokratieprinzip bei Franz Böhm

Das Postulat der Herrschaft des Gesetzes verdeutlicht implizit die tiefe Skepsis, die Franz Böhm gegenüber jeglicher Form menschlicher Herrschaft hegt, das heißt auch unabhängig davon, in welcher Staatsform sie ausgeübt werde.[833] Rechtsstaatliches Denken traut nach Franz Böhm „niemandem, der Gewalt besitzt, auch nicht dem Volk, auch nicht dem Parlament. Es lehnt den Glauben daran ab, daß irgend jemand, dem Gewalt gegeben ist, die Tugend der Selbstbeherrschung in so hohem Grade besitzt, daß er aus eigenem Antrieb auf gegebene Möglichkeiten verzichtet, die Gewalt zu mißbrauchen und sie gegen Gesetz und Vertrag auszudehnen"[834]. Allein der Umstand, daß in einer Demokratie über Gesetze mehrheitlich entschieden wird, gewährleistet also nicht deren rechtsstaatlichen und freiheitssichernden Charakter.[835]

Dadurch, daß die staatliche Gewalt auf das Volk übertragen wird, ist die Freiheit des Einzelnen in einer demokratischen Staatsform grundsätzlich nicht weniger bedroht als in anderen Staatsformen. Dies zeige nicht zuletzt der Umstand, daß auch aus Demokratien geschlossene und totale diktatorische Systeme erwachsen seien.[836] Auch in der Demokratie gelte, daß der Mensch von Natur aus anfällig für Macht und damit auch für den Mißbrauch von Macht sei – mit Franz Böhms Worten: Macht korrumpiert, absolute Macht korrumpiert absolut (Lord Acton) unabhängig von der gewählten Staatsform.[837]

Es wäre falsch, aus dieser Skepsis gegenüber einer demokratisch gemäßigten staatlichen Herrschaft eine Absage an die Demokratie seitens Franz Böhms abzuleiten. Franz Böhm lehnt das demokratische Prinzip keineswegs ab, aber warnt eindringlich davor, in der demokratischen Staatsform bereits eine Garantie für die Erhaltung des Rechtsstaates zu sehen.[838] Ein Blick auf die ideengeschichtli-

---

[833] Vgl. *Franz Böhm* (Fn. 809). Vgl. auch *Klaus Mayer/ Jörg Scheinpflug* (Fn. 450), S. 29.

[834] *Franz Böhm* (Fn. 479), S. 109.

[835] Vgl. *Erich Hoppmann* (Fn. 175), S. 154.

[836] Vgl. *Franz Böhm* (Fn. 707), S. 160 f.; *Wilhelm Röpke*, Die Gesellschaftskrisis der Gegenwart, 1948, S. 139.

[837] Vgl. *Franz Böhm* (Fn. 479), S. 97; *ders.* (Fn. 124), S. 2; *ders.* (Fn. 3 [1959]), S. 56.
        Franz Böhm schreibt diesbezüglich in einem Beitrag für die Frankfurter Allgemeine Zeitung: „Es gilt das Wort Pestalozzis, der Mißbrauch der Gewalt sei nicht Bosheit, sondern Menschennatur; nur der Dummkopf spreche die Macht nicht an, wenn er sie habe; der Heilige freilich auch nicht, aber von diesem sollten wir nicht reden, wenn wir über Verfassungen nachdenken." (*Franz Böhm* [Fn. 809]). Vgl. auch *Franz Böhm* (Fn. 479), S. 109.

[838] Vgl. *Franz Böhm* (Fn. 479), S. 110. Vgl. auch *Ernst-Wolfgang Böckenförde* (Fn. 531), Rdn. 84; *Klaus Stern* (Fn. 681), S. 623 f.

chen Hintergründe der Entwicklung hin zu demokratischen Staatsformen zeigt, daß das Prinzip der Volkssouveränität nicht notwendig mit dem liberalen Rechtsstaatsprinzip in Einklang steht. Franz Böhm unterscheidet zwei Richtungen bei der Entstehung und der Entwicklung hin zur Demokratie: die angelsächsische und die kontinentale.[839] Die erste Richtung ist nach Franz Böhm aus einer rechtsstaatlichen Tradition erwachsen; sie verkörpere das Anliegen der Bürger, die Regierung selbst stellen zu wollen, um das Regieren auf das notwendige Maß zu beschränken.[840] Die kontinentale Richtung stehe demgegenüber dafür, die Lust des Regierens in vollen Zügen zu genießen und auszukosten, so daß am Ende im Namen des Volkes mehr regiert werde als zuvor.[841] Die kontinentale Demokratie weist für Franz Böhm insoweit einen zwiespältigen Charakter auf, zumal sie – an die Lehren von Jean Jacques Rousseau anknüpfend – die Freiheit des Einzelnen auf dem Umweg über die Gleichheit aller Bürger anstrebe.[842] Die Demokratie gibt demzufolge lediglich eine Antwort auf die Frage nach dem Träger und Inhaber der staatlichen Gewalt, deren Inhalt und Umfang erst durch den Rechtsstaat begrenzt und gebunden wird.[843] Neben das demokratische Prinzip müssen folglich rechtsstaatliche Prinzipien treten, um den Rechtsstaat zu verwirklichen.

Eine moderne Demokratie basiert nach Franz Böhm im wesentlichen auf drei Prinzipien: „Herrschaft des Volks im Staat, Herrschaft des Privatrechts in der Gesellschaft und rechtsstaatliche Verknüpfung von Gesellschaft und Staat ... "[844]. Diese Verknüpfung des Grundsatzes der Volkssouveränität mit rechtsstaatlichen Elementen zeigt, daß Franz Böhm seiner Staatsordnung den demokratischen Rechtsstaat zugrunde legt. Unter dem demokratischen Rechtsstaat versteht Franz Böhm ein System mit geteilter und kontrollierter Gewalt, das selbst auf die segensreiche und organisierende Wirkung der Beschränkung von Macht vertraue.[845] Im demokratischen Rechtsstaat finde das demokratische Prinzip in Verbindung mit dem Rechtsstaatsprinzip seine wesentliche Ausfüllung und zugleich seine innere Begrenzung; nur im demokratischen Rechtsstaat sei der Schutz des Rechtsgedankens garantiert.[846]

---

[839] Vgl. *Franz Böhm*, Berufsbeamte oder Angestellte des öffentlichen Dienstes?, Die Wandlung 1949, S. 195 ff. (204 ff.).

[840] Vgl. *Franz Böhm* (Fn. 839), S. 205; *ders.* (Fn. 479), S. 108 f.

[841] Vgl. *Franz Böhm* (Fn. 839), S. 205; *ders.* (Fn. 479), S. 108 f.

[842] Vgl. *Franz Böhm* (Fn. 839), S. 205.

[843] Vgl. *Ernst-Wolfgang Böckenförde* (Fn. 531), Rdn. 83; *Wilhelm Röpke* (Fn. 836), S. 140.

[844] *Franz Böhm* (Fn. 225), S. 14.

[845] So *Franz Böhm* (Fn. 3 [1959]), S. 56.

[846] Vgl. *Franz Böhm* (Fn. 707), S. 161 f. Vgl. auch *Klaus Stern* (Fn. 681), S. 623.

Friedrich A. von Hayek weist wie Franz Böhm auf die Notwendigkeit, das demokratische Prinzip mit dem rechtsstaatlichen zu verbinden, hin und spricht insoweit von „beschränkter Demokratie", das heißt, „natürlich *nicht*, daß demokratische Entscheidung auf einen *Teil* der Staatstätigkeiten beschränkt werden soll. Was ... [er meint], ist, daß *alle* Regierungstätigkeit, auch wenn die Entscheidungen demokratisch getroffen werden, durch allgemeine, im einzelnen Fall nicht abänderbare Regeln gebunden ist und insbesondere die höchste Gewalt, die Gesetzgebung, auf den Erlaß allgemeiner, abstrakter Verhaltensregeln beschränkt ist und darüber hinaus keinerlei Zwangsmaßnahmen in besonderen Fällen anordnen kann"[847].

Für Franz Böhm ist das Prinzip der Herrschaft des Gesetzes mithin das höchste Ziel, welches es in einem Staat zu verwirklichen gilt. Diesem Postulat hat sich jede Staatsform und damit auch die demokratische zu unterwerfen, das heißt, daß die durch das Staatsvolk legitimierte Macht beschränkt und an das Recht gebunden werden muß, um den Rechtsstaat zu verwirklichen und ihn nicht in seinem Bestand zu gefährden.

6.   Der Sozialstaatsgedanke bei Franz Böhm

Die Bundesrepublik Deutschland bekennt sich im Grundgesetz zu den Grundsätzen eines sozialen Rechtsstaates (Art. 28 Abs. 1 Satz 1 GG). Der Begriff „sozial" steht für eine Abkehr vom liberalen Rechtsstaat, der seine Aufmerksamkeit auf den Schutz der Bürger vor staatlichen Zugriffen konzentriert, und damit die Absage an ein Staatsverständnis, das die soziale und wirtschaftliche Ordnung allein den gesellschaftlichen Kräften überläßt.[848] Die Bedenken gegenüber den wirtschaftlichen und sozialen Risiken einer frei von staatlichem

---

[847]   *Friedrich A. v. Hayek* (Fn. 589), S. 18 (Hervorhebung im Original).
        Friedrich A. v. Hayek prägt in diesem Zusammenhang den Begriff der „Demarchie", der eine Staatsform beschreibe, in der zwar die Macht der Mehrheit herrsche, die jedoch dadurch beschränkt sei, daß sie Zwangsgewalt nur in dem Maße besitze, dem sie bereit sei, sich an allgemeine Regeln zu binden (vgl. *Friedrich A. v. Hayek* [Fn. 623], S. 10 f.; dazu auch *Erich Hoppmann* [Fn. 175], S. 154 f.). Zur wirksamen Beschränkung der Macht schlägt *Friedrich A. v. Hayek* das bereits beschriebene Zweikammersystem vor (vgl. *Friedrich A. v. Hayek* [Fn. 592], S. 39 ff.; *ders.* [Fn. 623], S. 8 ff.).

[848]   Vgl. *Klaus Stern*, Sozialstaat (1987), in: Klaus Stern. Der Staat des Grundgesetzes, hrsgg. von Helmut Siekmann, 1992, S. 123 ff. (125). Vgl. auch *Rupert Scholz* (Fn. 768), S. 113 ff.

Einfluß gesteuerten Wirtschaftsordnung, die dem liberalen Rechtsstaat zugrunde liegt, werden im sozialen Rechtsstaat aufgegriffen; hier übernimmt der Staat die Verantwortung für die soziale Sicherheit der Bürger.[849] Das sozialstaatliche Prinzip des Grundgesetzes verpflichtet den Staat, die Mindestvoraussetzungen für ein menschenwürdiges Dasein seiner Bürger zu schaffen und zeigt damit die Grenze auf, unter welche die sozialstaatliche Aktivität nicht sinken darf.[850]

Das sozialstaatliche Prinzip, das auf sozialen Ausgleich und in seiner wohlfahrtsstaatlichen Ausprägung sogar auf die Gleichheit der Lebensbedingungen aller Bürger angelegt ist, gerät notwendig mit dem rechtsstaatlichen Prinzip der Gleichheit aller unter dem Gesetz in Konflikt.[851] Für Franz Böhm ist das Rechtsstaatsprinzip die oberste Maxime einer freiheitlichen Staatsordnung. Mit dem Sozialstaatsprinzip, das stets Umverteilung und damit Vergünstigungen für bestimmte Personengruppen sowie Benachteiligungen für andere bedeutet[852], setzt sich Franz Böhm weder in bezug auf dessen Inhalt noch dessen mögliche Ausgestaltung explizit auseinander. Den Sozialstaat betrachtet er – insbesondere in der Gestalt des Wohlfahrtsstaates – vielmehr als Gegenentwurf zu seinem Verständnis vom Rechtsstaat. Die Frage, ob der moderne Wirtschaftsstaat mehr Rechtsstaat oder mehr Sozialstaat sein soll, ist für ihn kein technisches oder organisatorisches Problem oder ein Problem der Zweckmäßigkeit; es geht nach Franz Böhm vielmehr um die Abgrenzung zwischen Freiheit und Herrschaft.[853]

Die Entscheidung von Franz Böhm für den Rechtsstaat und damit gegen einen Sozial- und Wohlfahrtsstaat bedeutet keine völlige Absage an jede Form staatlicher Sozialpolitik. Die sozialpolitischen Maßnahmen müssen sich nach Franz Böhm jedoch den rechtsstaatlichen Prinzipien unterwerfen, die insoweit uneingeschränkt Vorrang vor sozialstaatlichen Erwägungen haben. Das heißt, daß sozialpolitische Gesetze der rechtsstaatlichen Grundmaxime von abstrakten, auf Dauer angelegten und für alle gleichen Regeln Rechnung tragen müssen.[854]

---

[849] Vgl. *Josef Isensee* (Fn. 299), S. 17. Vgl. auch *Manfred E. Streit* (Fn. 591), S. 47.

[850] Vgl. *Hans B. Brockmeyer* (Fn. 830), Rdn. 44a; *Josef Isensee*, Der Sozialstaat in der Wirtschaftskrise, Festschrift für Johannes Broermann, 1982, S. 365 ff. (374).

[851] Vgl. *Josef Isensee* (Fn. 850), S. 373 f.

[852] Siehe u.a. *Franz Böhm* (Fn. 479), S. 139; *Manfred E. Streit* (Fn. 591), S. 48 ff.

[853] Vgl. *Franz Böhm* (Fn. 121), S. 95. Vgl. auch *Friedrich A. v. Hayek*, Was ist und was heißt „sozial"?, in: Albert Hunold (Hrsg.), Masse und Demokratie, 1957, S. 71 ff. (83 f.).

[854] Vgl. *Franz Böhm* (Fn. 205), S. 129.

7.   Zusammenfassung

Die zentrale Frage, die sich nach Franz Böhm in bezug auf jede Staats- und Gesellschaftsordnung stellt, ist die „Frage, *in welchem Umfang* die umfassende Gesellschaft durch eigene Organe einen gemeinsamen Willen bilden, also ‚Staat' sein, und in welchem Umfang die umfassende Gesellschaft auf Organe und gemeinsame Willensbildung verzichtet, und das, was geschieht, dem autonomen Willen der Individuen und ihrer freien Gesellungen – als der ‚Gesellschaft' im engeren Sinn – überlassen soll".[855] Für Franz Böhm fällt die Antwort auf diese Frage eindeutig aus: Während die Zuständigkeiten und Aufgaben der Gesellschaft grundsätzlich unbegrenzt sind, ist der Kompetenz- und Aufgabenbereich des Staates auf ein notwendiges Minimum zu beschränken. Das eng begrenzte Tätigkeitsfeld des Staates umfaßt die Setzung und Durchsetzung des Rechts – mithin eine Aufgabe, die in der auf der Gleichordnung ihrer Bürger beruhenden Gesellschaft nicht gelöst werden kann. Denn das Recht bedarf, um das Verhalten der Bürger wirksam regeln zu können, Autorität, die ihm allein der Staat kraft seiner hoheitlichen Gewalt verleiht. Der Staat ist also Hüter des Rechts. Zugleich ist der Staat seinerseits an Recht und Gesetz gebunden und insoweit Hüter des Rechts unter dem Gesetz.

Die (dauerhafte) Beschränkung der Aufgaben des Staates auf ein notwendiges Minimum wird nach Franz Böhm vor allem durch die Trennung von Staat und Gesellschaft, die Gewaltenteilung und die Bindung der staatlichen Gewalt an das Gesetz gewährleistet. Die Trennung von Staat und Gesellschaft gewinnt bei Franz Böhm gleiches Gewicht wie die Teilung der drei Gewalten[856]: Die Trennung von staatlichem und gesellschaftlichem Bereich ermöglicht die Begrenzung der Staatsgewalt auf die Aufgaben, welche die Gesellschaft nicht selbst wahrnehmen kann; die verbleibenden, notwendigen staatlichen Aufgaben werden ihrerseits auf drei Gewalten organisatorisch aufgeteilt, um eine gegenseitige Kontrolle zu ermöglichen und eine Ausdehnung der staatlichen Aufgaben zu unterbinden. Das Zusammenspiel der Trennung von Staat und Gesellschaft, der Teilung der Gewalten sowie deren Bindung an das Gesetz charakterisiert den Rechtsstaat im Sinne Franz Böhms.

Dem Prinzip der Herrschaft des Gesetzes haben sich nach Franz Böhm alle anderen Prinzipien eines Staates unterzuordnen; dies gilt für die Staatsform ebenso wie für Bestimmungen der Staatsziele. Der Rechtsstaat ist im Hinblick

---

[855] Vgl. *Franz Böhm* (Fn. 479), S. 88 (Hervorhebung im Original).

[856] So *Ernst-Joachim Mestmäcker*, Macht – Recht – Wirtschaftsverfassung, in: Hans K. Schneider/ Christian Watrin (Hrsg.), Macht und ökonomisches Gesetz, Erster Halbband, 1973, S. 183 ff. (191).

auf seine Verwirklichung nicht notwendig auf eine demokratische Staatsform ausgerichtet, sondern könne auch in anderen Staatsformen wie beispielsweise der konstitutionellen Monarchie verwirklicht werden.[857] Für Franz Böhm ist in diesem Zusammenhang insbesondere von Bedeutung, daß jeder Träger staatlicher Hoheitsgewalt – unabhängig davon, ob in Gestalt eines Monarchen oder des Volkes – in seiner Machtausübung beschränkt und begrenzt werden muß, da jede Form von Macht zu ihrer Ausnutzung bis hin zum Mißbrauch animiert. Das Demokratieprinzip findet sich deshalb in der Staatsordnung Franz Böhms nur in Gestalt der durch rechtsstaatliche Prinzipien gemäßigten und gebundenen Herrschaft des Volkes, also in Gestalt des demokratischen Rechtsstaates wieder. Eine Staatsordnung, die sich dem Ziel eines Sozial- und Wohlfahrtsstaates verschrieben hat, trifft demgegenüber auf die ablehnende Kritik von Franz Böhm, zumal er insbesondere den Wohlfahrtsstaat als Widerpart des Rechtsstaates sieht.

Der Staatsordnung Franz Böhms liegt der (klassisch) liberale Rechtsstaat zugrunde; die Herrschaft des Gesetzes ist die oberste Maxime, um somit größtmögliche Freiheit für den Einzelnen zu garantieren. Der Rechtsstaat im Sinne Franz Böhms gewährleistet nicht nur eine wirksame Begrenzung der Staatsgewalt, sondern verhindert darüber hinaus auch mittelbar, daß staatliche Entscheidungsprozesse unter den Einfluß gesellschaftlicher Interessengruppen geraten. Da die Exekutive nach Franz Böhm nur aufgrund einer gesetzlichen Ermächtigung tätig werden kann, richten sich die Aktivitäten der gesellschaftlichen Interessenverbände im Rechtsstaat auf das Parlament, welches gesetzliche Vergünstigungen und Privilegien zugunsten einzelner Gruppen gewähren bzw. die Exekutive zu Subventionen und anderen Sonderbehandlungen ermächtigen soll. Dem Postulat der Herrschaft des Gesetzes liegt allerdings ein ganz bestimmtes Verständnis vom Gesetz und demzufolge auch von der Gesetzgebung zugrunde. Ein Gesetz im Sinne Franz Böhms ist eine abstrakte, für jedermann geltende Verhaltensregel, das heißt, Regeln, die nur einzelne Gruppen begünstigen, nicht aber allgemeine Geltung haben, sind keine Gesetze in diesem (rechtsstaatlichen) Verständnis. Wenn aber das Parlament im Rechtsstaat Franz Böhms nur allgemeine Verhaltensregeln beschließen kann, dann ist es für die einseitigen Anliegen der gesellschaftlichen Interessengruppen ohne Nutzen; ihr Bestreben, die staatlichen Entscheidungsprozesse zu beeinflussen, läßt folglich nach. Das Rechtsstaatsprinzip im Sinne Franz Böhms verhindert also mittelbar, daß der Staat zum Spielball rivalisierender Interessen wird und sich die Gesellschaft in Sondergruppen und Sonderinteressen aufspaltet.

---

[857] Vgl. *Franz Böhm* (Fn. 479), S. 108 f. Vgl. auch *Ernst-Wolfgang Böckenförde* (Fn. 531), Rdn. 84.

Die Ordoliberalen der Freiburger Schule werden in diesem Zusammenhang in der Regel mit dem Ruf nach einem „starken Staat" in Verbindung gesetzt; der Staat soll stark genug sein, um den divergierenden gesellschaftlichen Interessenverbänden und generell privaten Machtkonzentrationen entgegenzutreten.[858] Dabei wird oftmals übersehen, daß Franz Böhm stets den im Hinblick auf die Gesellschaft in seinem Aufgabenbereich beschränkten, den „bescheidenen Staat" in den Mittelpunkt seiner Ordnungsvorstellungen stellt.[859] Bei Franz Böhm ist an die Stelle der ordoliberalen Forderung nach einem starken Staat die Idee des klassisch liberalen Rechtsstaates getreten, der die Freiheit des Einzelnen sowohl gegenüber dem Staat als auch innerhalb der Gesellschaft dauerhaft garantiert.[860] Das Postulat der Herrschaft des Gesetzes steht mithin im Zentrum der Vorstellungen Franz Böhms von einer freiheitlichen Staats- und Gesellschaftsordnung.

---

[858] Vgl. *Manfred E. Streit/ Michael Wohlgemuth* (Fn. 632), S. 466 ff. Siehe auch m.w.N. unter: IV.3.

[859] So *Franz Böhm* (Fn. 436), S. 144.

[860] Die ordoliberale Forderung nach einem gegenüber den gesellschaftlichen Interessengruppen starken Staat als ein programmatisches Angebot an den nationalsozialistischen Staat zu (miß-)deuten (so *Dieter Haselbach*, Autoritärer Liberalismus und Soziale Marktwirtschaft, 1991, S. 87), entbehrt allein vor dem Hintergrund, daß bei *Franz Böhm* anstelle dieser Forderung die Idee des liberalen Rechtsstaates in den Mittelpunkt seiner Staats- und Gesellschaftsordnung gerückt ist, jeder Grundlage.

VI. Interdependenzen

Franz Böhm betrachtet die drei Ordnungen: die Wirtschafts-, die Gesellschafts- und die Staatsordnung, nicht losgelöst voneinander, sondern geht – wie andere Vertreter der Freiburger Schule auch – auf ihre wechselseitigen Abhängigkeiten und gegenseitige Bedingtheit ein. Die Erkenntnis, daß die Wirtschafts- und Staatsordnung, die Wirtschafts- und Gesellschaftsordnung sowie die Gesellschafts- und Staatsordnung eng miteinander verknüpft sind, wechselseitig voneinander abhängen und gegenseitig die Grundlagen für die Aufrechterhaltung oder aber Zerstörung des jeweils anderen Ordnungssystems schaffen, ist ein wesentlicher Beitrag der deutschen Ordoliberalen. Die wechselseitige und gegenseitige Abhängigkeit der Ordnungssysteme ist mit dem Begriff der „Interdependenz der Ordnungen" umschrieben worden.[861]

Die Theorie von der Interdependenz der Ordnungen geht auf Walter Eucken zurück.[862] Das Wissen um die gegenseitigen Abhängigkeiten der einzelnen Ordnungen ist für Walter Eucken von wesentlicher Bedeutung, um die Probleme der Wirtschaftspolitik wie auch der Staats- und Gesellschaftspolitik zu verstehen. Dabei gehe es keinesfalls um eine Unterordnung von Gesellschaft und Staat unter die Erfordernisse der Wirtschaft, sondern allein um die Wechselwirkungen zwischen den Ordnungen.[863] Es geht nicht um den Primat der Wirtschaft, sondern um die Erkenntnis, daß sich bestimmte Formen der Wirtschafts-, Gesellschafts- und Staatsordnung ergänzen, während sich andere gegenseitig ausschließen.

Franz Böhm greift den Gedanken der Interdependenz auf und verwendet ihn in zwei sachlichen Zusammenhängen: Zum einen umschreibt er mit dem Begriff der Interdependenz die engen Abhängigkeitsverhältnisse und wechselseitigen Folgewirkungen von wirtschaftlichen Prozessen.[864] Hierbei geht es um die Interdependenzen innerhalb einer Ordnung. Zum anderen versteht Franz Böhm unter der Interdependenz die wechselseitigen Beziehungen zwischen unterschiedlichen Ordnungen.[865] Bei der Untersuchung der Interdependenzen zwischen Wirt-

---

[861] Vgl. *Walter Eucken* (Fn. 62), S. 72; ders. (Fn. 39), S. 183. Zum Begriff der „Interdependenz" siehe auch *Erich Hoppmann*, Die Interdependenz der Ordnungen, ORDO, Band 49 (1998), S. 3 ff.

[862] Siehe *Ernst-Joachim Mestmäcker*, Wirtschaftsordnungen im Übergang (1990), in: ders., Recht in der offenen Gesellschaft, 1993, S. 673 ff. (680); *Joachim Starbatty*, Anmerkungen zur Interdependenz politischer und wirtschaftlicher Ordnungen im Transformationsprozeß, ORDO, Band 47 (1996), S. 33 ff. (33).

[863] Vgl. *Walter Eucken* (Fn. 62), S. 72; *ders.* (Fn. 39), S. 182.

[864] Vgl. *Franz Böhm* (Fn. 88), S. XXXV; *ders.* (Fn. 42), S. 36.

[865] Vgl. *Franz Böhm* (Fn. 10), S. 100 f.

schafts-, Gesellschafts- und Staatsordnung steht bei Franz Böhm die Frage nach der Vereinbarkeit bestimmter Ordnungssysteme im Bereich der Wirtschaft und des Staates im Mittelpunkt.

1.   Interdependenz von Wirtschafts- und Staatsordnung

Die geschichtliche Erfahrung zeigt, daß nicht jedes Wirtschaftssystem mit jeder Staatsordnung kombiniert werden kann bzw. die Entscheidung für ein Wirtschaftssystem mittelbar die Entscheidung über die Staatsform enthält und umgekehrt.[866] So fanden und finden sich planwirtschaftlich organisierte Wirtschaftssysteme ausschließlich in nicht-demokratischen, autoritär geführten Staaten, während sich demokratische Staaten zu eher marktwirtschaftlich ausgerichteten Wirtschaftsordnungen bekennen. Die Versuche, Elemente eines freiheitlichen Wirtschaftssystems mit einer Diktatur zu verbinden, sind mittelfristig stets mit dem Ergebnis gescheitert, daß entweder die Wirtschaft wieder zentral gelenkt wurde oder das diktatorische System zusammengebrochen ist und durch eine freiheitliche Staatsordnung abgelöst wurde, wie insbesondere die Ereignisse in vielen sozialistischen Staaten Ende der 80er Jahre des 20. Jahrhunderts in Mittel- und Osteuropa zeigen.

Das System der Zentralverwaltungswirtschaft ist nach Franz Böhm mit einem demokratischen Rechtsstaat nicht vereinbar.[867] Die Durchsetzung eines zentralen Plans verlange eine straffe Führung des Wirtschaftslebens, der sich alle am Wirtschaftsprozeß Beteiligten zu unterwerfen haben.[868] Ein zentral aufgestellter Plan könne niemals alle wirtschaftlichen Entwicklungen und Reaktionen auf seinen Plan voraussehen, so daß er den Bedürfnissen und Wünschen der Konsumenten nicht gerecht werden könne, was zwangsläufig zu Spannungen zwischen den staatlichen Organgen und den Bürgern führe. Ihre Kritik am Zentralplan könnten die Bürger im demokratischen Rechtsstaat frei äußern, was allerdings die Durchführung des Plans, der gerade eine disziplinierte Umsetzung voraussetze, auf Dauer behindern und damit den Plan selbst konterkarieren würde.[869] Wenn die Umsetzung des zentralen Plans nicht gefährdet werden soll, müssen kritische Äußerungen am Zentralplan unterbunden und damit die Meinungs-

---

[866]   Vgl. *Wilhelm Röpke* (Fn. 836), S. 143; *Joachim Starbatty* (Fn. 862), S. 33.
[867]   Vgl. *Franz Böhm* (Fn. 126), S. 80 ff. Insoweit zustimmend *Kurt Ballerstedt* (Fn. 147), S. 160; *Martin Kriele* (Fn. 292), S. 108 f.
[868]   So *Franz Böhm* (Fn. 126), S. 80. Vgl. auch *Wilhelm Röpke* (Fn. 836), S. 146 f.
[869]   Vgl. *Franz Böhm* (Fn. 126), S. 81 f.

freiheit beschnitten werden. Das System der Zwangsverwaltungswirtschaft beinhaltet also nicht nur einen Verlust der wirtschaftlichen Freiheit, sondern führt stets auch dazu, daß die politischen Freiheitsrechte ausgehöhlt werden.[870] Der Einzelne wird sich dagegen kaum ernsthaft zur Wehr setzen können, da er im Wirtschaftssystem der Planwirtschaft selbst vom zentralen Plan, das heißt, von den Zuteilungen der staatlichen Organe abhängig ist, und jede Unabhängigkeit gegenüber dem Staat verloren hat.[871]

Schließlich kann in einer demokratischen Staatsform kein zentraler Plan, wie ihn eine planwirtschaftliche Wirtschaftsordnung verlangt, aufgestellt werden. Die Funktionsfähigkeit einer Demokratie setzt nach Franz Böhm voraus, daß die Regierungsaufgaben übersehbar und für den Bürger (nach entsprechender Erläuterung) nachvollziehbar sind.[872] Die Aufstellung eines zentralen Wirtschaftsplans sei aufgrund der Komplexität der wirtschaftlichen und sozialen Zusammenhänge nicht möglich. Mit der Aufstellung könne daher nur ein kleiner Kreis von Bürgern betraut werden, dem zur Bewältigung seiner Aufgabe eine absolute Blankovollmacht erteilt werden müsse.[873] Veränderungen am Zentralplan könnten anschließend nicht mehr durch das Parlament eingebracht werden, da diese den Plan insgesamt in Frage stellen könnten.[874] In der Zentralverwaltungswirtschaft könne der zentrale Plan also nur von einer kleinen Gruppe von Bürgern aufgestellt werden, um dann von allen Bürgern diszipliniert befolgt und umgesetzt zu werden.[875]

Franz Böhm folgert daraus, daß die Planwirtschaft das sichere und unvermeidliche Ende der Demokratie sei.[876] Die Funktionsfähigkeit einer planwirtschaftlichen Wirtschaftsordnung würde durch die Gewährung politischer Freiheitsrechte ebenso wie durch die Beteiligung des Parlaments an der Aufstellung des Plans gefährdet. Die Aufrechterhaltung einer zentral gelenkten Wirtschaftsordnung bedeute notwendig die Beschneidung der politischen Freiheitsrechte der Bürger und der Kompetenz des Parlaments. Die „der Zentralverwaltungs-

---

[870] Vgl. *K. Paul Hensel* (Fn. 199), S. 171 f.; *Ernst-Joachim Mestmäcker* (Fn. 862), S. 680 f.
[871] Siehe *Ernst-Joachim Mestmäcker* (Fn. 862), S. 680 f.
[872] Siehe *Franz Böhm* (Fn. 126), S. 83 f.
[873] Vgl. *Franz Böhm* (Fn. 204), S. 56 f.
[874] Vgl. dazu auch *Friedrich A. v. Hayek* (Fn. 146), S. 90 ff.
[875] Vgl. *Franz Böhm* (Fn. 126), S. 83 f.; *Friedrich A. v. Hayek* (Fn. 146), S. 98.
[876] So *Franz Böhm* (Fn. 204), S. 56. Vgl. auch *Kurt Ballerstedt* (Fn. 147), S. 160 f.
Wilhelm Röpke formuliert den Zusammenhang von Staatsordnung und Planwirtschaft wie folgt: „Es ist eine kaum entschuldbare Naivität zu glauben, daß ein Staat im Bereich der Wirtschaft total sein kann, ohne es zugleich im politischen und geistigen Bereich zu sein, und umgekehrt." (*Wilhelm Röpke* [Fn. 836], S. 147).

wirtschaft adäquate Staatsform ist deshalb die *Diktatur*, nicht die parlamentarische Demokratie und vor allem nicht der Rechtsstaat"[877].

Und umgekehrt ist ein autoritäres Regime nicht ohne die zentrale staatliche Lenkung des Wirtschaftslebens denkbar.[878] Denn die Gewährleistung wirtschaftlicher Freiheitsrechte würde zwangsläufig zur politischen Instabilität einer Diktatur führen.[879] Schließlich wird der Bürger kaum einsehen, daß ihm zwar zugetraut wird, die Risiken des Marktes auf sich zu nehmen, er aber politisch für unmündig erklärt wird.

Demgegenüber harmonieren die Wettbewerbsordnung und der demokratische Rechtsstaat nach Franz Böhm aufs Engste. In der Wettbewerbsordnung existiere kein staatlicher Zentralplan, und die am Wirtschaftsleben Beteiligten träfen ihre tagtäglichen wirtschaftlichen Entscheidungen frei vom Einfluß der staatlichen Organe. Die Bürger seien allein von den anonymen Marktgesetzen des Wettbewerbs abhängig, das heißt, sie seien so frei, wie ein Mensch mit Bezug auf seine Mitmenschen, die Knappheit der Güter und den Stand der Technik überhaupt nur frei sein könne.[880] Der Einzelne sei damit insbesondere frei von jedem zwangs- und befehlsmäßigen Dreinreden fremder Menschen in seine wirtschaftlichen Einzelpläne und Entscheidungen.[881]

Die Wettbewerbsordnung garantiert dem Einzelnen also – wie der demokratische Rechtsstaat auch – ein Höchstmaß an individueller Freiheit, indem die individuellen Pläne durch abstrakte, für jedermann geltende Regeln koordiniert werden und der Staat lediglich als Hüter der Wettbewerbsordnung in Erscheinung tritt, um Machtbildungen auf dem Markt zu verhindern und zu bekämpfen. Wettbewerbsordnung und Rechtsstaat weisen insgesamt eine hohe strukturelle Ähnlichkeit im Hinblick auf den Umgang mit der Freiheit der Bürger auf der einen und von Macht auf der anderen Seite auf.[882]

Die Freiheit ist für Franz Böhm im übrigen ein unteilbares Gut: Die rechtsstaatliche Freiheit könne nicht garantiert werden, ohne daß auch wirtschaftliche Handlungsfreiheit bestehe; beide seien nicht voneinander zu trennen, denn jede

---

[877] *Franz Böhm* (Fn. 126), S. 82 (Hervorhebung im Original).

[878] Vgl. *Friedrich A. v. Hayek* (Fn. 146), S. 119 ff.

[879] Vgl. *Joachim Starbatty* (Fn. 862), S. 47 f.

[880] Siehe *Franz Böhm* (Fn. 126), S. 85 ff.

[881] Vgl. *Franz Böhm* (Fn. 126), S. 87.

[882] Vgl. *Wilhelm Röpke* (Fn. 836), S. 155 f.; *Günther Schulz*, Demokratie und Soziale Marktwirtschaft – Zwei Seiten derselben Medaille? Die Erfahrungen der deutschen Nachkriegszeit, in: Knut W. Nörr/ Joachim Starbatty (Hrsg.), Soll und Haben – 50 Jahre Soziale Marktwirtschaft, 1999, S. 209 ff. (222 f.); *Manfred E. Streit* (Fn. 477), S. 15; *Manfred E. Streit/ Wolfgang Kasper* (Fn. 12), S. 119.

stütze die andere.[883] Die Freiheit des Einzelnen beinhaltet schließlich den umfassenden Schutz gegen jede Form von Zwang, der sich gleichermaßen gegen private Machtbildungen als auch gegen staatliche Gewalt richtet.

Die strukturellen Gemeinsamkeiten von Wettbewerbsordnung und Demokratie versucht Franz Böhm durch einen Vergleich des Wettbewerbsprinzips mit dem demokratischen Wahlvorgang zu verdeutlichen[884]: Auf dem Markt würden mittels der Kaufentscheidungen der Verbraucher tagtäglich Abstimmungen und Wahlvorgänge über Güter und Produkte stattfinden, die sämtliche Wirtschaftsentscheidungen und Wirtschaftspläne beeinflussen. Die Gesetze des Marktes seien also nichts anderes „als eine aufs Äußerste getriebene, technisch aufs Raffinierteste vervollkommnete tägliche und stündliche *plebiszitäre Demokratie*, ein das ganze Jahr hindurch vom Morgen bis in die Nacht währendes *Volksreferendum*, die technisch idealste Erscheinungsform von Demokratie, die überhaupt existiert"[885]. Auch wenn die Übertragung des Demokratiebegriffs auf den Markt kritische Fragen aufwirft[886], so umschreibt sie doch anschaulich die wesentliche Gemeinsamkeit von Demokratie und Wettbewerbsordnung: Beide Ordnungssysteme unterliegen keiner zentralen Steuerung, sondern werden von Bürgern in freier Selbstbestimmung gestaltet und geprägt.

Gleichzeitig sind die Wettbewerbsordnung und der klassisch liberale Rechtsstaat aus ordnungspolitischer Sicht aufeinander angewiesen und setzen sich gegenseitig voraus. Die marktwirtschaftliche Ordnung setzt den freiheitlichen Rechtsstaat voraus, denn allein im Rechtsstaat nimmt der Staat seine auf die Pflege des Ordnungsrahmens beschränkte Aufgabe wirksam wahr; er stellt diejenigen abstrakten, allgemeinen (Verhaltens-)Regeln auf und setzt sie durch, die den reibungslosen Ablauf auf dem Markt erst sicherstellen.[887] Umgekehrt kann sich der klassisch liberale Rechtsstaat nur dort verwirklichen, wo ihm eine adäquate Wirtschaftsordnung zur Seite steht, welche die Beschränkung des Staates

---

[883] Vgl. *Franz Böhm* (Fn. 3 [1959]), S. 43. Vgl. auch *Peter Häberle*, Soziale Marktwirtschaft als „Dritter Weg", ZRP 1993, S. 383 ff. (387); *Hans H. Rupp* (Fn. 771), Rdn. 8.

[884] Vgl. *Franz Böhm* (Fn. 197), S. 500; *ders.* (Fn. 126), S. 88 f.; *ders.* (Fn. 10), S. 111. Siehe auch *Otto Schlecht* (Fn. 136), S. 53.

[885] *Franz Böhm* (Fn. 126), S. 89 (Hervorhebung im Original).

[886] Vgl. *Peter Badura* (Fn. 727), S. 325 f.; *Josef Isensee* (Fn. 439), S. 266 f.; *Walter Leisner* (Fn. 292), S. 186 f.; *Hans f. Zacher* (Fn. 741), S. 92 f.
Josef Isensee kritisiert die Umschreibung der Marktwirtschaft als einen demokratischen Vorgang. Denn der Demokratiebegriff impliziere „die Freiheit, um politische Entscheidungen – *zum* Staat hin – zu treffen, nicht aber die wirtschaftliche Freiheit *vom* Staat." (*Josef Isensee* [Fn. 439], S. 267 [Hervorhebung im Original]).

[887] Vgl. *Erich Hoppmann* (Fn. 399), S. 41 f.; *Otto Schlecht* (Fn. 136), S. 46 f. Vgl. auch *Martin Kriele* (Fn. 34), S. 178.

auf ein eng umgrenztes Aufgabenfeld überhaupt ermöglicht, insbesondere den
Bereich des Wirtschaftens in der Sphäre der Gesellschaft beläßt und schließlich
Machtbildungen ebenso kritisch gegenübersteht wie der Rechtsstaat selbst.[888]
Erst das Zusammenspiel von Rechtsstaat und Wettbewerbsordnung garantiert
dem Einzelnen ein Höchstmaß an Freiheit, denn während der Rechtsstaat den
Freiheitsraum des Einzelnen sichert, bietet der Markt den erforderlichen Entfal-
tungsspielraum zur Verwirklichung der Freiheitsrechte.[889]

Die Interdependenz von Wirtschafts- und Staatsordnung im Sinne Franz
Böhms und der ordoliberalen Schule erfährt in der deutschen Staatsrechtslehre
vielfach Kritik. Zwar findet die Feststellung Franz Böhms, daß eine planwirtschaftlich gelenkte Wirtschaftsordnung mit einem demokratischen Rechtsstaat
nicht vereinbar sei, verbreitet Zustimmung.[890] Die darüber hinausgehende Auffassung Franz Böhms, daß der demokratische Rechtsstaat und die marktwirtschaftliche Wirtschaftsordnung auf im wesentlichen übereinstimmenden Struk-
turmerkmalen beruhen und demzufolge auf das Engste miteinander verbunden
seien, ist demgegenüber Gegenstand vielfältiger Ablehnung.[891] Dabei geht es im
Kern oftmals weniger um die Frage von strukturellen Gemeinsamkeiten von
demokratischem Rechtsstaat und Marktwirtschaft als vielmehr um die von Franz
Böhm dargelegte Konsequenz, daß eine wachsende Intervention des Staates in
die Wirtschaft nicht nur zu einer Aushöhlung der Wettbewerbsordnung führe,
sondern mittelfristig die freiheitlichen Grundlagen des demokratischen Rechtsstaates unterminiere.[892] Gegen diese weitergehende Schlußfolgerung richten sich
insbesondere die kritischen Stimmen, welche dem demokratischen Staat einen
weiten wirtschaftlichen Gestaltungsspielraum zugestehen[893] und neben der planwirtschaftlichen und der marktwirtschaftlichen Wirtschaftsordnung eine dritte
Wirtschaftsform, die gelenkte Wirtschaft, als mögliche Wirtschaftsordnung be-

---

[888] Vgl. *Walter Eucken* (Fn. 39), S. 52 f.; *Erich Hoppmann* (Fn. 399), S. 42.

[889] Vgl. *Helmut Leipold*, Interdependenz von wirtschaftlicher und politischer Ordnung,
in: Carsten Herrmann-Pillath/ Otto Schlecht/ Horst f. Wünsche (Hrsg.), Marktwirtschaft als Aufgabe, 1994, S. 723 ff. (730).

[890] Vgl. *Kurt Ballerstedt* (Fn. 147), S. 160; *K. Paul Hensel* (Fn. 199), S. 168 ff.; *Martin Kriele*
(Fn. 292), S. 108 f.; *ders.* (Fn. 34), S. 180 ff.; *Helmut Leipold* (Fn. 889), S. 724 ff.; *Ulrich
Scheuner*, Die institutionellen Garantien des Grundgesetzes, in: Hermann Wandersleb
(Hrsg.), Recht – Staat – Wirtschaft, Vierter Band, 1953, S. 88 ff. (94 f.).

[891] Vgl. u.a. *Martin Kriele* (Fn. 34), S. 179; *Ulrich Scheuner* (Fn. 771), S. 130; *Hans f. Zacher*
(Fn. 741), S. 91 f.

[892] Vgl. *Kurt Ballerstedt* (Fn. 147), S. 160 f.; *ders.*, Wirtschaftsverfassungsrecht, in: Karl A.
Bettermann/ Hans C. Nipperdey/ Ulrich Scheuner (Hrsg.), Die Grundrechte, Drit-
ter Band, 1. Halbband, 1958, S. 1 ff. (40 ff.).

[893] So *Ulrich Scheuner* (Fn. 890), S. 94 f. Vgl. auch *Hans f. Zacher* (Fn. 741), S. 91 f.

trachten, die den Prinzipien des demokratischen Rechtsstaates nicht zuwiderlaufe.[894] Diese Kritik richtet sich damit nur vordergründig gegen die von Franz Böhm gezogene Analogie von Demokratie und Marktwirtschaft. Im Zentrum dieser Auseinandersetzung steht die von Franz Böhm zugrunde gelegte Wettbewerbsordnung, seine Warnung vor staatlichen Interventionen in den Markt und insbesondere die Skepsis der Kritiker gegenüber den Ergebnissen des Marktes.

Gegen die von Franz Böhm dargelegte Interdependenz von demokratischem Rechtsstaat und Marktwirtschaft wird zudem angeführt, daß diese Theorie letztlich unterstelle, daß eine demokratische Verfassung stets auch das Vorliegen einer marktwirtschaftlichen Wirtschaftsordnung impliziere.[895] Eine solche (verkürzte) Ableitung nimmt Franz Böhm aber gerade nicht vor, wie bereits seine Ausführungen zur Wirtschaftsverfassung verdeutlichen.[896]

Schließlich ist das von Franz Böhm verwendete Bild, daß der Markt als ökonomisches plébiscite de tous les jours das Pendant zur Demokratie bilde, selbst kritisiert worden. Dieses Bild verkenne das Wesen des demokratischen Gedankens und trivialisiere den Staatsbürger zum Konsumenten.[897] Diesbezüglich ist zunächst festzuhalten, daß die Beschreibung des Marktes als tägliche Volksabstimmung ein Gemeinplatz der Volkswirtschaft ist, welcher in erster Linie unterstreichen soll, daß die Ergebnisse des Marktes durch alle Marktteilnehmer gemeinsam herbeigeführt werden, und erst in zweiter Linie auf die Parallelen von Demokratie und Markt mehr hinweisen als sie nachweisen will.[898] Dennoch weist

---

[894] Vgl. *Peter Badura* (Fn. 727), S. 289 ff.

[895] So im Ergebnis wohl *Peter Badura* (Fn. 727), S. 325 f.

[896] Siehe dazu unter: V.3.c.aa. Vgl. auch *Josef Isensee* (Fn. 439), S. 266 (Anmerkung 161).

[897] So *Peter Badura* (Fn. 727), S. 326.

[898] Vgl. *Walter Leisner*, Marktoffenes Verfassungsrecht (1996), in: Walter Leisner. Eigentum, hrsgg. von Josef Isensee, 1996, S. 697 ff. (706 f.).

Die Ausführungen *Franz Böhms* über den Markt als demokratischen Vorgang sind Bestandteil einer Darstellung über die Wettbewerbswirtschaft. In dem Aufsatz „Wirtschaftsordnung und Staatsverfassung" will *Franz Böhm* darlegen, daß die Abhängigkeit der Menschen von einem zentralen Plan mit der Abhängigkeit von anonymen Marktgesetzen nicht zu vergleichen sei. Während erste Unfreiheit bedeute, garantiere die Abhängigkeit von anonymen Marktgesetzen in der Wettbewerbsordnung ein Höchstmaß an Freiheit. Insoweit qualifiziere sich die Wettbewerbsordnung als ein geradezu idealer sozialer Unterbau für eine demokratische Staatsordnung (vgl. *Franz Böhm* [Fn. 126], S. 85 ff.). *Franz Böhm* will seinen Lesern die Funktionsweise und die Mechanismen des Marktes erläutern, indem er auf ein für jedermann nachvollziehbares Bild zurückgreift (siehe dazu auch unter: III.2.a.bb.(1)). Aus dieser bildhaften Umschreibung abzuleiten, daß *Franz Böhm* die Bedeutung des demokratischen Vorgang an sich herabwürdige, erscheint vor diesem Hintergrund eher fragwürdig.

die Kritik auf die Problematik eines Vergleichs von Markt und demokratischen
Wahlvorgang hin, denn während bei einer Wahl alle Bürger zu jeder Zeit die
gleiche Stimme haben, zeichnet sich der Markt gerade dadurch aus, daß die wirtschaftliche Machtverteilung in ständiger Bewegung und im Fluß ist.[899] Gleichwohl bleibt, daß – wenn das von Franz Böhm verwendete Bild auch nicht glück-
lich gewählt sein mag – die marktwirtschaftliche Ordnung und der demokratische Rechtsstaat enge Parallelen aufweisen. Diese zeigen sich nicht nur in der
gemeinsamen historischen Entwicklung[900], sondern auch in den individuellen
Freiheitsrechten und institutionellen Rahmenbedingungen, auf denen Rechtsstaat
und marktwirtschaftliche Ordnung gleichermaßen beruhen.[901]

2.   Interdependenz von Wirtschafts- und Gesellschaftsordnung

Die Entscheidung für eine bestimmte Wirtschaftsordnung und damit über die
Form der Wirtschaftslenkung steht in enger Verbindung zur Ordnung der Gesellschaft, denn je nach der Wirtschaftsordnung ist die Gesellschaft verschieden
geartet und gegliedert.[902] In der Zentralverwaltungswirtschaft werden die Wirtschaftspläne von einer kleinen Führungsschicht zentral gesteuert und gelenkt.
Entscheidungen werden von oben nach unten getroffen; die Gesellschaft ist
notwendig hierarchisch gegliedert. Die Wettbewerbsordnung ist demgegenüber
eine Ordnung von Gleichberechtigten, in der die Einzelpläne aller Bürger frei
von zentralen Einflüssen koordiniert werden; sie findet ihre strukturelle Entsprechung in der Privatrechtsgesellschaft.

Die Wettbewerbsordnung ist wie die Privatrechtsgesellschaft eine Koordinationsordnung, in der das Miteinander der Bürger durch abstrakte Regeln des
Privatrechts ohne Zwang gelenkt wird. Sie ist eine Teilordnung der Privatrechtsgesellschaft, deren Grundlage wiederum auch das Wettbewerbsprinzip ist. Der
Wettbewerb legitimiert die Privatautonomie des Einzelnen, denn er gewährleistet, daß die privatautonome Macht der am Wirtschaftsleben Beteiligten sich gegenseitig begrenzt.[903] Umgekehrt setzt die Funktionsfähigkeit des marktwirt-

---

[899] Vgl. *Josef Isensee* (Fn. 439), S. 266 f. Vgl. auch *Kurt Ballerstedt* (Fn. 892), S. 41 f.
[900] Vgl. *Walter Leisner* (Fn. 898), S. 707; *Hans H. Rupp* (Fn. 771), Rdn. 8.
[901] Siehe *Peter Häberle* (Fn. 883), S. 386 f.; *Helmut Leipold* (Fn. 889), S. 730 f.; *Hans Willge-
        rodt*, Stellungnahme, in: Knut W. Nörr/ Joachim Starbatty (Hrsg.), Soll und Haben –
        50 Jahre Soziale Marktwirtschaft, 1999, S. 115 ff. (118 f.).
[902] So *Walter Eucken* (Fn. 39), S. 180 f.
[903] Vgl. *Manfred E. Streit* (Fn. 477), S. 16.

schaftlichen Lenkungssystems das Bestehen einer Privatrechtsgesellschaft voraus, denn sie stellt nach Franz Böhm mit der Privatrechtsordnung ein notwendiges Signalsystem zur Verfügung und verleiht außerdem allen Bürgern mit der Privatautonomie den gleichen rechtlichen Status.[904] Wettbewerbsordnung und Privatrechtsgesellschaft bedingen sich also wechselseitig, während einer planwirtschaftlichen Wirtschaftsordnung ein anderes, hierarchisches Gesellschaftsbild zugrunde liegt.

3.   Interdependenz von Gesellschafts- und Staatsordnung

Jede Staatsordnung wird von einer ganz bestimmten Ordnung der Gesellschaft getragen und geprägt. Einer Gesellschaft von Gleichberechtigten entspricht der demokratische Rechtsstaat, während eine von Machtkonzentrationen und hierarchischen Strukturen gekennzeichnete Gesellschaft einen (Willkür-)Staat hervorbringt, der einzelne Gruppen bevorzugt und privilegiert. Franz Böhm analysiert die Zusammenhänge zwischen der Gesellschafts- und der Staatsordnung insbesondere anhand der Folgen einer Refeudalisierung einer zuvor freiheitlichen Gesellschaft: Die auf Privilegien und Vorrechten gegründete Machtstellung von einzelnen gesellschaftlichen Gruppen verändere den Charakter eines demokratischen Rechtsstaates, denn sie verschiebe nicht nur die Kräfteverhältnisse in der Gesellschaft, sondern auch im Staat. Die staatlichen Organe könnten sich dem Einfluß von gesellschaftlichen Machtfaktoren nicht entziehen, das heißt, private Machtkonzentrationen in der Gesellschaft würden die Willensbildung im Staat dahingehend verändern, daß Privilegien einzelner Gruppen willkürlich ausgebaut würden, anstatt sie zu beseitigen.[905] In einer Privatrechtsgesellschaft stehen sich demgegenüber Bürger gegenüber, die einander gleichgeordnet seien, und deshalb grundsätzlich in gleichem Umfang auf den Staat einwirken.

Die Privatrechtsgesellschaft setze schließlich den Rechtsstaat im Sinne Franz Böhms voraus, der private Machtkonzentrationen im Bereich der Wirtschaft und in der Gesellschaft verhindere.[906] Der Rechtsstaat garantiert die Gleichheit aller Bürger vor dem Gesetz und schließt damit die Privilegierung einiger weniger aus.

---

[904] Vgl. *Franz Böhm* (Fn. 3 [1966]), S. 98.
[905] Vgl. *Franz Böhm* (Fn. 3 [1966]), S. 140 ff.; *Walter Eucken* (Fn. 62), S. 69.
[906] Siehe *Franz Böhm* (Fn. 3 [1966]), S. 87 f.

4.   Zusammenfassung

Die Interdependenzen von Wirtschafts-, Gesellschafts- und Staatsordnung unterstreichen, daß Franz Böhm kein Ordnungssystem über ein anderes stellt. Es
besteht kein Primat der Wirtschaft, dem sich die Gesellschafts- oder die Staatsordnung zu unterwerfen haben, sondern es gilt zu erkennen, daß sich alle drei
Ordnungssysteme wechselseitig bedingen. Eine Veränderung des Wirtschaftssystems kann also ebenso Veränderungen in der Struktur der Gesellschaft und des
Staates zur Folge haben, wie sich eine Veränderung der Staatsordnung auf die
Art der Wirtschaftslenkung und die Ordnung der Gesellschaft auswirkt.

Der Zielsetzung, die Franz Böhm bei der Suche nach jeweils geeigneten Ord-
nungsmodellen verfolgt, nämlich dem Einzelnen größtmögliche Freiheit zu gewährleisten, entsprechen die Wettbewerbsordnung, die Privatrechtsgesellschaft
und der Rechtsstaat. Sie harmonieren miteinander und schaffen wechselseitig die
Voraussetzungen für ihre Funktionsfähigkeit und die Aufrechterhaltung ihrer
Ordnungsstrukturen. Es ist dieser Dreiklang von Wettbewerbsordnung, Privatrechtsgesellschaft und Rechtsstaat, der nach Franz Böhm eine überzeugende
Antwort auf das zweifache Machtproblem gibt, indem er privaten Machtbildungen im Bereich der Gesellschaft entgegentritt und ein reibungsloses Miteinander
der Bürger ermöglicht, ohne daß es dazu staatlichen Zwangs (über die Ordnungsfunktion des Staates hinaus) bedarf.

VII. Kritische Würdigung des Staatsbildes Franz Böhms

Die Skepsis gegenüber jeder Form von privater wie auch staatlicher Macht durchzieht die wissenschaftliche und politische Arbeit von Franz Böhm wie ein roter Faden. Seine Vorstellungen von einer freiheitlichen Wirtschafts-, Gesellschafts- und Staatsordnung sind deshalb von Prinzipien und Mechanismen geprägt, die Machtzusammenballungen in jeder Ausprägung den Kampf ansagen, sie zu bändigen und einzuschränken versuchen. Dabei unterscheidet Franz Böhm zwischen ökonomischen Machtkonzentrationen und staatlicher Machtausübung nicht hinsichtlich ihrer Bedeutung und möglichen Auswirkungen auf eine freiheitliche Ordnung. In beiden Fällen wird Macht von Menschen ausgeübt, welche für die Ausnutzung bis hin zum Mißbrauch von Macht von Natur aus anfällig sind. Diese Erkenntnis zieht Franz Böhm unter anderem aus zwei Beobachtungen: Seine umfangreichen Untersuchungen über die wirtschaftlichen Auswirkungen von Monopolstellungen ergeben auch, daß die für eine freiheitliche Wirtschaftsordnung schädlichen Folgen nicht so sehr im Monopol an sich, als vielmehr im Monopolkampf, das heißt, in der rücksichtslosen Verteidigung und Ausnutzung der Monopolstellung liegen. Desweiteren haben ihn die Erfahrungen während der nationalsozialistischen Diktatur in Deutschland selbst spüren lassen, wozu Menschen fähig sind, in deren Händen sich eine unbeschränkte Machtfülle bündelt.

Es könnten unzählige weitere Beispiele angeführt werden, welche die mißbräuchliche Handhabung von Macht auf der einen und damit die Eingrenzung der Freiheitsräume sowie der selbstbestimmten Lebensgestaltung der Bürger auf der anderen Seite illustrieren. Ihnen allen ist gemeinsam, worauf Franz Böhm in Anlehnung an Lord Acton unentwegt hingewiesen hat: Macht korrumpiert, absolute Macht korrumpiert absolut. Nicht Quinctius Cincinnatus[907] ist Leitbild für die Forschungsarbeit von Franz Böhm, sondern der – auch im Hinblick auf die Ausübung von Macht – fehlbare Mensch.

Die Anfälligkeit der Menschen für die Reize und Verlockungen von Macht als Ausgangspunkt nehmend entwickelt Franz Böhm ein geschlossenes theoretisches Ordnungsmodell, welches die Machtbefugnisse jedes Bürgers mäßigen soll; es ist mit dem Dreiklang von Wettbewerbsordnung, Privatrechtsgesellschaft und Rechtsstaat umschrieben. Ziel von Franz Böhm ist es, mit jedem einzelnen Ordnungssystem eine Antwort darauf zu geben, wie der Freiheitsraum des Einzelnen

---

[907] Römischer Bürger, dem diktatorische Machtbefugnisse verliehen wurden, um Rom vor dem Angriff der Sabiner und Aequer zu schützen, und welcher unmittelbar nach der Rettung Roms seine Amtsgewalt wieder in die Hände der gewählten Konsuln legte.

umfassend gewährt sowie gesichert und damit im Umkehrschluß die Macht in der Gesellschaft und die des Staates wirksam begrenzt werden kann. Die Wettbewerbsordnung steht für eine Wirtschaftsordnung, die anhand von Signalsystemen, insbesondere dem Marktpreissystem und der Privatrechtsordnung, die Wirtschaftspläne der Bürger frei von staatlicher Lenkung koordiniert. Das Wettbewerbsprinzip selbst organisiert nach dem Leistungsprinzip die Verteilung von wirtschaftlichen Gewinnen und Verlusten und damit im Ergebnis die wechselseitige Beschränkung von wirtschaftlicher Macht. Der Staat tritt (nur) als Hüter der Wettbewerbsordnung in Erscheinung, indem er den Wettbewerb in Fällen des Marktversagens schützt. Die Wettbewerbsordnung ist mithin diejenige Wirtschaftsordnung, die den Bürgern den größten Freiraum bei der Verwirklichung ihrer individuellen Wirtschaftspläne garantiert. Die Bürger sind keinem äußeren Zwang unterworfen, sondern unterliegen allein den „Abhängigkeiten", die eine arbeitsteilige Wirtschaft und das Zusammenleben mit anderen Bürgern mit sich bringt. Gleiches gilt für die Privatrechtsgesellschaft, die das Miteinander der Bürger durch die Regeln des Privatrechts koordiniert. Die Privatrechtsgesellschaft nimmt grundsätzlich alle Aufgaben wahr, die sich im Zusammenleben der Bürger ergeben, sofern nicht ein hoheitliches Tätigwerden erforderlich ist. Dazu zählt insbesondere die Aufgabe der Durchsetzung der Rechtsordnung, die von den staatlichen Organen nach rechtsstaatlichen Prinzipien erfüllt wird. Die Begrenzung der staatlichen Aufgaben auf die Pflege der Rechtsordnung wird wiederum erst durch die Privatrechtsgesellschaft ermöglicht, die den Staat von vielen Aufgaben wie insbesondere der Lenkung der Wirtschaft entlastet und somit zugleich die Trennung von staatlichem und gesellschaftlichen Bereich gewährleistet. Das Postulat der Herrschaft des Gesetzes garantiert ergänzend die Beschränkung der staatlichen Aufgaben auf das notwendige Maß.

Die Wettbewerbsordnung, die Privatrechtsgesellschaft und das Rechtsstaatsprinzip gewährleisten je für sich betrachtet bereits ein freiheitliches Ordnungssystem, aber erst das Zusammenspiel der drei Ordnungsmodelle, die aufeinander aufbauen, sich ergänzen und wechselseitig bedingen, garantiert die größtmögliche Freiheit der Bürger. Dies zeigt, daß Franz Böhm nicht nur separate, in sich schlüssige Ordnungsmodelle, sondern ein umfassendes, geschlossenes theoretisches Gesamtkonzept, das alle Bereiche des menschlichen Zusammenlebens erfaßt, vorlegt. Dieses Gesamtkonzept demonstriert zugleich, daß Teilbereiche des Miteinanders der Bürger nicht losgelöst von anderen betrachtet werden können, sondern stets im Zusammenhang gesehen werden müssen.

Aus dem umfassenden Ordnungsmodell von Franz Böhm ergibt sich ein Bild von der Rolle des Staates, das dem klassischen liberalen Verständnis entspricht: Der Staat ist notwendig, um den Wettbewerb als rechtlich geordnetes Verfahren und den rechtlichen Rahmen der Privatrechtsgesellschaft zu gewährleisten.

1.   Die Einordnung Franz Böhms in den Liberalismus

Franz Böhm setzt mit seinem Staatsverständnis die klassisch liberale Tradition fort. Gleichwohl lassen sich im Verlauf seiner wissenschaftlichen Arbeit feine Unterschiede in bezug auf die Rolle des Staates und damit auch die Einordnung Franz Böhms in den Liberalismus ausmachen. Allen (klassisch) Liberalen gemeinsam ist die Absage an jede Form einer staatlichen Lenkung des Wirtschaftssystems nach einem übergeordneten zentralen Plan und das Bekenntnis zur Marktwirtschaft. Franz Böhm konzentriert sich zu Beginn seiner Forschungsarbeiten über eine Ausgestaltung der Wettbewerbsordnung – ganz im Zeichen des Ordoliberalismus (als einer typisch deutschen Ausprägung des Liberalismus) – vor allem auf rechtlich-institutionelle Fragen.[908] Der Wettbewerb wird als rechtlich geordnetes Verfahren beschrieben, wobei Franz Böhm und die anderen Vertreter der Freiburger Schule auf die ordnende Kraft des Staates zur Verwirklichung der Wettbewerbsordnung vertrauen und insofern den staatlichen Organen grundsätzlich weniger Mißtrauen entgegen bringen als beispielsweise Liberale angelsächsischer Prägung.[909] Die Ordoliberalen beschäftigt in den 30er und 40er Jahren des 20. Jahrhunderts der Schutz des Wettbewerbs vor privaten Machtbildungen weit mehr als die Gefahren, welche der Wettbewerbsordnung aufgrund von staatlichen Interventionen drohen. Um eine freiheitliche Wirtschaftsordnung umzusetzen, wird zum Teil sogar eine staatliche Wettbewerbspolitik des Als-ob in Kauf genommen, von der sich Franz Böhm allerdings schon in den 50er Jahren distanziert.[910] Der ordoliberale Ruf nach einem „starken Staat", den Franz Böhm selbst wiederum nur zurückhaltend erhebt, resultiert ebenfalls aus den frühen Jahrzehnten des 20. Jahrhunderts. Diese Forderung charakterisiert das Verständnis der Ordoliberalen von einer aktiven Ordnungsrolle des Staates in der Wirtschafts- und Gesellschaftsordnung und grenzt es damit zugleich von klassisch liberalen Strömungen ab.

Schon in den 50er und vor allem auch in den 60er Jahren des 20. Jahrhunderts kristallisiert sich ein (davon abweichendes) Staatsbild Franz

---

[908] Vgl. *Manfred E. Streit / Wolfgang Kasper* (Fn. 12), S. 122.
Siehe im Vergleich zum ordoliberalen Umgang mit Kartellen und Monopolen beispielsweise die diesbezügliche Herangehensweise von Vertretern libertärer Denkrichtungen: *Israel M. Kirzner*, How Markets Work: Disequilibrium, Entrepreneurship and Discovery, hrsgg. vom Institute of Economic Affairs, Hobart Paper 133, 1997, S. 58 ff.; *Murray N. Rothbard*, Man, Economy and State, 1993, S. 560 ff.

[909] Siehe u.a. zur grundsätzlichen Skepsis der Liberalen angelsächsischer Prägung gegenüber jeder staatlichen Tätigkeit und der Betonung der Herrschaft des Gesetzes auch in der Wirtschaftspolitik *Friedrich A. v. Hayek* (Fn. 208), S. 285 ff.

[910] Siehe dazu: III.2.d.cc.(3).

Böhms heraus, welches den „bescheidenen Staat", der Hüter des Gesetzes unter dem Gesetz ist, betont.[911] Zwar beruht die Funktionsfähigkeit der Wettbewerbsordnung und der Privatrechtsgesellschaft bei Franz Böhm auch weiterhin auf der ordnenden Kraft des Staates, aber es tritt zugleich ein wachsendes Mißtrauen gegenüber den staatlichen Organen hinzu. Das zweifache Machtproblem – die Macht von Privaten wie die Macht des Staates – gewinnt nunmehr eine neue Qualität: Die Freiheit des Einzelnen ist nicht nur durch einen autoritären Staat bedroht, welcher das Wirtschaftsleben nach einem übergeordneten Plan zentral lenkt, sondern auch durch den demokratischen Wohlfahrtsstaat, der einzelne Bürger und Gruppen willkürlich zu Lasten einer Mehrheit der Steuer- und Abgabenzahler bevorzugt und damit die Grundlage einer freiheitlichen Wirtschafts- und Gesellschaftsordnung, die gerade auf der Gleichheit aller Bürger vor dem Gesetz beruht, von innen heraus zerstört. Der Wohlfahrtsstaat heutiger Provenienz bildet für Franz Böhm den Widerpart zum Rechtsstaat. Franz Böhm prognostiziert und die zeitgeschichtlichen Erfahrungen bestätigen dies, daß ein Staat, der in seinem Handlungsspielraum nicht durch das Recht auf die Pflege des Ordnungsrahmens beschränkt wird, sein Aufgabenfeld permanent ausweitet und zunehmend das Zusammenleben der Menschen im Bereich der Wirtschaft und Gesellschaft gestaltend regelt. Um eine freiheitliche Wirtschafts- und Gesellschaftsordnung dauerhaft zu verwirklichen, vertraut Franz Böhm deshalb nunmehr nicht so sehr auf die ordnende Kraft des Staates, sondern vielmehr auf die Gestaltungskraft des Rechts. Das Postulat der Herrschaft des Gesetzes wird – ganz im Sinne des klassischen Liberalismus – zum tragenden Element seiner freiheitlichen Gesellschafts- und Staatsordnung, welche jede Herrschaft von Menschen ausschließt.

Franz Böhms wissenschaftliche Arbeiten sind seit den 50er Jahren des 20. Jahrhunderts immer mehr von Fragen einer rechtlichen und verfassungsmäßigen Ausgestaltung der Staatsordnung geprägt. Der Staat in Gestalt des klassisch liberalen Rechtsstaates („Herrschaft des Gesetzes") rückt mehr und mehr in den Vordergrund; allein der Rechtsstaat im Sinne Franz Böhms garantiere die Beschränkung der staatlichen Aufgaben auf die Pflege des Ordnungsrahmens. Mit dieser Betonung des Rechtsstaatsprinzips nähert sich Franz Böhm zugleich dem angelsächsisch geprägten Liberalismus an, was nicht zuletzt seine wachsende

---

[911] Es muß an dieser Stelle darauf hingewiesen werden, daß andere Gründungsmitglieder der Freiburger Schule frühzeitig verstorben sind: *Hans Großmann-Doerth* ist 1944, *Adolf Lampe* 1948 und *Walter Eucken* 1950 gestorben. Vor diesem Hintergrund muß die spätere wissenschaftliche Entwicklung bei *Franz Böhm* nicht notwendig als bewußte Abgrenzung von den anderen Gründungsmitgliedern der Freiburger Schule, sondern kann vielmehr auch als ein Weg zur Fortentwicklung der gemeinsamen Ideen verstanden werden.

wissenschaftliche Nähe zu Friedrich A. von Hayek unterstreicht. Vor allem die
Aufsätze Franz Böhms „Der Rechtsstaat und der soziale Wohlfahrtsstaat" (1953)
sowie „Privatrechtsgesellschaft und Marktwirtschaft" (1966) und die Aufsätze
Friedrich A. von Hayeks „Entstehung und Verfall des Rechtsstaatsideales"
(1953) sowie „Rechtsordnung und Handelnsordnung" (1967) weisen jeweils enge
Parallelen auf.[912] Schließlich rückt auch Franz Böhms wachsende Skepsis gegenüber einer Überbewertung der Staatsform der Demokratie, welche gerade nicht
aus sich heraus ein gerechtes und freiheitssicherndes Handeln der staatlichen
Organe garantiere, und damit verbunden der Betonung des Rechtsstaatsprinzips
sowie der Gewaltenteilung ihn in die enge Nähe zum Liberalismus klassischer
Prägung.[913]

In der wissenschaftlichen Arbeit von Franz Böhm zeigt sich damit insgesamt
eine zweifache Entwicklung: Zum einen löst sich Franz Böhm zunehmend von
einer reinen Betrachtung der Wirtschaftsordnung und entwirft schließlich ein
umfassendes Ordnungssystem für Staat, Gesellschaft und Wirtschaft. Zum anderen nähert sich Franz Böhm im Verlauf der Jahre den Ideen des klassischen Liberalismus mehr und mehr an, was vor allem sein Verständnis vom Rechtsstaat
und von den Gesetzen zeigt.

2. Bedeutung und Einfluß des Wirkens von Franz Böhm

Franz Böhm zählt – wie die anderen Vertreter der Freiburger Schule auch – zu
den geistigen Vätern der Sozialen Marktwirtschaft. In den Aufbaujahren der
Bundesrepublik Deutschland nach dem Zweiten Weltkrieg ist die Einführung
der Sozialen Marktwirtschaft durch Ludwig Erhard nicht nur politisch, sondern
auch wissenschaftlich umstritten. Der Umstand, daß die Soziale Marktwirtschaft
heute als Wirtschaftsordnung wissenschaftlich und auch gesellschaftspolitisch im
Grundsatz akzeptiert ist, geht nicht zuletzt auf die unermüdliche Überzeugungsarbeit der Ordoliberalen zurück. Die Beschreibung der Wettbewerbsordnung als
ein rechtlich geordnetes Verfahren hat schließlich große Bedeutung für die Erar-

---

[912] Siehe dazu die Erläuterungen in Fn. 447 und in Fn. 715.

[913] Siehe zur klassisch liberalen Skepsis gegenüber demokratischen Staatsformen und
der Betonung des rechtsstaatlichen Prinzips in bezug auf die Gewährleistung von
umfassender Freiheit u.a.: *Friedrich A. v. Hayek* (Fn. 208), S. 125 ff.; *Ludwig v. Mises*,
Liberalismus (1927), 1993, S. 34 ff.; *Arthur Seldon*, The Dilemma of Democracy: The
Political Economics of Over-Government, hrsgg. vom Institute of Economic Affairs, Hobart Paper 136, 1998, S. 11 ff.

beitung eines deutschen Kartellgesetzes gehabt. Franz Böhm kann mit Fug und Recht die Rolle eines der maßgebenden Akteure bei der Debatte über die Einführung des Gesetzes gegen Wettbewerbsbeschränkungen im Jahre 1957 für sich beanspruchen. Seine Arbeiten zu den Auswirkungen von Kartellen sowie Monopolen auf den Markt, zum Umgang mit ihnen und zur Ausgestaltung des Kartellrechts wirken bis heute sowohl im deutschen als auch europäischen Recht fort.

Keine verbreitete Beachtung finden demgegenüber Franz Böhms Aufsätze über die Privatrechtsgesellschaft und insbesondere auch die Gefahren der Refeudalisierung einer freien Gesellschaft durch private Machtbildungen auf dem Markt und in Form von politisch einflußreichen gesellschaftlichen Interessengruppen. Dies erstaunt um so mehr vor dem Hintergrund (oder erklärt gerade), daß die Prognosen Franz Böhms im Hinblick auf den wachsenden Einfluß gesellschaftlicher Interessengruppen auf staatliche Entscheidungen, die Schaffung umfangreicher sozialer Besitzstände einzelner Gruppen und damit einhergehend eine zunehmende Beschneidung der Handlungs- und Entfaltungsspielräume des Einzelnen im wesentlichen eingetreten sind. Die deutsche Politik wird heute vielfach von den Interessen kleiner und großer gesellschaftlicher Gruppen dominiert, die ihre erworbenen Besitzstände lautstark verteidigen oder neue einfordern. Wichtige wirtschafts- und sozialpolitische Maßnahmen z.B. im Bereich der Arbeitsmarktpolitik oder der sozialen Sicherungssysteme werden nicht mehr, ohne Rücksprache mit den großen Wirtschaftsverbänden im Arbeitgeber- wie Arbeitnehmerlager zu nehmen, entschieden. Diese Entwicklung führt zu einer Vermischung von staatlicher und gesellschaftlicher Sphäre und damit letztlich zu einer Erstarrung der Gesellschaft sowie des Wirtschaftsleben, welche die Freiheitsräume des Einzelnen immer weiter einengt. Die Bundesrepublik Deutschland weist heute alle Merkmale eines Wohlfahrtsstaates auf, in welchem der Ruf nach sozialer Gleichheit die Oberhand vor dem rechtsstaatlichen Postulat der Gleichheit aller unter dem Gesetz zu gewinnen droht. Es ist auch eine weitere von Franz Böhm schon in den 50er Jahren des 20. Jahrhunderts angesprochene Befürchtung eingetreten: Die Entwicklung hin zum Wohlfahrtsstaat geht einher mit einer umfangreichen Gesetzgebungstätigkeit, die immer mehr Bereiche des menschlichen Zusammenlebens regelt, der Abkehr vom Gesetzesverständnis im Sinne Franz Böhms und dem schleichenden Verfall des klassisch liberalen Rechtsstaatsideales von einer Herrschaft des Gesetzes.

Ein Blick auf die Wirtschaftsordnung und das Grundgesetz der Bundesrepublik Deutschland zeigt, daß sich dort wesentliche Aspekte einer Wettbewerbsordnung und des Rechtsstaatsprinzips im Sinne Franz Böhms wiederfinden. Um so mehr verwundert es, daß es zu der beschriebenen Entwicklung hin zum Wohlfahrtsstaat gekommen ist. Die Ursachen dafür sind sicherlich vielfältig: Sie liegen unter anderem in der in den letzten Jahren wieder zunehmend skeptischen

Haltung der Bürger und insbesondere auch der Politik gegenüber einer markt-wirtschaftlichen Wirtschaftsordnung. Zwar fehlt es nicht an politischen Lippen-bekenntnissen zur Sozialen Marktwirtschaft, doch schon bei der Frage der Aus-gestaltung der Sozialpolitik innerhalb dieser Wirtschaftsordnung scheiden sich die Geister. Dies gilt erst recht, wenn es um ein eindeutiges Bekenntnis zum Wettbewerbsprinzip als Grundlage und Steuerungsinstrument der Sozialen Marktwirtschaft geht.

Das Grundgesetz, welches das Sozialstaatsprinzip als Staatsziel verankert, setzt dem Sozialstaat gewisse Grenzen: Der Grundrechtskatalog und die rechts-staatlichen Prinzipien bilden ebenso Grenzen wie die bundesstaatliche Zustän-digkeitsordnung und die Finanzverfassung.[914] Die Entwicklung hin zum Wohl-fahrtsstaat haben sie jedoch ebensowenig wie vor allem auch eine permanent anwachsende Staatsverschuldung der Bundesrepublik Deutschland verhindern können. Die Grundrechte erscheinen insofern als unscharfe Waffe gegenüber der Abwehr wohlfahrtsstaatlichen Handelns des Staates; auch die Finanzverfas-sung des Grundgesetzes kann die aus der Sozialpolitik erwachsenen finanziellen Probleme nicht lösen.[915] Dies ist wohl auch darauf zurückzuführen, daß der Schutz der Bürger vor einem fürsorgenden und betreuendem Sozialstaat nicht im Zentrum der Beratungen über das Grundgesetz sowie der späteren Änderungen des Grundgesetzes gestanden hat. Schließlich ist zu berücksichtigen, daß sich das Rechtsstaatsprinzip des Grundgesetzes hinsichtlich des Gesetzesverständnis und auch des Grundsatzes der Gewaltenteilung von Franz Böhms Verständnis vom (klassisch liberalen) Rechtsstaat unterscheidet.[916] Es ist nicht in gleichem Maße auf die Beschränkung jeder Form menschlicher Herrschaft und insbesondere nicht auf eine enge Begrenzung von staatlichen Aufgaben ausgerichtet wie der Rechtsstaat im Sinne Franz Böhms.

Das Rechtsstaatsprinzip bei Franz Böhm ist der wohl wesentliche Baustein zur Verwirklichung einer freiheitlichen Wirtschafts- und Gesellschaftsordnung. Die Herrschaft des Gesetzes garantiert, daß sich der Staat auf die Pflege des Ordnungsrahmens im Bereich der Gesellschaft und der Wirtschaft beschränkt. Franz Böhm präsentiert insoweit ein geschlossenes theoretisches Modell, dessen Möglichkeit einer praktischen Umsetzung in der Bundesrepublik Deutschland allerdings hinterfragt werden muß.

Die Wettbewerbsordnung, die Privatrechtsgesellschaft und der Rechtsstaat im Sinne Franz Böhms basieren auch darauf, daß die Bürger ihre Freiheitsräume in

---

[914] Vgl. *Josef Isensee* (Fn. 850), S. 376.

[915] Siehe dazu *Josef Isensee*, Finanzverfassung und Sozialrecht, SDSRV, Band 35 (1992), S. 7 ff.

[916] Siehe unter: V.4.d.

Eigeninitiative gestalten und nicht die Unterstützung des Staates erwarten. Die Bürger müssen eine freiheitliche Ordnung mit Leben ausfüllen, damit sie auf Dauer funktionsfähig ist und Bestand hat. Die von Franz Böhm skizzierten Ordnungssysteme müssen insofern von den Bürgern getragen sein, stetig wachsen und können den Bürgern nicht per Dekret verordnet werden.[917] Die Umsetzung einer freiheitlichen Ordnung hat auf politische und vor allem auch verfassungspolitische Traditionen Rücksicht zu nehmen. Das Postulat der Herrschaft des Gesetzes und das Gesetzesverständnis von Franz Böhm entspricht eher der angelsächsischen als der deutschen oder kontinental-europäischen Tradition. Die deutsche und kontinentale Entwicklung des Rechtsstaates ist von Beginn an mit einem hoch entwickelten, zentralen Verwaltungsapparat konfrontiert gewesen, dem umfangreiche Befugnisse zustanden; der Frage nach der Gesetzmäßigkeit des Verwaltungshandelns ist daher stets mehr Beachtung geschenkt worden, als die Frage danach, was Regeln gerechten Verhaltens sind.[918] Dem demokratisch gemäßigten Staat wird (vielfach unkritisch) großes Vertrauen geschenkt; seinen Organen werden von je her umfangreiche soziale und wirtschaftliche Kompetenzen zugestanden.

Dem weiteren Ausbau des Wohlfahrtsstaates kann in Deutschland kaum mit dem Einfordern eines liberalen Rechtsstaats- und Staatsverständnisses erfolgreich entgegengetreten werden. Dieses entspricht nicht der deutschen Tradition, die letztlich weit mehr vom Glauben an den Staat als dem Vertrauen in die Schaffenskraft, Kreativität und das Verantwortungsbewußtsein der Bürger gekennzeichnet ist. Franz Böhm ist dies bewußt, so daß er in bezug auf die Verwirklichung seiner Vorstellungen von einer freiheitlichen Gesellschafts- und Staatsordnung wohl auf langfristige Überzeugungsarbeit setzt. Im Rahmen der bestehenden Ordnung plädiert Franz Böhm dort, wo es ihm möglich ist, für Veränderungen, die auf eine Umsetzung seines Ordnungsmodells zielen.

3.   Die Beschränkung der (finanziellen) Handlungsoptionen des Staates

Ein möglicher Ansatzpunkt für die Beschränkung der staatlichen Befugnisse im Bereich der Wirtschafts- und Gesellschaftspolitik liegt heute in der Begrenzung des finanziellen Handlungsspielraumes des Staates. Dies ist ein Ansatz, den im

---

[917] Vgl. *Franz Böhm* (Fn. 839), S. 206.
[918] Vgl. *Friedrich A. v. Hayek* (Fn. 688), S. 49 ff.

übrigen bereits Ludwig Erhard im Rahmen seines Vorstoßes für eine Formierte Gesellschaft gewählt hat.

Die Ausweitung der staatlichen Aufgaben im Bereich der Wirtschafts- und Sozialpolitik geht mit stetig anwachsenden Finanzhaushalten im Bund und in den Ländern einher. Die Haushalte und vor allem die Haushaltsberatungen sind zugleich das Einfallstor für die gesellschaftlichen Interessengruppen, um finanzielle Begünstigungen in Form von Steuererleichterungen oder direkten Subventionen für ihre Klientel zu erstreiten. Dem Anwachsen der Haushalte steht eine stetig ansteigende Steuerlast sowie eine zunehmende Staatsverschuldung gegenüber. Schon heute stoßen der Bund und die Länder an ihre finanziellen Grenzen, so daß politische Entscheidungen mehr und mehr unter dem Vorbehalt ihrer Finanzierbarkeit stehen. Dies zeigt umgekehrt, daß mit einer Reduzierung der finanziellen Handlungsoptionen des Staates notwendig auch eine Beschränkung seiner Aufgaben einher geht, welche wieder von Privaten übernommen und damit in den Bereich der Gesellschaft (zurück) verlagert werden. Sinkende finanzielle Verteilungsspielräume des Staates mindern zugleich auch die Einflußmöglichkeiten von gesellschaftlichen Interessengruppen, denn der Staat kann sich zunehmend nur noch auf seine Kernaufgaben konzentrieren und nicht mehr finanzielle Zugeständnisse zugunsten einzelner Gruppen rechtfertigen. Die finanziellen Handlungsoptionen des Staates sind also ein Dreh- und Angelpunkt, um die Betätigung des Staates insgesamt auf seine Kernaufgaben zurückzuführen und damit dem Einzelnen wieder mehr Raum für Eigeninitiative und Selbstentfaltung zurückzugeben.

Dem Staat stehen grundsätzlich zwei Finanzierungsinstrumente zur Verfügung: die steuerliche Teilhabe am Erfolg privaten Wirtschaftens und die Staatsverschuldung. Auf das Instrument der Staatsverschuldung kann der Staat nur als Ausnahmefinanzierung und nur innerhalb der Grenzen des Art. 115 GG zurückgreifen. De facto steht dieses Finanzierungsinstrument in vielen gegenwärtigen westlichen Industrienationen nicht mehr zur Verfügung, weil die Höhe des Staatskredits so angewachsen ist, daß eine Neuverschuldung zur Zahlung der fälligen Zinsen nicht mehr ausreicht und damit eine weitere Staatsverschuldung dem Staat keine zusätzlichen finanziellen Handlungsoptionen vermittelt.[919] Der Staatsverschuldung der Bundesrepublik Deutschland sind darüber hinaus durch Art. 104 EGV Grenzen gezogen. Die staatlichen Organe haben also kaum noch Möglichkeiten, sich finanzielle Spielräume durch weitere großzügige Kreditaufnahmen zu verschaffen, denn in bezug auf die Staatsverschuldung hat die Bundesrepublik Deutschland wohl eine Höchstgrenze erreicht. Die Bemühungen, die

---

[919] Vgl. *Paul Kirchhof*, Der demokratische Rechtsstaat – die Staatsform der Zugehörigen, in: Josef Isensee/ ders. (Hrsg.), HdbStR IX, 1997, § 221 Rdn. 208.

Staatsverschuldung abzubauen, treffen deshalb insgesamt auf einen breiten gesellschaftspolitischen Konsens.

Dem Staat der Bundesrepublik Deutschland bleibt also faktisch nur das Instrument der Besteuerung, um seine finanziellen Handlungsoptionen zu erweitern. Die Steuer ist ein grundrechtlicher Eingriff in das Privatvermögen, der durch den Grundrechtskatalog gemäßigt und geformt wird.[920] Im Hinblick auf ihre freiheitsbeschränkende Wirkung sind Steuergesetze am Grundrecht auf allgemeine Handlungsfreiheit gerade in deren Ausprägung als persönliche Entfaltung im vermögensrechtlichen und im beruflichen Bereich (Art. 14 Abs. 1, 12 Abs. 1 GG) zu messen.[921] Daraus leitet das Bundesverfassungsgericht ab, daß „ein Steuergesetz keine ‚erdrosselnde Wirkung' haben darf: Das geschützte Freiheitsrecht darf nur so weit beschränkt werden, daß dem Grundrechtsträger (Steuerpflichtigen) ein Kernbestand des Erfolges eigener Betätigung im wirtschaftlichen Bereich in Gestalt der grundsätzlichen Privatnützlichkeit des Erworbenen und der grundsätzlichen Verfügungsbefugnis über die geschaffenen vermögenswerten Rechtspositionen erhalten bleibt"[922]. Vor allem in den 90er Jahren bezieht das Bundesverfassungsgericht mehrfach zu den verfassungsrechtlichen Implikationen der Steuergesetzgebung Stellung. In diesem Zusammenhang formuliert das Gericht eine Untergrenze wie auch eine Obergrenze für den steuerlichen Zugriff des Staates: Dem Steuerpflichtigen müsse nach Erfüllung seiner Steuerpflicht von seinem Erworbenen soviel verbleiben, daß er seinen notwendigen Lebensunterhalt und den seiner Familie (Existenzminimum) bestreiten könne.[923] In einem zweiten Schritt bezieht das Bundesverfassungsgericht Einkommensteile über dem Existenzminimum in den Schutzbereich der Eigentumsgarantie ein. Danach solle die Obergrenze der steuerlichen Gesamtbelastung des Vermögensertrages in der Nähe einer hälftigen Teilung zwischen privater und öffentlicher Hand verlaufen.[924] Ob dieser Halbteilungsgrundsatz aus der Tradition des deutschen Steuerrechts erwachsen ist[925], kann an dieser Stelle

---

[920] Siehe *Paul Kirchhof* (Fn. 919), Rdn. 182 ff.

[921] Vgl. BVerfGE 87, 153 (169); 93, 121 (137).

[922] BVerfGE 87, 153 (169).

[923] BVerfGE 87, 153 (169). Siehe auch *Hans-Wolfgang Arndt/ Andreas Schumacher*, Die verfassungsrechtlich zulässige Höhe der Steuerlast – Fingerzeig des BVerfG an den Gesetzgeber?, NJW 1995, S. 2603 ff. (2604).

[924] BVerfGE 93, 121 (138).
Zur Entscheidung des Bundesverfassungsgerichts zum sog. Halbteilungsgrundsatz: Sondervotum *Ernst-Wolfgang Böckenförde* (BVerfGE 93, 121 [149 ff.]). Siehe auch m.w.N. *Hans-Wolfgang Arndt/ Andreas Schumacher* (Fn. 923), S. 2603 ff.; *Hans-Georg Dederer*, Halbteilungsgrundsatz – woher, wohin?, StuW 2000, S. 91 ff.

[925] So *Paul Kirchhof* (Fn. 919), Rdn. 189.

offenbleiben; jedenfalls ist der Halbteilungsgrundsatz für die zukünftige Ausgestaltung des Steuersystems von zentraler Bedeutung. Angesichts der heute bereits bestehenden Belastung der Steuerzahler sind dem Gesetzgeber in bezug auf eine Erhöhung der Steuerlast im wesentlichen die Hände gebunden.

Das Grundgesetz zieht dem Staat folglich insoweit Grenzen, als es eine weitere Ausdehnung der finanziellen Handlungsoptionen des Staates durch eine Erhöhung der Steuerlast oder der Staatsverschuldung unterbindet. Es besteht gegenwärtig ein breiter gesellschaftspolitischer Konsens, daß das Maß des Erträglichen erreicht, die Steuerbelastung reduziert und die Staatsverschuldung abgebaut werden muß. Daraus kann jedoch noch keine Abkehr vom Wohlfahrtsstaat abgeleitet werden, sondern es ist vor allem das Bestreben erkennbar, den Staat finanziell zu konsolidieren, nicht zuletzt um sozialpolitische Maßnahmen auch zukünftig finanzieren zu können. Der Rückbau des Wohlfahrtsstaates und damit der Verzicht auf erworbene soziale Besitzstände ist und bleibt heftig umstritten. Die aktuellen Bestrebungen, die Steuerlast und die Staatsverschuldung zu senken, sind also weniger Ausdruck einer Besinnung auf ordnungspolitische Prinzipien als vielmehr die Einsicht in bestehende finanzpolitische Realitäten. Durch die vom Grundgesetz und dem Bundesverfassungsgericht gezogenen Grenzen der finanziellen Handlungsoptionen des Staates ist jedenfalls einer weiteren Ausdehnung des Wohlfahrtsstaates vorerst ein Riegel vorgeschoben. Aber da aus der Sicht Franz Böhms der bestehende Zustand des Wohlfahrtsstaates Bundesrepublik Deutschland alles andere als zufriedenstellend ist, müßten weitere Maßnahmen ergriffen werden, um die Wettbewerbsordnung, die Privatrechtsgesellschaft, den liberalen Rechtsstaat zumindest in ihren Grundzügen und damit die größtmögliche Freiheit für den Einzelnen zu verwirklichen.

4. Ausblick

Die Bundesrepublik Deutschland ist heute weit davon entfernt, eine freiheitliche Gesellschafts- und Staatsordnung im Sinne Franz Böhms verwirklicht zu haben. Zwar lassen sich viele gemeinsame Ansatzpunkte erkennen, aber insgesamt verfügt der Einzelne nicht über den freien Gestaltungs- und Entfaltungsspielraum, den Franz Böhms bei seinem Ordnungsmodell anstrebt. Es bleibt also nur, auf die Gefahren des Wohlfahrtsstaates für die Freiheit des Einzelnen unermüdlich hinzuweisen, auf eine Ausweitung des Freiheitsraums der Bürger in der Gesellschaft hin zu wirken und insbesondere das Vertrauen in die Kreativität sowie Gestaltungskraft der Bürger zu stärken.

Die Kerngedanken einer freiheitlichen Wirtschafts-, Gesellschafts- und Staatsordnung im Sinne Franz Böhms setzen ein Grundverständnis für ordnungspolitische Strukturen und Zusammenhänge voraus. Gerade dieses Grundverständnis ist in den aktuellen politischen Auseinandersetzungen überwiegend zu vermissen und die Mahn- und Warnrufe der Wissenschaft werden nur allzu oft überhört. So gilt auch heute noch, was Franz Böhm seinen Bundestagskollegen bei der Debatte über das Kartellgesetz am 31. März 1955 mit auf den Weg gab: „Es kommt mir so vor, als wenn die Regierung und der Bundestag, also der Gesetzgeber, soweit sie Wirtschaftspolitik treiben, sich allmählich, je komplizierter und uneinheitlicher der Ablauf der freien Wirtschaft wird, um so mehr in die Rolle von Medizinmännern und Zauberern begeben, die nun allerlei Räucherkerzen anzünden, Nebel verbreiten, Gebetsmühlen ableiern und so tun, als ob dieses ganze Tun einen Sinn hätte. Und wenn dann ein redlicher und schlichter Mann kommt und sagt: Nun macht doch mal den Nebel weg, stellt eure Gebetsmühlen ab und hört mit eurem Gemurmel auf, wir wollen uns mal hinsetzen und uns einen klaren Überblick verschaffen, – dann wird gesagt: Was will dieser lächerliche Theoretiker? ... Der Ruf ‚Nur keine Theorie; dafür ist die Frage sozusagen zu ernst‘, hat beinahe etwas Lustiges an sich. Aber dabei stimmt schon etwas: Wenn man nämlich den Nebel zerstreut und Klarheit schafft, dann werden Besitzstände gefährdet, die sich unter dem Schutz des Nebels gebildet haben, ganz legitim, ohne daß da jemand etwas Böses getan hat. Nun werden aber diese Besitzstände allein durch die Verbreitung von Klarheit gefährdet, und infolgedessen tritt für die Inhaber dieser bevorzugten Besitzstände eine ernste Lage ein in dem Augenblick, in dem eine zureichende theoretische Fragestellung und denkerische Klarheit auftaucht. Aber gerade das ist doch die Aufgabe des Parlaments: Gute Theorie und gute Gesetzgebung sind Zwillinge".[926]

---

[926] *Franz Böhm*, Rede im Deutschen Bundestag am 31. März 1955, Protokoll des Deutschen Bundestages Pl-Pr 2/77, S. 4265 C, D.

Lebenslauf Franz Böhms*

16. Februar 1895	geboren in Konstanz
1919	Studium der Rechts- und Staatswissenschaft in Freiburg i.Br.
1922	Erste juristische Staatsprüfung
1924	Zweite juristische Staatsprüfung
1924/1925	Staatsanwalt in Freiburg i.Br.
1925 bis 1932	Referent in der Kartellabteilung des Reichswirtschaftsministeriums unter Herrn Dr. Paul Josten
1932/1933	Promotion und Habilitation an der Universität Freiburg i.Br.
1933 bis 1935	Privatdozent an der Universität Freiburg i.Br.
1936 bis 1938	Kommissarische Wahrnehmung eines ordentlichen Lehrstuhls für Bürgerliches Recht, Handelsrecht und Arbeitsrecht an der Universität Jena
1938 bis 1940	Ermittlungsverfahren und Dienststrafverfahren wegen Kritik am NS-Regime
1938 bis 1945	Widerstandsbewegung (Freiburger Kreis)
1940	Entzug der Lehrbefugnis und Versetzung in den Wartestand
1945	Ordentlicher Professor an der Universität Freiburg i.Br.
1945/1946	Minister für Kultus und Unterricht in Groß-Hessen

---

* Ausführlich zum Leben Franz Böhms: *Kurt Biedenkopf*, Der Politiker Franz Böhm, in: Franz Böhm. Beiträge zu Leben und Wirken, hrsgg. von der Konrad-Adenauer-Stiftung, 1980, S. 53 ff.; *Christine Blumenberg-Lampe*, Franz Böhm, in: Günter Buchstab/Klaus Gotto (Hrsg.), Die Gründung der Union, 1990, S. 234 ff.; *Bruno Heck*, Leben und Werk, in: Franz Böhm. Beiträge zu Leben und Wirken, hrsgg. von der Konrad-Adenauer-Stiftung, 1980, S. 9 ff.; *Heinz Grossekettler*, Franz Böhm (1895-1977). Überblick über Leben und Werk, 1998; *Alexander Hollerbach*, Zu Leben und Werk Franz Böhms, Freiburger Universitätsblätter, Heft 102, Dezember 1988, S. 81 ff.; *ders.*, Wissenschaft und Politik: Streiflichter zu Leben und Werk Franz Böhms (1895-1977), Festschrift für Paul Mikat, 1989, S. 283 ff.; *Hans O. Lenel*, Zum 100. Geburtstag von Franz Böhm, ORDO, Band 46 (1995), S. 3 ff.; *Traugott Roser*, Protestantismus und Soziale Marktwirtschaft. Eine Studie am Beispiel Franz Böhms, 1998, S. 23 ff.; *Otto Schlecht*, Franz Böhm: Wissenschaftler und Politiker, in: Ludwig-Erhard-Stiftung (Hrsg.), Wirtschaftsordnung als Aufgabe, 1995, S. 7 ff.; *Rudolf Wiethölter*, Franz Böhm (1895-1977), in: Bernhard Diestelkamp/ Michael Stolleis (Hrsg.), Juristen an der Universität Frankfurt am Main, 1989, S. 208 ff.

1946 bis 1962	Ordentlicher Professor für Bürgerliches, Handels- und Wirtschaftsrecht an der Universität Frankfurt a.M.
1946/1947	Dekan der Juristischen Fakultät
1947	Mitglied des Arbeitskreises für Wirtschaft der CDU in der britischen Zone
1948	Mitglied des Wissenschaftlichen Beirates beim Direktor für Wirtschaft der Bizone; Mitglied der Josten-Kommission zur Vorbereitung eines Kartellgesetzes
1948/1949	Rektor der Universität Frankfurt a.M.
1952	Leiter der deutschen Verhandlungsdelegation für ein Wiedergutmachungsabkommen mit Israel
1953 bis 1965	Mitglied des Deutschen Bundestages (CDU)
1954	Hessische Goethe-Plakette
1955 bis 1965	Stellvertretender Vorsitzender des Wiedergutmachungs- ausschusses
1956	Ehrendoktor der Johann-Wolfgang-Goethe Universität in Frankfurt a. M. und der New School for Social Research in New York Stephen S. Wise Award
1960	Goethe-Medaille der Stadt Frankfurt a.M.
1970	Freiherr-von-Stein-Preis
1971	Leo-Baeck-Preis
1975	Großes Bundesverdienstkreuz mit Stern und Schulter- band
26. September 1977	gestorben in Rockenberg bei Frankfurt a.M.

Literaturverzeichnis

Lord Acton, John	The History of Freedom in Antiquity, in: Lord Acton. Essays in the History of Liberty, hrsgg. von J. Rufus Fears, Indianapolis, 1985, S. 5 ff. (Erstausgabe: England, 1877/1878)
Albert, Hans	Freiheit und Ordnung, Tübingen, 1986
Altmann, Rüdiger	Die Formierte Gesellschaft (1965), in: ders., Abschied vom Staat, Frankfurt a.M./ New York, 1998, S. 61 ff.
Altmann, Rüdiger/ Erb, Dieter	Soziale Marktwirtschaft als gesellschaftliche Ordnungspolitik, in: Ludwig-Erhard-Stiftung (Hrsg.), Ludwig Erhard und seine Politik, Stuttgart/ New York, 1985, S. 9 ff.
Angermann, Erich	Das Auseinandertreten von „Staat" und „Gesellschaft" im Denken des 18. Jahrhunderts (1963), in: Ernst-Wolfgang Böckenförde (Hrsg.), Staat und Gesellschaft, Darmstadt, 1976, S. 109 ff.
Arndt, Erich	Kartelle und Ordnungspolitik, Hamburger Jahrbuch für Wirtschafts- und Gesellschaftspolitik, 1956, S. 85 ff.
Arndt, Hans-Wolfgang/ Schumacher, Andreas	Die verfassungsrechtlich zulässige Höhe der Steuerlast – Fingerzeig des BVerfG an den Gesetzgeber?, NJW 1995, S. 2603 ff.
Arndt, Helmut	Macht und Wettbewerb, in: Helmut Cox/ Uwe Jens/ Kurt Markert (Hrsg.), Handbuch des Wettbewerbs, München, 1981, S. 49 ff.
Baader, Roland	Fauler Zauber. Schein und Wirklichkeit des Sozialstaats, Gräfelfing, 1997
Badura, Peter	Das Verwaltungsmonopol, Berlin, 1963
	Grundprobleme des Wirtschaftsverfassungsrechts, JuS 1976, S. 205 ff.
	Paritätische Mitbestimmung und Verfassung, München, 1985
	Wirtschaftliche Mitbestimmung, in: Bernd v. Maydell/ Walter Kannengießer (Hrsg.), Handbuch Sozialpolitik, Pfullingen, 1988, S. 244 ff.
	Staatsziele und Garantien der Wirtschaftsverfassung in Deutschland und Europa, in: Joachim Burmeister (Hrsg.), Festschrift für Klaus Stern, München, 1997, S. 409 ff.
Badura, Peter/Rittner, Fritz/Rüthers, Bernd	Mitbestimmungsgesetz 1976 und Grundgesetz, München, 1977
Bagehot, Walter	The English Constitution (1867), London, 1993

Ballerstedt, Kurt   Rechtsstaat und Wirtschaftslenkung, AöR, 74. Band (1948),
                             S. 129 ff.

                             Staatsverfassung und Wirtschaftsfreiheit, DÖV 1951, S. 159 ff.

                             Wirtschaftsverfassungsrecht, in: Karl A. Bettermann/ Hans C.
                             Nipperdey/ Ulrich Scheuner (Hrsg.), Die Grundrechte, Dritter
                             Band, 1. Halbband, Berlin, 1958, S. 1 ff.

Graf v. Ballestrem,   David Hume und Adam Smith. Zur philosophischen Dimension
Karl   einer Freundschaft, in: Burkhardt Ziemske/ Theo Langheid/
                             Heinrich Wilms/ Görg Haverkate (Hrsg.), Festschrift für Martin
                             Kriele, München, 1997, S. 873 ff.

Barnikel, Hans-   Kartelle in Deutschland. Entwicklung, theoretische Ansätze und
Heinrich   rechtliche Regelungen, in: ders. (Hrsg.), Theorie und Praxis der
                             Kartelle, Darmstadt, 1972, S. 1 ff.

Baron, Stefan   Unsoziale Marktwirtschaft - die mentalen Hintergründe der deut-
                             schen Krankheit, in: Ludwig-Erhard-Stiftung (Hrsg.), Ludwig-
                             Erhard-Preis für Wirtschaftspublizistik 1997, Bonn, 1997, S. 51 ff.

Basedow, Jürgen   Von der deutschen zur europäischen Wirtschaftsverfassung, Tü-
                             bingen, 1992

Bechtold, Rainer   Das neue Kartellgesetz, NJW 1998, S. 2769 ff.

Behlke, Reinhard   Der Neoliberalismus und die Gestaltung der Wirtschaftsverfas-
                             sung in der Bundesrepublik Deutschland, Berlin, 1961

Behrens, Peter   Die ökonomischen Grundlagen des Rechts, Tübingen, 1986

Benda, Ernst   Industrielle Herrschaft und sozialer Staat, Göttingen, 1966

Besters, Hans   Neoliberalismus, in: Roland Vaubel/ Hans D. Barbier (Hrsg.),
                             Handbuch Marktwirtschaft, 2. Auflage, Stuttgart, 1993, S. 107 ff.

Biedenkopf, Kurt   Die Verfassungsproblematik eines Kartellverbots, BB 1956,
                             S. 473 ff.

                             Über das Verhältnis wirtschaftlicher Macht zum Privatrecht, in:
                             Helmut Coing/ Heinrich Kronstein/ Ernst-Joachim Mestmäcker
                             (Hrsg.), Festschrift für Franz Böhm, Karlsruhe, 1965, S. 113 ff.

                             Die Konzentration als Rechtsproblem, in: Helmut Arndt (Hrsg.),
                             Die Konzentration in der Wirtschaft, Schriften des Vereins für
                             Socialpolitik, Neue Folge, Band 20, 1. Band, Berlin, 1971, S. 515 ff.

                             Das Verhältnis von Staat und gesellschaftlichen Gruppen, in:
                             Werner Flume/ Peter Raisch/ Ernst Steindorff (Hrsg.), Festschrift
                             für Kurt Ballerstedt, Berlin, 1975, S. 13 ff.

Biedenkopf, Kurt Der Staat und die gesellschaftlichen Gruppen, in: Warnfried Dettling (Hrsg.), Macht der Verbände – Ohnmacht der Demokratie?, München/ Wien, 1976, S. 237 ff.

Der Politiker Franz Böhm, in: Konrad-Adenauer-Stiftung (Hrsg.), Franz Böhm. Beiträge zu Leben und Wirken, Melle, 1980, S. 53 ff.

Die neue Sicht der Dinge, 2. Auflage, München, 1985

Erneuerung der Ordnungspolitik, in: Ludwig-Erhard-Stiftung (Hrsg.), Wirtschaftsordnung als Aufgabe. Zum 100. Geburtstag von Franz Böhm, Krefeld, 1995, S. 15 ff.

Blümle, Gerold/ Zur Normativität ordoliberalen Denkens, in: Bernhard Külp/
Goldschmidt, Nils Viktor Vanberg (Hrsg.), Freiheit und wettbewerbliche Ordnung. Gedenkband zur Erinnerung an Walter Eucken, Freiburg i. Br./ Berlin/ München, 2000, S. 15 ff.

Blum, Reinhard Marktwirtschaft, soziale, in: Willi Albers/ Karl Erich Born/ Ernst Dürr/ Helmut Hesse/ Alfons Kraft/ Heinz Lampert/ Klaus Rose/ Hans-Heinrich Rupp/ Harald Scherf/ Kurt Schmidt/ Waldemar Wittmann (Hrsg.), Handwörterbuch der Wirtschaftswissenschaft, Fünfter Band, Stuttgart/ New York, 1980, S. 153 ff.

Blumenberg- Das wirtschaftspolitische Programm der „Freiburger Kreise",
Lampe, Christine Volkswirtschaftliche Schriften, Heft 208, Berlin, 1973

Franz Böhm, in: Günter Buchstab/ Klaus Gotto (Hrsg.), Die Gründung der Union, 2. Auflage, München, 1990, S. 234 ff.

Böckenförde, Ernst- Die Historische Rechtsschule und das Problem der Geschichtlich-
Wolfgang keit des Rechts (1964), in: ders., Recht, Staat, Freiheit, Frankfurt a.M., 1991, S. 9 ff.

Entstehung und Wandel des Rechtsstaatsbegriffs, in: Horst Ehmke/ Carlo Schmid/ Hans Scharoun (Hrsg.), Festschrift für Adolf Arndt, Frankfurt a.M., 1969, S. 53 ff.

Die Bedeutung der Unterscheidung von Staat und Gesellschaft im demokratischen Sozialstaat der Gegenwart, in: ders./ Werner Knopp (Hrsg.), Festschrift für Wolfgang Hefermehl, Stuttgart/ Berlin/ Köln/ Mainz, 1972, S. 11 ff.

Die verfassungstheoretische Unterscheidung von Staat und Gesellschaft als Bedingung der individuellen Freiheit, Opladen, 1973

Die politische Funktion wirtschaftlich-sozialer Verbände und Interessenträger in der sozialstaatlichen Demokratie, Der Staat 1976, S. 457 ff.

Einleitung, in: ders. (Hrsg.), Staat und Gesellschaft, Darmstadt, 1976, S. XI ff.

Böckenförde, Ernst-   Demokratie als Verfassungsprinzip, in: Josef Isensee/ Paul Kirch-
Wolfgang   hof (Hrsg.), Handbuch des Staatsrechts, Band I, 2. Auflage, Hei-
                          delberg, 1995, § 22

                          Demokratische Willensbildung und Repräsentation, in: Josef Isen-
                          see/ Paul Kirchhof (Hrsg.), Handbuch des Staatsrechts, Band II,
                          2. Auflage, Heidelberg, 1998, § 30

Böhm, Franz   Das Problem der privaten Macht, Die Justiz 1928 (Heft III),
                          S. 324 ff.; wieder abgedruckt in: Franz Böhm. Reden und Schrif-
                          ten, hrsgg. von Ernst-Joachim Mestmäcker, Karlsruhe, 1960,
                          S. 25 ff.

                          Ausschreibung und Verdingungskartelle, Kartell-Rundschau 1931,
                          S. 311 ff.

                          Der Kampf des Monopolisten gegen den Außenseiter als wettbe-
                          werbsrechtliches Problem, Berlin, 1933

                          Die außerstaatliche („natürliche") Gesetzmäßigkeit des wettbe-
                          werblichen Wirtschaftsprinzips (1933), in: Wolfgang Stützel/
                          Christian Watrin/ Hans Willgerodt/ Karl Hohmann (Hrsg.),
                          Grundtexte zur Sozialen Marktwirtschaft, 1981, Stuttgart/ New
                          York, S. 135 ff. (Auszug aus dem Beitrag „Wettbewerb und Mo-
                          nopolkampf")

                          Kartelle und Koalitionsfreiheit, Berlin, 1933

                          Wettbewerb und Monopolkampf. Eine Untersuchung zur Frage
                          des wirtschaftlichen Kampfrechts und zur Frage der rechtlichen
                          Struktur der geltenden Wirtschaftsordnung, Berlin, 1933

                          Recht und Macht, Die Tatwelt 1934, S. 115 ff. (Erster Abschnitt),
                          S. 169 ff. (Zweiter Abschnitt)

                          Die Wirtschaftsordnung als Zentralbegriff des Wirtschaftsrechts,
                          Mitteilungen des Jenaer Instituts für Wirtschaftsrecht, Heft 31,
                          1936, S. 3 ff.

                          Die Ordnung der Wirtschaft als geschichtliche Aufgabe und
                          rechtsschöpferische Leistung, Ordnung der Wirtschaft, hrsgg. von
                          Franz Böhm/ Walter Eucken/ Hans Großmann-Doerth, Heft 1,
                          Stuttgart/ Berlin, 1937

                          Der Wettbewerb als Instrument staatlicher Wirtschaftslenkung, in:
                          Akademie für Deutsches Recht (Hrsg.), Der Wettbewerb als Mittel
                          volkswirtschaftlicher Leistungssteigerung und Leistungsauslese,
                          Schriften der Akademie für Deutsches Recht, Gruppe Wirt-
                          schaftswissenschaft, Heft 6, Berlin 1942, S. 51 ff.

Böhm, Franz   Die Bedeutung der Wirtschaftsordnung für die politische Verfassung, Süddeutsche Juristen-Zeitung 1946, S. 141 ff.; wieder abgedruckt in: Franz Böhm. Reden und Schriften, hrsgg. von Ernst-Joachim Mestmäcker, Karlsruhe, 1960, S. 46 ff. und in: Ulrich Scheuner (Hrsg.), Die staatliche Einwirkung auf die Wirtschaft, Frankfurt a.M., 1971, S. 85 ff.

Pestalozzi als Erzieher und Staatsdenker. Gedenkrede, Wiesbaden, 1946, S. 8 ff.; wieder abgedruckt in: Franz Böhm. Freiheit und Ordnung in der Marktwirtschaft, hrsgg. von Ernst-Joachim Mestmäcker, Baden-Baden, 1980, S. 569 ff.

Recht und wirtschaftliche Macht, Der Wirtschaftsspiegel, Heft 5, 1946, S. 1 ff.

Kartellauflösung und Konzernentflechtung, Süddeutsche Juristen-Zeitung 1947, S. 495 ff.

Das Reichsgericht und die Kartelle, ORDO, Erster Band (1948), S. 197 ff.; wieder abgedruckt in: Franz Böhm. Reden und Schriften, hrsgg. von Ernst-Joachim Mestmäcker, Karlsruhe, 1960, S. 69 ff.

Die Mitbestimmung der Arbeiter, Wirtschaftszeitung vom 14. Mai 1948

Machtdenken und Rechtsgewissen, Die Wandlung 1948, S. 152 ff.

Wirtschaftsordnung und Wirtschaftsleistung, Rede anläßlich der Übernahme des Rektorats 1948 in Frankfurt (Manuskript), in: ACDP, St. Augustin (Nachlaß); wieder abgedruckt in: Konrad-Adenauer-Stiftung (Hrsg.), Franz Böhm. Beiträge zu Leben und Wirken, Melle, 1980, S. 91 ff.

Berufsbeamte oder Angestellte des öffentlichen Dienstes?, Die Wandlung 1949, S. 195 ff.

Die Idee des ORDO im Denken Walter Euckens, ORDO, Dritter Band (1950), S. XV ff.; wieder abgedruckt in: Franz Böhm. Freiheit und Ordnung in der Marktwirtschaft, hrsgg. von Ernst-Joachim Mestmäcker, Baden-Baden, 1980, S. 11 ff.

Gemeinschaft – nicht Feindschaft, in: Knud C. Knudsen (Hrsg.), Welt ohne Hass, Berlin/ Hamburg/ Stuttgart, 1950, S. 135 ff.

Wirtschaftsordnung und Staatsverfassung, Recht und Staat, Heft 153/154, Tübingen, 1950; wieder abgedruckt in: Franz Böhm. Freiheit und Ordnung in der Marktwirtschaft, hrsgg. von Ernst-Joachim Mestmäcker, Baden-Baden, 1980, S. 53 ff.

Böhm, Franz   Das Kartellproblem, Schweizerische Zeitschrift für Volkswirt-
                     schaft und Statistik, 1951, S. 193 ff.

                     Das wirtschaftliche Mitbestimmungsrecht der Arbeiter im Betrieb,
                     ORDO, Vierter Band (1951), S. 21 ff.; wieder abgedruckt in: Franz
                     Böhm. Freiheit und Ordnung in der Marktwirtschaft, hrsgg. von
                     Ernst-Joachim Mestmäcker, Baden-Baden, 1980, S. 315 ff. und
                     auszugsweise wieder abgedruckt in: Otto Kunze (Hrsg.), Wirt-
                     schaftliche Mitbestimmung im Meinungsstreit, Band II, Köln,
                     1964, S. 19 ff.

                     Die Aufgaben der freien Marktwirtschaft, Schriftenreihe der
                     Hochschule für politische Wissenschaft, Heft 14, München, 1951

                     Die Fragwürdigkeit der Wirtschaftsdemokratie, Vortragsreihe des
                     Deutschen Industrieinstituts, Nr. 13, Köln, 1952; auszugsweise
                     wieder abgedruckt in: Otto Kunze (Hrsg.), Wirtschaftliche Mitbe-
                     stimmung im Meinungsstreit, Band II, Köln, 1964, S. 57 ff.

                     Klassenkampf mit neuer Front. Wenn die Mitbestimmung ver-
                     wirklicht wird ..., Frankfurter Allgemeine Zeitung vom 09. Februar
                     1952 (Auszug aus dem Beitrag „Das wirtschaftliche Mitbestim-
                     mungsrecht der Arbeiter im Betrieb")

                     Der Rechtsstaat und der soziale Wohlfahrtsstaat (1953), Wirt-
                     schaftswissenschaftliche Abhandlungen, Heft 2, Berlin, 1954,
                     S. 96 ff.; wieder abgedruckt in: Franz Böhm. Reden und Schriften,
                     hrsgg. von Ernst-Joachim Mestmäcker, Karlsruhe, 1960, S. 82 ff.

                     Der Schwindel mit dem Wort „Wettbewerbsordnung", Frankfur-
                     ter Rundschau vom 08. Dezember 1953

                     Der vollständige Leistungswettbewerb, Blätter der Freiheit, 1953,
                     S. 499 ff. und in: Tagungsprotokoll der Aktionsgemeinschaft Sozi-
                     ale Marktwirtschaft, Bad Nauheim, 1953, S. 29 ff.

                     Der vollständige Wettbewerb und die Antimonopolgesetzgebung,
                     Blätter der Freiheit, 1953, S. 53 ff.; auch in: Das Programm der
                     Freiheit, Bad Nauheim, 1953, S. 23 ff. und in: WuW 1953,
                     S. 178 ff.

                     Schutz vor den „Großen"?, Frankfurter Allgemeine Zeitung vom
                     17. April 1953

                     Marktwirtschaft von links und von rechts, Frankfurter Allgemeine
                     Zeitung vom 24. Oktober 1953; wieder abgedruckt in: Franz
                     Böhm. Reden und Schriften, hrsgg. von Ernst-Joachim Mestmä-
                     cker, Karlsruhe, 1960, S. 151 ff. und in: ZgS 135 (1979), S. 442 ff.
                     (in englischer Fassung unter dem Titel: „Left-Wing and Right-
                     Wing Approaches to the Market Economy")

Böhm, Franz   Die Sozialpolitik in der Marktwirtschaft, Sozialer Fortschritt 1954, S. 125 ff.

Freiheitsordnung und soziale Frage, in: Erich Kosiol/ Andreas Paulsen (Hrsg.), Grundsatzfragen der Wirtschaftsordnung, Wirtschaftswissenschaftliche Abhandlungen, Heft 2, Berlin, 1954, S. 71 ff.

Kartelle und Krise, WuW 1954, S. 367 ff.

Die Bedeutung des Mittelstandes und die Ursachen seiner Gefährdung, in: Tagungsprotokoll der Aktionsgemeinschaft Soziale Marktwirtschaft, Ludwigsburg, 1955, S. 9 ff.

Die Zukunft der Freiheit unter den Bedingungen des Kalten Krieges, Aus Politik und Zeitgeschichte, 1955, S. 625 ff.

Freiburger Schule und Nationalsozialismus, Frankfurter Allgemeine Zeitung vom 24. Mai 1955

Schutz dem Leistungswettbewerb, in: Tagungsprotokoll der Aktionsgemeinschaft Soziale Marktwirtschaft, Ludwigsburg, 1955, S. 89 ff.

Gültige Lehren des Liberalismus, Evangelische Verantwortung, März 1956, S. 1 ff.; auch in: Aus Politik und Zeitgeschichte, 1956, S. 275 f. und in: Sonneberg-Briefe zur Völkerverständigung, 1956, Nr. 13/14, S. 1 ff.

Verstößt ein gesetzliches Kartellverbot gegen das Grundgesetz, WuW 1956, S. 173 ff.

Das Vorurteil als Element totaler Herrschaft, Hessische Hochschulzeitung, Siebzehnter Band (1957), S. 149 ff.

Die Forschungs- und Lehrgemeinschaft zwischen Juristen und Volkswirten an der Universität Freiburg in den dreißiger und vierziger Jahren des 20. Jahrhunderts, in: Hans Wolff (Hrsg.), Aus der Geschichte der Rechts- und Staatswissenschaft, Beiträge zur Freiburger Wissenschafts- und Universitätsgeschichte, Heft 15, Freiburg i. Br., 1957, S. 95 ff.; wieder abgedruckt in: Franz Böhm. Reden und Schriften, hrsgg. von Ernst-Joachim Mestmäcker, Karlsruhe, 1960, S. 158 ff.

Die verantwortliche Gesellschaft (1957), in: Franz Böhm. Reden und Schriften, hrsgg. von Ernst-Joachim Mestmäcker, Karlsruhe, 1960, S. 3 ff.

Böhm, Franz   Zerfällt die freie Welt oder zerfällt der Kommunismus?, in: Ta-
                       gungsprotokoll der Aktionsgemeinschaft Soziale Marktwirtschaft,
                       Ludwigsburg, 1957, S. 39 ff.; wieder abgedruckt in: Franz Böhm.
                       Reden und Schriften, hrsgg. von Ernst-Joachim Mestmäcker,
                       Karlsruhe, 1960, S. 305 ff.

                       Diktatur und „Rückfall" in den Barbarismus, Frankfurter Allge-
                       meine Zeitung vom 12. Juli 1958

                       Wettbewerbsfreiheit und Kartellfreiheit, ORDO, Zehnter Band
                       (1958), S. 167 ff.; wieder abgedruckt in: Franz Böhm. Freiheit und
                       Ordnung in der Marktwirtschaft, hrsgg. von Ernst-Joachim
                       Mestmäcker, Baden-Baden, 1980, S. 233 ff.

                       Zweierlei Wirtschaftsordnung im wiedervereinigten Deutschland,
                       Frankfurter Allgemeine Zeitung vom 06. September 1958

                       Die vier Säulen der Freiheit, in: Tagungsprotokoll der Aktionsge-
                       meinschaft Soziale Marktwirtschaft, Ludwigsburg, 1959, S. 40 ff.

                       Freiheit und Menschenrecht, Sonderdruck aus dem Bulletin des
                       Presse- und Informationsdienstes der Bundesregierung, 1960

                       Privateigentum – Grundlage für eine freiheitliche Demokratie, Die
                       Aussprache 1960, S. 143 ff.

                       Das Janusgesicht der Konzentration, Frankfurter Allgemeine Zei-
                       tung vom 27. Mai 1961; wieder abgedruckt in: Franz Böhm. Frei-
                       heit und Ordnung in der Marktwirtschaft, hrsgg. von Ernst-
                       Joachim Mestmäcker, Baden-Baden, 1980, S. 213 ff.

                       Demokratie und ökonomische Macht, in: Kartelle und Monopole
                       im modernen Recht, hrsgg. vom Institut für ausländisches und
                       internationales Wirtschaftsrecht an der Universität Frankfurt,
                       Sonderdruck, Karlsruhe, 1961

                       Die Konzentrations-Debatte, Frankfurter Allgemeine Zeitung
                       vom 10. Juni 1961

                       Einleitung, in: Heinrich Kronstein. Recht und wirtschaftliche
                       Macht, hrsgg. von Kurt Biedenkopf, Karlsruhe, 1962, S. IX ff.

                       Warum maßhalten?, Frankfurter Allgemeine Zeitung vom 19. Mai
                       1962

                       Die Bedrohung der Freiheit durch private ökonomische Macht in
                       der heutigen Gesellschaft, Universitas 1963, S. 37 ff. (Auszug aus
                       dem Beitrag „Demokratie und ökonomische Macht")

                       Markenpreisbindung und fester Ladenpreis im Buchhandel, OR-
                       DO, Vierzehnter Band (1963), S. 197 ff.

Böhm, Franz   Privilegien-Gesellschaft und Interventionen-Demokratie als Zerr-formen der Freiheit, in: Tagungsprotokoll der Aktionsgemein-schaft Soziale Marktwirtschaft, Ludwigsburg, 1965, S. 74 ff.

Es geht um die Menschenwürde, Frankfurter Allgemeine Zeitung vom 22. Oktober 1966

Mitbestimmung, in: Tagungsprotokoll der Aktionsgemeinschaft Soziale Marktwirtschaft, Ludwigsburg, 1966, S. 123 ff.; wieder abgedruckt unter dem Titel: Die rechtliche Problematik der paritä-tischen Mitbestimmung, in: Götz Briefs (Hrsg.), Mitbestimmung?, Stuttgart, 1967, S. 121 ff.

Privatrechtsgesellschaft und Marktwirtschaft, ORDO, Siebzehnter Band (1966), S. 75 ff.; wieder abgedruckt in: Franz Böhm. Freiheit und Ordnung in der Marktwirtschaft, hrsgg. von Ernst-Joachim Mestmäcker, Baden-Baden, 1980, S. 105 ff. und in: Alan Peacock/ Hans Willgerodt (Hrsg.), Germany's Social Market Economy: Origins and Evolution, London, 1989, S. 46 ff. (in englischer Fas-sung unter dem Titel: „Rule of Law in a Market Economy")

Der Zusammenhang zwischen Eigentum, Arbeitskraft und dem Betreiben eines Unternehmens, in: Kurt Biedenkopf/ Helmut Coing/ Ernst-Joachim Mestmäcker (Hrsg.), Festgabe für Heinrich Kronstein, Karlsruhe, 1967, S. 11 ff.; wieder abgedruckt in: Franz Böhm. Freiheit und Ordnung in der Marktwirtschaft, hrsgg. von Ernst-Joachim Mestmäcker, Baden-Baden, 1980, S. 507 ff.

Menschenwürde und Marktwirtschaft. Ein Briefwechsel über die Mitbestimmung, Frankfurter Allgemeine Zeitung vom 03. Januar 1967

Das Recht der internationalen Kartelle, ORDO, Zwanzigster Band (1969), S. 295 ff.; wieder abgedruckt in: Franz Böhm. Freiheit und Ordnung in der Marktwirtschaft, hrsgg. von Ernst-Joachim Mestmäcker, Baden-Baden, 1980, S. 263 ff.

Brief an Herrn Dr. Seuss vom 09. Oktober 1970, in: ACDP, St. Augustin (Nachlaß), 1970

Die Verbesserung des Unternehmerbildes durch bessere Ge-schäftsmethoden, in: Günter Schmölders (Hrsg.), Der Unterneh-mer im Ansehen der Welt, Bergisch-Gladbach, 1971, S. 186 ff.; auch abgedruckt unter dem Titel: Wie kann das Image der Unter-nehmer durch bessere Geschäftsmethoden gehoben werden?, ORDO, Zweiundzwanzigster Band (1971), S. 217 ff.

Böhm, Franz   Freiheit und Ordnung in der Marktwirtschaft, ORDO, Zweiund-
                       zwanzigster Band (1971), S. 11 ff.; wieder abgedruckt in: Franz
                       Böhm. Freiheit und Ordnung in der Marktwirtschaft, hrsgg. von
                       Ernst-Joachim Mestmäcker, Baden-Baden, 1980, S. 195 ff.

                       Mitbestimmung als Gleichberechtigung von Kapital und Arbeit
                       oder als Vertragsanspruch der Arbeitnehmer aus dem Arbeitsver-
                       hältnis, in: ders./ Goetz Briefs (Hrsg.), Mitbestimmung – Ord-
                       nungselement oder politischer Kompromiß, Stuttgart, 1971,
                       S. 206 ff.

                       Der Sprung in die Marktwirtschaft, in: Gerhard Schröder/ Alfred
                       Müller-Armack/ Karl Hohmann/ Johannes Gross/ Rüdiger Alt-
                       mann (Hrsg.), Festschrift für Ludwig Erhard, Frankfurt a.M./
                       Berlin, 1972, S. 417 ff.

                       Eine Kampfansage an Ordnungstheorie und Ordnungspolitik,
                       ORDO, Vierundzwanzigster Band (1973), S. 11 ff.

                       Wirtschaftsordnung und Geschichtsgesetz, Tübingen, 1974; wie-
                       der abgedruckt in: Franz Böhm. Freiheit und Ordnung in der
                       Marktwirtschaft, hrsgg. von Ernst-Joachim Mestmäcker, Baden-
                       Baden, 1980, S. 169 ff.

                       Partisanen gegen die Verfassung. Mitbestimmung, Grundgesetz
                       und Wirtschaftsordnung, Frankfurter Allgemeine Zeitung vom
                       21. Juni 1975 (Auszug aus dem Vorwort, ORDO, Band 26 [1975],
                       S. 3 ff.)

                       Die Freiheitseinrichtungen in einem freiheitlichen Staats- und
                       Gesellschaftssystem (unveröffentlichtes Manuskript), in: ACDP,
                       St. Augustin (Nachlaß)

                       Die freie Wirtschaft (unveröffentlichtes Manuskript), in: ACDP,
                       St. Augustin (Nachlaß)

                       Die Rule of Law und der Liberalismus (unveröffentlichtes Manu-
                       skript), in: ACDP, St. Augustin (Nachlaß)

                       Wettbewerbsordnung und Wirtschaftsdemokratie (unveröffent-
                       lichtes Manuskript), in: ACDP, St. Augustin (Nachlaß)

                       Wirksamer Wettbewerb und freier Wettbewerb (unveröffentlichtes
                       Manuskript), in: ACDP, St. Augustin (Nachlaß)

Böhm, Franz/ Eucken, Geleitwort der Herausgeber, Ordnung der Wirtschaft, Heft 1,
Walter/ Großmann-   Stuttgart/Berlin, 1937, S. VII ff.; wieder abgedruckt in: Alan Pea-
Doerth, Hans (Hrsg.) cock/ Hans Willgerodt (Hrsg.), Germany's Social Market Econo-
                       my: Origins and Evolution, London, 1989, S. 15 ff. (in englischer
                       Fassung unter dem Titel: „The Ordo Manifesto of 1936")

Böhm, Franz u.a.   Der Wortlaut des Böhm-Entwurfs, WuW 1955, S. 319 ff.

Boelcke, Willi A.   Liberalismus, in: Willi Albers/ Karl Erich Born/ Ernst Dürr/ Helmut Hesse/ Alfons Kraft/ Heinz Lampert/ Klaus Rose/ Hans-Heinrich Rupp/ Harald Scherf/ Kurt Schmidt/ Waldemar Wittmann (Hrsg.), Handwörterbuch der Wirtschaftswissenschaft, Fünfter Band, Stuttgart/ New York, 1980, S. 32 ff.

Bohling, Wolfgang   Die Anforderungen des Grundgesetzes an die Wirtschaftsordnung, in: ders. (Hrsg.), Wirtschaftsordnung und Grundgesetz, Stuttgart/ New York, 1981, S. 1 ff.

Bouillon Hardy   Ein Maulkorb für Leviathan: Intra- und intergruppenbedingte Grenzen der Staatstätigkeit, in: Gerard Radnitzky/ ders. (Hrsg.), Ordnungstheorie und Ordnungspolitik, Berlin/ Heidelberg, 1991, S. 105 ff.

   Freiheit, Liberalismus und Wohlfahrtsstaat, Baden-Baden, 1997

Brendel, Herwig   Wettbewerbspolitische Konzeptionen. Positive Theorie in normativer Einbindung, in: Karl v. Delhaes/ Ulrich Fehl (Hrsg.), Dimensionen des Wettbewerbs, Stuttgart, 1997, S. 79 ff.

Briefs, Götz   Klassische Nationalökonomie, in: Erwin v. Beckerath/ Hermann Bente/ Carl Brinkmann/ Erich Gutenberg/ Gottfried Haberler/ Horst Jecht/ Walter A. Jöhr/ Friedrich Lütge/ Andreas Predöhl/ Reinhard Schaeder/ Walter Schmidt-Rimpler/ Werner Weber/ Leopold v. Wiese (Hrsg.), Handwörterbuch der Sozialwissenschaften, Sechster Band, Göttingen, 1959, S. 4 ff.

Brockmeyer, Hans B.   in: Bruno Schmidt-Bleibtreu/ Franz Klein (Hrsg.), Kommentar zum Grundgesetz, 9. Auflage, Neuwied, 1999, Art. 20

Brohm, Winfried   Sachverständige Beratung des Staates, in: Josef Isensee/ Paul Kirchhof (Hrsg.), Handbuch des Staatsrechts, Band II, 2. Auflage, Heidelberg, 1998, § 36

Buchanan, James M.   Die Grenzen der Freiheit, Tübingen, 1984 (Erstausgabe: The Limits of Liberty. Between Anarchy and Leviathan, Chicago/London, 1975)

   Konstitutionelle Demokratie, persönliche Freiheit und politische Gleichheit (1985), in: James M. Buchanan. Politische Ökonomie als Verfassungstheorie, hrsgg. von der Bank Hofmann AG, Zürich, 1990, S. 59 ff.

   Moral und Gemeinschaft in der offenen Ordnung des Marktes, in: Viktor Vanberg (Hrsg.), Freiheit, Wettbewerb und Wirtschaftsordnung. Hommage zum 100. Geburtstag von Friedrich A. v. Hayek, Freiburg i.Br., 1999, S. 13 ff.

Bulka, Eckart	Wirtschaftsordnung und Grundgesetz, Hamburger Jahrbuch für Wirtschafts- und Gesellschaftspolitik, 1974, S. 223 ff.
Burckhardt, Jürgen	Kartellrecht, München, 1995
Bydlinski, Franz	Das Privatrecht im Rechtssystem einer „Privatrechtsgesellschaft", Wien/ New York, 1994
	Kriterien und Sinn der Unterscheidung von Privatrecht und öffentlichem Recht, AcP 194 (1994), S. 319 ff.
Canaris, Claus-Wilhelm	Verfassungs- und europarechtliche Aspekte der Vertragsfreiheit in der Privatrechtsgesellschaft, in: Peter Badura/ Rupert Scholz (Hrsg.), Festschrift für Peter Lerche, München, 1993, S. 873 ff.
Cassel, Dieter	Wirtschaftspolitik als Ordnungspolitik, in: ders./ Bernd-Thomas Ramb/ H. Jörg Thieme (Hrsg.), Ordnungspolitik, München, 1988, S. 313 ff.
Christl, Claudius	Die Ordnungstheorie Walter Euckens in einer offenen Gesellschaft. Eine konstruktivistische Anmaßung von Wissen?, ORDO, Band 49 (1998), S. 127 ff.
Cox, Helmut	Kartelle – Strukturanalyse, Wettbewerbswirkungen und wettbewerbspolitische Behandlung, in: ders./ Uwe Jens/ Kurt Markert (Hrsg.), Handbuch des Wettbewerbs, München, 1981, S. 225 ff.
Dederer, Hans-Georg	Durchführung von Vereinbarungen der europäischen Sozialpartner, RdA 2000, S. 216 ff.
	Halbteilungsgrundsatz – woher, wohin?, StuW 2000, S. 91 ff.
Depenheuer, Helmut	Wirtschaftsverfassung und Wirtschaftslenkung, Köln, 1964
Dettling, Warnfried	Verbände – Strukturelement einer freiheitlichen Demokratie, Köln, 1978
Dicey, Albert V.	Introduction to the Study of the Law of the Constitution, Indianapolis, 1982 (Erstausgabe: London, 1885)
Dierse, Ulrich	Ordnung. III. Abschnitt, in: Joachim Ritter/ Karlfried Gründer (Hrsg.), Historisches Wörterbuch der Philosophie, Band 6, Basel/ Stuttgart, 1984, S. 1280 ff.
Dietrich, Hans-Georg	Kirche und Welt – Impulse aus Freiburg zur Weltkirchenkonferenz in Amsterdam 1948, Freiburger Universitätsblätter, Heft 102, Dezember 1988, S. 69 ff.
Dietze, Constantin v.	Wirtschaftsmacht und Wirtschaftsordnung, Schriftenreihe der Evangelischen Akademie, Tübingen, 1947
Dobias, Peter	Sozialismus – Marxismus, in: Otmar Issing (Hrsg.), Geschichte der Nationalökonomie, 3. Auflage, München, 1994, S. 107 ff.

Dörge, Friedrich-Wilhelm	Menschenbild und Institution in der Idee des Wirtschaftsliberalismus, in: Heinz-Dietrich Ortlieb (Hrsg.), Festschrift für Eduard Heimann, Tübingen, 1959, S. 82 ff.
Donges, Jürgen	Die Wirtschaftspolitik im Spannungsverhältnis von Regulierung und Deregulierung, ORDO, Band 48 (1997), S. 201 ff.
Duden, Konrad	Entflechtung und Grundgesetz, in: Helmut Coing/ Heinrich Kronstein/ Ernst-Joachim Mestmäcker (Hrsg.), Festschrift für Franz Böhm, 1965, Karlsruhe, S. 3 ff.
Dürig, Günter	Art. 9 Grundgesetz in der Kartellproblematik, NJW 1955, S. 729 ff.
Dürr, Ernst-Wolfram	Wesen und Ziele des Ordoliberalismus, Winterthur, 1954
Eekhoff, Johann	Die Arbeitslosen werden abgedrängt und ausgesperrt, Frankfurter Allgemeine Zeitung vom 22. März 1997
Ehmke, Horst	Wirtschaft und Verfassung, Kölner Reihe, Band 2, Karlsruhe, 1961
	„Staat" und „Gesellschaft" als verfassungstheoretisches Problem (1962), in: Ernst-Wolfgang Böckenförde (Hrsg.), Staat und Gesellschaft, Darmstadt, 1976, S. 241 ff.
Emmerich, Volker	Kartellrecht, 8. Auflage, München, 1999
Engels, Wolfram	Soziale Marktwirtschaft, Schriftenreihe des Vereins für wirtschaftliche und soziale Fragen e.V., Heft 10, Stuttgart, 1972
	Die Rolle des Staates in der Wirtschaftsordnung, in: Carl C. v. Weizsäcker (Hrsg.), Staat und Wirtschaft, Schriften des Vereins für Socialpolitik, Neue Folge, Band 102, Berlin, 1979, S. 45 ff.
	Eine konstruktive Kritik des Wohlfahrtsstaates, Tübingen, 1979
Erhard, Ludwig	Gebt dem Staate, was des Staates ist (1957), in: ders., Deutsche Wirtschaftspolitik, Düsseldorf/ Wien/ Frankfurt a.M., 1962, S. 371 ff.
	Wohlstand für alle (1957), Düsseldorf, 1997
	Persönliche Freiheit und soziale Sicherheit, Sonderdruck aus Bulletin des Presse- und Informationsdienstes der Bundesregierung, Bonn, 1961
	Formierte Gesellschaft (1965), in: Ludwig Erhard. Gedanken aus fünf Jahrzehnten, hrsgg. von Karl Hohmann, Düsseldorf/ Wien/ New York, 1988, S. 915 ff.

Erhard, Ludwig   Das gesellschaftspolitische Leitbild der Formierten Gesellschaft
                          (1965/66), in: Wolfgang Stützel/ Christian Watrin/ Hans Willge-
                          rodt/ Karl Hohmann (Hrsg.), Grundtexte zur Sozialen Marktwirt-
                          schaft, Stuttgart/ New York, 1981, S. 79 ff.

                          Privates Eigentum – unverzichtbarer Bestandteil freiheitlicher
                          Ordnung, in: Zentralverband der Deutschen Haus-, Wohnungs-
                          und Grundeigentümer (Hrsg.), Bedeutung des Privateigentums für
                          die freiheitliche Ordnung, Düsseldorf, 1972, S. 13 ff.

                          Demokratie heißt Freiheit, Recht und Ordnung, in: ders./ Kurt
                          Brüß/ Bernhard Hagemeyer (Hrsg.), Grenzen der Demokratie?,
                          Düsseldorf/ Wien, 1973, S. 15 ff.

Eucken, Walter   Die Überwindung des Historismus, in: Arthur Spiethoff (Hrsg.),
                          Schmollers Jahrbuch, München/ Leipzig, 1938, Heft 2, S. 63 ff.

                          Nationalökonomie wozu? (1938), 4. Auflage, Düsseldorf/ Mün-
                          chen, 1961

                          Die Grundlagen der Nationalökonomie (1939), 8. Auflage, Berlin/
                          Heidelberg/ New York, 1965

                          Wettbewerb als Grundprinzip der Wirtschaftsverfassung, in: Aka-
                          demie für Deutsches Recht (Hrsg.), Der Wettbewerb als Mittel der
                          volkswirtschaftlichen Leistungssteigerung und Leistungsauslese,
                          Schriften der Akademie für Deutsches Recht, Gruppe Wirt-
                          schaftswissenschaft, Heft 6, Berlin, 1942, S. 29 ff.

                          Industrielle Konzentration (1946), in: Walter Eucken. Ordnungs-
                          politik, hrsgg. von Walter Oswalt, Münster, 1999, S. 25 ff.

                          Über die Gesamtrichtung der Wirtschaftspolitik (1946), in: Walter
                          Eucken. Ordnungspolitik, hrsgg. von Walter Oswalt, Münster,
                          1999, S. 1 ff.

                          Das ordnungspolitische Problem, ORDO, Erster Band (1948),
                          S. 56 ff.

                          Die Wettbewerbsordnung und ihre Verwirklichung, ORDO,
                          Zweiter Band (1949), S. 1 ff.

                          Investitionssteuerung durch echte Wechselkurse, Zeitschrift für
                          das gesamte Kreditwesen, 1950, S. 95 ff.

                          Technik, Konzentration und Ordnung der Wirtschaft, ORDO,
                          Dritter Band (1950), S. 3 ff.

                          Das Problem der wirtschaftlichen Macht, in: ders., Unser Zeitalter
                          der Misserfolge, Tübingen, 1951, S. 1 ff.

Eucken, Walter	Grundsätze der Wirtschaftspolitik (1952), 6. Auflage, Tübingen, 1990
	Wettbewerb, Monopol und Unternehmer, Bad Nauheim, 1953
Europäische Kommission	Weißbuch über die Modernisierung der Vorschriften zur Anwendung der Artikel 81 und 82 EG-Vertrag, KOM (1999) 101 endg.
Everling, Ulrich	Wirtschaftsverfassung und Richterrecht in der Europäischen Gemeinschaft, in: Ulrich Immenga/ Wernhard Möschel/ Dieter Reuter (Hrsg.), Festschrift für Ernst-Joachim Mestmäcker, Baden-Baden, 1996, S. 365 ff.
Fack, Fritz Ulrich	Rede anläßlich des 90. Geburtstages von Franz Böhm, in: Ludwig-Erhard-Stiftung (Hrsg.), Recht und Gesittung in der freien Gesellschaft. Zur Erinnerung an Franz Böhm aus Anlaß des 90. Geburtstages, 1985, Bonn, S. 9 ff.
Fehl, Ulrich/ Schreiter, Carsten	Ordnungspolitische Kurswechsel in der Wettbewerbspolitik, ORDO, Band 48 (1997), S. 219 ff.
Fenske, Hans	Politisches Denken im 20. Jahrhundert, in: Hans-Joachim Lieber (Hrsg.), Politische Theorien von der Antike bis zur Gegenwart, 2. Auflage, Bonn, 1993, S. 657 ff.
Fikentscher, Wolfgang	Die deutsche Kartellrechtswissenschaft 1945-1954, WuW 1955, S. 205 ff.
	Die Freiheit und ihr Paradox, Gräfelfing, 1997
	On the Growth of the Antitrust Idea, in: ders., Freiheit als Aufgabe, Tübingen, 1997, S. 95 ff.
Fischer, Thomas	Staat, Recht und Verfassung im Denken von Walter Eucken, Frankfurt a.M., 1993
Folz, Hans-Ernst	Die Soziale Marktwirtschaft als Staatsziel?, München/ Landsberg am Lech, 1994
Frankfurter Institut	Mehr Mut zum Markt, Bad Homburg, 1983
Frankfurter Institut (Hrsg.)	Kartellrecht in der Reform. Berichtsband über eine Tagung des Frankfurter Instituts, Bad Homburg, 1996
Freiburger Bonhoeffer-Kreis	In der Stunde Null. Die Denkschrift des Freiburger „Bonhoeffer-Kreises": Politische Gemeinschaftsordnung. Ein Versuch zur Selbstbestimmung des christlichen Gewissens in den politischen Nöten unserer Zeit, Tübingen, 1979
Frickhöffer, Wolfgang	Staatsaufgaben in einer marktwirtschaftlichen Ordnung, in: Tagungsprotokoll der Aktionsgemeinschaft Soziale Marktwirtschaft, Ludwigsburg, 1962, S. 9 ff.

Gässler, Gregor F. Der Ordo-Gedanke unter besonderer Berücksichtigung von Augustinus und Thomas von Aquino, St. Augustin, 1994

Gerber, David J. Constitutionalizing the Economy: German Neoliberalism, Competition Law and the „New" Europe, American Journal of Comparative Law 42 (1994), S. 25 ff.

Gerken, Lüder Die Grenzen der Ordnungspolitik, ORDO, Band 49 (1998), S. 165 ff.

Gerken, Lüder/ Renner, Andreas Die ordnungspolitische Konzeption Walter Euckens, in: Lüder Gerken (Hrsg.), Walter Eucken und sein Werk: Rückblick auf den Vordenker der sozialen Marktwirtschaft, Tübingen, 2000, S. 1 ff.

Gestrich, Hans Neue Kreditpolitik, Ordnung der Wirtschaft, hrsgg. von Franz Böhm/ Walter Eucken/ Hans Großmann-Doerth, Heft 3, Stuttgart, 1936

Giersch, Herbert Liberal Reform in West Germany, ORDO, Band 39 (1988), S. 3 ff.

Goerdeler, Karl F. Die Ordnung der Wirtschaft, Finanzarchiv, Neue Folge, Band 5, 1938, S. 498 ff.

Götz, Hans H. Walter Eucken und die Freiburger Schule, Frankfurter Allgemeine Zeitung vom 21. März 1970

Grabitz, Eberhard Freiheit und Verfassungsrecht, Tübingen, 1976

Gretschmann, Klaus Markt und Staat bei Adam Smith – Eine neue Antwort auf eine alte Frage?, in: Franz-Xaver Kaufmann/ Hans-Günther Krüsselberg (Hrsg.), Markt, Staat und Solidarität bei Adam Smith, Frankfurt a.M./ New York, 1984, S. 114 ff.

Grimm, Dieter Grundrechte und Privatrecht in der bürgerlichen Sozialordnung, in: Günter Birtsch (Hrsg.), Grund- und Freiheitsrechte im Wandel von Gesellschaft und Geschichte, Göttingen, 1981, S. 359 ff.

Gröner, Helmut Walter Eucken – Wegbereiter der Ordnungspolitik, in: Helmut Gröner. „Wege zu mehr Wettbewerb", hrsgg. von Fritz Holzwarth, Baden-Baden, 1996, S. 11 ff.

Gross, Johannes Ludwig Erhard – Missionar der Freiheit, Orientierungen, März 1997, S. 2 ff.

Grossekettler, Heinz Franz Böhm als Protagonist einer Ökonomischen Theorie der Gesetzgebungslehre, Volkswirtschaftliche Diskussionsbeiträge der Universität Münster, Beitrag Nr. 217, Münster, 1995

Franz Böhm (1895-1977). Überblick über Leben und Werk, Volkswirtschaftliche Diskussionsbeiträge der Universität Münster, Beitrag Nr. 259, Münster, 1998

Großmann-Doerth, Hans	Selbstgeschaffenes Recht der Wirtschaft und staatliches Recht, Freiburger Universitätsreden, Heft 10, Freiburg i. Br., 1933
Günther, Eberhard	Entwurf eines deutschen Gesetzes gegen Wettbewerbsbeschränkungen, WuW 1951, S. 17 ff.
	Gesetz gegen Wettbewerbsbeschränkungen. Entstehung und Auswirkungen, in: Gerhard Schröder/ Alfred Müller-Armack/ Karl Hohmann/ Johannes Gross/ Rüdiger Altmann (Hrsg.), Festschrift für Ludwig Erhard, Frankfurt a.M./ Berlin, 1972, S. 111 ff.
	Die geistigen Grundlagen des sogenannten Josten-Entwurfs, in: Heinz Sauermann/ Ernst-Joachim Mestmäcker (Hrsg.), Festschrift für Franz Böhm, Tübingen, 1975, S. 183 ff.
Gutmann, Gernot	Grundformen der Wirtschaftsordnung, Kiel, 1965
	Individuelle Freiheit, Macht und Wirtschaftslenkung, in: Dieter Cassel/ ders./ H. Jörg Thieme (Hrsg.), 25 Jahre Marktwirtschaft in der Bundesrepublik Deutschland, Stuttgart, 1972, S. 3 ff.
Habermann, Gerd	Die Freiheit in der Deutschen Geschichte, in: Roland Baader (Hrsg.), Die Enkel des Perikles, Gräfelfing, 1995, S. 51 ff.
	Der Wohlfahrtsstaat, Frankfurt a.M./ Berlin, 1997
Häberle, Peter	Soziale Marktwirtschaft als „Dritter Weg", ZRP 1993, S. 383 ff.
Hamann, Andreas	Deutsches Wirtschaftsverfassungsrecht, Neuwied/ Berlin/ Darmstadt, 1958
Hamm, Walter	An den Grenzen des Wohlfahrtsstaats, ORDO, Band 32 (1981), S. 117 ff.
Hank, Rainer	Böcke treten als Gärtner auf, Frankfurter Allgemeine Zeitung vom 20. April 1996
Hartwig, Karl-Hans	Ordnungstheorie und die Tradition ökonomischen Denkens, in: Dieter Cassel/ Bernd-Thomas Ramb/ H.-Jörg Thieme (Hrsg.), Ordnungspolitik, München, 1988, S. 31 ff.
	Wirtschaftsverbände und Soziale Marktwirtschaft, ORDO, Band 48 (1997), S. 655 ff.
Haselbach, Dieter	Autoritärer Liberalismus und Soziale Marktwirtschaft, Baden-Baden, 1991
Hasse, Rolf/Starbatty, Joachim	Mit Herz und Verstand für Freiheit und Menschlichkeit, Frankfurter Allgemeine Zeitung vom 09. Oktober 1999
Hayek, Friedrich A. v.	Der Weg zur Knechtschaft, München, 1994 (Erstausgabe: The Road to Serfdom, London, 1944)

Hayek, Friedrich A. v.   Der Sinn des Wettbewerbs (1946), in: ders., Individualismus und
wirtschaftliche Ordnung, Erlenbach-Zürich, 1952, S. 122 ff.

„Freie Wirtschaft" und Wettbewerbsordnung (1947), in: ders.,
Individualismus und wirtschaftliche Ordnung, Erlenbach-Zürich,
1952, S. 141 ff.

Wahrer oder falscher Individualismus, ORDO, Erster Band
(1948), S. 19 ff.; wieder abgedruckt in: ders., Individualismus und
wirtschaftliche Ordnung, Erlenbach-Zürich, 1952, S. 9 ff.

Entstehung und Verfall des Rechtsstaatsideales, in: Albert Hunold
(Hrsg.), Wirtschaft ohne Wunder, Erlenbach-Zürich, 1953,
S. 33 ff.

Was ist und was heißt „sozial"?, in: Albert Hunold (Hrsg.), Masse
und Demokratie, Erlenbach-Zürich/ Stuttgart, 1957, S. 71 ff.

Liberalismus (I). Politischer Liberalismus, in: Erwin v. Beckerath/
Hermann Bente/ Carl Brinkmann/ Erich Gutenberg/ Gottfried
Haberler/ Horst Jecht/ Walter A. Jöhr/ Friedrich Lütge/ Andreas
Predöhl/ Reinhard Schaeder/ Walter Schmidt-Rimpler/ Werner
Weber/ Leopold v. Wiese (Hrsg.), Handwörterbuch der Sozialwis-
senschaften, Sechster Band, Göttingen, 1959, S. 591 ff.

Die Verfassung der Freiheit, 3. Auflage, Tübingen, 1991 (Erstausgabe: The Constitution of Liberty, Chicago/London, 1960)

Die Ursachen der ständigen Gefährdung der Freiheit, ORDO,
Zwölfter Band (1960/61), S. 103 ff.

Arten der Ordnung, ORDO, Vierzehnter Band (1963), S. 3 ff.;
wieder abgedruckt in: New Individualist Review, Band 3, Nr. 2,
1964, S. 3 ff. (in englischer Fassung unter dem Titel: „Kinds of
Order in Society") und in: ders., Freiburger Studien, 2. Auflage,
Tübingen, 1994, S. 32 ff.

Recht schützt Freiheit, Gesetze töten sie, Frankfurter Allgemeine
Zeitung vom 01./02. Mai 1963; wieder abgedruckt unter dem
Titel: Recht, Gesetz und Wirtschaftsfreiheit, in: ders., Freiburger
Studien, 2. Auflage, Tübingen, 1994, S. 47 ff.

Die Anschauungen der Mehrheit und die zeitgenössische Demokratie, ORDO, Fünfzehnter/ Sechzehnter Band (1965), S. 19 ff.;
wieder abgedruckt in: ders., Freiburger Studien, 2. Auflage, Tübingen, 1994, S. 56 ff.

Bemerkungen über die Entwicklung von Systemen von Verhaltensregeln (1967), in: ders., Freiburger Studien, 2. Auflage, Tübingen, 1994, S. 144 ff.

Hayek, Friedrich A. v. Die Ergebnisse menschlichen Handelns, aber nicht menschlichen Entwurfs (1967), in: ders., Freiburger Studien, 2. Auflage, Tübingen, 1994, S. 97 ff.

Grundsätze einer liberalen Gesellschaftsordnung, ORDO, Achtzehnter Band (1967), S. 11 ff.; wieder abgedruckt in: ders., Freiburger Studien, 2. Auflage, Tübingen, 1994, S. 108 ff.

Rechtsordnung und Handelnsordnung (1967), in: ders., Freiburger Studien, 2. Auflage, Tübingen, 1994, S. 161 ff.

Der Wettbewerb als Entdeckungsverfahren (1968), in: ders., Freiburger Studien, 2. Auflage, Tübingen, 1994, S. 249 ff.

Die Verfassung eines freien Staates, ORDO, Neunzehnter Band (1968), S. 3 ff.; wieder abgedruckt in: ders., Freiburger Studien, 2. Auflage, Tübingen, 1994, S. 199 ff.

Law, Legislation and Liberty, Volume I: Rules and Order, Chicago, 1973

Die Anmaßung von Wissen, ORDO, Band 26 (1975), S. 12 ff.

Die Erhaltung des liberalen Gedankengutes, in: Friedrich A. Lutz (Hrsg.), Der Streit um die Gesellschaftsordnung, Zürich, 1975, S. 23 ff.

Law, Legislation and Liberty, Volume II: The Mirage of Social Justice, Chicago, 1976

Wohin zielt die Demokratie? (1976), in: ders., Demokratie, Gerechtigkeit und Sozialismus, Tübingen, 1977, S. 7 ff.

Soziale Gerechtigkeit – eine Fata Morgana, Frankfurter Allgemeine Zeitung vom 16. April 1977

Die Entthronung der Politik, in: Daniel Frei (Hrsg.), Überforderte Demokratie?, Zürich, 1978, S. 17 ff.

Law, Legislation and Liberty, Volume III: The Political Order of a Free People, Chicago, 1979

Liberalismus, Tübingen, 1979

„Dankadresse", in: Erich Hoppmann (Hrsg.), Friedrich A. von Hayek, Baden-Baden, 1980, S. 37 ff.

The Fatal Conceit. The Errors of Socialism, London, 1988

Heck, Bruno Leben und Werk, in: Konrad-Adenauer-Stiftung (Hrsg.), Franz Böhm. Beiträge zu Leben und Wirken, Melle, 1980, S. 9 ff.

Hefermehl, Wolf-gang/Baumbach, Adolf Wettbewerbsrecht, 18. Auflage, München, 1995

Heinemann, Andreas   Die Freiburger Schule und ihre geistigen Wurzeln, München, 1989

Hellwig, Fritz   Was Ludwig Erhard tun würde. Ansprache anläßlich des Festaktes
                          zum 100. Geburtstag von Ludwig Erhard am 29. Januar 1997, Die
                          Politische Meinung, März 1997, S. 77 ff.

Hennecke, Hans J.   Friedrich August von Hayek. Die Tradition der Freiheit, Düssel-
                          dorf, 2000

Hensel, K. Paul   Grundgesetz – Wirtschaftsordnungen, ORDO, Vierzehnter Band
                          (1963), S. 43 ff.

                          Ordnung der Wirtschaft als wissenschaftliches Problem, ORDO,
                          Fünfzehnter/ Sechzehnter Band (1965), S. 3 ff.

                          Grundformen der Wirtschaftsordnung, 3. Auflage, München, 1978

Herder-Dorneich,   Die Entwicklungsphasen der Sozialen Marktwirtschaft und der
Philipp   Paradigmenwechsel in der Ordnungstheorie, in: Otmar Issing
                          (Hrsg.), Zukunftsprobleme der Sozialen Marktwirtschaft, Schriften
                          des Vereins für Socialpolitik, Neue Folge, Band 116, Berlin, 1981,
                          S. 671 ff.

                          Ordnungstheorie des Sozialstaates, Tübingen, 1983

                          „Ordnungstheorie – Ordnungspolitik – Ordnungsethik", in: Erik
                          Boettcher/ ders./ Karl-Ernst Schenk (Hrsg.), Jahrbuch für Neue
                          Politische Ökonomie, 8. Band, Tübingen, 1989, S. 3 ff.

Herzog, Roman   Das Verbandswesen im modernen Staat, in: Warnfried Dettling
                          (Hrsg.), Macht der Verbände – Ohnmacht der Demokratie?, Mün-
                          chen/ Wien, 1976, S. 69 ff.

                          Ziele, Vorbehalte und Grenzen der Staatstätigkeit, in: Josef Isen-
                          see/ Paul Kirchhof (Hrsg.), Handbuch des Staatsrechts, Band III,
                          2. Auflage, Heidelberg, 1996, § 58

                          Im Zweifel für den Wettbewerb – Im Zweifel für die Freiheit –
                          Mit der Sozialen Marktwirtschaft in die Zukunft, in: Ludwig-
                          Erhard-Stiftung (Hrsg.), Ludwig Erhards Soziale Marktwirtschaft:
                          Erbe und Verpflichtung, Krefeld, 1997, S. 11 ff.

Hesse, Konrad   Bemerkungen zur heutigen Problematik und Tragweite der Unter-
                          scheidung von Staat und Gesellschaft, DÖV 1975, S. 437 ff.

Heuß, Ernst   Die theoretische Nationalökonomie im deutschsprachigen Raum
                          vor und nach 1945, in: Bertram Schefold (Hrsg.), Studien zur
                          Entwicklung der ökonomischen Theorie VIII, Schriften des Ver-
                          eins für Socialpolitik, Neue Folge, Band 115, Berlin, 1989, S. 63 ff.

Hinske, Norbert   Staatszweck und Freiheitsrechte, in: Günter Birtsch (Hrsg.),
                          Grund- und Freiheitsrechte von der ständischen zur spätbürgerli-
                          chen Gesellschaft, Göttingen, 1987, S. 375 ff.

Höcherl, Hermann u.a.   Der Wortlaut des Höcherl-Entwurfs, WuW 1955, S. 509 ff.

Hollerbach, Alexander   Zu Leben und Werk Franz Böhms, Freiburger Universitätsblätter,
                          Heft 102, Dezember 1988, S. 81 ff.

                          Wissenschaft und Politik: Streiflichter zu Leben und Werk Franz
                          Böhms (1895-1977), in: Dieter Schwab/ Dieter Giesen/ Joseph
                          Listl/ Hans-Wolfgang Strätz (Hrsg.), Festschrift für Paul Mikat,
                          Berlin, 1989, S. 283 ff.

Holzwarth, Fritz   Ordnung der Wirtschaft durch Wettbewerb, Freiburg i. Br., 1985

                          Ordo – ein Markenzeichen der Politik, Frankfurter Allgemeine
                          Zeitung vom 24. Dezember 1988

Hoppmann, Erich   Fusionskontrolle, Tübingen, 1972

                          Soziale Marktwirtschaft oder Konstruktivistischer Interventionis-
                          mus?, in: Egon Tuchtfeldt (Hrsg.), Soziale Marktwirtschaft im
                          Wandel, Freiburg i. Br., 1973, S. 27 ff.

                          Volkswirtschaftliche und wirtschaftspolitische Bedeutung des
                          Kartell- und Monopolrechts, in: ders./ Ernst-Joachim Mestmä-
                          cker, Normenzwecke und Systemfunktionen im Recht der Wett-
                          bewerbsbeschränkungen, Tübingen, 1974, S. 5 ff.

                          Marktmacht und Wettbewerb, Recht und Staat, Heft 471, Tübin-
                          gen, 1977; wieder abgedruckt in: ders., Wirtschaftsordnung und
                          Wettbewerb, Baden-Baden, 1988, S. 333 ff.

                          Freiheit und Ordnung in der Demokratie – Sprachverwirrung als
                          politisches Instrument (1982), in: ders., Wirtschaftsordnung und
                          Wettbewerb, Baden-Baden, 1988, S. 139 ff.; wieder abgedruckt in:
                          Roland Baader (Hrsg.), Die Enkel des Perikles, Gräfelfing, 1995,
                          S. 15 ff.

                          Ökonomische Theorie der Verfassung, ORDO, Band 38 (1987),
                          S. 31 ff.; wieder abgedruckt in: ders., Wirtschaftsordnung und
                          Wettbewerb, Baden-Baden, 1988, S.158 ff.

                          Prinzipien freiheitlicher Wirtschaftspolitik, Tübingen, 1993

                          Die Interdependenz der Ordnungen, ORDO, Band 49 (1998),
                          S. 3 ff.

                          Eine universelle Quelle von Ordnung, Frankfurter Allgemeine
                          Zeitung vom 12. Dezember 1998

Huber, Ernst R.   Die Verfassungsproblematik eines Kartellverbots, Freiburg i.Br., 1955

Der Streit um das Wirtschaftsverfassungsrecht, DÖV 1956, S. 97 ff. (I), S. 135 ff. (II), S. 172 ff. (III), S. 200 ff. (Schluß)

Grundgesetz und vertikale Preisbindung, Stuttgart/ Berlin/ Köln/ Mainz, 1968

Der Streit um das Wirtschaftsverfassungsrecht, in: ders., Bewahrung und Wandlung, Berlin, 1975, S. 215 ff. (überarbeitete und gekürzte Fassung der 1956 in der DÖV erschienenen Aufsatzfolge)

Grundgesetz und wirtschaftliche Mitbestimmung, Stuttgart/ Berlin/ Köln/ Mainz, 1970

Die erweiterte wirtschaftliche Mitbestimmung und der Verfassungsstaat (1972), in: ders., Bewahrung und Wandlung, Berlin, 1975, S. 274 ff.

Hüther, Michael   Entscheidungshilfe jenseits der Ideologie, Frankfurter Allgemeine Zeitung vom 09. September 2000

v. Humboldt, Wilhelm   Ideen zu einem Versuch, die Grenzen der Wirksamkeit des Staats zu bestimmen (1792), in: Wilhelm von Humboldt. Menschenbildung und Staatsverfassung, hrsgg. von Hermann Klenner, Freiburg i. Br./ Berlin, 1994, S. 28 ff.

Hutchison, Terence W. A Review of Economic Doctrines 1870-1929, Oxford, 1962

Notes on the Effects of Economic Ideas in Policy: the Example of the German Social Market Economy, ZgS 135 (1979), S. 426 ff.

Immenga, Ulrich/   GWB, Kommentar, 2. Auflage, München, 1992
Mestmäcker, Ernst-
Joachim

Isay, Rudolf   Die Geschichte der Kartellgesetzgebungen, Berlin, 1955

Wirtschaftliche und rechtliche Konsequenzen des Böhm-Entwurfs, WuW 1955, S. 339 ff.

Isensee, Josef   Der Dualismus von Staat und Gesellschaft (1968), in: Ernst-Wolfgang Böckenförde (Hrsg.), Staat und Gesellschaft, Darmstadt, 1976, S. 317 ff.

Subsidiaritätsprinzip und Verfassungsrecht, Berlin, 1968

Der Tarifvertrag als Gewerkschafts-Staats-Vertrag. Das arbeitsrechtliche Regelungsverfahren im Öffentlichen Dienst, in: Walter Leisner (Hrsg.), Das Berufsbeamtentum im demokratischen Staat, Berlin, 1975, S. 23 ff.

Isensee, Josef   Verfassungsgarantie ethischer Grundwerte und gesellschaftlicher
                          Konsens, NJW 1977, S. 545 ff.

                          Wirtschaftsdemokratie – Wirtschaftsgrundrechte – Soziale Gewal-
                          tenteilung, Der Staat 1978, S. 161 ff.

                          Regierbarkeit in einer parlamentarischen Demokratie, in: Freiherr-
                          vom-Stein-Gesellschaft (Hrsg.), Zur Regierbarkeit der parlamenta-
                          rischen Demokratie, Köln, 1979, S. 15 ff.

                          Verfassung ohne soziale Grundrechte, Der Staat 1980, S. 367 ff.

                          Der Sozialstaat in der Wirtschaftskrise, in: Joseph Listl/ Herbert
                          Schambeck (Hrsg.), Festschrift für Johannes Broermann, Berlin,
                          1982, S. 365 ff.

                          Das Grundrecht auf Sicherheit. Zu den Schutzpflichten des frei-
                          heitlichen Verfassungsstaates, Berlin/ New York, 1983

                          Mehr Recht durch weniger Gesetze?, ZRP 1985, S. 139 ff.

                          Die verfassungsrechtliche Verankerung der Tarifautonomie, in:
                          Walter-Raymond-Stiftung (Hrsg.), Die Zukunft der sozialen Part-
                          nerschaft, Köln, 1986, S. 159 ff.

                          Finanzverfassung und Sozialrecht, SDSRV, Band 35 (1992), S. 7 ff.

                          Verfassungsrecht als „politisches Recht", in: ders./ Paul Kirchhof
                          (Hrsg.), Handbuch des Staatsrechts, Band VII, Heidelberg, 1992,
                          § 162

                          Staat und Verfassung, in: ders./ Paul Kirchhof (Hrsg.), Handbuch
                          des Staatsrechts, Band I, 2. Auflage, Heidelberg, 1995, § 13

                          Vertragsfreiheit im Griff der Grundrechte, in: Ulrich Hübner/
                          Werner Ebke (Hrsg.), Festschrift für Bernhard Großfeld, Heidel-
                          berg, 1999, S. 485 ff.

                          Das Grundrecht als Abwehrrecht und als staatliche Schutzpflicht,
                          in: ders./ Paul Kirchhof (Hrsg.), Handbuch des Staatsrechts,
                          Band V, 2. Auflage, Heidelberg, 2000, § 111

Issing, Otmar   Subventionen – Gefahr für die Soziale Marktwirtschaft, in: Lud-
                          wig-Erhard-Stiftung (Hrsg.), Mehr Soziale Marktwirtschaft – We-
                          niger Subventionswirtschaft, Stuttgart/ New York, 1984, S. 3 ff.

                          Stabiles Geld – Fundament der Sozialen Marktwirtschaft,
                          1. Ludwig-Erhard Vorlesung an der Universität Ulm am 4. Februar
                          1998, http://www.bundesbank.de/de/presse/reden/pdf/
                          issing040298.pdf

Jahn, Georg   Die historische Schule der Nationalökonomie und ihr Ausklang –
                         Von der Wirtschaftsgeschichte zur geschichtlichen Theorie, in:
                         Antonio Montaner (Hrsg.), Geschichte der Volkswirtschaftslehre,
                         Köln/ Berlin, 1967, S. 41 ff.

Jasay, Anthony de   Jede sozialpolitische Intervention mindert die Effizienz der
                         Marktwirtschaft, in: Ludwig-Erhard-Stiftung (Hrsg.), Adjektivlose
                         oder Soziale Marktwirtschaft?, Bonn, 1993, S. 25 ff.

                         Über Umverteilung, in: Roland Baader (Hrsg.), Wider die Wohl-
                         fahrtsdiktatur, Gräfelfing, 1995, S. 19 ff.

Kaiser, Joseph H.   Verbände, in: Josef Isensee/ Paul Kirchhof (Hrsg.), Handbuch des
                         Staatsrechts, Band II, 2. Auflage, Heidelberg, 1998, § 34

Kannengießer, Walter   Der Staat, die Parteien und die Verbände, in: Bernd v. Maydell/
                         ders. (Hrsg.), Handbuch Sozialpolitik, Pfullingen, 1988, S. 130 ff.

Kant, Immanuel   Über den Gemeinspruch: Das mag in der Theorie richtig sein,
                         taugt aber nicht für die Praxis, Hamburg, 1992 (Erstausgabe: Ber-
                         lin, 1793)

Kartte, Wolfgang/   Konzeptionelle Ansätze und Anwendungsprinzipien im Gesetz
Holtschneider, Rainer gegen Wettbewerbsbeschränkungen – Zur Geschichte des GWB,
                         in: Helmut Cox/ Uwe Jens/ Kurt Markert (Hrsg.), Handbuch des
                         Wettbewerbs, München, 1981, S. 193 ff.

Kirchhof, Paul   Der demokratische Rechtsstaat – die Staatsform der Zugehörigen,
                         in: Josef Isensee/ ders. (Hrsg.), Handbuch des Staatsrechts,
                         Band IX, Heidelberg, 1997, § 221

Kirsch, Guy   Ordnungspolitik als Gegenstand der politischen Auseinanderset-
                         zung, in: Otmar Issing (Hrsg.), Zukunftsprobleme der Sozialen
                         Marktwirtschaft, Schriften des Vereins für Socialpolitik, Neue
                         Folge, Band 116, Berlin, 1981, S. 255 ff.

                         Runde Tische sind gefährliche Möbel, Frankfurter Allgemeine
                         Zeitung vom 10. Februar 1996

                         Vorwärts zum geordneten Rückzug, Frankfurter Allgemeine Zei-
                         tung von 21. Oktober 2000

Kirsch, Guy/ Loh-   Ordnung ist die ganze Zukunft, Frankfurter Allgemeine Zeitung
mann, Gerhard   vom 06. September 1997

Kirzner, Israel M.   How Markets Work: Disequilibrium, Entrepreneurship and Dis-
                         covery, hrsgg. vom Institute of Economic Affairs, Hobart Pa-
                         per 133, London, 1997

Kleinewefers, Henner   Grundzüge einer verallgemeinerten Wirtschaftsordnungstheorie,
                         Tübingen, 1988

Gräfin v. Klinckowstroem, Wendula	Walter Eucken: Eine biographische Skizze, in: Lüder Gerken (Hrsg.), Walter Eucken und sein Werk: Rückblick auf den Vordenker der sozialen Marktwirtschaft, Tübingen, 2000, S. 53 ff.
Kloten, Norbert	Das Staat in der Sozialen Marktwirtschaft, Tübingen, 1986
	„Was zu bedenken ist" – Bemerkungen zum Referat von Rainer Klump, in: Erich W. Streissler (Hrsg.), Studien zur Entwicklung der ökonomischen Theorie XVI, Schriften des Vereins für Socialpolitik, Neue Folge, Band 115, Berlin, 1997, S. 161 ff.
Klüber, Franz	Neoliberale und soziale Marktwirtschaft, Die neue Ordnung, Jahrgang 14 (1960), S. 321 ff.
Kluge, Ulrich	Der „Freiburger Kreis" 1938-1945, Freiburger Universitätsblätter, Heft 102, Dezember 1988, S. 19 ff.
Klump, Rainer	Historische Wurzeln, in: Roland Vaubel/ Hans D. Barbier (Hrsg.), Handbuch Marktwirtschaft, 2. Auflage, Stuttgart, 1993, S. 138 ff.
	Wege zur Sozialen Marktwirtschaft – Die Entwicklung ordnungspolitischer Konzeptionen vor der Währungsreform, in: Erich W. Streissler (Hrsg.), Studien zur Entwicklung der ökonomischen Theorie XVI, Schriften des Vereins für Socialpolitik, Neue Folge, Band 115, Berlin, 1997, S. 129 ff.
Koch, Eckart	Freiheit und Wettbewerb, in: Heinz Sauermann/ Ernst-Joachim Mestmäcker (Hrsg.), Festschrift für Franz Böhm, Tübingen, 1975, S. 269 ff.
Kogon, Egon	Wirkungen der Konzentration auf die Demokratie, in: Helmut Arndt (Hrsg.), Die Konzentration in der Wirtschaft, Schriften des Vereins für Socialpolitik, Neue Folge, Band 20, Dritter Band, Berlin, 1960, S. 1721 ff.
Kriele, Martin	Wirtschaftsfreiheit und Grundgesetz, ZRP 1974, S. 105 ff.
	Einführung in die Staatslehre, 5. Auflage, Opladen, 1994
Krings, Hermann	ORDO. Philosophisch-historische Grundlegung einer abendländischen Idee, 2. Auflage, Hamburg, 1982
Krüger, Herbert	Grundgesetz und Kartellgesetzgebung, Göttingen, 1950
	Staatsverfassung und Wirtschaftsverfassung, DVBl. 1951, S. 361 ff.; wieder abgedruckt in: Ulrich Scheuner (Hrsg.), Die staatliche Einwirkung auf die Wirtschaft, Frankfurt a.M., 1971, S. 125 ff.
	Wirtschaftsverfassung, Wirtschaftsverwaltung, Rechtsstaat, BB 1953, S. 565 ff.

Krüger, Herbert	Grundgesetz und vertikale Preisbindung, Stuttgart/ Berlin/ Köln/ Mainz, 1968
	Paritätische Mitbestimmung – Unternehmensverfassung – Mitbestimmung der Allgemeinheit, Düsseldorf, 1973
Laitenberger, Volkhard	Ludwig Erhard, Göttingen/ Zürich, 1986
Lange-von Kulessa, Jürgen/Renner, Andreas	Die Soziale Marktwirtschaft Alfred Müller-Armacks und der Ordoliberalismus der Freiburger Schule – Zur Unvereinbarkeit zweier Staatsauffassungen, ORDO, Band 49 (1998), S. 79 ff.
Langfeldt, Enno	Wettbewerbsordnung, in: Roland Vaubel/ Hans D. Barbier (Hrsg.), Handbuch Marktwirtschaft, 2. Auflage, Stuttgart, 1993, S. 206 ff.
Leipold, Helmut	Ordnungspolitische Konsequenzen der ökonomischen Theorie der Verfassung, in: Dieter Cassel/ Bernd-Thomas Ramb/ H. Jörg Thieme (Hrsg.), Ordnungspolitik, München, 1988, S. 257 ff.
	Interdependenz von wirtschaftlicher und politischer Ordnung, in: Carsten Herrmann-Pillath/ Otto Schlecht/ Horst F. Wünsche (Hrsg.), Marktwirtschaft als Aufgabe, Stuttgart/ New York, 1994, S. 723 ff.
Leisner, Walter	Privateigentum ohne privaten Markt? (1975), in: Walter Leisner. Eigentum. Schriften zu Eigentumsrecht und Wirtschaftsverfassung 1970-1996, hrsgg. von Josef Isensee, Berlin, 1996, S. 724 ff.
	Grundrechte und Privatrecht, München, 1995
	Marktoffenes Verfassungsrecht (1996), in: Walter Leisner. Eigentum. Schriften zu Eigentumsrecht und Wirtschaftsverfassung 1970-1996, hrsgg. von Josef Isensee, Berlin, 1996, S. 697 ff.
Lenel, Hans O.	Vollständiger und freier Wettbewerb als Leitbilder für die Wettbewerbspolitik gegenüber mächtigen Unternehmen, in: Heinz Sauermann/ Ernst-Joachim Mestmäcker (Hrsg.), Festschrift für Franz Böhm, Tübingen, 1975, S. 317 ff.
	Walter Euckens ordnungspolitische Konzeption, die wirtschaftspolitische Lehre in der Bundesrepublik und die Wettbewerbstheorie von heute, ORDO, Band 26 (1975), S. 22 ff.
	Walter Eucken, in: Joachim Starbatty (Hrsg.), Klassiker des ökonomischen Denkens. Von Karl Marx bis John Maynard Keynes, Zweiter Band, München, 1989, S. 292 ff.
	Zum 100. Geburtstag von Franz Böhm, ORDO, Band 46 (1995), S. 3 ff.

Lenel, Hans O. Ordnungspolitische Kursänderungen, ORDO, Band 48 (1997), S. 85 ff.

Über private wirtschaftliche Macht, in: Bernhard Külp/ Viktor Vanberg (Hrsg.), Freiheit und wettbewerbliche Ordnung. Gedenkband zur Erinnerung an Walter Eucken, Freiburg i. Br./ Berlin/ München, 2000, S. 303 ff.

Leoni, Bruno Freedom and the Law, 3. Auflage, Indianapolis, 1991

Liesegang, Helmuth Die verfassungsrechtliche Ordnung der Wirtschaft, Schriften zum Wirtschaftsverfassungs- und Wirtschaftsverwaltungsrecht, Band 13, Hamburg, 1977

Locke, John Zwei Abhandlungen über die Regierung, 7. Auflage, Frankfurt a.M., 1998 (deutsche Übersetzung; Erstausgabe: Two Treatises of Government, England, 1690)

Löwisch, Manfred Das Arbeitnehmer-Entsendegesetz – ein ordnungspolitischer und rechtlicher Irrweg, in: Bernhard Külp/ Viktor Vanberg (Hrsg.), Freiheit und wettbewerbliche Ordnung. Gedenkband zur Erinnerung an Walter Eucken, Freiburg i. Br./ Berlin/ München, 2000, S. 221 ff.

Lukes, Rudolf Zum Verständnis des Wettbewerbs und des Marktes in der Denkkategorie des Rechts, in: Helmut Coing/ Heinrich Kronstein/ Ernst-Joachim Mestmäcker (Hrsg.), Festschrift für Franz Böhm, Karlsruhe, 1965, S. 199 ff.

Lutz, Friedrich A. Das Grundproblem der Wirtschaftsverfassung, Ordnung der Wirtschaft, Schriftenreihe, hrsgg. von Franz Böhm/ Walter Eucken/ Hans Großmann-Doerth, Heft 2, Stuttgart, 1936

MacCormick, D. Neil Der Rechtsstaat und die rule of law, JZ 1984, S. 65 ff.

Macfie, A.L. The Individual in Society. Papers on Adam Smith, London, 1967

Mandeville, Bernhard Die Bienenfabel, Frankfurt a.M., 1980 (deutsche Übersetzung; Erstausgabe: The Fable of the Bees: or, Private Vices Public Benefits, London, 1714)

Mayer, Klaus/ Scheinpflug, Jörg Privatrechtsgesellschaft und die Europäische Union, Tübingen, 1996

Mayer-Maly, Theo Raumordnung und Privatrechtsgesellschaft, Berlin/ New York, 1973

Merz, Hans Kartellrecht – Instrument der Wirtschaftspolitik oder Schutz der persönlichen Freiheit?, in: Helmut Coing/ Heinrich Kronstein/ Ernst-Joachim Mestmäcker (Hrsg.), Festschrift für Franz Böhm, Karlsruhe, 1965, S. 227 ff.

Mestmäcker, Ernst-   Der Böhm-Entwurf eines Gesetzes gegen Wettbewerbsbeschrän-
Joachim   kungen, WuW 1955, S. 285 ff.

Diskriminierungen, Dirigismus und Wettbewerb (II. Teil), WuW
1957, S. 92 ff.

Das marktbeherrschende Unternehmen im Recht der Wettbewerbsbeschränkungen, Tübingen, 1959

Über die normative Kraft privatrechtlicher Verträge, JZ 1964,
S. 441 ff.

Wirtschaft und Verfassung, DÖV 1964, S. 606 ff.; wieder abgedruckt in: ders., Recht und ökonomisches Gesetz, 2. Auflage,
Baden-Baden, 1984, S. 69 ff.

Warum das Kartellverbot nicht am Privatrecht scheitert, WuW
1971, S. 835 ff.

Macht – Recht – Wirtschaftsverfassung, in: Hans K. Schneider/
Christian Watrin (Hrsg.), Macht und ökonomisches Gesetz, Schriften des Vereins für Socialpolitik, Neue Folge, Band 74, Erster Halbband, Berlin, 1973, S. 183 ff.; wieder abgedruckt in: ders.,
Die sichtbare Hand des Rechts, Baden-Baden, 1978, S. 9 ff. und
in: ders., Recht und ökonomisches Gesetz, 2. Auflage, Baden-
Baden, 1984, S. 15 ff.

Über Mitbestimmung und Vermögensverteilung. Alternativen zur
Umverteilung von Besitzständen, Tübingen, 1973; wieder abgedruckt in: ders., Die sichtbare Hand des Rechts, Baden-Baden,
1978, S. 85 ff.

Das Prinzip der rule of reason und ähnliche Ausnahmemechanismen im Recht der Wettbewerbsbeschränkungen, in: Erich Hopp-
mann/ ders., Normenzwecke und Systemfunktionen im Recht der
Wettbewerbsbeschränkungen, Tübingen, 1974, S. 21 ff.

Wirtschaftsordnung und Staatsverfassung, in: Heinz Sauermann/
ders. (Hrsg.), Festschrift für Franz Böhm, Tübingen, 1975,
S. 383 ff.; wieder abgedruckt in: ders., Die sichtbare Hand des
Rechts, Baden-Baden, 1978, S. 27 ff. und in: ders., Recht und
ökonomisches Gesetz, 2. Auflage, Baden-Baden, 1984, S. 33 ff.

Selbstliebe und soziale Gerechtigkeit bei Adam Smith, in: H.-M.
Pawlowski/ Günther Wiese/ Günther Wüst (Hrsg.), Festschrift
für Konrad Duden, München, 1977, S. 319 ff.

Über die Rolle der Politik in der Marktwirtschaft, ORDO, Band 29
(1978), S. 3 ff.

Mestmäcker, Ernst-Joachim

Freiheit und Ordnung in der Marktwirtschaft, in: Konrad-Adenauer-Stiftung (Hrsg.), Franz Böhm. Beiträge zu Leben und Wirken, Melle, 1980, S. 37 ff.

Die sichtbare Hand des Rechts, in: ders., Recht und ökonomisches Gesetz, 2. Auflage, Baden-Baden, 1984, S. 104 ff.

Freier oder selbstverwalteter Wettbewerb?, in: Ludwig-Erhard-Stiftung (Hrsg.), Freier oder selbstverwalteter Wettbewerb?, Bonn, 1984, S. 7 ff.

Regelbildung und Rechtsschutz in marktwirtschaftlichen Ordnungen, Tübingen, 1985; wieder abgedruckt in: ders., Recht in der offenen Gesellschaft, Baden-Baden, 1993, S. 26 ff.

Auf dem Wege zu einer Ordnungspolitik für Europa, in: ders./ Hans Möller/ Hans-Peter Schwarz (Hrsg.), Festschrift für Hans von der Groeben, Baden-Baden, 1987, S. 9 ff.

Wettbewerb in der Verteilungsgesellschaft (1987), in: ders., Recht in der offenen Gesellschaft, Baden-Baden, 1993, S. 661 ff.

Der Kampf ums Recht in der offenen Gesellschaft (1989), in: ders., Recht in der offenen Gesellschaft, Baden-Baden, 1993, S. 11 ff.

Wirtschaftsordnungen im Übergang (1990), in: ders., Recht in der offenen Gesellschaft, Baden-Baden, 1993, S. 673 ff.

Zwischen freiem und verwaltetem Wettbewerb – Möglichkeiten und Grenzen der Wettbewerbspolitik (1990), in: ders., Recht in der offenen Gesellschaft, Baden-Baden, 1993, S. 667 ff.

Die Wiederkehr der bürgerlichen Gesellschaft und ihres Rechts (1991), in: ders., Recht in der offenen Gesellschaft, Baden-Baden, 1993, S. 60 ff.

Organisationen in spontanen Ordnungen, Freiburg i. Br., 1992; wieder abgedruckt in: ders., Recht in der offenen Gesellschaft, Baden-Baden, 1993, S. 74 ff. und in: Viktor Vanberg (Hrsg.), Freiheit, Wettbewerb und Wirtschaftsordnung. Hommage zum 100. Geburtstag von Friedrich A. von Hayek, Freiburg i. Br., 1999, S. 227 ff.

Die Wirtschaftsverfassung in der Europäischen Union, hrsgg. vom Zentrum für Europäisches Wirtschaftsrecht, Vorträge und Berichte Nr. 28, Bonn, 1993

Wirtschaftsordnung und Geschichtsgesetz, in: Ludwig-Erhard-Stiftung (Hrsg.), Wirtschaftsordnung als Aufgabe. Zum 100. Geburtstag von Franz Böhm, Krefeld, 1995, S. 111 ff.

Mestmäcker, Ernst-Joachim	Bausteine zu einer Wirtschaftsverfassung. Franz Böhm in Jena, Schriftenreihe des Max-Planck-Instituts zur Erforschung von Wirtschaftssystemen, Heft 4, Jena, 1996
	Das Privatrecht vor den Herausforderungen der wirtschaftlichen Macht, RabelsZ 60 (1996), S. 58 ff.
	Risse im europäischen Gesellschaftsvertrag, Frankfurter Allgemeine Zeitung vom 04. Oktober 1997
Meyer, Fritz/ Lenel, Hans O.	Vorwort, ORDO, Erster Band (1948), S. VII ff.
Meyer, Willi	Geschichte und Nationalökonomie: Historische Einbettung und allgemeine Theorien, ORDO, Band 40 (1988), S. 31 ff.
Miksch, Leonhard	Wettbewerb als Aufgabe, Ordnung der Wirtschaft, hrsgg. von Franz Böhm/ Walter Eucken/ Hans Großmann-Doerth, Heft 4, Stuttgart, 1937
	Wettbewerb als Aufgabe, 2. Auflage, Godesberg, 1947
	Die Wirtschaftspolitik des Als-Ob, ZgS 105 (1949), S. 310 ff.
Mises, Ludwig v.	Kritik des Interventionismus (1926), in: Wolfgang Stützel/ Christian Watrin/ Hans Willgerodt/ Karl Hohmann (Hrsg.), Grundtexte zur Sozialen Marktwirtschaft, Stuttgart/ New York, 1981, S. 213 ff.
	Liberalismus, St. Augustin, 1993 (Nachdruck; Erstausgabe: Jena, 1927)
	Liberalismus (II). Wirtschaftlicher Liberalismus, in: Erwin v. Beckerath/ Hermann Bente/ Carl Brinkmann/ Erich Gutenberg/ Gottfried Haberler/ Horst Jecht/ Walter A. Jöhr/ Friedrich Lütge/ Andreas Predöhl/ Reinhard Schaeder/ Walter Schmidt-Rimpler/ Werner Weber/ Leopold v. Wiese (Hrsg.), Handwörterbuch der Sozialwissenschaften, Sechster Band, Göttingen, 1959, S. 596 ff.
Möschel, Wernhard	Wettbewerb im Schnittfeld von Rechtswissenschaft und Nationalökonomie, in: Joachim Gernhuber (Hrsg.), Festschrift der Tübinger Juristenfakultät, Tübingen, 1977, S. 333 ff.
	Die Idee der rule of law und das Kartellrecht heute, ORDO, Band 30 (1979), S. 295 ff.
	Das Kartellgesetz heute – aus ordoliberaler Sicht, in: Ludwig-Erhard-Stiftung (Hrsg.), Recht und Gesittung in einer freien Gesellschaft. Zur Erinnerung an Franz Böhm aus Anlaß des 90. Geburtstages, Bonn, 1985, S. 35 ff.

Möschel, Wernhard   Wettbewerbspolitik aus ordoliberaler Sicht, in: Otto F. Freiherr v. Gamm/ Peter Raisch/ Klaus Tiedemann (Hrsg.), Festschrift für Gerd Pfeiffer, Köln/ Berlin/ Bonn/ München, 1988, S. 707 ff.

Den Staat an die Kette legen – Gegen die Aushöhlung des Wettbewerbs durch den Staat, Bad Homburg, 1995

Herausforderungen an die Wettbewerbspolitik, in: Ludwig-Erhard-Stiftung (Hrsg.), Wirtschaftsordnung als Aufgabe. Zum 100. Geburtstag von Franz Böhm, Krefeld, 1995, S. 35 ff.

Kartellrecht in der Reform, in: Ulrich Immenga/ ders./ Dieter Reuter (Hrsg.), Festschrift für Ernst-Joachim Mestmäcker, Baden-Baden, 1996, S. 673 ff.

Keine Wettbewerbspolitik im Kopfstand, Frankfurter Allgemeine Zeitung vom 27. Januar 1996

Müller, Eckart   Die Philosophie der Freiheit bei Walter Eucken, Orientierungen, Dezember 1997, S. 51 ff.

Müller, Elmar   Widerstand und Wirtschaftsordnung. Die wirtschaftspolitischen Konzepte der Widerstandsbewegungen gegen das NS-Regime und ihr Einfluß auf die Soziale Marktwirtschaft, Frankfurt a.M./ Bonn/ New York/ Paris, 1988

Müller, Helmut   Kartellverbot und Grundgesetz, WuW 1953, S. 734 ff.

Müller-Armack, Alfred   Wirtschaftslenkung und Marktwirtschaft (1946), in: ders., Wirtschaftsordnung und Wirtschaftspolitik, 2. Auflage, Bern/ Stuttgart, 1976, S. 19 ff.

Die Wirtschaftsordnung sozial gesehen, ORDO, Erster Band (1948), S. 125 ff.; wieder abgedruckt in: ders., Wirtschaftsordnung und Wirtschaftspolitik, 2. Auflage, Bern/ Stuttgart, 1976, S. 171 ff.

Stil und Ordnung der Sozialen Marktwirtschaft (1952), in: ders., Wirtschaftsordnung und Wirtschaftspolitik, 2. Auflage, Bern/ Stuttgart, 1976, S. 231 ff.

Soziale Marktwirtschaft (1956), in: ders., Wirtschaftsordnung und Wirtschaftspolitik, 2. Auflage, Bern/ Stuttgart, 1976, S. 243 ff.

Die zweite Phase der Sozialen Marktwirtschaft (1960), in: ders., Wirtschaftsordnung und Wirtschaftspolitik, 2. Auflage, Bern/ Stuttgart, 1976, S. 267 ff.

Das gesellschaftspolitische Leitbild der Sozialen Marktwirtschaft (1962), in: ders., Wirtschaftsordnung und Wirtschaftspolitik, 2. Auflage, Bern/ Stuttgart, 1976, S. 293 ff.

Müller-Armack, Alfred	Der Theorie-Gehalt der Sozialen Marktwirtschaft, in: Tagungsprotokoll der Aktionsgemeinschaft Soziale Marktwirtschaft, Ludwigsburg, 1973, S. 36 ff.
	Fortschreibung der Sozialen Marktwirtschaft, in: Heinz Sauermann/ Ernst-Joachim Mestmäcker (Hrsg.), Festschrift für Franz Böhm, Tübingen, 1975, S. 449 ff.
Nawroth, Egon E.	Die Sozial- und Wirtschaftsphilosophie des Neoliberalismus, Sammlung Politeia, Band XIV, Heidelberg/ Löwen, 1961
	Die wirtschaftspolitischen Ordnungsvorstellungen des Neoliberalismus, FIW-Schriftenreihe, Heft 3, Köln/ Berlin/ Bonn/ München, 1962
v. Nell-Breuning, Oswald	Zur Kritik des wirtschaftlichen Liberalismus, Die neue Ordnung, 4. Jahrgang (1950), S. 289 ff.
	Können Neoliberalismus und katholische Soziallehre sich verständigen?, in: Heinz Sauermann/ Ernst-Joachim Mestmäcker (Hrsg.), Festschrift für Franz Böhm, Tübingen, 1975, S. 459 ff.
Neumann, Manfred J. M.	Läuse im Pelz der Politik, Frankfurter Allgemeine Zeitung vom 10. Januar 1998
Neumark, Fritz	Deutsche Ökonomen des frühen 20. Jahrhunderts, in: Harald Scherf (Hrsg.), Studien zur Entwicklung der ökonomischen Theorie VII, Schriften des Vereins für Socialpolitik, Neue Folge, Band 115, Berlin, 1989, S. 127 ff.
Nipperdey, Hans Carl	Die Grundprinzipien des Wirtschaftsverfassungsrechts, in: Hermann Wandersleb (Hrsg.), Recht – Staat – Wirtschaft, Dritter Band, Düsseldorf, 1951, S. 223 ff.
	Freie Entfaltung der Persönlichkeit, in: Karl A. Bettermann/ ders. (Hrsg.), Die Grundrechte, Vierter Band, 2. Halbband, Berlin, 1962, S. 741 ff.
	Grundrechte und Privatrecht, in: ders. (Hrsg.), Festschrift für Erich Molitor, München/ Berlin, 1962, S. 17 ff.
	Soziale Marktwirtschaft und Grundgesetz, Kartellrundschau, Schriftenreihe für Kartell- und Konzernrecht des In- und Auslandes, Heft 2, 3. Auflage, Köln/ Berlin/ München/ Bonn, 1965
Nörr, Knut Wolfgang	An der Wiege deutscher Identität nach 1945: Franz Böhm zwischen Ordo und Liberalismus, Berlin/ New York, 1993
	Die Generalklausel und die Kartelle: ein Rückblick auf die Rechtsprechung des Reichsgerichts, in: Hermann Lange/ ders./ Harm P. Westermann (Hrsg.), Festschrift für Joachim Gernhuber, Tübingen, 1993, S. 919 ff.

Nörr, Knut Wolfgang   Die Leiden des Privatrechts, Tübingen, 1994

Franz Böhm, ein Wegbereiter des Privatrechtsgedankens, in: Ludwig-Erhard-Stiftung (Hrsg.), Wirtschaftsordnung als Aufgabe. Zum 100. Geburtstag von Franz Böhm, Krefeld, 1995, S. 53 ff.; in erweiterter Fassung wieder abgedruckt in: ORDO, Band 46 (1995), S. 27 ff.

Als die Würfel für die Marktwirtschaft fielen, in: Gerhard Köbler (Hrsg.), Festschrift für Karl Kroeschell, München, 1997, S. 885 ff.

Die Entscheidung für die Soziale Marktwirtschaft als ein Wendepunkt der deutschen Geschichte, in: ders./ Joachim Starbatty (Hrsg.), Soll und Haben – 50 Jahre Soziale Marktwirtschaft, Stuttgart, 1999, S. 23 ff.

Norman, Peter   Zu wenig Markt - zu viel Soziales: Über den gegenwärtigen Zustand Deutschlands, in: Ludwig-Erhard-Stiftung (Hrsg.), Ludwig-Erhard-Preis für Wirtschaftspublizistik 1998, Bonn, 1999, S. 39 ff.

Nübel, Hans U.   Bonhoeffer und die Denkschrift des „Freiburger Kreises", Freiburger Universitätsblätter, Heft 102, Dezember 1988, S. 41 ff.

Nutzinger, Hans G.   Marxismus, Sozialismus, in: Roland Vaubel/ Hans D. Barbier (Hrsg.), Handbuch Marktwirtschaft, 2. Auflage, Stuttgart, 1993, S. 90 ff.

Nutzinger, Hans G./ Müller, Eckart   Die protestantischen Wurzeln des Konzepts der Sozialen Marktwirtschaft, in: Sylke Behrends (Hrsg.), Festschrift für Hans-Rudolf Peters, Berlin, 1997, S. 27 ff.

Oberender, Peter   Der Einfluß ordnungstheoretischer Prinzipien Walter Euckens auf die deutsche Wirtschaftspolitik nach dem Zweiten Weltkrieg: Eine ordnungspolitische Analyse, ORDO, Band 40 (1989), S. 321 ff.

Ossenbühl, Fritz   Gesetz und Recht – Die Rechtsquellen im demokratischen Rechtsstaat, in: Josef Isensee/ Paul Kirchhof (Hrsg.), Handbuch des Staatsrechts, Band III, 2. Auflage, Heidelberg, 1996, § 61

Papier, Hans-Jürgen   Unternehmen und Unternehmer in der verfassungsrechtlichen Ordnung der Wirtschaft, VVDStRL 35 (1977), S. 55 ff.

Grundgesetz und Wirtschaftsordnung, in: Ernst Benda/ Werner Maihofer/ Hans-Jochen Vogel (Hrsg.), Handbuch des Verfassungsrechts, 2. Auflage, Berlin/ New York, 1994, § 18

Papier, Hans-Jürgen   Soziale Marktwirtschaft – ein Begriff ohne verfassungsrechtliche Relevanz?, in: Knut W. Nörr/ Joachim Starbatty (Hrsg.), Soll und Haben – 50 Jahre Soziale Marktwirtschaft, Stuttgart, 1999, S. 95 ff.

Perroux, Francois   Macht und ökonomische Gesetzmäßigkeit, in: Hans K. Schneider/
                         Christian Watrin (Hrsg.), Macht und ökonomisches Gesetz, Schrif-
                         ten des Vereins für Socialpolitik, Neue Folge, Band 74, Zwei-
                         ter Halbband, Berlin, 1973, S. 737 ff.

Pfleiderer, Otto   Geld als Ordnungsmacht, in: Heinz Sauermann/ Ernst-Joachim
                         Mestmäcker (Hrsg.), Festschrift für Franz Böhm, Tübingen, 1975,
                         S. 471 ff.

Popper, Karl R.   Die offene Gesellschaft und ihre Feinde, Band 1, 7. Auflage,
                         Tübingen, 1992 (Erstausgabe: The Open Society and its Enemies,
                         Volume I, London, 1945)

Pszczólkowski,   Zur Aktualität des Ordoliberalismus. Ein Beitrag aus osteuropä-
Tamasz G.   ischer Sicht, ORDO, Band 41 (1990), S. 61 ff.

Radnitzky, Gerard   Die demokratische Wohlfahrtsdiktatur, in: Roland Baader (Hrsg.),
                         Die Enkel des Perikles, Gräfelfing, 1995, S. 187 ff.

Raiser, Ludwig   Wirtschaftsverfassung als Rechtsproblem (1950), in: Ulrich Scheu-
                         ner (Hrsg.), Die staatliche Einwirkung auf die Wirtschaft, Frank-
                         furt a.M., 1971, S. 109 ff.; wieder abgedruckt in: ders., Die Aufgabe
                         des Privatrechts, Kronberg, 1977, S. 22 ff.

                         Vertragsfreiheit heute, JZ 1958, S. 1 ff.

Raiser, Thomas   Grundgesetz und paritätische Mitbestimmung, Berlin/ New York,
                         1975

Rasch, Harold   Kartellverbot und Grundgesetz, WuW 1955, S. 667 ff.

Recktenwald, Horst C.   Adam Smith. Sein Leben und sein Werk, München, 1976

                         Ethik, Selbstinteresse und bonum commune, in: Georges Enderle
                         (Hrsg.), Ethik und Wirtschaftswissenschaft, Schriften des Vereins
                         für Socialpolitik, Neue Folge, Band 147, Berlin, 1985, S. 143 ff.

Reuter, Dieter   Die wirtschaftliche Mitbestimmung der Arbeitnehmer, in: Ludwig-
                         Erhard-Stiftung (Hrsg.), Wirtschaftsordnung als Aufgabe. Zum
                         100. Geburtstag von Franz Böhm, Krefeld, 1995, S. 71 ff.

Reuter, Hans-Georg   Die Entwicklung der Gewerbeordnung in Deutschland von 1731
                         bis 1897, in: Karl v. Delhaes/ Ulrich Fehl (Hrsg.), Dimensionen
                         des Wettbewerbs, Stuttgart, 1997, S. 429 ff.

Rieble, Volker   Walter Eucken und die Frage nach der Arbeitsmarktordnung, in:
                         Bernhard Külp/ Viktor Vanberg (Hrsg.), Freiheit und wettbe-
                         werbliche Ordnung. Gedenkband zur Erinnerung an Walter Eu-
                         cken, Freiburg i. Br./ Berlin/ München, 2000, S. 199 ff.

Riedel, Manfred	Der Begriff der „Bürgerlichen Gesellschaft" und das Problem seines geschichtlichen Ursprungs (1962), in: Ernst-Wolfgang Böckenförde (Hrsg.), Staat und Gesellschaft, Darmstadt, 1976, S. 77 ff.
Rieter, Heinz	Historische Schule, in: Otmar Issing (Hrsg.), Geschichte der Nationalökonomie, 3. Auflage, München, 1994, S. 127 ff.
Ritter, Gerhard	Vorwort (1945), in: Freiburger „Bonhoeffer-Kreis", In der Stunde Null. Die Denkschrift des Freiburger „Bonhoeffer-Kreises", Tübingen, 1979, S. 26 ff.
Robert, Rüdiger	Konzentrationspolitik in Deutschland – Das Beispiel der Entstehung des Gesetzes gegen Wettbewerbsbeschränkungen, Berlin, 1976
Röpke, Wilhelm	Richtpunkte des liberalen Gesamtprogramms (1944), in: Wolfgang Stützel/ Christian Watrin/ Hans Willgerodt/ Karl Hohmann (Hrsg.), Grundtexte zur Sozialen Marktwirtschaft, 1981, Stuttgart/ New York, S. 227 ff.
	Die Gesellschaftskrisis der Gegenwart, 5. Auflage, Erlenbach-Zürich, 1948
	Die Ordnung der Wirtschaft, Frankfurt a.M., 1948
	Civitas Humana, 3. Auflage, Erlenbach-Zürich, 1949
	Kernfragen der Wirtschaftsordnung (1953), ORDO, Band 48 (1997), S. 27 ff.
	Marktwirtschaft ist nicht genug (1957), in: Wilhelm Röpke. Fronten der Freiheit, hrsgg. von Hans Otto Wesemann, Stuttgart, 1965, S. 227 ff.
Roser, Traugott	Protestantismus und Soziale Marktwirtschaft. Eine Studie am Beispiel Franz Böhms, Münster, 1998
Roth, Wulf-Henning	Tarifverträge aus kartellrechtlicher Sicht, in: FIW (Hrsg.), Tarifautonomie und Kartellrecht, FIW-Schriftenreihe, Heft 136, Köln/ Berlin/ Bonn/ München, 1990, S. 7 ff.
Rothbard, Murray N.	Man, Economy and State, Auburn, 1993
Rückert, Joachim	Idealismus, Jurisprudenz und Politik bei Friedrich Carl von Savigny, Ebelsbach, 1984
Rüstow, Alexander	Aussprache bei den Verhandlungen des Vereins für Socialpolitik 1932, in: Franz Boese (Hrsg.), Deutschland und die Weltkrise, Schriften des Vereins für Socialpolitik, Band 187, München/ Leipzig, 1932, S. 62 ff.

Rüstow, Alexander   Liberale Interventionen (1932), in: Wolfgang Stützel/ Christian Watrin/ Hans Willgerodt/ Karl Hohmann (Hrsg.), Grundtexte zur Sozialen Marktwirtschaft, 1981, Stuttgart/ New York, S. 221 ff.

Das Versagen des Wirtschaftsliberalismus, 2. Auflage, Bad-Godesberg, 1950

Wirtschaftsordnung und Staatsform (Vortrag auf der Bundestagung des Freiwirtschaftsbundes „Magna Charta der Sozialen Marktwirtschaft" am 9. November 1951 in Heidelberg), in: Alexander Rüstow. Rede und Antwort, hrsgg. von Martin Hoch, Ludwigsburg, 1963, S. 230 ff.

Runge, Uwe   Antinomien des Freiheitsbegriffs im Rechtsbild des Ordoliberalismus, Tübingen, 1971

Rupp, Hans H.   Verfassungsrecht und Kartelle, in: Ernst-Joachim Mestmäcker (Hrsg.), Wettbewerb als Aufgabe – Nach zehn Jahren Gesetz gegen Wettbewerbsbeschränkungen, Bad Homburg/ Berlin/ Zürich, 1968, S. 187 ff.

Fusionskontrolle als Verfassungsauftrag, in: Egon Tuchtfeldt (Hrsg.), Soziale Marktwirtschaft im Wandel, Freiburg i.Br., 1973, S. 91 ff.

Grundgesetz und „Wirtschaftsverfassung", Tübingen, 1974

Die Unterscheidung von Staat und Gesellschaft, in: Josef Isensee/ Paul Kirchhof (Hrsg.), Handbuch des Staatsrechts, Band I, 2. Auflage, Heidelberg, 1995, § 28

Die Soziale Marktwirtschaft in ihrer Verfassungsbedeutung, in: Josef Isensee/ Paul Kirchhof (Hrsg.), Handbuch des Staatsrechts, Band IX, Heidelberg, 1997, § 203

Sauermann, Heinz   Anmerkungen zu einem alten Thema: Politik und Ökonomik, in: ders./ Ernst-Joachim Mestmäcker (Hrsg.), Festschrift für Franz Böhm, Tübingen, 1975, S. 553 ff.

v. Savigny, Friedrich C.   Grundgedanken der historischen Rechtsschule (1814/40), in: Erik Wolf (Hrsg.), Quellenbuch zur Geschichte der deutschen Rechtswissenschaft, Frankfurt a.M., 1949, S. 318 ff.

Über den Zweck dieser Zeitschrift, Zeitschrift für die geschichtliche Rechtswissenschaft, 1815, S. 1 ff.

Schaub, Alexander/Dohms, Rüdiger   Das Weißbuch der Europäischen Kommission über die Modernisierung der Vorschriften zur Anwendung der Artikel 81 und 82 EG-Vertrag, WuW 1999, S. 1055 ff.

Scheuner, Ulrich	Grundfragen des modernen Staates, in: Hermann Wandersleb (Hrsg.), Recht – Staat – Wirtschaft, Dritter Band, Düsseldorf, 1951, S. 126 ff.
	Die institutionellen Garantien des Grundgesetzes, in: Hermann Wandersleb (Hrsg.), Recht – Staat – Wirtschaft, Vierter Band, Düsseldorf, 1953, S. 88 ff.
	Die Funktion der Grundrechte im Sozialstaat (1971), in: Ulrich Scheuner. Staatstheorie und Staatsrecht, hrsgg. von Joseph Listl/ Wolfgang Rüfner, Berlin, 1978, S. 737 ff.
Schlecht, Otto	Die Vereinbarkeit von politischer und wirtschaftlicher Ordnung (1950), Tübingen, 1986
	Der Staat als Rahmenlenker – Erfordernisse erweiterter Staatstätigkeit angesichts ökonomischer und sozialer Zwänge – aus der Sicht der Bundesrepublik Deutschland, in: FIW (Hrsg.), Grenzen der Staatstätigkeit in der Marktwirtschaft, FIW-Schriftenreihe, Heft 93, Köln/ Berlin/ Bonn/ München, 1980, S. 1 ff.
	Franz Böhm: Wissenschaftler und Politiker, in: Ludwig-Erhard-Stiftung (Hrsg.), Die Wirtschaftsordnung als Aufgabe. Zum 100. Geburtstag von Franz Böhm, Krefeld, 1995, S. 7 ff.
	Erneuerte Soziale Marktwirtschaft statt Regulierungs- und Versorgungsstaat, Tübingen, 1996
	Neoliberale zu Unrecht am Pranger, Rheinischer Merkur vom 18. Juli 1997
	„Wohlstand für alle" durch Wirtschafts- und Sozialpolitik, in: Ludwig-Erhard-Stiftung (Hrsg.), Festschrift für Ludwig Erhard, Bonn, 1997, S. 229 ff.
	Zur Ethik in Euckens Werk, in: Bernhard Külp/ Viktor Vanberg (Hrsg.), Freiheit und wettbewerbliche Ordnung. Gedenkband zur Erinnerung an Walter Eucken, Freiburg i. Br./ Berlin/ München, 2000, S. 59 ff.
	Ordnungspolitik für eine zukunftsfähige Marktwirtschaft, Frankfurt a.M., 2001
Schmidt, Ingo	Wettbewerbspolitik und Kartellrecht, 6. Auflage, Stuttgart, 1999
Schmidt, Reiner	Staatliche Verantwortung für die Wirtschaft, in: Josef Isensee/ Paul Kirchhof (Hrsg.), Handbuch des Staatsrechts, Band III, 2. Auflage, Heidelberg, 1996, § 83
Schmidt-Aßmann, Eberhard	Der Rechtsstaat, in: Josef Isensee/ Paul Kirchhof (Hrsg.), Handbuch des Staatsrechts, Band I, 2. Auflage, Heidelberg, 1995, § 24

Schmitt, Carl	Verfassungslehre (1928), 8. Auflage, Berlin, 1993
Schmölders, Günter	Historische Schule, in: Otmar Issing (Hrsg.), Geschichte der Nationalökonomie, München, 1984, S. 107 ff.
Scholz, Rupert	Konzentrationskontrolle und Grundgesetz, Stuttgart, 1971
	Paritätische Mitbestimmung und Grundgesetz, Berlin, 1974
	Grenzen staatlicher Aktivität unter der grundgesetzlichen Wirtschaftsverfassung, in: Dieter Duwendag (Hrsg.), Der Staatssektor in der sozialen Marktwirtschaft, Berlin, 1976, S. 113 ff.
	Entflechtung und Verfassung, Baden-Baden, 1981
	in: Theodor Maunz/ Günter Dürig/ Roman Herzog/ ders., Grundgesetz, Kommentar, Band I, Loseblattsammlung, München, Stand: Oktober 1999, Art. 9
Schüller, Alfred/ Weber, Ralf	In Verbannung auf der Insel des Kollektivismus, Frankfurter Allgemeine Zeitung vom 18. Oktober 1997
Schulz, Günther	Demokratie und Soziale Marktwirtschaft – Zwei Seiten derselben Medaille? Die Erfahrungen der deutschen Nachkriegszeit, in: Knut W. Nörr/ Joachim Starbatty (Hrsg.), Soll und Haben – 50 Jahre Soziale Marktwirtschaft, Stuttgart, 1999, S. 209 ff.
Schulze-Fielitz, Helmuth	in: Horst Dreier (Hrsg.), Grundgesetz. Kommentar, Band II, Artikel 20-82, Tübingen, 1998, Art. 20 (Rechtsstaat)
Schwerdtfeger, Günther	Zur Verfassungsmäßigkeit der paritätischen Mitbestimmung, Heidelberg/ Hamburg, 1978
Seldon, Arthur	The Dilemma of Democracy: The Political Economics of Over-Government, hrsgg. vom Institute of Economic Affairs, Hobart Paper 136, London, 1998
Shugart II, William F.	The Government's War on Mergers. The Fatal Conceit of Antitrust Policy, Policy Analysis vom 22. Oktober 1998 (Nr. 323)
Smith, Adam	Theorie der ethischen Gefühle, II. Band, Leipzig, 1926 (deutsche Übersetzung; Erstausgabe: The Theory of Moral Sentiments, London, 1759)
	Vorlesungen über Rechts- und Staatswissenschaften, Sankt Augustin, 1996 (deutsche Übersetzung, die auf mehreren Nachschriften von im Jahre 1763 gehaltenen Vorlesungen beruht)
	Der Wohlstand der Nationen, 6. Auflage, München, 1993 (deutsche Übersetzung; Erstausgabe: An Inquiry into the Nature and Causes of the Wealth of Nations, London, 1776)

Sodan, Helge

Vorrang der Privatheit als Prinzip der Wirtschaftsverfassung, DÖV 2000, S. 361 ff.

Starbatty, Joachim

Alfred Müller-Armacks Beitrag zur Theorie und Politik der Sozialen Marktwirtschaft, in: Ludwig-Erhard-Stiftung (Hrsg.), Soziale Marktwirtschaft im vierten Jahrzehnt ihrer Bewährung, Stuttgart/ New York, 1982, S. 7 ff.

Gesellschaftliche und politische Bedeutung der Sozialen Marktwirtschaft, in: Ludwig-Erhard-Stiftung (Hrsg.), Adjektivlose oder Soziale Marktwirtschaft?, Bonn, 1993, S. 19 ff.

Klassischer Liberalismus, in: Roland Vaubel/ Hans D. Barbier (Hrsg.), Handbuch Marktwirtschaft, 2. Auflage, Stuttgart, 1993, S. 82 ff.

Ordoliberalismus, in: Otmar Issing (Hrsg.), Geschichte der Nationalökonomie, 3. Auflage, München, 1994, S. 239 ff.

Anmerkungen zur Interdependenz politischer und wirtschaftlicher Ordnungen im Transformationsprozeß, ORDO, Band 47 (1996), S. 33 ff.

„Das Beste ist das, was er nicht getan hat", Neue Zürcher Zeitung vom 21. Januar 1997

Soziale Marktwirtschaft als Forschungsgegenstand: ein Literaturbericht, in: Ludwig-Erhard-Stiftung (Hrsg.), Festschrift für Ludwig Erhard, Bonn, 1997, S. 63 ff.

Strukturpolitik im Konzept der Sozialen Marktwirtschaft, in: Knut W. Nörr/ ders. (Hrsg.), Soll und Haben – 50 Jahre Soziale Marktwirtschaft, Stuttgart, 1999, S. 169 ff.

Starck, Christian

Der Gesetzesbegriff des Grundgesetzes, Baden-Baden, 1970

Stern, Klaus

Gedanken über den wirtschaftslenkenden Staat aus verfassungsrechtlicher Sicht, DÖV 1961, S. 325 ff.

Der Rechtsstaat (1971), in: Klaus Stern. Der Staat des Grundgesetzes, hrsgg. von Helmut Siekmann, Köln/ Berlin/ Bonn/ München, 1992, S. 3 ff.

Das Staatsrecht der Bundesrepublik Deutschland, Band I, 2. Auflage, München, 1984

Stern, Klaus

Sozialstaat (1987), in: Klaus Stern. Der Staat des Grundgesetzes, hrsgg. von Helmut Siekmann, Köln/ Berlin/ Bonn/ München, 1992, S. 123 ff.

Stigler, George J.

Die politische Umverteilung des Einkommens, Vortrag bei der Bank Hofmann AG in Zürich am 13. September 1988

Strauß, Walter   Wirtschaftsverfassung und Staatsverfassung, Recht und Staat, Heft 165, Tübingen, 1952

Gewerbefreiheit und Vertragsfreiheit, in: Heinz Sauermann/ Ernst-Joachim Mestmäcker (Hrsg.), Festschrift für Franz Böhm, Tübingen, 1975, S. 603 ff.

Streissler, Erich W.   Zur Vorgeschichte der wirtschaftspolitischen Vorstellungen Adam Smiths, in: Franz-Xaver Kaufmann/ Hans-Günter Krüsselberg (Hrsg.), Markt, Staat und Solidarität bei Adam Smith, Frankfurt a.M./ New York, 1984, S. 15 ff.

Streit, Manfred E.   Freiheit und Gerechtigkeit – Ordnungspolitische Aspekte zweier gesellschaftlicher Grundwerte, ORDO, Band 39 (1988), S. 33 ff.

Die Interdependenz der Ordnungen – Eine Botschaft und ihre aktuelle Bedeutung, in: Walter-Eucken-Institut (Hrsg.), Ordnung in Freiheit. Symposium aus Anlaß des 100. Jahrestages des Geburtstages von Walter Eucken, Tübingen, 1992, S. 5 ff.; wieder abgedruckt in: ders., Freiburger Beiträge zur Ordnungsökonomik, Tübingen, 1995, S. 135 ff.

Wohlfahrtsökonomik, Wirtschaftsordnung und Wettbewerb (1992), in: ders., Freiburger Beiträge zur Ordnungsökonomik, Tübingen, 1995, S. 3 ff.

Konstitutioneller Wissensmangel, Spontane Ordnung und Regel-Orientierung (1993), in: ders., Freiburger Beiträge zur Ordnungsökonomik, Tübingen, 1995, S. 195 ff.

Verbände, marktwirtschaftliche Ordnung und politische Verfassung, in: Roland Vaubel/ Hans D. Barbier (Hrsg.), Handbuch Marktwirtschaft, 2. Auflage, Stuttgart, 1993, S. 199 ff.

Entstaatlichung der Wirtschaft – Eine ordnungspolitische Notwendigkeit, in: ders., Freiburger Beiträge zur Ordnungsökonomik, Tübingen, 1995, S. 363 ff.

Ordnungsökonomik – Versuch einer Standortbestimmung, Max-Planck-Institut zur Erforschung von Wirtschaftssystemen, Diskussionsbeitrag 04-95, Jena, 1995

Wirtschaftsordnung, Privatrecht und Wirtschaftspolitik – Perspektiven der „Freiburger Schule", in: ders., Freiburger Beiträge zur Ordnungsökonomik, Tübingen, 1995, S. 71 ff.

Wissen, Wettbewerb und Wirtschaftsordnung, in: ders., Freiburger Beiträge zur Ordnungsökonomik, Tübingen, 1995, S. 159 ff.

Streit, Manfred E.   Zur Interdependenz der Ordnungen – marktwirtschaftliche Ord-
                             nungspolitik im Sozialstaat, in: Konrad-Adenauer-Stiftung (Hrsg.),
                             Soziale Marktwirtschaft in der Bewährung, St. Augustin, 1997,
                             S. 41 ff.

                             Rechtsordnung und Handelnsordnung, Max-Planck-Institut zur
                             Erforschung von Wirtschaftssystemen, Diskussionsbeitrag 06-99,
                             Jena, 1999

Streit, Manfred E./   Das institutionelle Fundament von Freiheit und Wohlstand –
Kasper, Wolfgang   Lektionen der „Freiburger Schule", in: Manfred E. Streit, Freibur-
                             ger Beiträge zur Ordnungsökonomik, Tübingen, 1995, S. 105 ff.

Streit, Manfred E./   The Market Economy and the State – Hayekian and ordoliberal
Wohlgemuth, Michael   conceptions, Max-Planck-Institut zur Erforschung von Wirt-
                             schaftssystemen, Diskussionsbeitrag 06-97, Jena, 1997

                             Walter Eucken und Friedrich A. von Hayek: Initiatoren der Ord-
                             nungsökonomik, in: Bernhard Külp/ Viktor Vanberg (Hrsg.),
                             Freiheit und wettbewerbliche Ordnung. Gedenkband zur Erinne-
                             rung an Walter Eucken, Freiburg i. Br./ Berlin/ München, 2000,
                             S. 461 ff.

Tietmeyer, Hans   Marktwirtschaft und soziale Idee, in: Bernd v. Maydell/ Walter
                             Kannengießer (Hrsg.), Handbuch Sozialpolitik, Pfullingen, 1988,
                             S. 104 ff.

Thiele, Willi   Einführung in das Wirtschaftsverfassungsrecht, Göttingen, 1970

Thielicke, Helmut   Zur Einführung (1979), in: Freiburger „Bonhoeffer-Kreis", In der
                             Stunde Null. Die Denkschrift des Freiburger „Bonhoeffer-
                             Kreises", Tübingen, 1979, S. 5 ff.

Thuy, Peter   50 Jahre Soziale Marktwirtschaft: Anspruch und Wirklichkeit einer
                             ordnungspolitischen Konzeption, ORDO, Band 49 (1998),
                             S. 281 ff.

de Tocqueville, Alexis   Über die Demokratie in Amerika, Zweiter Teil, Zürich, 1987
                             (deutsche Übersetzung; Erstausgabe: De la Démocratie en Améri-
                             que, Paris, 1840)

Tuchtfeldt, Egon   Soziale Marktwirtschaft als ordnungspolitisches Konzept, in:
                             Friedrun Quaas/ Thomas Straubhaar (Hrsg.), Perspektiven der
                             Sozialen Marktwirtschaft, Bern/ Stuttgart/ Wien, 1995, S. 29 ff.

Vanberg, Viktor   „Ordnungstheorie" as Constitutional Economics – The German
                             Conception of a „Social Market Economy", ORDO, Band 39
                             (1988), S. 17 ff.

                             Wettbewerb in Markt und Politik – Anregungen für die Verfas-
                             sung Europas, St. Augustin, 1994

Vanberg, Viktor   Die normativen Grundlagen von Ordnungspolitik, ORDO, Band 48 (1997), S. 707 ff.

Veit, Otto   ORDO und Ordnung. Versuch einer Synthese, ORDO, Fünfter Band (1953), S. 3 ff.

Voigt, Fritz   Wirtschaftsverfassung und Wirtschaftsentwicklung der Bundesrepublik Deutschland, in: Theodor Maunz/ Hans Nawiasky/ Johannes Heckel (Hrsg.), Festschrift für Willibalt Apelt, München/ Berlin, 1958, S. 73 ff.

v. Voss, Rüdiger   Interessenverbände – Gegenregierung oder Partner?, in: Bernd v. Maydell/ Walter Kannengießer (Hrsg.), Handbuch Sozialpolitik, Pfullingen, 1988, S. 149 ff.

Wallraff, Hermann J.   Belastungen des Leistungsbegriffes, in: Heinz Sauermann/ Ernst-Joachim Mestmäcker (Hrsg.), Festschrift für Franz Böhm, Tübingen, 1975, S. 625 ff.

Watrin, Christian   Zur Rolle organisierter und nicht organisierter Interessen in der Sozialen Marktwirtschaft, in: Egon Tuchtfeldt (Hrsg.), Soziale Marktwirtschaft im Wandel, Freiburg i.Br., 1973, S. 69 ff.

Politische Ökonomie der demokratisierten Gesellschaft, in: Friedrich A. Lutz (Hrsg.), Der Streit um die Gesellschaftsordnung, Zürich, 1975, S. 113 ff.

The Principles of the Social Market Economy – its Origins and Early History, ZgS 135 (1979), S. 405 ff.

Zur Überlastung des Staates mit wirtschaftspolitischen Aufgaben, in: Wilhelm Hennis/ Peter Graf v. Kielmansegg/ Ulrich Hatz (Hrsg.), Regierbarkeit, Band II, Stuttgart, 1979, S. 233 ff.

Der neue Leviathan – über Gefahren einer Selbstzerstörung der freien Gesellschaft, in: Ludwig-Erhard-Stiftung (Hrsg.), Soziale Marktwirtschaft im vierten Jahrzehnt ihrer Bewährung, Stuttgart/ New York, 1982, S. 139 ff.

Was leistet der Staat – was leistet der Markt?, Orientierungen, März 1985, S. 2 ff.

Ordnungs- und wirtschaftspolitische Grundlagen Sozialer Marktwirtschaft, in: Werner Klein/ Spiridon Paraskewopoulos/Helmut Winter (Hrsg.), Festschrift für Gernot Gutmann, Berlin, 1994, S. 9 ff.

Die Tradition freiheitlicher und sozialer Politik, in: Ludwig-Erhard-Stiftung (Hrsg.), Festschrift für Ludwig Erhard, Bonn, 1997, S. 3 ff.

Watrin, Christian Soziale Marktwirtschaft – ein zukunftsweisendes Konzept?, in: Konrad-Adenauer-Stiftung (Hrsg.), Soziale Marktwirtschaft in der Bewährung, St. Augustin, 1997, S. 15 ff.

Staatsaufgaben: Die Sicht Walter Euckens und Friedrich A. von Hayeks, in: Bernhard Külp/ Viktor Vanberg (Hrsg.), Freiheit und wettbewerbliche Ordnung. Gedenkband zur Erinnerung an Walter Eucken, Freiburg i. Br./ Berlin/ München, 2000, S. 323 ff.

v. Weizsäcker, Carl C. Das Konzept der Sozialen Marktwirtschaft und seine Verwirklichung in der Bundesrepublik Deutschland, in: Frankfurter Institut (Hrsg.), Herausforderung Soziale Marktwirtschaft, Bad Homburg, 1990, S. 15 ff.

Wiethölter, Rudolf Die Position des Wirtschaftsrechts im sozialen Rechtsstaat, in: Helmut Coing/ Heinrich Kronstein/ Ernst-Joachim Mestmäcker (Hrsg.), Festschrift für Franz Böhm, Karlsruhe, 1965, S. 41 ff.

Franz Böhm (1895-1977), in: Bernhard Diestelkamp/ Michael Stolleis (Hrsg.), Juristen an der Universität Frankfurt am Main, Baden-Baden, 1989, S. 208 ff.

Willgerodt, Hans Die Sachlogik der Wirtschaft im Spiegel des Rechts, in: Ludwig-Erhard-Stiftung (Hrsg.), Recht und Gesittung in einer freien Gesellschaft. Zur Erinnerung an Franz Böhm aus Anlaß des 90. Geburtstages, Bonn, 1985, S. 13 ff.; wieder abgedruckt unter dem Titel: Die Mächtigen in die Schranken weisen, Frankfurter Allgemeine Zeitung vom 04. Januar 1986

Soziale Marktwirtschaft – ein unbestimmter Begriff?, in: Ulrich Immenga/ Wernhard Möschel/ Dieter Reuter (Hrsg.), Festschrift für Ernst-Joachim Mestmäcker, Baden-Baden, 1996, S. 329 ff.

Stellungnahme, in: Knut W. Nörr/ Joachim Starbatty (Hrsg.), Soll und Haben – 50 Jahre Soziale Marktwirtschaft, Stuttgart, 1999, S. 115 ff.

Willgerodt, Hans/ Peacock, Alan German Liberalism and Economic Revival, in: dies. (Hrsg.), Germany's Social Market Economy: Origins and Evolution, London, 1989, S. 1 ff.

Wilson, Thomas Sympathy and Self-Interest, in: ders./ Andrew S. Skinner (Hrsg.), The Market and the State, Oxford, 1976, S. 73 ff.

Windisch, Rupert Staatseingriffe in marktwirtschaftliche Ordnungen, in: Erich Streissler/ Christian Watrin (Hrsg.), Zur Theorie marktwirtschaftlicher Ordnungen, Tübingen, 1980, S. 297 ff.

Winkel, Harald	Adam Smith und die deutsche Nationalökonomie 1776-1820, in: Ulrich Scherf (Hrsg.), Studien zur Entwicklung der ökonomischen Theorie V, Schriften des Vereins für Socialpolitik, Neue Folge, Band 115, Berlin, 1986, S. 81 ff.
Winterberger, Andreas K.	Von der liberalen Demokratiekritik zur liberalen Verfassungsreform – oder: Kann der Parteienstaat gebändigt werden?, in: Roland Baader (Hrsg.), Wider die Wohlfahrtsdiktatur, Gräfelfing, 1995, S. 191 ff.
Wissenschaftlicher Beirat beim Bundesministerium für Wirtschaft	Staatliche Interventionen in einer Marktwirtschaft (1979), in: Wolfgang Stützel/ Christian Watrin/ Hans Willgerodt/ Karl Hohmann (Hrsg.), Grundtexte zur Sozialen Marktwirtschaft, Stuttgart/ New York, 1981, S. 247 ff.
Wörther, Matthias	ORDO, in: Peter Prechtl/ Franz-Peter Burkhard (Hrsg.), Metzler Philosophie Lexikon, Weimar, 1996, S. 374 f.
Woll, Artur	Adam Smith – Gründe für ein erneutes Studium seiner Werke, ORDO, Band 49 (1998), S. 191 ff.
Wünsche, Horst F.	Soziale Marktwirtschaft und der Rückfall des Neoliberalismus in den Harmonieglauben, Die neue Ordnung, 47. Jahrgang (1993), S. 164 ff.
	Erhards Soziale Marktwirtschaft: Von Eucken programmiert, von Müller-Armack inspiriert?, in: Ludwig-Erhard-Stiftung (Hrsg.), Festschrift für Ludwig Erhard, 1997, Bonn, S. 131 ff.
Wysocki, Josef	Entstehungszusammenhänge der „Wiener Schule", in: Ulrich Scherf (Hrsg.), Studien zur Entwicklung der ökonomischen Theorie VI, Schriften des Vereins für Socialpolitik, Neue Folge, Band 115, Berlin, 1988, S. 171 ff.
Zacher, Hans F.	Aufgaben einer Theorie der Wirtschaftsverfassung, in: Helmut Coing/ Heinrich Kronstein/ Ernst-Joachim Mestmäcker (Hrsg.), Festschrift für Franz Böhm, Karlsruhe, 1965, S. 63 ff.
Zeitler, Christoph	Spontane Ordnung, Freiheit und Recht. Zur politischen Philosophie von Friedrich A. von Hayek, 2. Auflage, Frankfurt a.M., 1996
Zencke, Hans-Henning	Formierte Gesellschaft. Vision und Wirklichkeit, in: Gerhard Schröder/ Alfred Müller-Armack/ Karl Hohmann/ Johannes Gross/ Rüdiger Altmann (Hrsg.), Festschrift für Ludwig Erhard, Bonn, 1972, S. 273 ff.
Zeppernick, Ralf	Die Rolle des Staates in der Sozialen Marktwirtschaft, Tübingen, 1987
Zöllner, Wolfgang	Die politische Rolle des Privatrechts, JuS 1988, S. 329 ff.

Zöllner, Wolfgang   Zivilrechtswissenschaft und Zivilrecht im ausgehenden
20. Jahrhundert, AcP 188 (1988), S. 85 ff.

Die Privatrechtsgesellschaft im Gesetzes- und Richterstaat, Schriftenreihe der Kölner Juristischen Gesellschaft, Band 21, Köln, 1996

Zohlnhöfer, Werner   Ordoliberalismus und Soziale Marktwirtschaft aus evolutorischer
Sicht, in: Bernhard Külp/ Viktor Vanberg (Hrsg.), Freiheit und
wettbewerbliche Ordnung. Gedenkband zur Erinnerung an Walter
Eucken, Freiburg i. Br./ Berlin/ München, 2000, S. 75 ff.

Marktwirtschaftliche Reformpolitik

Schriftenreihe der Aktionsgemeinschaft Soziale Marktwirtschaft

herausgegeben von Rolf Hasse und Joachim Starbatty

Band 6: Schlesien auf dem Weg in die Europäische Union

Ordnungspolitik der Sozialen Marktwirtschaft und Christliche Gesellschaftslehre
Hrsg. von Lüder Gerken, Freiburg, und Joachim Starbatty, Tübingen
2001. XVI/253 S. geb. € 32,-/sFr 56,80.
(ISBN 3-8282-0155-5)

Die Skepsis gegenüber der Sozialen Marktwirtschaft fällt gerade bei informierten polnischen Staatsbürgern auf. Daher haben die Herausgeber auf eine klärende ordnungspolitische Diskussion großen Wert gelegt. Aus unterschiedlichen Perspektiven sind Einsichten zusammengetragen worden, die sich als Bausteine zu einem politischen Programm zusammenfügen. Auf jeden Fall machen sie klar, was das Konzept leisten kann und was es nicht leisten darf.

Band 5: Die Verfassung des Marktes

Friedrich August von Hayeks Lehre von Staat und Markt im Spiegel grundgesetzlicher Staats-und Verfassungsrechtslehre
Von Michael Kläver, Nürnberg
2000. IX, 320 S., geb. € 36,-/sFr 63,80.
(ISBN 3-8282-0114-8)

Ausgangspunkt der Lehre Hayeks von Staat und Markt ist der Begriff der Freiheit. Alleiniger Zweck des Staates bei Hayek ist die Sicherstellung eines Zustands der Freiheit, der Abwesenheit personalen Zwanges. An die Stelle der Herrschaft von Menschen über Menschen tritt die "Herrschaft des Gesetzes", der Rechtsstaat. Freiheit ist stets Freiheit unter dem allgemeinen Gesetz. Die große Leistung Hayeks besteht darin, dass ihm gelingt, Staat und Markt gleichzeitig im Auge zu behalten. Die freiheitliche Begründung von Markt und Staat bei Hayek vermittelt die Erkenntnis, dass das Grundgesetz gleichzeitig Verfassung des Staates und Verfassung des Marktes ist.

Band 4: Alexander Rüstow

Ordnungspolitische Konzeption und Einfluß auf das wirtschaftspolitische Leitbild der Nachkriegszeit in der Bundesrepublik Deutschland
Von Jan Hegner, Tübingen.
2000. XVI, 202 S., geb. € 34,-/sFr 60,30.
(ISBN 3-8282-0113-X)

Eine der führenden Persönlichkeiten, die sich um die Soziale Marktwirtschaft verdient gemacht haben, war Alexander Rüstow. Als Hochschullehrer und langjähriger Vorsitzender der Aktionsgemeinschaft Soziale Marktwirtschaft (ASM) hat er sowohl für die Entwicklung als auch für die Umsetzung des neoliberalen Konzepts einen erheblichen Beitrag geleistet. In dieser Darstellung werden Umfang und Einfluß seines Denkens auf die deutsche Wirtschaftspolitik eingehend analysiert.

 *et* **LUCIUS LUCIUS**  *Stuttgart*

Marktwirtschaftliche Reformpolitik

Schriftenreihe der Aktionsgemeinschaft Soziale Marktwirtschaft

herausgegeben von Rolf Hasse und Joachim Starbatty

Band 3: Soll und Haben

50 Jahre Soziale Marktwirtschaft

Herausgegeben von Knut W. Nörr und Joachim Starbatty, Tübingen
Mit Beiträgen von zahlreichen Fachautoren.
1999. XI, 244 S., geb. € 34,-/sFr 60,30
(ISBN 3-8282-0105-9)

Die Aktionsgemeinschaft Soziale Martkwirtschaft hat es sich in dem vorliegenden Band zur Aufgabe gemacht, im Verein mit renommierten Wissenschaftlern und langjährigen Kennern der Sozialen Marktwirtschaft sowohl die Gestaltungsleistungen der Gründerväter und Nachfolger zu würdigen als auch auf dringliche Renovierungserfordernisse aufmerksam zu machen. Dabei wurde insbesondere das Spannungsfeld zwischen ökonomischen und juristischen Aspekten in den Blick genommen.

Band 2: Kleine Unternehmen in Rußland

Ihre Bedeutung für die Reformen und politische Ansätze zu ihrer Förderung

Von Rüdiger Schulze, Tübingen
1998. XVI, 363 S., kt. € 47,-/sFr 82,90
(ISBN 3-8282-0092-3)

Kleinunternehmen spielen in einer Marktwirtschaft eine wichtige Rolle, sie erfüllen wichtige gesellschafts-, wettbewerbs- und beschäftigungspolitische Funktionen. Ihre Entwicklung wird in den Transformationsländern Osteuropas jedoch durch zahlreiche Hemmnisse gebremst. In der vorliegenden Arbeit werden erstmals die Probleme der Kleinunternehmen in Rußland und die zu ihrer Förderung verfolgte Politik umfassend analysiert. Des weiteren wird die Notwendigkeit der Förderung von Kleinunternehmen in Transformationsländern theoretisch hergeleitet.

Band 1: Wirtschafts- und Währungsunion auf dem Prüfstand

Schritte zur weiteren Integration Europas

Herausgegeben von Rolf Hasse, Hamburg, und Joachim Starbatty, Tübingen
1997. X, 132 S., kt. € 24,-/sFr 42,90
(ISBN 3-8282-0045-1)

Der beabsichtigte Starttermin der Europäischen Währungsunion rückt näher, und das Verwirrspiel, ob sie beginnt oder verschoben wird, wie die Konvergenzkriterien zu interpretieren sind und welche Länder daran teilnehmen, nimmt kein Ende. Einen Vorteil aber hat diese Situation: Die Wirtschafts- und Währungsunion ist endlich Gegenstand öffentlicher Auseinandersetzung, in der ihre polischern Dimensionen sichtbar werden.

 *et* LUCIUS LUCIUS  *Stuttgart*

Schriften zu Ordnungsfragen der Wirtschaft

herausgegeben von Gernot Gutmann, Hannelore Hamel, Klemens Pleyer,
Alfred Schüller und H.. Jörg Thieme

Band 71: Ordnungsprobleme der Weltwirtschaft

Herausgegeben von Alfred Schüller und H. Jörg Thieme
2002. VIII/524 S., kt. € 42,-/sFr 73,-. ISBN 3-8282-0231-4

Die Internationalisierung wichtiger Lebensbereiche findet unter der Bezeichnung
"Globalisierung" wachsende Aufmerksamkeit. Sie berührt einen Komplex von brisanten
Aspekten und Fragen, die Gegenstand einer ordnungsökonomischen Analyse im Rahmen des
35. Radeiner Forschungsseminars waren. Die Ergebnisse werden in diesem Band veröffentlicht. Im Kern geht es darum, die Zusammenhänge zwischen nationalen und internationalen
Güter-, Faktor- und Finanzmärkten einerseits und den verschiedenen Ausprägungen der
supranationalen Wirtschafts- und Währungspolitik andererseits systematisch bewußt zu
machen. Geprüft wird auch, warum ordnungsökonomisches Denken und Handeln notwendig,
ja unverzichtbar sind, wenn wohlstandsbestimmende Einflußfaktoren, Konflikte und
Perspektiven der internationalen Integrationsprozesse erklärt und neue Anforderungen für die
Wirtschafts- und Währungspolitik aufgezeigt werden sollen.

Band 70: Marburger Studien zur Ordnungsökonomik

Von Alfred Schüller, Marburg
2002. X/348 S., kt. € 32,-/sFr 56,-. ISBN 3-8282-0221-7

Welchen Beitrag kann und soll die Ökonomik und speziell die Ordnungsökonomik für die
Analyse und Gestaltung einer menschenwürdigen und produktiven Wirtschafts- und
Gesellschaftsordnung leisten? Die Beantwortung dieser stets aktuellen Frage ist Leitbild und
Anliegen der Forschungsarbeit von Alfred Schüller. Der vorliegende Band dokumentiert dies
anhand ausgewählter Aufsätze und Studien zur ordnungstheoretischen Grundlagenforschung
sowie zu aktuellen Ordnungsproblemen der Sozialen Marktwirtschaft, der europäischen
Integration und der Weltwirtschaft.

Band 69: Medien im Systemvergleich

**Eine ordnungsökonomische Analyse des deutschen und amerikanischen
Fernsehmarktes**
Von Dirk Wentzel
2002. XVII/268 S., geb., € 38,-/sFr 66,-. ISBN 3-8282-0220-9

Das Fernsehen ist in modernen Gesellschaften zu einem meinungs- und ordnungsbestimmen-
den Einflußfaktor geworden. Um so wichtiger ist die in der wissenschaftlichen Forschung
lange Zeit vernachlässigte Frage nach den Gestaltungsprinzipien dieses Leitmediums. Können
Meinungspluralismus, Ideenvielfalt und hohe Qualitätsstandards eher - wie in den USA - durch
einen privatwirtschaftlich und wettbewerblich organisierten Medienmarkt oder - wie in
Deutschland - durch eine staatlich gelenkte "gemeinwohlorientierte" Fernsehordnung gewährleistet werden? Diese Frage untersucht der Autor anhand einer vergleichenden ordnungsökonomischen Analyse unter Berücksichtigung der jeweiligen historischen, kulturellen und polit-
ökonomischen Bedingtheiten.

&-LUCIUS LUCIUS Stuttgart

FSC
www.fsc.org
MIX
Papier | Fördert
gute Waldnutzung
FSC® C083411

Zeitfracht Medien GmbH
Ferdinand-Jühlke-Straße 7
99095 Erfurt, Deutschland
produktsicherheit@kolibri360.de